Años de vértigo
Baldomero Sanín Cano y la revista Hispania
(1912-1916)

BIBLIOTECA JOSÉ MARTÍ

Serie
Estudios Culturales

Años de vértigo
Baldomero Sanín Cano y la revista Hispania
(1912-1916)

Rafael Rubiano Muñoz
Juan Guillermo Gómez García

Selección y transcripción de textos de
Rafael Rubiano Muñoz

KULTUR

Sanín Cano, Baldomero, 1861-1957.
Años de vértigo: Baldomero Sanín Cano y la revista *Hispania* (1912-1916) / Juan Guillermo Gómez García, Rafael Rubiano Muñoz. – Bogotá: Siglo del Hombre Editores, Universidad de Antioquia, GELCIL y KULTUR, 2016.

400 páginas; 21 cm.

1. Sanín Cano, Baldomero, 1861-1957 - Crítica e interpretación 2. Ensayos colombianos I. Rubiano Muñoz, Rafael, autor II. Tít.

Co864.6 cd 21 ed.
A1521948

CEP-Banco de la República-Biblioteca Luis Ángel Arango

La presente edición, 2016

© Juan Guillermo Gómez García y Rafael Rubiano Muñoz

© Siglo del Hombre Editores
http://libreriasiglo.com

© Universidad de Antioquia
www.udea.edu.co

© Grupo de Estudios de Literatura y Cultura Intelectual Latinoamericana (GELCIL)
www.gelcil.wordpress.com

© Historia Cultural, Memoria y Patrimonio (KULTUR)
www.udea.edu.co/wps/portal/udea/web/inicio/institucional/
unidades-academicas/facultades/ciencias-sociales-humanas/departamentos/historia

Diseño de carátula
Amarilys Quintero

Diseño de la colección y armada electrónica
Precolombi EU, David Reyes

ISBN: 978-958-665-378-7
ISBN ePub: 978-958-665-379-4
ISBN PDF: 978-958-665-380-0

Impresión
Panamericana Formas e Impresos S. A.
Calle 65 N° 95-28, Bogotá D. C.

Impreso en Colombia-Printed in Colombia

Todos los derechos reservados. Esta publicación no puede ser reproducida ni en su todo ni en sus partes, ni registrada en o transmitida por un sistema de recuperación de información, en ninguna forma ni por ningún medio, sea mecánico, fotoquímico, electrónico, magnético, electroóptico, por fotocopia o cualquier otro, sin el permiso previo por escrito de la editorial.

ÍNDICE

Esta edición 13

I. Revista Hispania: aspectos, trayectos e itinerarios de un impreso continental

Revista *Hispania*: memoria y vigencia de un proyecto político cultural hispanoamericano 17

II. Artículos de Baldomero Sanín Cano en la revista *Hispania*

El parlamentarismo 123
Pánicos de numerario 136
Rafael Pombo 141
El país de las cuatro dimensiones 146
Europa cosaca 150
La posesión del suelo 153
El hombre normal 159
Los sindicados de la incompetencia 163
La artificialidad de los precios I 168
El criterio espectacular [I] 173
La artificialidad de los precios II 178
La liberalidad en el hambre 183
Los sucesos del Rand 186

O expropiar o resignarse 191
Síntomas.. 197
Los despojos del vencido 201
El criterio espectacular [II] 206
El epistolario de Bolívar 211
El criterio espectacular [III] 213
La guerra contra el pueblo 219
La verdad explicada a los pobres 224
Entre profesores anda el juego 230
Deuda de ingratitud 234
La estrategia moderna 240
Un libro de Cunninghame Graham 244
La lucha contra el adjetivo 247
La prudencia de los incautos 252
El último de los puristas 257
Un centinela de la vida 261
El primer libro de Araquistáin: Polémica de la guerra 266
La literatura de la guerra 270
De color de rosa 276
Un lápiz inexorable 285
Lo que Alemania va perdiendo 290
El Congreso Científico Pan-Americano 295
Infundibuliformes 303
Signos estelares 310
Notas editoriales 315
Una especie en vía de extinción 322

III. Reseñas en la revista Hispania

Crítica
    Libros castellanos [Unamuno, Roberto Saldarriaga,
    Jacinto Benavente] 331
Libros
    Fuera del dominio de la leyenda [Jules Mancini] 337

Libros
  Historia de Colombia [Clements Markham] 343
Libros [Luis Bonafoux, Ramón Pérez de Ayala] 347
Libros castellanos
  Emilio Bobadilla (Fray Candil). *Bulevar arriba,
  bulevar abajo*. Librería Paul Ollendorff, París 352
Libros castellanos [G. Zéndegui, Clímaco
  Soto Borda, E. Pérez, *Renacimiento*] 355
Libros
  Un libro sobre Colombia
  (*Colombia*, by Phanor James Eder, London, 1913) 359
Libros
  Miguel de Cervantes Saavedra.
  A memoir. By James Fitz-Maurice-Kelly,
  F. B. A. Oxford: At the Clarendon Press 367
Libros
  James Fitzmaurice-Kelly. *Littérature espagnole*.
  2.ª Edition, refondue et augmentée. Libraire
  Colin, 103 Boulevard Saint-Michel, París, 1913.
  Con un copioso apéndice bibliográfico
  en volumen separado 371
Libros [James Fitzmaurice-Kelly, José Enrique Rodó] 376
Libros
  Rafael Uribe Uribe. *Fundamentos de la política
  liberal*. Bogotá, 1914
  Rafael Uribe Uribe. *Caducidad de la Doctrina
  Monroe*. Bogotá, 1914 381
Libros castellanos
  Azorín. *Clásicos y modernos*. Renacimiento, 1913
  Azorín. *Los valores literarios*. Renacimiento, 1913 386
Libros castellanos [Cornelio Hispano; *Anuario
  de la Academia Colombiana*; R. Uribe Escobar] 388
Libros castellanos [Leopoldo Lugones] 397

A Clara María Mira González; a mis padres
Rafael Rubiano Padilla y Gloria Estela Muñoz,
a mi hijo Miguel Ángel Rubiano Hincapié

A la familia Gómez Botero, a Adriana Botero
y Magdalena Gómez Botero

ESTA EDICIÓN

Para esta edición de las contribuciones de Baldomero Sanín Cano a *Hispania* se ha hecho una selección que busca proporcionar al lector de hoy una visión representativa de los motivos y temas distintivos del ensayista colombiano, como son el descrédito de la democracia representativa, el imperialismo creciente, la arrogancia del capital, la cultura de masas, la injusticia social, el papel desorientador de la prensa, la función marginal del arte, la destrucción del medio ambiente, la unión intelectual hispanoamericana, la burda guerra de Guillermo II. Por razones editoriales se renunció a la primera intención de publicar toda su producción ensayística aparecida en *Hispania*, porque el volumen de páginas y su alto costo hacían imposible la edición.

Hemos procedido a actualizar la ortografía para una mejor comunicación con el lector contemporáneo. Se han suprimido, sobre todo, las tildes en los monosílabos (como á, é, ó, fé), que eran corrientes hace un siglo, e igualmente se ha procedido a actualizar las toponimias (como *Balkanes* por *Balcanes* o *el Austria* por simplemente *Austria*), conforme se usa hoy en día. Hemos respetado el contenido de los textos, su extensión y en general su forma de separar los párrafos. Solo hemos agregado algunos pies de página, de estricta necesidad, según nuestro entender. De este modo creemos que estamos entregando un producto fidedigno, actualizado y modernizado de los textos tomados directamente de los originales de la publicación londinense.

I. Revista *Hispania*: aspectos, trayectos e itinerarios de un impreso continental

REVISTA *HISPANIA*: MEMORIA Y VIGENCIA DE UN PROYECTO POLÍTICO CULTURAL HISPANOAMERICANO

> *Entonces como ahora, en las conversaciones y en los artículos periodísticos se hablaba del veloz avance de la técnica, la globalización, de los progresos en el ámbito de la comunicación y de los cambios que afectaban el entramado social; entonces como ahora, dejaba su sello en la época la cultura del consumo de masas; entonces como ahora, la sensación de vivir en un mundo en imparable aceleración, de estar lanzándose a lo desconocido, era arrolladora... La velocidad y la euforia, la angustia y el vértigo fueron más recurrentes entre 1900 y 1914, años en que las ciudades aumentaron a toda prisa de tamaño y las sociedades se transformaron.*
>
> Philipp Blom
> Años de vértigo: cultura y cambio en Occidente, 1900-1914

Hispania fue más que un impreso de divulgación, porque fue un proyecto político cultural de algunos colombianos que no solamente anhelaban darle unidad al espacio entendido como hispanoamericano —incluida España, naturalmente—, sino que también se propusieron construir desde el exilio —no por casualidad la revista se publicaba en Londres— una patria común, un hogar fraterno y un entorno de diálogo entre los ciudadanos de América, revitalizando la idea bolivariana de la *utopía de América* como patria de la humanidad y de la justicia. Dos años después de cumplirse el primer centenario de las independencias latinoamericanas, esta publicación vio la vida, el 1 de enero de 1912, y se cerró el 27 de junio de 1916, tras el fallecimiento de su creador y fundador, el liberal radical colombiano Santiago Pérez Triana (1858-1916). Para poder hacer un registro de lo que significó *Hispania*, para acercarla con una fuerte aproximación a los lectores de hoy, en su esencia y su vitalidad, es decir, para darle sentido contemporáneo, es imprescindible recorrer sus 1637 páginas de modo completo e íntegro; bajo esta circunstancia, es posible examinarla y otorgarle el valor que se merece. En este sentido vale la pena recordar las palabras de Rafael Gutiérrez Girardot, obviamente con ciertas reservas, a propósito de los estudios y las investigaciones sobre el papel y el rol de las revistas en nuestro país y, por extensión, en nuestro continente, en particular en su relación con la historia social o cultural, e incluso con la historia intelectual:

> A diferencia de la mayoría de las revistas literarias europeas del siglo pasado [XIX], las hispanoamericanas no estaban financiadas por una editorial que garantizara la continuidad de la revista y la independencia del grupo fundador. Ello implica plantear preguntas muy diferentes de las que se plantean en el análisis de esas revistas [...] Ante la carencia de tal multitud de datos, el análisis de la gran mayoría de las revistas hispanoamericanas tiene que reducirse al análisis empírico de la revista misma, es decir: no operar con un método elaborado para la época del surgimiento de la comunicación de masas como el "análisis de contenido", sino obtener de la revista misma las preguntas, que, junto con las que plantea un grupo de revistas contemporáneas, se condensen en uno o varios tipos y contribuyan a establecer una lista de documentación que ha de buscarse en otros archivos posibles.[1]

Si bien las apreciaciones de Gutiérrez Girardot tuvieron vigencia, desde entonces hasta el día de hoy se ha avanzado de modo decisivo en el estudio de las revistas en el contexto latinoamericano.

---

[1] Rafael Gutiérrez Girardot, "Tres revistas colombianas de fin de siglo", en *Boletín Cultural y Bibliográfico del Banco de la República*, n.º 27, vol. 28, Bogotá, 1991, p. 5.

En los últimos años, la profusión de investigaciones, que se han publicado sobre la función social de las revistas hispanoamericanas, sus nexos y vínculos con aspectos de la vida política, cultural, social o intelectual, es manifiesta, y en ese aparente campo desierto, pese a la precaria organización, sistematización y microfilmado de los archivos, a la débil atracción e interés universitario —más en el caso de Colombia— o a la insuficiente institucionalización por medio de los estudios o las investigaciones sobre América Latina, el interés por este tipo de publicaciones ha crecido de modo inusitado en varias latitudes, en especial en algunos países latinoamericanos. Este avance se debe al vigor creciente de la historia intelectual en América Latina.

Por ejemplo, en un libro clásico de Boyd G. Carter, *Las revistas literarias de Hispanoamérica*,[2] del año 1959, se hace un listado y una clasificación de las revistas hispanoamericanas, lo que ya delataba un profundo interés y una preocupación por su significación. Si bien el trabajo de Carter es parcial, se lo puede estimar como pionero en su ramo, porque brinda unas claves y rutas en el análisis del papel de la revistas para la historia social o cultural del subcontinente latinoamericano. Además, construye una serie de enfoques metodológicos y hace un balance o itinerario de las más destacadas revistas de un siglo a otro en el contexto latinoamericano, lo que constituye un esfuerzo nada despreciable, y menos aún insignificante, para el momento en que se publicó esa investigación.

Una detallada mirada a las "Palabras preliminares", y en especial a su sección titulada "Breve historia de las revistas literarias de Hispanoamérica: datos, enfoques, valores, problemas", en cuyo capítulo primero ("Revistas y periódicos: enfoques y problemas del investigador") se establece un itinerario de análisis y de investigación, tan oportuno como pertinente para cualquier estudioso que desee entrar al campo, deja en claro que allí se perfila un panorama sobre los asuntos sobre los que hay que reflexionar y que hay que analizar, que resultan adecuados para el investigador:

---

[2] Boyd Carter G., *Las revistas literarias de Hispanoamérica*, México, Ediciones de Andrea, 1959.

Las revistas literarias han cumplido y siguen cumpliendo una función de destacada importancia en el desarrollo de la vida cultural de los países civilizados. Sin embargo, es tal vez en las naciones hispanoamericanas, donde han obrado ellas con más potente eficacia cultural. En estos países han agrupado en torno suyo categorías de actividades literarias que habrían sido imposibles sin la accesibilidad de sus páginas [...] [y agrega:] No menos importante que la publicación de obras de escritores nacionales que tratan del desarrollo de la vida cultural de Hispanoamérica, fue el papel catalizador estético, intelectual y cosmopolita que desempeñaban algunas revistas literarias al igual que periódicos diarios y a veces periódicos de publicación semanal o intermitente. Hay que notar, además, que la longevidad de la publicación tenía poco que ver con el alcance de su influencia.[3]

Carter periodiza, cita y recoge una bibliografía básica de consulta e investigación. Además, señala trabajos destacados en el campo, como el de Gustavo Adolfo Otero *El periodismo en América*;[4] el de Jesús Álvarez Timoteo y Ascención Martínez Riaza *Historia de la prensa hispanoamericana*,[5] y un indispensable libro, el de Carlos Galván Moreno titulado *El periodismo Argentino*[6] —todos ellos en conexión con los problemas latinoamericanos—, que si bien se refieren a los diarios, por su amplitud y radio analítico se conectan con las revistas, o con la producción cultural e intelectual del subcontinente. Además, Carter incluye una base rica y generosa de estudios localizados.

A partir de lo expuesto, es menester distinguir que existen algunas obras pioneras, en un rango que se ocupa de las publicaciones latinoamericanas, y es de notar que en la última década,

---

[3] *Ibid.*, pp. 13 y 15.

[4] Gustavo Adolfo Otero, *El periodismo en América: esquema de su historia a través de la cultura Latino-Americana (1492-1946)*, Lima, Empresa Editora Peruana, 1946.

[5] Jesús Álvarez Timoteo y Ascención Martínez Riaza, *Historia de la prensa hispanoamericana*, Madrid, Mapfre, 1992.

[6] Carlos Galván Moreno, *El periodismo argentino: amplia y documentada historia desde sus orígenes hasta el presente*, Buenos Aires, Claridad, 1944.

en nuestro entorno continental han aparecido publicaciones que ya dan muestras de la constancia y la solidez que van adquiriendo las revistas como objeto de investigación y de reflexión científica. Este panorama de Carter, tan sucintamente expuesto, nos aboca a actualizar los estudios más recientes, nada marginales y que se conectan de modo estrecho con la notabilidad que tuvo el impreso fundado por los colombianos a principios del siglo XX.

Al respecto, valga mencionar los trabajos de Aimer Granados,[7] Alexandra Pita,[8] Patricia Funes,[9] Lydia Elizalde,[10] Carlos Marichal,[11] Paula Bruno[12] y Yolanda Segnini,[13] entre muchos otros. Esta producción se vincula de modo estrecho con el campo más amplio de la historia intelectual latinoamericana,[14] que en los últimos tiempos

---

[7] Aimer Granados (coord.), *Las revistas en la historia intelectual de América Latina: redes, política, sociedad y cultura*. México, Universidad Autónoma Metropolitana-Juan Pablos, 2012.

[8] Alexandra Pita González, *La unión latino-americana y el boletín "Renovación": redes intelectuales y revistas culturales en la década de 1920*, El Colegio de México-Universidad de Colima, 2009; *Pensar el antiimperialismo: ensayos de historia intelectual latinoamericana, 1900-1930*, México, Colegio de México-Universidad de Colima, 2012.

[9] Patricia Funes, *Salvar la nación: intelectuales, cultura y política en los años veinte latinoamericanos*, Buenos Aires, Prometeo, 2006.

[10] Lydia Elizalde (coord.), *Revistas culturales latinoamericanas, 1920-1960*, México, Universidad de Morelos, 2008.

[11] Aimer Granados y Carlos Marichal, *Construcción de las identidades latinoamericanas: ensayos de historia intelectual, siglos XIX y XX*, México, Colegio de México, 2009.

[12] Paula Bruno, *Pioneros culturales de la Argentina: biografías de una época, 1860-1910*, Buenos Aires, Siglo XXI, 2001; *Visitas culturales en la Argentina, 1898-1936*, Buenos Aires, Biblos, 2014; *Sociabilidades y vida cultural: Buenos Aires, 1860-1930*, Quilmes, Universidad Nacional de Quilmes, 2014.

[13] Yolanda Segnini, *La editorial América de Rufino Blanco-Fombona: Madrid, 1915-1933*, Madrid, Libris, 2000.

[14] Carlos Altamirano (dir.), *Historia de los intelectuales en América Latina*, Buenos Aires, Katz, 2008 (vol. 1), 2010 (vol. 2); Hugo Cancino Troncoso, Susanne Klengel y Nanci Leonzo (eds.), *Nuevas perspectivas teóricas y metodológicas de la historia intelectual de América Latina*, Frankfurt am Mein, Vervuert, 1999; Aimer Granados, *Temas y tendencias de la historia intelectual en América Latina*, México, Universidad Michoacana de San Nicolás-Universidad Nacional Autónoma, 2010; Adriana Arpini M., Clara Alicia Jalif de Bertranou y Marcos Olalla (edits. y coords.), *Diversidad e integración en nuestra América: de la modernización a la liberación (1880-1960)*, Buenos Aires, Biblos, 2011.

ha conseguido situarse en el terreno de los estudios de las ciencias sociales. Ahora, en nuestro país, la bibliografía existente sobre las revistas como objeto de estudio e investigación es limitada, si se compara con lo que se viene publicando en otras latitudes. Efectivamente, en Colombia no se alcanza a tener la envergadura lograda en otros países, pues algunos esfuerzos han sido motivados más por preocupaciones individuales,[15] y han forjado un camino que ha influido en diversas trayectorias, cuyo propósito ha sido buscar una posible regulación e institucionalización científica de este objeto de estudio, en particular del tema de las revistas y de los intelectuales que participan en ellas.

La poca o débil atención prestada en Colombia al estudio de las revistas ha sido una de las sombras de las ciencias sociales, y en particular de los estudios históricos y culturales del país. Apenas viene cimentándose, como en el caso del papel que cumplen o han cumplido los intelectuales, el oficio de editor, la publicidad, e incluso la indagación sobre la función cultural de las traducciones, de las reseñas o de la correspondencia que aparecieron en dichas revistas en los siglos XIX y XX.

La verdad, es muy poco lo que se puede encontrar en nuestro medio sobre estos temas, y si algo es necesario comentar, en particular sobre la revista *Hispania*, es que al analizar sus temáticas y contenidos, que tuvieron en su momento una incidencia latinoamericana e incluso mundial, es que ella fue sin duda un impreso de espíritu cosmopolita e internacional, como queda demostrado por la circulación que tuvo, por la divulgación o por las reseñas

---

[15] Son dignos de mención, incluidos los trabajos al respecto de Rafael Gutiérrez Girardot, los siguientes: Jorge Orlando Melo, *Las revistas culturales en Colombia* (2008); Andrés Holguín Holguín, "Literatura y pensamiento: 1886-1930", en *Nueva historia de Colombia*, vol. 6, Bogotá, Planeta, 1989; Juan Gustavo Cobo Borda, "Literatura colombiana, 1930-1946", en *Nueva historia de Colombia*, vol. 6, Bogotá, Planeta, 1989; Gonzalo Cataño, "La revista contemporánea", en *Revista contemporánea, 1904-1905*, Bogotá, Universidad Externado de Colombia, 2006. Sin remitirse expresamente a las revistas (las hubo notables, como *Cuadernos Colombianos*), cabe considerar, por el contexto particular estudiado, el libro de Juan Guillermo Gómez García *Cultura intelectual de resistencia: contribución del "libro de izquierda" en Medellín en los años setenta*, Bogotá, Ediciones desde Abajo, 2005.

que se le hicieron en diarios y revistas del mundo, e incluso si se explora quiénes escribieron y contribuyeron en sus 54 números, como se verá más adelante.

Es inaudito, o mejor, inexplicable que, pese a su peso político y cultural como órgano de opinión hispanoamericana, a *Hispania* se la mencione muy al margen, que no se haya hecho un trabajo de investigación y que se halle hasta el día de hoy, excepto por una tesis de maestría[16] y por un artículo,[17] en una invisibilidad inmerecida (o explicable en un medio académico indescifrable) o en detestable enclaustramiento en los estantes de algunas bibliotecas del país, sin recibir la atención que se merece.

No sobra señalar, también, que sobre muchas otras revistas de este estilo en Colombia —*La Miscelánea, Gris, Vida Literaria, Trofeos, Cultura, Universidad, Revista de América, Pan, Revista de las Indias, Crítica, Universitas*, por mencionar las que no se han estudiado minuciosamente, y valga reparar que en algunas de ellas participó Sanín Cano—, no existe hasta el momento una investigación pormenorizada, completa y detallada. Algunas revistas del siglo XX tienen sus referentes de investigación, y se les han destinado agudas y valiosas observaciones, como *Voces*,[18] *Mito*,[19] *Eco*,[20] *Argumentos*,[21] y quizás algunas más.

---

[16] Gildardo Castaño Duque, *Una Latinoamérica universal: contribuciones de Baldomero Sanín Cano (1861-1957) en la revista Hispania (1912-1916)*, tesis de grado para el título de magíster en Literatura Colombiana, Medellín, Universidad de Antioquia, 2014.

[17] Gildardo Castaño Duque, "Revista *Hispania* (1912-1916): presencia cultural colombiana en la vida intelectual europea", en *Utopías móviles: nuevos caminos para la historia intelectual en América Latina*, Medellín, Diente de León-Universidad de Antioquia, 2014.

[18] Ramón Illán Bacca, *Voces: 1917-1920*, Barranquilla, Universidad del Norte, 2003.

[19] Polo Rivas, *Revista Mito: vigencia de un legado intelectual*, Medellín, Universidad de Antioquia, 2010; Pedro Sarmiento Sandoval, *La revista Mito en el tránsito de la modernidad a la postmodernidad literaria en Colombia*, Bogotá, Instituto Caro y Cuervo, 2006.

[20] Sonia Elyeye Echeverry, *La evolución de la literatura colombiana a través de la revista Eco*, Cali, Universidad del Valle, 1963.

[21] Juan Carlos Celis Ospina y Rafael Rubiano Muñoz (coords.), *Rubén Jaramillo*

Ahora, es obligado decir que de *Hispania*, proyecto de opinión pública continental, fundada por Santiago Pérez Triana y concebida ya en el año de 1901[22] por este diplomático, analista político y destacado líder y pensador liberal colombiano, aparece mencionada, de modo circunstancial, cuando se habla de su fundador,[23] o cuando se han realizado prólogos[24] sobre las obras de Sanín Cano. Se la ve referenciada en las mismas entrevistas[25] que concedió este último o en las semblanzas[26] que se le hicieron sobre su personalidad y trayectoria.

Vélez: argumentos para la ilustración contemporánea, Bogotá, Siglo del Hombre Editores-GELCIL, 2014.

[22] Santiago Pérez Triana, *Discurso en el banquete Sociedad de Beneficencia Iberoamericana de Londres*, 4 de mayo de 1901.

[23] Sergio Elías Ortiz, *Santiago Pérez Triana*, Bogotá, Kelly, 1971, p. 69.

[24] Juan Gustavo Cobo Borda, "Prólogo", en *El oficio del lector*, Caracas, Biblioteca Ayacucho, 1977, p. 28, y "Prólogo", en *Escritos*, Bogotá, Instituto Colombiano de Cultura, 1977, p. 21.

[25] De las entrevistas concedidas por Sanín Cano a las que se puede acceder, y donde se menciona la revista *Hispania* y cómo fue su participación en ellas, cabe destacar las siguientes: "De Núñez a Sanín Cano", por Guillermo Manrique Terán, en *El Tiempo*, Bogotá, 1 de julio de 1932; "Una hora con Sanín Cano", por Juan de las Indias, en *El Tiempo*, Bogotá, 30 de mayo de 1937; "Baldomero Sanín Cano", por Edgardo Salazar Santacoloma, en la revista *Sábado*, n.º 4, Bogotá, agosto de 1943; "Baldomero Sanín Cano", por Jaime Posada, en la revista *Sábado*, n.º 122, 1945, pp. 1 y 14; "Baldomero Sanín Cano, su vida y su obra: un reportaje", por Jaime Posada, en *El Tiempo*, Bogotá, 27 de junio de 1946; "El lado humano de los personajes: Baldomero Sanín Cano", por Jorge Cabarico Briceño, en *El Tiempo*, Bogotá, 10 de noviembre de 1946; "Baldomero Sanín Cano me dijo", por Luis Enrique Osorio, en *Vida, Revista de Arte y Literatura*, Bogotá, Compañía Colombiana de Seguros, n.º 40, noviembre de 1941, pp. 26-29 y 34-35.

[26] Son muchas las semblanzas publicadas sobre Sanín a lo largo de su vida y luego de su muerte. Por los personajes intelectuales que escriben, son de resaltar las siguientes, entre las más destacadas: "Lecciones de Sanín Cano", Jorge Zalamea, en *El Tiempo*, Bogotá, 21 de septiembre de 1935, p. 1; "El retrato del maestro", Germán Arciniegas, en *El Tiempo*, Bogotá, 21 de septiembre de 1935, p. 1; "Baldomero Sanín Cano", Luis Alberto Sánchez, en *Escritores representativos de América*, Madrid, Gredos, 1976, pp. 98-111; "Los 76 años del maestro", Alberto Lleras Camargo, en revista *Pan*, Bogotá, n.º 14, junio de 1937, p. 102; "Sanín Cano, vigía de la cultura", Jaime Posada, en *Revista de América*, n.º 13, enero de 1946, pp. 86-88; "En los 90 años del maestro", Hernando Téllez, en *Revista de América*, n.º 73, Bogotá, julio-noviembre de 1945; "El glorioso viejo", Arturo Uslar Pietri, en *Revista de América*, n.º 73, Bogotá, julio-noviembre de 1945; "Sanín Cano en la cultura de América", en

Como se recordará, y aquí es imprescindible darle el contexto más apropiado a su nacimiento, la idea de una revista de aspiración continental, de expresión y de debate público que se centrara en los asuntos de Colombia e Hispanoamérica, surgió en Pérez Triana a partir de un discurso que pronunció en el año de 1901, en el salón de la Sociedad de Beneficencia Iberoamericana, en Londres.[27] El discurso comienza con la presentación titulada "Vientos que soplan", en la que Pérez Triana (intelectual perseguido por el regente de la restauración ultraconservadora Miguel Antonio Caro) comenta que los diarios *Spectator* y *Saturday Review* publican algunas ideas corrientes y muchos prejuicios sobre los pueblos latinoamericanos. Pérez Triana se refiere expresamente a dos artículos[28] fechados el 20 de abril y el 27 de abril de 1901, respectivamente, en los que se habla de la riqueza natural que ofrece ese vasto territorio, pero se sobreentiende que es una tierra fértil y sus pobladores tan o más incivilizados, porque no han podido dominar o explotar los bienes que ofrece su variada naturaleza. En esos dos artículos se señalan la fragilidad política, la corrupción y el desgobierno como los antivalores y las actitudes "habituales" de los países latinoamericanos, y se consideran sus males más recurrentes y comunes la incapacidad de explotar todos sus abundantes recursos geográficos y naturales.

En esos diarios se habla también, según indica Pérez Triana, de la ignorancia de los ciudadanos latinoamericanos, e incluso de su incapacidad para dominar sus tierras y recursos, lo que se expresa en concordancia con las apreciaciones ya citadas. Se recalca que debido a esas carencias, es viable la intervención y la invasión por los dos imperios civilizados más poderosos y fuertes del momento, el norteamericano o el británico, que constituyen las potencias coloniales y que serían los países destinados a explotar y colocar sus gentes en estas tierras.

Revista de América, n.º 18, Bogotá, junio de 1946; "Sanín Cano o el último humanista colombiano", Germán Arciniegas, en *Revista de América*, n.º 42, Bogotá, junio de 1948.

[27] Santiago Pérez Triana, "Discurso pronunciado en el banquete de la Sociedad de Beneficencia Iberoamericana de Londres", *op. cit.*, p. 12.

[28] *Ibid.*, pp. 4-6.

A esta "voracidad imperialista"[29] —para utilizar una de las expresiones que se utilizaron en la primera nota editorial de *Hispania*,[30] escrita por el ferviente bolivariano Cornelio Hispano—,[31] a estas inaceptables ambiciones, se opone con vehemencia Pérez Triana. Agrega que el imperialismo y el colonialismo de la época practicado por algunos países del globo son actitudes que van en contra de la libertad, la soberanía, los derechos y la justicia de los pueblos latinoamericanos y, por lo demás, deshonran su emancipación e independencia.

En su discurso, Pérez Triana advierte de modo impetuoso que la manera de contrarrestar y interponer diques políticos, ideológicos e incluso culturales a esas oprobiosas tentativas internacionales es apelar a la unidad hispanoamericana. De allí que en un aparte del discurso argumente sobre la importancia del papel del idioma como eje central para confrontar esas actitudes:

> Me he extendido acaso demasiado al hablaros del idioma porque ese es el vínculo supremo de todos nuestros pueblos ibéricos de aquende y de allende el Océano. Los otros idiomas que ellos hablan distintos del de Castilla, se asemejan tanto a él, que lo que de uno se dice, está dicho de los otros; son armonías formadas por unos mismos elementos melódicos con variaciones que no constituyen divergencias sustanciales, y que dejan en pie el antiguo aforismo de que entre íberos no hay linderos.

Y de modo inmediato amplía sus reflexiones y, procurando un plano de igualdad cultural y correspondencia política horizontal entre España y sus excolonias americanas, sostiene que

---

[29] "Voracidad imperialista", en revista *Hispania*, n.º 1, Londres, enero de 1912, p. 6 (s. a.).

[30] Cornelio Hispano, "Notas editoriales", en revista *Hispania*, n.º 1, Londres, enero de 1912, pp. 1-2.

[31] Años más tarde Cornelio Hispano (Ismael López) daría a la prensa, por primera vez en 1912, el inestimable documento *Diario de Bucaramanga* del oficial bolivariano Luis Perú de Lacroix, testigo de los sucesos de la desgraciada Convención de Ocaña (1828).

El idioma es pues el vínculo supremo entre nuestras nacionalidades. De lo que él es, he tratado de daros una idea; y el mensaje que he creído oportuno en la ocasión y digno de vosotros, es éste: es preciso robustecer por cuantos medios sean posibles, la unión de todos nuestros pueblos para asegurarles la vida como una individualidad definida y precisa en la gran corriente humana; para que aprovechen en favor de la libertad y de la justicia los inagotables elementos que la Providencia les ha deparado, y para que sean un factor consciente y poderoso en la vida universal... Hoy las Iberias de aquende y de allende el Océano deben mirar de frente al porvenir, unidas para el esfuerzo vivificante en el pasado por la comunidad de tradiciones; en el futuro, por la identidad de ideales.[32]

Esta idea, como se verá más adelante, se transmite íntegramente en el número inaugural de la revista *Hispania*, del 1 de enero de 1912, en su página editorial. No obstante, el camino o el trayecto a esa unidad por medio del idioma pasaba por la publicación de una revista. Desde su estancia en Europa en 1894, ya exiliado, luego de ser perseguido y sindicado por el régimen de la Regeneración (1885-1903) conservadora dirigida por los políticos Rafael Núñez (1825-1894) y Miguel Antonio Caro (1843-1909), Pérez Triana convino en crear un medio de opinión pública en el que se pudieran verter los pensamientos y las reflexiones de los colombianos e hispanoamericanos sobre su situación en el mundo.

Con mayor precisión, el intelectual perseguido ofreció otra conferencia en Londres, en 1905,[33] en la Unión Ibero-Americana. En esa ocasión expuso en conjunto los problemas de la unidad e integración hispanoamericana, examinando la significación del largo proceso que va de la Independencia de los territorios de América hasta la guerra hispano-estadounidense de 1898. En esa

---

[32] Santiago Pérez Triana, "Discurso pronunciado en el banquete de la Sociedad de Beneficencia Iberoamericana de Londres", *op. cit.*, pp. 12-13.

[33] Santiago Pérez Triana, "Conferencia en la Unión Ibero-Americana", en *Revista Contemporánea (1904-1905)*, Bogotá, Universidad Externado de Colombia. 2006, pp. 641-648.

oportunidad insistió en el papel del idioma y en la necesidad de dar a conocer la opinión pública de los hispanoamericanos ante las condiciones geopolíticas del momento. La asertiva actividad de Pérez Triana entre los círculos literarios e intelectuales españoles y sus vínculos diplomáticos con destacados políticos sur y centroamericanos conformaron un ámbito social en el que desarrolló su intensa tarea, pese a las penurias y dificultades económicas que debió afrontar, como se indica en su corta biografía. El boyacense Pérez Triana (hijo del expresidente radical Santiago Pérez de Manosalba) se esforzó en darles impulso a sus anhelos de editar y publicar una revista con ese generoso sentido, es decir, un impreso hispanoamericano para el mundo. Para lograrlo, pese a las penurias, debió recurrir a su talento y a sus amistades de antaño:

> Vinieron luego para Pérez Triana días de ruda faena, ora en París, ora en Londres, según se lo imponían las actividades a que se dedicaba en lucha por ganarse el pan en el exilio. Entendemos que los trabajos a los que más se dedicó fueron los relacionados con la industria editorial: traducciones, notas, correcciones, negocios de librería, comisiones, sin dejar por ello de colaborar en revistas y periódicos de España, Francia e Inglaterra, unas veces con su firma completa, otras en forma anónima o [bajo] seudónimos que más tarde había de emplear en la revista *Hispania* [...] De esta precaria situación vino a sacar a Pérez Triana un antiguo amigo suyo, el doctor Rafael Zaldívar, expresidente de la República de El Salvador, con quien en otro tiempo había mantenido correspondencia sobre proyectos de una vía férrea y otras empresas. Ahora en 1900, Zaldívar pasaba por París, con destino a Madrid, como jefe de la delegación de su patria a un congreso hispanoamericano de sociología y economía y como necesitaba que lo asesorase [una] persona de gran versación en las cuestiones que se iban a tratar en esa conferencia, instó a Pérez Triana a que lo acompañase como secretario.[34]

---

[34] Sergio Elías Ortiz, *Santiago Pérez Triana*, op. cit., pp. 69-88.

Y en ese contexto recuerda Baldomero Sanín Cano sobre la situación de Pérez Triana y el proyecto de la revista *Hispania*:

> El gobierno de Carlos E. Restrepo le nombró en 1910 enviado extraordinario y ministro plenipotenciario de Colombia en la Gran Bretaña. Su desempeño sirvió para ensanchar sus relaciones en Londres y para hacer conocer mejor al país por él representado [...] Al abandonar la diplomacia, Santiago dedicó toda su actividad a procurar la fundación de una revista. Necesitaba su organización espiritual tener un medio constante de comunicación con las gentes. Sus relaciones con hacendistas y políticos, considerablemente difundidas por entonces, le hicieron fácil procurarse la suma no insignificante de libras esterlinas necesarias para iniciar una empresa que había sido una aspiración de su vida. *Hispania*, nombre de su primera tentativa editorial en Madrid, fue el de la nueva publicación en Londres, recibida con aplauso en los dos continentes y Gran Bretaña. Tuvo el director de la revista la buena suerte de que en ese momento residieran en aquel centro algunos colombianos de quienes se esperaba y suministraron colaboración afectuosa. Vivía en Londres José María Núñez Uricoechea, hombre de conocimientos prácticos y escritor pulcro sobre cosas de hacienda. Estaba de secretario de la legación de Colombia Saturnino Restrepo, pluma experta y crítico sagaz. Un grande amigo de Pérez Triana, Tomás O. Eastman, paseaba su escepticismo orgánico, su ansia de saber y su bondad ingénita por el ambiente fuliginoso de Londres. Eastman quiso compartir con Pérez Triana la aventura de ilustrar a las gentes. Vivía también en Londres Enrique Pérez Lleras, cuya experiencia de editor y periodista en Bogotá sirvió en un principio para lanzar el periódico a los peligros de la publicidad. Colombianos de París coadyuvaban también, y algunos españoles residentes en Londres, como Araquistáin y Faustino Ballvé, ensanchaban el círculo de colaboradores, sin contar con que amigos personales y admiradores de Santiago en España, como Unamuno, Pérez de Ayala, Sánchez Rojas y otros, acudieron a ensanchar los horizontes ideales de la revista.[35]

---

[35] Baldomero Sanín Cano, "Hombres que he conocido: Santiago Pérez Triana",

Como se puede notar en la confesión de Sanín Cano, *Hispania* fue una revista de intelectuales políticos y diplomáticos que nació en el exilio. Surgió en el exilio, porque años atrás se había instaurado un régimen conservador dictatorial que persiguió rudamente a los liberales radicales, como lo recuerda Sanín Cano.[36] El remanso de la presidencia del conservador moderado Carlos E. Restrepo —el primer presidente colombiano procedente de la región antioqueña— abría la ocasión de crear esta revista, como años antes, bajo la del general Rafael Reyes, se publicó *Contemporánea* (1904-1909), siendo el mismo Sanín Cano el pulmón de esta empresa intelectual.[37]

Ahora, no deja de ser paradójico que entre los muchos colombianos que viajaron al exterior a finales del siglo XIX, y específicamente a Londres, estuviera Rafael Núñez —instigador y perseguidor de los Pérez, padre e hijo—, quien residió en Liverpool como ministro plenipotenciario desde 1869, regresó al país en 1874 como senador por el estado de Bolívar y se convirtió en el líder y

---

en *Revista de América*, n.º 2, Bogotá, febrero de 1945, pp. 292-303. Dos anotaciones: la primera, *Hispania* parecía repetir la plana de la Biblioteca Americana de Andrés Bello y Juan García del Río, publicada en 1823, en Londres, gracias a los beneficios económicos del empréstito otorgado por el Gobierno inglés al delegado de San Martín, el cartagenero García del Río; la segunda, el conservador republicano Carlos E. Restrepo, al llegar al poder (1910-1914), mantuvo una línea conciliatoria con el liberalismo, a diferencia de la línea dura e intransigente de Caro y compañía. De esa postura ideológica se beneficiaron intelectuales liberales anteriormente fugitivos del régimen de la Regeneración; de hecho, en ese interregno fue nombrado Sanín Cano ministro plenipotenciario en Londres.

[36] Jaime Posada, "Baldomero Sanín Cano", *op. cit.*, 1945, p. 1.

[37] La *Revista Contemporánea* fue un ejemplo de la apertura de ideas, en el marco de la Regeneración, tras el doble trauma causado por la sangrienta y devastadora guerra de los Mil Días (1899-1902) y la pérdida de Panamá (1903). El primer artículo de esta revista, "El porvenir del castellano", de Sanín Cano, era una inteligente y elegante respuesta a la torpeza cultural del régimen regeneracionista y a la impotente pretensión de monopolizar la vida cultural de la nación, metida en el saco rancio de la fe escolástica. Por lo demás, una aguda interpretación del papel de los intelectuales en las presidencias de Rafael Reyes y Carlos E. Restrepo la ofrece "La vida política después de Panamá", del sociólogo Darío Mesa. En *Manual de historia de Colombia*, tomo 3, Bogotá, Procultura, 1992, pp. 83-176.

abanderado de un régimen político que planteó una "utopía hacia atrás",[38] como señala Gutiérrez Girardot.

Esa "utopía hacia atrás" significaba abandonar los proyectos hasta entonces vigentes de modernidad política y de avance jurídico ideológico e intelectual instaurados por los "liberales" del llamado "Olimpo Radical" (era una denominación despectiva) mediante el sistema federal y la Constitución ultraprogresista de 1863.[39] En ese marco, como muy bien lo describe y analiza Charles Bergquist,[40] se incubó la reacción conservadora. Esta estuvo unida a episodios relativos a la estructura agroexportadora del país (la crisis del tabaco y del añil, que ponía en riesgo la economía agroexportadora de los comerciantes burgueses representantes del liberalismo hacia 1870, y el auge del café, que sería el motor del proteccionismo), pero no menos a un desgate interno del liberalismo como consecuencia de la guerra llamada *de las Escuelas* (1876-1877). Esta guerra, que es el trasfondo de *El padre Casafús* (1889), de Tomás Carrasquilla, deterioró de tal modo los términos de confianza y convivencia nacional, que pese al triunfo de las tropas liberales, el estatus constitucional de 1863 y, en general, el federalismo radical tenían sus días contados.[41] Para esta cruzada antiliberal fue decisiva la intervención permanente del

---

[38] Rafael Gutiérrez Girardot, *Temas y problemas de una historia social de la literatura hispanoamericana*, Bogotá, Cave Canem, 1989, pp. 69-70.

[39] Lázaro Mejía Arango, *Los radicales: una historia política del radicalismo del siglo XIX*, Bogotá, Universidad Externado de Colombia, 2007.

[40] Charles Bergquist, "La economía colombiana en el siglo XIX", en *Café y conflicto en Colombia (1886-1910): la guerra de los Mil Días, sus antecedentes y consecuencias*, Bogotá, Áncora, 1999, pp. 29-51.

[41] Sobre la época del federalismo véase Helen Delpar, *Rojos contra azules*, Bogotá, Tercer Mundo, 1994; Robert Louis Gilmore, *El federalismo colombiano: 1810-1858*, tt. I y II, Bogotá, Universidad Externado de Colombia, 1964; Jaime Jaramillo Uribe, *El pensamiento colombiano en el siglo XIX*, Bogotá, Temis, 1974; Lázaro Mejía Arango, *Los radicales: historia política del radicalismo del siglo XIX*, Bogotá, Universidad Externado de Colombia, 2007; Rubén Sierra Mejía (ed.), *El radicalismo colombiano en el siglo XIX*, Bogotá, Universidad Nacional, 2006; Álvaro Tirado Mejía, *Aspectos sociales de las guerras civiles en Colombia*, Bogotá, Colcultura, 1976, y *El Estado y la política en el siglo XIX*, Bogotá, El Áncora Editores, 2001; José de la Vega, *La federación en Colombia (1810-1912)*, Bogotá, ABC, 1952.

papa Pío IX por medio de altos prelados fanatizados —entrenados en Roma—, como el obispo de Pasto (proclamó, para oponerse demostrativamente a la de París, la "comuna católica" de Pasto) Manuel Canuto Retrepo.

Para contrarrestar la política liberal se proclamó "no más *laissez faire*" y el curso forzoso de la moneda emitida por el Estado, a favor del centralismo autoritario y presidencialista de Núñez, y luego de Caro, y contra el libre pensamiento (que encarnaba la Universidad Nacional, creada en 1867), se señaló una vía de restauración eclesiástica, neoconservadora, inspirada por la reacción peninsular de Cánovas del Castillo (fue la Restauración de 1875-1923), pero reforzada en nuestro país para que el catolicismo no careciera de un mecanismo de autocontrol doctrinal, con el fin de imponer, así, una brutal doctrina contenida en el manifiesto *La restauración del tomismo*, de 1881. Las luchas antiliberales contra el radicalismo federal encontraron en esta redefinición de la nación escolástica-tomista la cúspide del proyecto restaurador carista.[42]

El entorno de la Regeneración afectó sustantivamente las aspiraciones y deseos intelectuales de Sanín Cano, pues el ambiente sórdido y hermético que rodeó su llegada a Bogotá, en 1885, se conjugó con el señalamiento, la sindicación y el odio a todo pensamiento que estuviera por fuera del canon católico conservador tomista (León XIII había proclamado el tomismo doctrina papal en su encíclica *Aeternis Patri*, de 1879). De modo que Rafael Núñez fue presidente de Colombia durante cuatro periodos: 1880-1882; 1884-1886; 1887-1888 y 1892-1894.

Y durante esos mandatos —en Londres obtuvo una imagen, que ya había percibido en Liverpool, de los desastres generados por el capitalismo—, Núñez dedujo que era necesario contraer, amortiguar y disminuir su impacto en Colombia, por lo que retornó

---

[42] Christopher Abel, en *Política, partidos e Iglesia en Colombia*, Bogotá, Universidad Nacional, 1987, ofrece un panorama histórico sobre la injerencia abusiva de la Iglesia colombiana en la vida política del país, al atizar las diferencias ideológicas de los partidos (que apenas comenzaron a desvanecerse con el Frente Nacional, a partir de 1958) y ser parte activa en las guerras, y en general en la violencia colombiana, en los siglos XIX y XX.

al país con una actitud radical —ya no liberal, ideología a la que perteneció con anterioridad— y severamente católico y conservador, ante un país decididamente orientado por el régimen liberal federal, al que atacó con esta famosa frase, pronunciada como presidente del Congreso, el 1 de abril de 1878: "Hemos llegado a un punto en que estamos confrontando este preciso dilema: regeneración administrativa o catástrofe".[43]

La Regeneración[44] significó una vuelta al tradicionalismo hispano católico, que se cumplió efectivamente en 1885, al desatarse la guerra civil entre los liberales y conservadores, y con la anuencia y alianza de conservadores radicalizados y adeptos a la ideología retardataria de Rafael Núñez. En esta coyuntura fueron derrotados los liberales radicales del régimen federal y la Constitución de 1863; a cambio de las amplias libertades públicas, del flexible juego de los poderes regionales y la dinámica electoral, se instauró un régimen centralista, presidencialista y despótico que, como lo recuerda Sanín Cano, persiguió, exilió y encarceló a muchos de sus amigos liberales.[45] La Constitución de 1886, concebida por el ultraconservador Miguel Antonio Caro (se dice que fue redactada en la sacristía de la catedral), quien ejerció la presidencia entre 1894 y 1898, se convirtió en un instrumento de tortura, con cierto toque inquisitorial, aplicado a todo lo que se sustrajera a la estricta ortodoxia católica.

El Concordato que la secundó, firmado con la Santa Sede al año siguiente, era la pieza complementaria de esta armazón ideológica, que aseguraba la fe católica como la única de la nación, que proponía a la Iglesia como gestora de la política educativa (conforme el magisterio de la Iglesia), para lo cual aprobó los programas y suministró los textos escolares, y que encargó a las

---

[43] Gustavo Otero Muñoz, *Un hombre y una época: la vida azarosa de Rafael Núñez*, Bogotá, ABC, 1951, p. 81.

[44] Gonzalo España, *La guerra civil de 1885: Núñez y la derrota del radicalismo*, Bogotá, El Áncora, 1985; Rubén Sierra Mejía, *Miguel Antonio Caro y la cultura de su época*, Bogotá, Universidad Nacional, 2002; Darío Mesa Chica, *Miguel Antonio Caro: el intelectual y la política*, Bogotá, Universidad Nacional, 2014.

[45] Edgardo Salazar Santacoloma, "Baldomero Sanín Cano", *op. cit.*, p. 1.

autoridades eclesiásticas la "promoción" social y humana de los indígenas y de las zonas marginadas del país. Es decir, a la Iglesia de la Regeneración se le atribuían las tareas civilizadoras pendientes del conquistador Jiménez de Quesada y sus descendientes.

Nacido en la región minera de Rionegro (Antioquia) en 1861, en el seno de una familia de artesanos, Baldomero Sanín Cano se encargó de su propia formación —algo casi connatural a nuestra intelectualidad más brillante, de Andrés Bello o Domingo Faustino Sarmiento, a Juan Montalvo o Rubén Darío—, atendiendo en especial al aprendizaje de idiomas modernos y una cultura científica y matemática que le sería de gran provecho práctico. En 1885 abandonó el Liceo Caldas (en Titiribí, pueblo de Antioquia, fue maestro en 1880 y se trasladó a Medellín en 1881), donde impartía cursos básicos, como consecuencia de la destrucción que la guerra había hecho al plantel educativo. Viajó a Bogotá, y en esta capital ejerció el oficio, por demás modesto, de administrador del tranvía, que le enseñó la maestría con que se deben cuidar las bestias de tiro.

En Bogotá (la paramuna Santafé de Bogotá, donde no descansaba de llover, como se recuerda en *Cien años de soledad*), Sanín Cano entabló una estrecha, íntima y mutuamente muy provechosa amistad con un poeta modernista, el *dandy* José Asunción Silva. Esta amistad memorable, quizá una de las más significativas en la tradición intelectual colombiana, se alimentó del intercambio de favores. Mientras Sanín Cano traducía al poeta fragmentos de las obras de Nietzsche, directamente del alemán, y trataba de despejar las dudas sobre el funcionamiento de la máquina del universo, Silva dulcificaba la estadía en la gris capital con sus versos, que el pragmático ensayista antioqueño llegó a conocer de memoria, al punto de que, una vez ocurrido el suicidio del desgraciado autor del *Nocturno* (Silva se suicidó a los treinta años, el 24 de mayo de 1896), este conocimiento sería la garantía de la fidelidad de su poemario.

Por lo demás, Sanín Cano, como la generación de liberales de esa época (Rafael Uribe Uribe, José Antonio "Ñito" Restrepo, Carlos A. Torres, Vargas Vila), experimentó el cerco ideológico cultural del conservadurismo de la Regeneración. Basta pensar que la dura censura se hizo sentir cuando publicó una nota crítica sobre las poesías del presidente Núñez: se le clausuró el periódico y prácticamente se lo mandó a callar.[46] No fue sino hasta veinte años después que Sanín Cano se pudo desfogar con su ya comentado ensayo "El porvenir del castellano", de 1904.

El viaje a Londres, en 1909, en compañía del depuesto presidente Reyes (de quien fue ministro de Finanzas), constituyó una experiencia decisiva. Allí, en contacto con ese mundo cultural diverso e intenso de antes de la Primera Guerra mundial, y en estrecha relación con una intelectualidad continental, pudo sacar provecho de sus enormes conocimientos acumulados. Fácilmente fue perceptible para la sociedad de lectores y el mundo de hombres de letras que frecuentó, tanto latinoamericanos como ingleses (fue el caso del hispanista James Fitzmaurice-Kelly o el legendario escritor, político y aventurero morrisiano Robert Bontine Cunninghame Graham apeló por la clausura de la Cámara de los Lores, la educación gratuita y el voto universal) que se trataba de una personalidad superior.

La capital británica, que era por ese entonces, como escribe el elegante Joaquim Nabuco (el más elegante escritor brasilero del siglo XIX), por su "tono de majestad y soberanía", la "dignidad concentrada", "el reposo en su confianza", "el aire concentrado" y "la urbanidad de maneras",[47] fue el centro urbano de esa sociabilidad que hizo posible la empresa intelectual de *Hispania*. La revista fue la concreción de esa inteligencia superior en acción al lado de otras inteligencias en acción, gracias a la cual hombres como Pérez Triana, Saturnino Restrepo, Max Grillo, Cornelio Hispano, Enrique Pérez Lleras y Guillermo Manrique Terán adquirirían una experiencia de cosmopolitismo abierto, en contacto con la modernidad plural de Londres. Se trataba de una asunción

---

[46] Sanín Cano recuerda que en la época de la Regeneración, en 1888, su periódico *La Sanción* fue censurado y clausurado. Edgardo Salazar Santacoloma, "Baldomero Sanín Cano", *op. cit.*, pp. 1 y 14.

[47] Joaquim Nabuco, *Mi formación*, Caracas, Biblioteca Ayacucho, 2000, pp. 84-85.

de la modernidad intelectual sin los remilgos y desgarramientos nacionalistas —sea dicho de paso— que tanto daño hizo a la Generación española del 98.

No es inaudito hacer la comparación: mientras Rafael Núñez gira al conservadurismo en Inglaterra, para otros letrados colombianos, como Carlos Arturo Torres[48] o Alejandro López[49] —con quien Sanín Cano se topó en la capital inglesa—, y muchos otros reconocidos personajes que incidieron en el pensamiento y la vida intelectual del país, Londres fue cuna de sus alientos, impulsos y esfuerzos de modernidad y de ilustración, de cambio y de transformación experiencial y cultural. No así para Núñez —Miguel Antonio Caro nunca salió del país—, que al regresar a Colombia, luego de beneficiarse en sus cargos diplomáticos dados por el radicalismo, se tornó en el más letal enemigo de sus favorecedores, en el más agresivo e intolerante sepulturero del proyecto liberal e ilustrado del país.

La afortunada coincidencia de que en Londres residieran personalidades heterogéneas y divergentes pensadores de Colombia y de España, y muchos otros de Hispanoamérica, entre los que se debe incluir a los argentinos, propiciaría un entorno óptimo: ese sería un espacio de incitación que, como se ha venido estudiando en la actualidad sobre el papel de las revistas en la historia social o cul-

---

[48] En 1924, Sanín Cano concedió una entrevista acerca del *liberalismo y el socialismo* en Colombia. Allí se dice que "Al estrechar, en despedida, la mano de Sanín Cano, le manifestamos el propósito de escribir algo sobre nuestra conversación. —Muy bien, nos dice. Aunque nada nuevo le he dicho. Son cosas que están en el ambiente... Algo que se nos olvidaba: Sanín Cano manifiesta que, durante su estadía en Colombia, no intervendrá activamente en política. Se muestra enemigo de la conversión de la deuda exterior en los actuales momentos, en que ha subido considerablemente el precio del dinero, y refiere que de la misma opinión es el doctor Alejandro López, con quien habló del asunto en un viaje de Londres a París. Viajó a Londres en 1920 y fue nombrado cónsul en Londres en 1930". "Entrevistas de 'El Curioso Impertinente' con Baldomero Sanín Cano", en *El Espectador*, "Suplemento Literario Ilustrado", Bogotá, 20 de noviembre de 1924, pp. 1-2. Alejandro López escribió uno de los libros de mayor impacto en Colombia y que de seguro conoció Sanín Cano: *Problemas colombianos* (1927).

[49] Carlos Arturo Torres viajó a Europa en 1905, primero a Inglaterra y después a España. En Madrid publicó su obra *Idola fori*, de 1909.

tural, brindó la posibilidad de fundar un escenario de opinión y de debate en el que se dinamizaron las actividades culturales, e incluso intelectuales, como aquellas que iban orientadas a la realización de banquetes,[50] cátedras,[51] conferencias,[52] asociaciones y congresos,[53]

---

[50] Durante su estancia en Europa se registraron variados acontecimientos, como los banquetes a los que asistió Sanín Cano, entre los que se destacan los siguientes: banquete en la Casa de España en honor del ministro del Uruguay, don Nicolás María de Urgoiti, en Londres (se hace referencia a la presencia de Sanín Cano en el periódico *La Voz, Diario Independiente de la Noche*, n.º 73, Madrid, septiembre de 1920); banquete en honor al pintor argentino Quinquela Martín, realizado en el círculo de Bellas Artes con motivo de la exposición de su obra en Madrid, y al que asistió Sanín Cano (periódico *Heraldo de Madrid*, sábado 5 de mayo de 1923, p. 2); banquete ofrecido por el cuerpo diplomático de Bolivia a los reyes de España, con presencia de Sanín Cano (periódico *El Sol*, Madrid, domingo 10 de junio de 1923; se reseña la asistencia de Sanín Cano en la fiesta del periodismo hispanoamericano); banquete en honor de D. Luis Mitre y del diario *La Nación* de Buenos Aires (*El Sol*, Madrid, 26 de abril de 1923); banquete de despedida de Baldomero Sanín Cano por su viaje a Buenos Aires y su incorporación a la redacción del diario *La Nación* (diario *Heraldo de Madrid*, Madrid, lunes 20 de octubre de 1924, p. 3).

[51] Reseña de las conferencias sobre España en la Universidad de Cambridge, curso de verano, julio y agosto, con conferencia sobre la historia de la literatura y el arte de España; participó Sanín Cano (en *Diario de la Época: Últimos Telegramas y Noticias de la Tarde*, Madrid, martes 13 de julio de 1920; en el periódico *La Acción: Diario de la Noche*, Madrid, viernes 23 de julio de 1920). Conferencias en Londres; participaron Salvador de Madariaga, embajador de España, y Baldomero Sanín Cano (en el diario *La Ilustración Española y Americana*, Madrid, 30 de julio de 1920). Conferencias en Londres; se mencionan importantes personalidades del mundo diplomático e intelectual, entre los que se incluye el nombre de Sanín Cano (en *Nuevo Mundo: Revista Popular e Ilustrada*, Madrid, n.º 1395, 8 de octubre de 1920).

[52] Conferencia "El periodismo americano", por Sanín Cano (periódico *Heraldo de Madrid*, Madrid, viernes 16 de marzo de 1923, p. 2. Varias conferencias interesantes en la Casa de Cisneros; se reseñó la conferencia de Sanín Cano sobre periodismo hispanoamericano (en el diario *El Sol*, Madrid, viernes 16 de marzo de 1923, p. 4). Conferencia "Las revoluciones hispanoamericanas", por Sanín Cano, en el salón de la Unión Iberoamericana (en el diario *Heraldo de Madrid*, Madrid, viernes 12 de abril de 1924).

[53] En un amplio campo bibliográfico, de Sanín Cano se reseñan su intervención sobre el papel y la divulgación del libro, sobre asociación de escritores hispanoamericanos (en el periódico *El Sol*, Madrid, sábado 24 de junio de 1922); también se reseñan las discusiones sobre la industria y el papel del libro en Hispanoamérica, y se propone un congreso sobre este tema (en periódico *La Época*, Madrid, viernes 23 de junio de 1922); se abre el debate sobre la propuesta de Sanín Cano de realizar un congreso hispanoamericano (en el periódico *El Sol*, Madrid, sábado 13 de enero de 1923); carta de Sanín Cano en la que propone

e ineludiblemente publicaciones,[54] de las que fue partícipe asiduo Sanín Cano.

Modernidad y cosmopolitismo, errancia y trashumancia, tolerancia y humanismo: todas estas actitudes y valoraciones se conjugaron con las profusas e intensas actividades desarrolladas en Londres, como lo recuerda con insistencia Sanín Cano,[55] o como se puede colegir de algunos registros aparecidos en la prensa española de la época, como las referenciadas en las pasadas notas a pie de página. Y es de resaltar el hecho singular de que estos dos colombianos, Pérez Triana y Sanín Cano, hayan coincidido en Londres y, a la sombra de su amistad, hayan compartido convicciones y principios intelectuales. Sobre este aspecto es pertinente recordar las palabras de Sanín Cano:

---

abrir el debate sobre la situación de España e Hispanoamérica a escala mundial, propuesta para un congreso (en *El Sol*, Madrid, 9 de enero de 1923).

[54] Antes de viajar a Londres en 1909, y ya residiendo en Europa, Sanín Cano publicó una variedad de artículos: "Horrible historia", en *La Ilustración: Revista Hispano-Americana*, n.º 521, Barcelona, 26 de octubre de 1890, pp. 678-679; "Papel de la literatura en la fraternidad hispano-americana", en *Nuestro Tiempo: Revista Mensual Ilustrada, Ciencias, Artes, Política y Hacienda*, n.º 14, Madrid, febrero de 1902; "La lengua internacional", en *Nuestro Tiempo: Revista Mensual Ilustrada, Ciencias, Artes, Política y Hacienda*, n.º 39, Madrid, marzo de 1904, pp. 352-357; "Dos pueblos absorbidos: Finlandia y el imperio de Corea", en *Revista Hojas Selectas*, n.º 106, Barcelona, octubre de 1910, pp. 945-949; "Nueva campaña de Mr. Teodoro Roosevelt", en *Revista Hojas Selectas*, n.º 108, Barcelona, diciembre de 1910; "Londres en tiempos de guerra", en *Revista Hojas Selectas*, n.º 145, Barcelona, enero de 1914, pp. 1139-1141; "La aurora de un mundo nuevo: nostalgia del campamento", en *Revista España*, n.º 223, Madrid, 17 de julio de 1919, pp. 6-8; "Justicia Rerum", en *Revista España*, n.º 235, Madrid, 9 de octubre de 1919, pp. 8-9; "Un humorista sudamericano", en *Revista España*, n.º 359, Madrid, 3 de marzo de 1923, pp. 4-5; "La poesía de la mendicidad", *Revista España*, n.º 352, Madrid, 13 de enero de 1923; "La actitud de Lugones", *Revista España*, n.º 387, Madrid, 15 de septiembre de 1923; "Un bardo político y la ley de prensa", *Revista España*, n.º 403, Madrid, 5 de enero de 1924, pp. 5-8; "La anécdota, su valor documental", en el periódico *La Voz*, Madrid, 15 de diciembre de 1924, p. 3.

[55] Edgardo Salazar Santacoloma, "Baldomero Sanín Cano", *op. cit.*, p. 1.

La necesidad, madre de la industria

¡Qué tal si no hubiera estudiado inglés por mi cuenta, en la superintendencia del tranvía! Tuve esa arma, por fortuna, y me puse a buscar trabajo. Hacía traducciones, enseñaba español, daba conferencias, y entré luego al cuerpo de redacción de *Hispania*, el periódico que fundó Santiago Pérez Triana. Más tarde, gracias a una recomendación de mi íntimo amigo James Fitzmaurice-Kelly, fui nombrado profesor de lengua y literatura española en la Universidad de Edimburgo. Volvía otra vez al profesorado, que había sido la mayor ilusión de mi juventud; pero en tierra extraña y en lengua extraña. Fue amargo para mí pensar que aquel esfuerzo, si algo valía, no iba a beneficiar a mis muchachos de Titiribí, o a contribuir al desarrollo de mentes tan portentosas como las de Cadavid y Zea Uribe...

Pero al fin y al cabo, mi viacrucis terminaba. El prestigio que me dio la cátedra universitaria hizo que, al estallar la guerra europea, *La Nación* de Buenos Aires me nombrara su corresponsal en Londres, y que al terminar el conflicto estableciera allí bajo mi dirección una agencia de informes periodísticos. A los tres años la misma empresa me envió a Madrid, donde me relacionó con todos los periodistas y literatos de la época de Araquistáin: Valle Inclán, Díez Canedo, Ortega y Gasset, Julio Camba, Rivas Cheriff; en fin, todos los que lograban prestigio en ese momento.[56]

Pero como una vez más afirma Sanín Cano, fue en Londres, en la casa de Pérez Triana,[57] donde trabó amistad y estrechó lazos con los españoles e hispanoamericanos, incluso con los ingleses ya mencionados Fitzmaurice-Kelly y Cunninghame Graham, el periodista español A. G. Gardiner, entre muchos otros, también colaboradores de *Hispania*. Pero como lo refiere arriba, a medida que establecía esos vínculos y amistades, ensanchaba sus propósitos y actividades, de modo que de ser diplomático en Londres (1911-

---

[56] Luis Enrique Osorio, "Baldomero Sanín Cano me dijo", *op. cit.*, pp. 26-29.
[57] Jaime Posada, "Baldomero Sanín Cano", *op. cit.*, 1946, p. 14.

1914), pasó a ser redactor y representante del diario *La Nación* de Buenos Aires —en Londres de 1914 a 1923, en Madrid de 1923 a 1924 y en Buenos Aires desde 1925 a 1931—, e incluso escribió para algunas revistas de Londres, y en particular se desenvolvió en la cátedra en Edimburgo, Oxford y Cambridge. Adquirió un reconocimiento y una relevancia que resultan notorios cuando se escudriña su injerencia en *Hispania* y otras actividades suyas, y ese reconocimiento le abrió un mundo. Gracias a ello se forjó un lugar en el ambiente cultural e intelectual hispano-londinense, como lo refiere en otra entrevista:

Londres y el asfalto

En enero de 1909 me envió [el presidente Rafael] Reyes a Europa con una misión; llegué a Londres en febrero, y en marzo se produjeron los movimientos que culminaron en el retiro de Reyes. Quedé, pues, en Londres sin poder regresar y en el asfalto.
¡Cómo fue de fecundo para mí el asfalto!
Volví a dar clases y a hacer traducciones, pero como me sobraba tiempo, pedí una boleta permanente en la biblioteca de Londres. Allí almorzaba y tomaba el té. Leía todo el día. Lo que sé lo aprendí en esos años. Reanudé mi interrumpida carrera de maestro. Entré de lleno al periodismo en *Hispania*, Revista de Santiago Pérez Triana. Conocí a los literatos hispanistas, especialmente a Cunninghame Graham y Fitzmaurice-Kelly. Fui profesor dos años de lengua y literatura española en la Universidad de Edimburgo, y entré, en el año de 1914, durante la guerra, al servicio de *La Nación* de Buenos Aires, primero como corresponsal, luego como agente, al principio en Londres; después como director de las oficinas en Madrid; por último, como miembro de la redacción en Buenos Aires, hasta que al fin, volví a mi tierra.[58]

El "encuentro londinense", ya fuera a causa del exilio o a la sensación de sentirse "extraño", unida a la urgencia, o mejor, al anhelo

---

[58] Juan de las Indias, "Una hora con Baldomero Sanín Cano", *op. cit.*, p. 7.

de la "patria común", del "hogar propicio", potenció la "amistad" entre algunos hispanoamericanos y españoles, que no quedó exclusivamente circunscrita al ámbito consular o diplomático, sino que se amplió a actividades que, como la de participar y colaborar en revistas, se hicieron constantes y se consolidaron con los años. Vale de nuevo citar las palabras de Sanín Cano para situar estas circunstancias:

> Como corresponsal de ese diario [*La Nación*], estaba entre mis obligaciones la de leer diariamente en su parte editorial, de noticias y de información literaria, el mayor número posible de los diarios londinenses. De rigor tenía que enterarme de cuanto decían sobre estas materias *The Times*, *The Dialy Mail*, *Dialy Express* y *Morning Post*. Contemplada de lejos, esta diaria tarea puede parecer un entretenido y aun deleitable ejercicio… La prensa europea de los años anteriores a la Primera Guerra Mundial pasará a la historia por uno de los adornos más severos y característicos, de una civilización declinante, sin saberlo. En Londres, en un rincón de "Piccadilly Circus", no lejos del "Café Royal", había una humilde tienda donde se ofrecían diariamente a la venta todos los diarios de Europa acabados de llegar. Los había en todas las lenguas y dialectos, de esa por entonces supercivilizada parte del mundo. Allí acudían los rusos en busca del *Golos*, los checos a comprar el *Narodny Listy*, los suecos a enriquecer su conocimiento con el *Dagens Nyhetter*, los catalanes iban a comprar la *Esquela de la Torraxa*, y todo el mundo salía contento.[59]

Escritores, diplomáticos, literatos, políticos, artistas e intelectuales españoles e hispanoamericanos, entre muchos otros, concurrían —según añade Sanín Cano— a esa parte de Londres, y entre el quiosco y el café se alentaban las tertulias, se imaginaban los próximos proyectos editoriales, se discutían los asuntos y problemas de actualidad de Europa y de Hispanoamérica. Hay un

---

[59] Baldomero Sanín Cano, *De mi vida y otras vidas*, Bogotá, ABC, 1949, pp. 224-226.

registro más de un observador directo de los acontecimientos sobre cómo funcionaba *Hispania* en Londres; se trata del testimonio de Guillermo Manrique Terán,[60] quien, entre otras circunstancias, fue colaborador en la revista. Él comenta:

> Hemos citado a Londres por la circunstancia feliz y un tanto remota de que en aquella ciudad gratísima, ceñida de nieblas propicias al desarrollo de toda germinación cerebral para espíritus que se respeten, nos fue dado conocer personalmente a Sanín Cano en la redacción de *Hispania* en aquel segundo o tercer piso de Southampton Row donde la genialidad mefistofélica y festiva de Santiago Pérez Triana hacía de las suyas dentro de un grupo de escritores cuasi-internacionales y al frente de una revista inolvidable, ágil y densa a la par, cuyas páginas abriéronse para nosotros con discreta cordialidad genuinamente colombiana. En aquel medio familiar y gigantesco de la metrópoli —dos dimensiones específicamente londinenses— Southampton Row gozaba por aquellos años de características inconfundibles, tan colombianas como su misma cordialidad, y no era la menos sugestiva el cambio de ideas sobre problemas nacionales cuya total diversidad de apreciación, no desprovista de hostil y combativa eficacia, era harto fácil y aun divertido establecer para un pequeño turista desinteresado con el mismo esfuerzo muscular de tramontar de la redacción de *Hispania* al siguiente piso, donde un grupo de funcionarios consulares de Colombia, tan caballerescos y amables como sus vecinos, hacían la disección de épocas pretéritas y de días contemporáneos.[61]

Porque más allá del proyecto editorial que implicaba el impreso, *Hispania* fue una comunidad y un espacio de intereses y de expecta-

---

[60] Guillermo Manrique Terán, "La alegría flamenca", en revista *Hispania*, n.º 23, Londres, noviembre de 1913, p. 817; "El futurismo en acción", en revista *Hispania*, n.º 24, Londres, diciembre de 1913, pp. 854-855; "El parque de Tervueren", en revista *Hispania*, n.º 28, Londres, abril de 1914, p. 1020; "Maurice Maeterlinck", en revista *Hispania*, n.º 31, Londres, julio de 1914, p. 1136; "Al margen de la cuestión obrera", en revista *Hispania*, n.º 32, Londres, agosto de 1914, p. 1164-1166.

[61] Guillermo Manrique Terán, "De Núñez a Sanín Cano", *op. cit.*, p. 4.

tivas para un grupo de personajes que se identificaron con algunos temas —sin implicar un consenso absoluto, naturalmente— como el de la unidad e integración de los pueblos de habla española, en un contexto donde las heridas causadas por la intervención norteamericana todavía estaban abiertas. La guerra contra España de 1898 por el dominio de los últimos restos coloniales —Filipinas, Cuba y Puerto Rico—; la separación de Panamá de Colombia y su consecuencia, la pérdida del Canal, en 1903; la intervención de los Estados Unidos en México, entre otros eventos, volcaron a sus equipos intelectuales a reflexionar sobre la angustiosa hora, e *Hispania* no estaba ausente cuando se trataban estos asuntos.

Esta reacción antiimperialista y la consecuente afirmación de la unidad cultural de los pueblos de lengua española eran los aglutinantes decisivos de *Hispania*, como ya hemos afirmado. Esta publicación era ocasión, y a la vez causa y efecto, de un renacer literario, de una puesta en escena pública de múltiples y multiplicados encuentros de esta especie de universidad móvil. La universalidad del empeño ancló y propició el medio *Hispania*, que de alguna manera encontró sus afinidades con el activismo cultural que distinguió, por ejemplo, a México poco antes de la Revolución mexicana y que se tradujo en la creación de revistas como *Savia Moderna*, *Nosotros*, el Ateneo de la Juventud y, sobre todo, la cristalización institucional de esa efervescencia intelectual, a saber, la creación, por Justo Sierra, de la Universidad Nacional de México.[62]

Hispania y sus antecedentes históricos: las ideas y sus hombres se exilian y viajan (Londres, 1810-1912)

El proyecto intelectual de *Hispania* no nadaba solitario y sin rumbo en el mar tormentoso de los tiempos y de la época. Londres fue

---

[62] Este ambiente rico y fecundo se puede recrear en la correspondencia —que en realidad es como el cemento unitivo de la cultura hispanoamericana del siglo XX y la base de los estudios de nuestra vida intelectual— entre Pedro Henríquez Ureña y Alfonso Reyes. Véase *Epistolario íntimo*, 3 tomos, Santo Domingo, 1983; véase también *Nosotros: la juventud del Ateneo de México, de Pedro Henríquez Ureña y Alfonso Reyes a José Vasconcelos y Martín Luis Guzmán*, México, Tusquets, 2014.

justamente el hogar de algunos de los más recurrentes proyectos literarios o político-culturales que, como proceso acumulado, fue incitado e impulsado por latinoamericanos, que alentados por una reinterpretación del proceso de la Independencia y las posibilidades de la emancipación, concibieron la urgencia de establecer un contorno y unas condiciones para el buen gobierno, y en especial para la ilustración de sus ciudadanos, como base de la creación de las nuevas repúblicas.

Ese aliento y esa aspiración ya tenían un norte, que se había erigido con la "Carta de Jamaica"[63] del Libertador Simón Bolívar, escrita en Kingston el 6 de septiembre de 1815. Como es sabido, en este documento fundacional de nuestro constitucionalismo republicano, Bolívar postula una ruptura radical con la dominación española, plantea la necesidad de la unión e integración continental superando las barreras regionales y locales, proyecta la idea de una "patria común" latinoamericana y garantiza la pluralidad étnico-cultural de nuestros pueblos.

La Carta bolivariana se encuentra precedida de otros documentos de la emancipación política y cultural, como el de la "Carta dirigida a los españoles americanos"[64] del jesuita peruano Juan Pablo Viscardo y Guzmán, la que justamente cayó en manos de Francisco de Miranda en Londres y fue traducida al español como estandarte para presidir la independencia (Miranda la portaba en su frustrada invasión de Coro en 1806). La Carta de Viscardo (¿tuvo contacto con el traductor de los *Derechos del Hombre*, el neogranadino Antonio Nariño?) se puede tener como primer reclamo abierto y manifiesto de la emancipación continental, y se unió a la serie de escritos polémicos de fray Servando Teresa de Mier,[65] que se inician con el ingenioso, y en apartados estrambótico, sermón en la Colegiata, del 12 de diciembre de 1794.

---

[63] Simón Bolívar, "La carta de Jamaica", en *Doctrina del Libertador*, Caracas, Biblioteca Ayacucho, 1985, pp. 55-75.

[64] Juan Pablo Viscardo y Guzmán, *Carta dirigida a los españoles americanos*, México, Fondo de Cultura Económica, 2004.

[65] Fray Servando Teresa de Mier, *Ideario político*, Caracas, Biblioteca Ayacucho, 1978.

Esta tradición intelectual —solo para mencionar contados ejemplos— se articula a una variedad de manifiestos encaminados a darle trayectoria al ideal bolivariano de la *utopía de América*, que cobra asiento y determinación en la publicación de la revista *Hispania*. *Hispania* recogía el hilo de esa tradición de inconformes, como se puede colegir de sus contenidos y editoriales, y de sus posiciones ideológicas ante el imperialismo y el colonialismo norteamericano y europeo, que es atacado y confrontado por los miembros de la revista en sus artículos.

Hispania puede reclamar otro antecedente, quizá más preciso. En Londres, un siglo antes, Andrés Bello y Juan García del Río, ambos estrechamente vinculados con la labor y tarea de la emancipación, crearon y fundaron proyectos literarios que se conjugaron con los anhelos de separación y de ruptura política de la llamada "Madre Patria". No sin enfrentarse a las ambivalencias o las incertidumbres que esta actitud demandaba en relación con la separación relativa o absoluta de la raíz o tronco heredado del mundo hispánico, la "sociedad de americanos" resalta los puntos nodales de la unión hispanoamericana.

En efecto, las revistas *La Biblioteca Americana* (1823) y *El Repertorio Americano* (1826-1827), de Bello y García del Río, fungieron como bastiones comunicativos político-culturales de las independencias latinoamericanas, que ante las débiles condiciones institucionales y el extendido analfabetismo, fundaron las bases del público lector continental y quisieron afianzar una opinión pública democrática que superara el monopolio que ejercía el Imperio español mediante la Inquisición y la monarquía absolutista de Fernando VII, que aplastaba ese año de 1823 nuevamente la tradición liberal de la Constitución gaditana de 1812.

Mediante estas empresas editoriales se buscaba, pues, forjar la unidad e integración de los pueblos latinoamericanos, y se difundirían las ideas que por medio de la soberanía y de la formación del ciudadano, a partir del idioma y de la lectura, establecerían las bases de las nuevas repúblicas nacidas al mundo con las ideas de justicia, humanismo, libertad e igualdad como valores o virtudes de su constitución y sus leyes. De este modo, los equipos intelectuales se vieron forzados a establecer dichas empresas editoriales. Esta labor de fomento sienta los criterios diferenciadores del Nuevo Mundo independiente, desde su poema augural *Silva a la agricultura de la zona tórrida*, que se puede tener como un fragmento lírico de inspiración virgiliana. La fragmentaria *Eneida* americana de Bello, que es el portal de la Biblioteca Americana, eleva la naturaleza y los actos valientes de la Independencia —sus héroes y batallas—, como el triunfo merecido de un continente de ciudadanos emancipados del yugo colonial español. Este orgullo épico antihispánico será en adelante una marca indeleble del componente de las nacionalidades nacientes americanas.

La *Silva* de Bello, este fragmento de la *Eneida* americana, ajustaba las cuentas culturales con España de un modo "mundano". Con la poesía civil y pedagógica de Bello, América se reconciliaba con su naturaleza física, con su abundancia natural y con su historia nacional. Las nacientes naciones americanas encontraban allí un horizonte secular, natural e histórico inmanente; más aún: Bello identificaba en su poesía nuestro discurrir mundano con el ombligo del mundo histórico: Roma. Este era el fundamento de una filosofía de la historia ilustrada (la había esbozado años atrás en su *Resumen de la historia de Venezuela*), ahora emancipada del yugo colonial. Al soltar los lazos de la dependencia española, América ingresaba por la puerta grande a la historia universal de mano de Anquises, padre de Eneas.

Aunque la empresa de Bello y García del Río tuvo graves tropiezos financieros, la investigadora Flor María Rodríguez afirma:

> Un momento histórico propicio para avanzar hacia la concreción de estos objetivos se presentó entre 1820 y 1823, cuando Londres se convirtió en un centro intelectual de España y aun de Hispanoamérica; allí confluyeron los emigrados de los diversos países hispano hablantes con los diplomáticos de las cinco recién fundadas repúblicas americanas, que detentaban diversos cargos políticos. A causa de la independencia de los países hispanoamericanos se abrió un nuevo mercado para la producción literaria en lengua española, que impulsó tanto la formación activa de grupos

de editores, traductores y autores españoles e hispanoamericanos, como el lanzamiento de valiosas publicaciones que continuaron la labor de sus predecesoras de fin de siglo, en las que se registró el acendrado esfuerzo de estos forjadores por incidir en los grandes acontecimientos culturales y sociales que se efectuaban.[66]

No era fortuito que cien años después, *Hispania*, radicada en Londres, asumiera ese mismo eco de la emancipación independentista que ya había sido cimentada por Bello y García del Río, naturalmente bajo otros contornos y contextos políticos, sociales y culturales diversos, e incluso con una renovada pero fortificada noción de la soberanía y autonomía de los pueblos latinoamericanos. Ya España no era la enemiga, sino que era víctima del colonialismo norteamericano, y aliada de los pueblos latinoamericanos, que soportaban la invasión yanqui.

Por lo demás Pérez Triana y el mismo Sanín Cano se podían identificar con Bello[67] en virtud de las angustias y de las dificultades económicas que padecieron. Como en la época de Bello, había españoles desterrados por la arbitrariedad de la restauración de Fernando VII de 1823 (el general Espoz y Mina, quien al hacer resistencia a la invasión de "Los Cien Mil Hijos de San Luis" era el representante de la España constitucional popular en exilio en Londres, mientras el general Torrijos simbolizaba el lado moderado y aristocrático de los desterrados españoles, residentes casi todos en el modesto Somers Town)[68]. Por su parte, Londres fue,

---

[66] Flor María Rodríguez, "Colombia: Juan García del Río y la Biblioteca Americana (Londres, 1823)", en *Hacia la novela: la conciencia literaria en Hispanoamérica, 1792-1848*, Medellín, Universidad de Antioquia, 1993, pp. 73-85.

[67] Antonio Cussen, "Londres 1810-1829", en *Bello y Bolívar*, México, Fondo de Cultura Económica, 1998, pp. 43-167.

[68] Sobre esta colonia de emigración española en Londres, "desocupada y malcontenta", se tiene el relato medio legible e irritantemente vanidoso de Antonio Alcalá Galiano *Recuerdos de un anciano* (Librería de la Viuda de Hernando, Madrid, 1890). Los enconos políticos, las falsas esperanzas de volver para restablecer la Constitución, la chismografía constante, las estrecheces propias del exilio y los desatinados intentos de retornar a una España constitucional mellan por dentro a esta comunidad desterrada. La casa del exdiputado y exministro Agustín de Argüelles hacía de centro de la tertulia principal, en que la política

un siglo después, refugio e isla del encuentro de hombres unidos por la misma lengua.

En Londres, en 1912, cumplido un siglo de las independencias, como queda dicho, varias coincidencias se cruzaron y emparentaron en el nacimiento de Hispania. El exilio, las labores diplomáticas y el ambiente intelectual y cultural fueron, entre muchas otras, las condiciones con las cuales surgió la idea y el anhelo de crear una publicación que se haría realidad cuando algunos colombianos se agruparon en torno a Santiago Pérez Triana.

Como lo menciona una vez más Manrique Terán,

> Era todo un capítulo histórico de la más alta novedad y trascendencia para quien mirase, con ojos limpios de todo rencor político, el juego nervioso de nuestras pasiones inmemoriales. En aquel recinto hubimos de comprender escasamente la transitoria abstracción de algunos grandes escritores colombianos y continentales contraídos por ese entonces a la corrigenda de Hispania y a su ejercicio de corresponsal de diarios extranjeros; asimismo interpretamos como cabal estructura de su numen aquel caso de relativa inhibición ante "las cosas de la tierra", pero quien tácitamente, "malgré lui", anotaba ansiosamente las pulsaciones de la patria pese a una breve crisis de escepticismo ocasional, muy acorde con el ambiente retrospectivo que lo cercaba. Aquel Londres semi doméstico y reminiscente por nosotros entrevisto conservaba intacto, en un recodo apacible de un edificio sin pretensiones, el sentido de una tradición nativa y ultramarina, en cuanto atañe a la exégesis política de una pequeña democracia americana.

El exiliado en Europa por libre disposición de su idiosincrasia colérica —al modo del flamante señor Vargas Vila— o el trashumante serenísimo como Santiago Pérez Triana, tipoide del gran señor de la bella aventura, tan disímiles bajo otros aspectos de

---

española de Fernando VII dominaba casi por completo la atención. Se publicó el periódico Ocios, que conoció disputas entre Joaquín Lorenzo Villanueva y D. N. Puigblanc, o entre Álvaro Flórez Estrada y José Calatrava; también hicieron presencia intelectual Vicente Salvá y José Joaquín de Mora. El caso americano parecía no existir, ni para bien ni para mal, para los emigrados peninsulares.

su arquitectura mental, se acordaron siempre para formular sin beneficio de inventario, como puntos de reflexión incontrovertibles, algunos postulados políticos y sociales que en el decurso de los años adquirieran eficiencia probatoria, a la manera de la dogmática hindú.[69]

Esas reflexiones circularon, fueron vivaces y de actualidad, incluso en el contexto de la defensa de la unidad e integridad de Hispanoamérica, tuvieron su altavoz y su órgano de opinión, fueron una "resonancia que no derivó en el vacío", y que por lo demás, renovaron una tradición de proyectos político-culturales y editoriales que provenían del siglo XIX, como se ha podido entrever en los anteriores párrafos. El debate público en *Hispania* impulsó los ideales democráticos y la defensa de los valores del pensamiento ilustrado y liberal, y delineó las voces y los argumentos de los miembros y colaboradores de la revista.

Hay un dato sumamente significativo y de peso de la agilidad, prestancia y alcance de la revista *Hispania*: el manejo docto y el dominio de los idiomas modernos. Santiago Pérez Triana sabía inglés,[70] porque estudió y vivió en su adolescencia en Estados Unidos debido a que su padre, Santiago Pérez de Manosalba, fue enviado como ministro plenipotenciario ante el Gobierno estadounidense por el presidente del régimen federal Eustorgio Salgar; el alemán,[71] porque asistió a la Universidad de Leipzig e hizo estudios de doctorado en física y química, que no pudo concluir debido a que no certificaba el latín; y dominaba el francés, por ejemplo por sus contactos literarios, intelectuales y culturales, sus continuos viajes por Europa, y posiblemente el italiano, porque amaba la ópera y llegó a ser cantante en una ocasión.

De Sanín Cano es mejor reproducir sus comentarios al respecto:

---

[69] Guillermo Manrique Terán, "De Núñez a Sanín Cano", *op. cit.*, p. 4.
[70] Sergio Elías Ortiz, *Santiago Pérez Triana*, *op. cit.*, p. 8.
[71] *Ibid.*, p. 13.

Llama mucho la atención su dominio de varias lenguas, don que usted alcanzó sin profesores, según tengo entendido.

Verdad que propiamente no los tuve nunca; llegué a estudiarlos durante los ratos de ocio, que otros suelen dedicar al bridge, al billar...

¿De cuándo acá data esa afición?

A los nueve años sabía francés y leía algunas novelas. Después, al abandonar los claustros de la Escuela Normal de Rionegro, por mi propia iniciativa y disciplina mental que me impuse, llegué a conocer satisfactoriamente el alemán, el danés, el italiano y el latín.

¿Cuál habla y escribe mejor?

Indudablemente el de mi tierra —una sonrisa guasona se interpone, y terminaba— el antioqueño.

¿El inglés?

Claro que lo hablo y escribo; figúrese, ¡14 años de permanencia en Inglaterra! Allí tuve que hacerme un práctico, pues me ganaba la vida escribiendo en el suplemento semanal de *Time*, publicación que aún existe, y además en *Modern Language Review*.

Es notable este autodidactismo y esta fuerza espiritual, ese amor por el estudio y la formación, que antes de disiparse ante las dificultades, se potenciaron en ese exilio. Con el tiempo, lo testifica Sanín Cano en su *Autobiografía*, alcanzó a saber y dominar nueve idiomas (a los mencionados se deben añadir el ruso y el noruego).

Sanín Cano no arribó a *Hispania* sin previas experiencias editoriales y sin algunos recursos intelectuales que, como el de los idiomas, le permitió desenvolverse en aquel medio cosmopolita londinense. Como se puede recordar, Sanín Cano, participó en la *Revista Contemporánea* (1904-1905), que fue un impreso publicado en Colombia y constituyó el antecedente más sólido de la curiosidad y de la participación en proyectos editoriales del ensayista rionegrino. Hay que decir, además, que fue jefe de redacción, cargo que le permitió compartir su empeño y esfuerzo con algunos otros autores que luego colaborarían en *Hispania*, por ejemplo, Max Grillo, el mismo Pérez Triana, Ismael López (Cornelio Hispano) y Diego Uribe, entre otros.

Esta publicación posibilitó la difusión de las traducciones de Sanín Cano, pero sobre todo de los análisis de obras y pensadores europeos, quizá nunca antes comentados en lengua castellana. De este modo se buscó confrontar y superar el cerco de la dominación hispano-católica de la Regeneración (1885-1903) y de sus cultivadores y guardianes, que pretendían fundir al país en la ideología conservadora que aspiraba a mantener intacta la herencia de la mentalidad española ultracatólica y de un tomismo rancio revivido por León XIII y el cardenal Désideré Mercier de Lovaina.

La *Revista Contemporánea* fue, a principios de siglo XX, uno de los esfuerzos culturales más propicios y oportunos, amparados por el régimen de "reconciliación nacional" de Rafael Reyes (1904-1909). Ella está en el centro de la ruptura del monopolio cultural dominante por haber contribuido a reinsertar al país en las corrientes de la modernidad literaria. La *Revista Contemporánea* quiso acercar a la entumecida intelectualidad nacional (el carismo tenía hombres de letras sustancialmente dogmáticos, como Luis María Mora, ferviente devoto de la Virgen de Chiquinquirá) a los letrados colombianos y proponer un modelo de diálogo como antídoto al sectarismo partidista que había hecho de la vida pública del país un infierno.

La *Revista Contemporánea*, que comprendió doce entregas, de octubre de 1904 a septiembre de 1905, propuso un modelo desafiante de trabajo, de escritura, de convivencia intelectual, para exponer los progresos literarios, científicos, históricos y culturales de la época, en un momento de cambio y de transformación en Latinoamérica. Ante el control y el hermetismo ideológico cultural ejercido por medio de la censura, o el señalamiento, a partir de la educación no laica —impuesta por el Estado— y una intelectualidad y círculos que se veían compelidos a la obediencia del régimen, el de la Regeneración, era casi que imposible suponer un conato de innovación, de avance o de alteración en las ideas y corrientes de pensamiento en Colombia a finales del siglo XIX.

Como consecuencia de la guerra de los Mil Días y la mutilación de Colombia, se abrió, paradójicamente, un resquicio en el que podían respirar algunos intelectuales, y una ventana gracias a la cual se podía hablar y pensar de modo diferente. Surgió un espacio de amistades intelectuales inédito, como el que, para recurrir a ejemplos muy visibles, se despertó en México tras el derrumbe del Imperio de Maximiliano, con las veladas organizadas por Ignacio Manuel Altamirano,[72] o en el Perú, tras la pérdida de la guerra con Chile, con las conferencias de Manuel González Prada. En estos ejemplos, traumatismo nacional y renacer literario parecen ir de la mano.

El profundo traumatismo sufrido por la nación colombiana, que hacía peligrar la integridad de la república, se volcó en ese esfuerzo de reconciliación en la elevada atmósfera de la república de las letras, en ese espacio de intercambio de ideas en el cual (como Altamirano en México o González Prada en el Perú, décadas antes) Sanín Cano ejerció un magisterio de benéfica influencia. Esto significó la *Revista Contemporánea*.

No por casualidad la *Revista Contemporánea* se inauguró con el ensayo de Sanín Cano titulado "El porvenir del castellano" (1904), en el que el colombiano confronta la actitud de la Academia de la Lengua —la española— y a personajes como Juan Valera, para quien la conservación y la corrección de la lengua no dependen de quienes la usan, sino más bien de las gramáticas, los gramáticos, los especialistas y la burocracia de la lengua, entes y autoridades que se sienten llamados a ejercer una soberana custodia del idioma mediante una vigilancia que procura mantener usos ortodoxos. En *Hispania*, complementa Sanín Cano esta crítica a la ortodoxia gramatical y a la unilateralidad cultural con un ensayo que desmitifica la figura de Marcelino Menéndez y Pelayo (que incluso

---

[72] La preciosa colección de contribuciones críticas de Ignacio M. Altamirano reunidas en los tres tomos de *La literatura nacional* (Editorial Porrúa, México, 2002), o en su revista *Renacimiento* (1869), o los artículos de Manuel González Prada publicados en *Páginas Libres* durante su autoexilio en París, en 1896, son testimonios literarios de su alta conciencia, con la que, como intelectuales, respondían a los desafíos de una nación hecha trizas. Sobre la situación de Venezuela tras el violento desgarramiento que significó la pérdida de la Guayana Esequiba, mediante laudo arbitral emitido por un jurado compuesto por cinco miembros de origen o intereses anglosajones, respondió César Zumeta con *Continente enfermo* (1899), libro bélico en el que sostiene: "La hora crítica de nuestra existencia nacional nos sorprende desapercibidos a la defensa".

había sido reverenciado infantilmente por Rubén Darío), otro de los adalides conservadores del hispanismo católico e imperial.

Justamente, a la muerte de Menéndez y Pelayo, en mayo de 1912,[73] Sanín Cano revisó las contribuciones del polígrafo español. En su escrito no se rindió a la veneración, adulación y casi idolatría que por el ortodoxo y conservador español manifestaron otros en ese momento, como hizo Antonio Gómez Restrepo con una exposición en la Academia Colombiana de la Lengua, José María Rivas Groot o Miguel Antonio Caro.[74] Por el contrario, Sanín Cano trató la obra, el pensamiento y el estilo de Menéndez y Pelayo con austeridad y con mesura, aunque, también, con la justicia debida. Su crítica trató de desmitificar y desmontar el culto que se le tenía en Colombia, e incluso lo amplía a algunos de los héroes de la gramática, a sus guardianes —españoles y americanos—.

No había antihispanismo en Sanín Cano, es decir, acerbo y gratuito rencor antipeninsular (como en rigor no lo hay en Sarmiento, en Juan María Gutiérrez o en González Prada). Sanín Cano hace justicia a los clásicos españoles:[75] Tirso de Molina, Gracián, Lope de Vega, Miguel de Cervantes; a Jacinto Benavente[76] y, ante todo —sin ceguera o fe—, a Ángel Ganivet[77] o a Benito Pérez Galdós.[78]

Contra esta noción de preservación pétrea —y no de innovación—, contra este ideal de confinamiento y de protección de las reglas gramaticales, Sanín Cano apela al idioma vivo, corriente (aduce en otra parte que el vigor de la prosa de Montalvo descansa

---

[73] Baldomero Sanín Cano, "Una memoria venerada", en revista *Hispania*, n.º 9, Londres, septiembre de 1912, pp. 290-291.

[74] *Homenaje a don Marcelino Menéndez y Pelayo: en el primer centenario de su nacimiento*, Bogotá, Antares, 1956.

[75] Baldomero Sanín Cano, en revista *Hispania*, n.º 3, Londres, marzo de 1912, p. 73.

[76] Baldomero Sanín Cano, en revista *Hispania*, n.º 2, Londres, febrero de 1912, pp. 38-39.

[77] Baldomero Sanín Cano, "Ángel Ganivet", en *La civilización manual y otros ensayos*, Buenos Aires, Babel, 1925, pp. 201-207.

[78] Baldomero Sanín Cano, *De mi vida y otras vidas*, *op. cit.*, p. 286, y Baldomero Sanín Cano, "Libros castellanos", revista en *Hispania*, n.º 6, Londres, junio de 1912, pp. 183-184.

en su desconocimiento de esta ortodoxia artificiosa y que hay como un desencuentro entre creatividad literaria y observancia de una presuntuosa pureza a lo Caro o Cuervo). Más aún: Sanín Cano apela a la historicidad de la lengua, lo que quiere decir cambio y transformación, de modo que los supuestos tradicionalistas celadores de las formas caducas e inveteradas son más estorbo que aliento creativo.

Por eso en *Revista Contemporánea*, que es el primer ensayo que precede a *Hispania*, el castellano colombiano se renueva en su comunicación con otras lenguas vivas por medio de la flexibilidad y su creatividad. No hay que evitar el contagio, porque en el intercambio de las literaturas, de los conceptos vigorosos que ellas portan, se garantiza la única continuidad válida, a saber, la creación. La lengua no es un asunto de disciplina de cuartel o de reglas monásticas; algo de desorden libre y reborujo lúdico le viene bien. De allí que Sanín Cano se propusiera divulgar y difundir, sin rebatir el castellano, a pensadores y escritores extranjeros, como se puede ver en las reseñas publicadas en el presente libro.

Para resumir, la *Revista Contemporánea* fue un impreso que no fue ajeno a esa tarea de "normalizar" el pensamiento colombiano e hispanoamericano y colocarlo a la hora del momento, y de situarse a punto con los ritmos y avances literarios y científicos de su época. Entre otras actividades y funciones sociales, Sanín Cano y otros colaboradores escribieron sobre —y también tradujeron a— reconocidos personajes del pensamiento universal, que fueron de interés y, por lo demás, eran desconocidos en nuestro país: Max Nordau, Friedrich Nietzsche, Grant Allen, Gabriele D'Annunzio, Marcel Schwob, Remy de Gourmont, Sully Prudhomme, Jean-Marie Guyau, Stéphane Mallarmé, Arthur Rimbaud, Émile Zola, Paul Bourget, aparecen entre los principales.

Pese a que la *Revista Contemporánea* desapareció temprano (obraron en su contra problemas financieros, falta de compromiso de algunos socios y colaboradores, ocupaciones políticas del mismo director Sanín Cano),[79] ese impulso no se estancó ni menos aún se

---

[79] Prólogo de Gonzalo Cataño a *Revista Contemporánea (1904-1905)*, Bogotá, Universidad Externado de Colombia, 2006.

petrificó. Ya a finales del siglo XIX, Sanín Cano, dadas las circunstancias y el ambiente cerrado y hermético cultural e intelectual del país, como lo señala en su *Autobiografía*, pensó en el exilio, en el viaje intelectual, para decirlo con Beatriz Colombi.[80] Este viaje era parte del ciclo formativo (lo es para la modernidad literaria desde el modelo *par excellence*, el *Wilhelm Meister* de Goethe); no era huida ni desarraigo, sino anhelo y aspiración a ensanchar sus miradas frente a Colombia y el mundo. Precisamente la ocasión se dio, y Reyes envió a Sanín Cano a Londres en enero de 1909 (tenía 48 años), y llegó el 12 de febrero a la capital inglesa.

Estando Sanín Cano en Londres en 1909, en el segundo semestre de ese año, por la abdicación del general presidente Reyes, a quien defendió en su obra de gobierno[81] —ambos, Rafael Reyes y Sanín Cano, hicieron un balance del llamado "quinquenio Reyes", que Sanín publicó en libro con el título *La administración Reyes*—,[82] se le notificó su insubsistencia en el cargo y debió sobrevivir enseñando español y escribiendo para las publicaciones de Londres, como también para diferentes medios y en diversos impresos de los países europeos. Pero no fue lo anterior experiencia en el vacío: su proceso acumulado se pudo verter a las letras con su incorporación a la revista *Hispania*.

Hispania: un órgano de opinión latinoamericana

En el n.º 5 de *Hispania*, publicado el 1 de mayo de 1912, aparece por primera vez la sección "*Hispania* y la prensa". En esta sección se ofrece una estimación que de la revista tuvieron otros impresos del mundo. Esta sección es de suma importancia, por cuanto revela

---

[80] Beatriz Colombi, *Viaje intelectual: migraciones y desplazamientos en América Latina (1880-1915)*, Rosario, Beatriz Viterbo, 2004.

[81] En una carta enviada a Luis Bonafoux, Sanín Cano le escribe a propósito del debate sobre el gobierno de Reyes, tenido como caudillesco y dictatorial, "Desde Londres. Por el general Reyes", carta de Baldomero Sanín Cano con fecha de 12 de mayo de 1912, en *El Heraldo de Madrid*, lunes 18 de mayo de 1914, p. 1.

[82] Baldomero Sanín Cano, *La administración Reyes (1904-1909)*, Lausana, Jorge Bridel, 1909.

el radio de influencia que tuvo la revista en una escala global; esta sección divulga, al mismo tiempo, los vínculos y las conexiones que estableció en el mundo en esa época. Valga resaltar que la revista cuenta también con una pequeña cuadrícula, al final de sus páginas, donde se menciona a sus "agentes", quienes, como se indica en su primer número, eran las personas encargadas de la publicación y fueron sus vendedores, promotores y distribuidores en sus respectivos países[83] de Sur y Centroamérica.

Varias son las notas que destaca la redacción sobre cómo era percibida *Hispania* en distintos lugares, y también sobre cuál era la dimensión que ella constituyó como órgano de opinión hispanoamericana en ese momento. No obstante, *Hispania* no estuvo exenta de críticas y de confrontaciones, pues se fundó en los principios de "libre pensamiento y expresión" de sus creadores —su fundador, Santiago Pérez Triana, así como sus colaboradores, pertenecieron a la generación de liberales radicales colombianos[84] de mitad de siglo XIX, que para la época o se exiliaron, o fueron expatriados, o estaban cumpliendo funciones públicas o burocráticas en el exterior —quienes incluso defendieron en sus páginas el debate y la discusión como fuente de su política editorial—.

En sus páginas, y a través de la sección titulada "Correspondencia", se pueden constatar los ideales liberales que orientaban a *Hispania* en cuanto al papel de la polémica como sabia de su nutrida publicación y que, pese a algunas de las agrias diatribas,

---

[83] Países de Centro y Sur América, Estados Unidos, en gran parte de Europa también. Véase "Agentes de *Hispania*", en revista *Hispania*, n.º 1, Londres, 1 de enero de 1912, p. 21 (s. a.).

[84] Los personajes más directa e íntegramente implicados en la edición de la revista fueron Santiago Pérez Triana (1858-1916) (fundador, director, articulista y traductor); Ismael López (1880-1962) (Cornelio Hispano) (editorialista, colaborador y articulista); Enrique Pérez Lleras (1874-1922) (articulista y traductor); Saturnino Restrepo (articulista y traductor); Baldomero Sanín Cano (1861-1957) (articulista, editorialista, colaborador y traductor). Otros sin un mayor rango de contribuciones fueron el general y expresidente de Colombia (1904-1909) Rafael Reyes (1849-1921); José María Vargas Vila (1860-1933); Felipe Pérez (1836-1891), tío de Santiago Pérez Triana y padre de Enrique Pérez Lleras; Max Grillo (1868-1949) y Carlos E. Restrepo (1867-1937), entre otros.

aceptaron con tolerancia exponerlas al público lector. Además, en esa sección de correspondencia se puede estimar cuál era el público que frecuentaba *Hispania*: eran los característicos lectores de la tradición hispana e hispanoamericana, a saber, principalmente, la élite lectora de políticos, diplomáticos, ministros, presidentes y expresidentes, profesores universitarios, agentes comerciales nacionales e internacionales, agentes bancarios, periodistas, escritores, literatos, novelistas e intelectuales fueron sus observadores frecuentes. De la lista de los impresos que reseñaron a *Hispania* señalaremos al que quizá fue el primero: el diario *La República* de San Salvador,[85] que celebró la publicación de su primer número y la calificó como uno de los órganos de opinión más respetables de la prensa hispanoamericana.

En *Review of Reviews* de abril de 1912, publicada en Inglaterra, se reseña el artículo de James Douglas titulado "La huelga carbonífera en Inglaterra" (n.º 4, 1 de abril de 1912, pp. 97-98); el de R. B. Cunninghame-Graham en su serie de capítulos, titulado "El Río de la Plata V" (n.º 4, 1 de abril de 1912, pp. 101-104); el escrito del colombiano Enrique Pérez Lleras sobre la unidad de los pueblos de habla española, titulado "América y España" (n.º 4, 1 de abril de 1912, pp. 99-100). Además, se comenta la propuesta de realizar un congreso internacional de estudiantes que ha planteado Enrique Pérez Lleras, y se cierra esa reseña mencionando la carta del profesor vienés H. Lammasch[86] enviada a Pérez Triana, el fundador de la revista, en la que se discute la idea de la "Unión Pan-Americana".[87]

---

[85] "La República de San Salvador", en Revista *Hispania*, n.º 5, Londres, mayo de 1912. p. 155. (s.a.)

[86] "Opinión del profesor H. Lammash de la Universidad de Viena", en revista *Hispania*, n.º 4, Londres, abril de 1912, pp. 111-112.

[87] Desde el número cuatro, del mes de abril de 1912, aparece esta sección, que constituye una de las líneas vertebrales de la revista. En ella se publican cartas, artículos, reseñas y comentarios referidos al artículo de Santiago Pérez Triana firmado bajo el seudónimo de A. de Manos-Albas, con el título de "Manifiesto a los pueblos de América: necesidad de la Unión Pan-Americana", revista *Hispania*, n.º 3, Londres, marzo de 1912, pp. 54-59.

De igual manera, *Hispania* fue reseñada por el diario *The New York Times*, en el que se destacaron sus escritos sobre la unidad panamericana; también apareció reseñada en la revista *España Nueva*, de Madrid; en los diarios *La Prensa Libre* y *El Republicano* de San José de Costa Rica; en Panamá, la revista fue objeto de atención en el diario *The Central American News*, que recomendaba el artículo "Amenidades de Mr. Roosevelt" (n.º 1, 1 de enero de 1912, pp. 3-6). En Colombia, la difusión de *Hispania* fue amplia y extensa; además, su aparición fue resaltada por el diario *El porvenir* de Cartagena y *El Progreso* de Barranquilla.

En Europa apareció reseñada en la revista *España Libre* y *El Nuevo Mundo*, ambas de Madrid. Es un dato significativo e importante que *La Nación* (el prestigioso diario fundado por el general Bartolomé Mitre en 1870, y hasta hoy en manos de los descendientes del fundador) de Buenos Aires recibiera y reseñara también la revista. Esto es un indicio de que los colombianos, y en particular Baldomero Sanín Cano, mantenían relación con el mundo intelectual y cultural argentino, quizá desde la época en que José María Samper fue cónsul allá, hacia 1883.[88]

En varios comentarios que se hicieron sobre la revista en 1912, y que fueron publicados en la sección "*Hispania* y la prensa", sobresale el modo como fue vista. Existen dos notas que dan la pauta de lo que ella significó y que dejan en claro la incidencia que tuvo como un medio de expresión pública de Hispanoamérica. La primera apareció en el periódico *El Republicano* de San José de Costa Rica, en el que se afirma que

> HISPANIA, es una Revista que desde su primer número se ha captado nuestra simpatía: por la seriedad que le acompaña, por lo

---

[88] En Buenos Aires, en 1883, publica Samper *El Libertador Simón Bolívar*, como parte del homenaje en el centenario de su nacimiento (Samper había hecho el salto oportunista del radicalismo a la Regeneración). El interés en Argentina del autor del *Ensayo sobre las revoluciones políticas y condición social de las repúblicas colombianas* e *Historia de un alma* lo pone de presente el largo ensayo de Tulio Halperin Donghi sobre el escritor neogranadino, publicado en *Letrados y pensadores: el perfilamiento del intelectual hispanoamericano en el siglo XIX*, Buenos Aires, Emecé, 2013.

magistral y docto de las plumas que la alimentan, por su empeño en tratar las cuestiones que a nuestra América atañen, con toda la amplitud que nosotros podemos desear. En su segundo número, que está en nuestra mesa, gracias a la bondad de la Sociedad L. M. Castro y Cía., que es su Agente en esta, hemos podido apreciar el legítimo valor de esa Revista de política, comercio, literatura, artes y ciencias, que indudablemente está llamada a obtener un éxito brillante.[89]

Y la segunda nota es la aparecida en la revista *España Libre*, de Madrid, en la que se admite su importancia:

> HISPANIA, publicación mensual de cultura, es la revista más importante, más valiosa que se publica en el idioma de Cervantes en el extranjero. Está admirablemente editada en Londres. Su director […] ha procurado y conseguido darle enorme variedad, importancia grandísima por su texto, escrito por los mejores periodistas y literatos españoles. Así, hoy, cuando se habla de esta Revista, es para elogiar su esfuerzo, comentando de modo lisonjero la decisión de la empresa editorial […] HISPANIA, representación de nuestra patria, ha de abrirse paso en Londres por su excepcional valía.[90]

Desde su primer número, *Hispania* se calificó a sí misma como una empresa editorial que pretendía ser una voz de los hispanoamericanos, un espacio de intercambio y de comunicación entre los españoles e hispanoamericanos, y se proponía establecer no solamente una unidad e integración intelectual y cultural, sino también política y comercial. Nada revela mejor la intención de la revista que su número inaugural, en el que se exponían los principios e intenciones que la guiaban; en su primera nota editorial se aseveraba lo siguiente:

---

[89] "Hispania y la prensa", en revista *Hispania*, n.º 5, Londres, mayo de 1912, p. 155. (s. a.).
[90] *Ibid.*, p. 155.

Vínculo sonoro entre los pueblos que la hablan, nuestra lengua de Castilla salió robusta del hogar nativo; cruzó los mares, invadió los continentes, y, hoy, más briosa y plástica que nunca, bate el ritmo inmortal de sus alas triunfadora en cien distintas regiones, que le rinden homenaje. Al paso de los siglos se ensanchan sus dominios: crece su imperio con el crecer de las generaciones; dánle nuevos gérmenes de vida las migraciones y las tempestades humanas.

Y enseguida, se reitera y se establece una demarcación:

HISPANIA quisiera llevarles a los pueblos de su habla algún aliento del eco que despierta la vida que ellos viven: al mismo Divino Maestro complacíale saber el rumor que sus pasos levantaban; todos ganamos si sabemos lo que dicen las gentes de nosotros.

Quisiera HISPANIA también —en la escasa medida de sus fuerzas— llevar de unos pueblos hispanos a otros, cuanto mensage sea digno de ellos, que ilumine los cerebros o conmueva las conciencias. Como el patrón de oro en las permutas comerciales, HISPANIA quisiera contribuir a establecer el áureo criterio de la lógica serena y del sentido común en la vida de nuestros pueblos.

HISPANIA agradecerá todo reflejo de buena voluntad que logre en sus empeños, y solicita especialmente el apoyo de los escritores y publicistas, en la Madre Patria y en las Repúblicas americanas.

LA REDACIÓN

Londres, enero de 1912.[91]

Al revisar en detalle la estructura de la revista, se observa que ella mantuvo su línea de contenidos y secciones. El número inaugural se compone de "Hispania" (palabras editoriales); editoriales; artículos generales; "Artes y letras"; "Valores y mercados"; "Crítica" y "Música". Ya en el n.º 2, de febrero de 1912, la revista incluye algunas secciones y varía de nombres. Aparece la sección de "Política internacional" con un artículo titulado "Chile y el

---

[91] "Notas editoriales", en revista *Hispania*, n.º 1, Londres, enero de 1912, p. 1 (s. a.).

arbitraje",[92] de Agustín Edwards; "Retrospectivas", con artículos de E. Florentino Sanz[93] e Ismael Enrique Arciniegas;[94] la sección "Crítica", con la de "Libros castellanos", que fue de la dirección de Sanín Cano, quien participó por primera vez en el impreso con una reseña sobre Unamuno;[95] "Correspondencia", con una carta del expresidente Rafael Reyes titulada "El ex-presidente Roosevelt y el Canal de Panamá",[96] escrito en que el exmandatario colombiano revela y critica, a un mismo tiempo, las actitudes y acciones nefastas, las arbitrariedades e intransigencias del líder norteamericano con Colombia.

En el número tercero, del 1 de marzo de 1912, la sección "Internacional" cambia por de nombre por "Crónica"; la de "Retrospectivas" por "Versos"; y en el n.º 4, del 1 abril de 1912, se incluyen, con las demás secciones habituales, la de "Cuentos", con escritos de Ramón Pérez de Ayala[97] y de Santiago Pérez Triana,[98] y aparece la sección de "Comercio e industrias", referida a las condiciones económicas de Hispanoamérica y Europa. En el número cinco, como se ha indicado, aparece por primera vez la sección "Hispania y la prensa", y se incluye la sección "Vida internacional", donde

---

[92] Agustín Edwards, "Chile y el arbitraje", en revista *Hispania*, n.º 2, Londres, febrero de 1912, pp. 9-31.

[93] Florentino E. Sanz, "Versos", en revista *Hispania*, n.º 2, Londres, febrero de 1912, p. 37.

[94] Enrique Ismael Arciniegas, "Jesús", en revista *Hispania*, n.º 2, Londres, febrero de 1912, p. 37.

[95] La reseña se dirige a comentar el libro de Unamuno titulado *Rosario de sonetos líricos*, publicado en Madrid por la editorial Fernando Fé en 1911 (en revista *Hispania*, n.º 2, Londres, febrero de 1912, pp. 38-39).

[96] Rafael Reyes, "El ex-presidente Roosevelt y el Canal de Panamá", en revista *Hispania*, n.º 2, Londres, febrero de 1912, pp. 40-41, y "Colombia, América Latina y el canal de Panamá", en revista *Hispania*, n.º 28, Londres, abril de 1914, pp. 1020-1024.

[97] Ramón Pérez de Ayala, "Padre e hijo", en revista *Hispania*, n.º 4, Londres, abril de 1912, pp. 106-108.

[98] Santiago Pérez Triana, "El triunfo de la verdad", en revista *Hispania*, n.º 4, Londres, abril de 1912, pp. 109-110.

aparece una crónica sobre la visita del secretario de Estado norteamericano Knox a Costa Rica.[99] Es de resaltar que en el número cinco apareció una nota sobre la muerte del periodista británico Mr. William Stead,[100] quien pereció en el hundimiento del Titanic,[101] que se comentó igualmente; y en ese mismo número apareció el primer artículo de Sanín Cano, titulado "El parlamentarismo",[102] que, siguiendo la línea de Alexis de Tocqueville, plantea el problema de la tiranía de las mayorías y la dictadura del número, lo cuantitativo en las democracias, a la par que defiende el disenso —no el consenso absoluto— y las voces de las minorías. El artículo generó polémica y fue combatido por Enrique Pérez Lleras,[103] quien rebatió los argumentos de Sanín Cano, a lo que el rionegrino ripostó con una carta-ensayo[104] enviada al director de la revista. Muchos otros temas del impreso dan cuenta de la idea plural del debate público y libre de la revista.

No es de poca relevancia el hecho de que en el número seis apareciera la sección "Estudios sociológicos", en la que se publicarían escritos de reconocidos ensayistas latinoamericanos. En dicho número se imprimió el ensayo "Argentina y Venezuela",[105] del reconocido sociólogo e historiador venezolano Laureano Vallenilla Lanz, autor del libro clásico *Cesarismo democrático*,[106] y otros ensayos referidos a la historia política venezolana. Además, en ese

---

[99] "Visita del secretario Knox a Costa Rica", en revista *Hispania*, n.º 5, Londres, abril de 1912, p. 149 (s. a.)

[100] Saturnino Restrepo, "Mr. William Stead", en revista *Hispania*, n.º 5, Londres, abril de 1912, pp. 132-133.

[101] "El desastre del Titanic", en revista *Hispania*, n.º 5, Londres, abril de 1912, p. 133 (s. a.)

[102] Baldomero Sanín Cano, "El parlamentarismo", en revista *Hispania*, n.º 5, Londres, abril de 1912, pp. 136-137.

[103] Enrique Pérez, "El parlamentarismo", en revista *Hispania*, n.º 5, Londres, mayo de 1912, pp. 136-137.

[104] "Correspondencia", carta de Sanín Cano contra el artículo de Enrique Pérez, en revista *Hispania*, n.º 6, Londres, junio de 1912, pp. 192-193.

[105] Laureano Vallenilla Lanz, "Argentina y Venezuela", en revista *Hispania*, n.º 6, Londres, junio de 1912, pp. 173-176.

[106] Laureano Vallenilla Lanz, *Cesarismo democrático y otros ensayos*, Caracas, Ayacucho, 1991.

mismo número se insertó la sección "De los archivos", en la que se publicarían documentos inéditos sobre la historia de Colombia y Latinoamérica.

Justamente en ese número seis, y en el siete, se publican documentos referidos a la conspiración septembrina contra el Libertador Simón Bolívar, que, según se refiere en nota a pie de página en el número 10, del 1 de octubre de 1912, página 320, fueron cedidos por Sanín Cano de los archivos históricos de Londres, y es así que en esa misma página se hace la aclaración siguiente:

> Nuestro colaborador Sanín Cano halló estos documentos y los publicados en los n.º 6 y 7, en algunos de los Archivos de Londres. La carta de Bolívar al Coronel Campbell está en castellano, y publicamos la copia textual de la enviada por dicho Sr. Campbell a Lord Aberdeen. Otro miembro de la Redacción, correspondiente de la Academia de Historia de Colombia, Hugo de Rauzán (Enrique Pérez Lleras),[107] traducirá para HISPANIA muchos documentos de inapreciable valor histórico. Dichos documentos aparecerán en nuestros próximos números.[108]

Como lo señala con una inusitada revelación, durante sus años en Londres, Sanín Cano pasó muchas horas de lectura y de estudio en el Museo Británico, mientras estuvo cesante del cargo de diplomático, debido a la dimisión del presidente colombiano Rafael Reyes en 1909, como se ha reiterado. Debemos recordar una vez más que el general Reyes había enviado a Sanín Cano a la capital inglesa a representar al país en una compañía inglesa de explotación de esmeraldas. Esas horas de estudio —durante cinco años— fueron, como lo manifiesta de modo tajante y literal, de provecho en su formación y, ante todo, en su consolidación intelectual y cultural. De ahí provienen esos documentos que cedió para la publicación en la revista *Hispania*.

---

[107] En el índice del tomo segundo se aclara que la firma de Hugo de Rauzán corresponde a Enrique Pérez.
[108] Nota de la revista *Hispania*, n.º 10, Londres, octubre de 1912, p. 320 (s. a.).

Hay un testimonio de 1946 del mismo ensayista que recuerda, con cierta jactancia numerológica, las horas consagradas a estudiar (al modo que lo había hecho un siglo antes Bello en Londres) sin pausa:

> *¿Cuánto tiempo dedica usted diariamente a la lectura?*
> La mayor parte de mi vida. En las épocas en que menos he leído han sido tres horas al día; durante los años en que trabajé en el tranvía de Bogotá, lo hacía al amanecer, ya que en la noche llegaba rendido, pues trabajaba desde las ocho de la mañana hasta las diez de la noche, en muchas ocasiones. Después, al vivir en Londres, llegaba al cuarto de lectura del Museo Británico, que contaba ya con tres millones de tomos, y permanecía allí desde temprano hasta la noche, haciendo las comidas allí mismo, en un cómodo restaurante, esto durante cinco años consecutivos.
> Por curiosidad, entre el maestro Baldomero y yo procedemos a hacer un cálculo aproximado de las horas que ha leído, y si aceptamos, como él mismo lo estima, un tiempo de tres horas diarias, a partir de los veinte años, da un total aproximado de 64.000 horas. Me anota, sin embargo, que el resultado le parece un poco bajo, pues este tiempo lo estima en una cifra mayor, casi de ochenta mil horas de lectura.[109]

En el número ocho, del 1 agosto de 1912, una nueva sección se publica en la revista, con el título de "Actualidad", donde aparecen notas sobre Colombia, y un nuevo apartado con el nombre de "Libros", donde aparecen ensayos de Sanín Cano[110] y Hugo de Rauzán.[111] En lo sustancial la revista no varía en sus secciones al

---

[109] Jorge Cabarico Briceño, "El lado humano de los personajes: Baldomero Sanín Cano", *op. cit.*, p. 3.

[110] El artículo es una reseña de la obra de Jules Mancini, titulada "Bolívar y la emancipación de las colonias españolas desde los orígenes hasta 1815", Baldomero Sanín Cano, "Fuera del dominio de la leyenda", en revista *Hispania*, n.º 8, Londres, agosto de 1912, pp. 251-252.

[111] Hugo de Rauzán (Enrique Pérez), "Las democracias latinas", en Revista *Hispania*, n.º 8, Londres, agosto de 1912, p. 252.

final del año de 1912. A lo largo del año 1913, la composición habitual de la revista se mantiene, hasta el número dieciocho, del 1 de junio de 1913, que incluye una sección llamada "Variedades", en la que se tratan asuntos diversos y temas diferentes sobre hechos o acontecimientos vinculados con el mundo español e hispanoamericano.

En el número veinte, de agosto de 1913, se incorporó otra sección, con el nombre de "Industrias", referida a datos económicos y cifras de Hispanoamérica y el mundo. El cambio más drástico se dio en el número 33, de septiembre de 1914, a consecuencia de la guerra. El impreso varió de modo completo la estructura de la revista, y la atención se centró en el tema de la Primera Guerra Mundial, hasta llegar al número 40, de abril de 1915. A partir del número 33 se publicaron entonces los artículos de Santiago Pérez Triana en la sección "Editorial", y esos ensayos luego se editarían en Londres por Hispania como libro, con el título de *Aspectos de la guerra*.[112] La revista solo recobraría su esencia y aliento inicial desde el número 41. Sin embargo, se rompería una vez más, debido a que fueron publicados los artículos finales sobre la Gran Guerra, como se le llamó, de Pérez Triana, en los números 47, 48, de 1915, y 49, de enero de 1916, en los que el director culminó esa labor reflexiva sobre la primera conflagración de escala global.

Es imprescindible guiar al lector en ese recorrido, porque la revista puede parecer dispersa, intermitente y contradictoria en sus contenidos. Sin embargo, si se revisa con exhaustividad, se notará que ella fue flexible y versátil, porque a la par que mantuvo un rigor en sus contenidos y una secuencia en sus temáticas, siempre estuvo presta a dar cuenta de los sucesos y eventos de la realidad inmediata, tanto de Hispanoamérica como del contexto mundial. Por ejemplo, en sus 54 números, *Hispania* mantuvo su ánimo de crítica al imperialismo, al colonialismo, a la guerra y la crueldad de la modernidad del siglo XX, al capitalismo salvaje. Al tiempo, y de modo consecuente, no cejó en defender con persistencia e insistencia el arbitraje internacional, la soberanía e

---

[112] Santiago Pérez Triana, *Aspectos de la guerra*, Londres, Hispania, 1915.

independencia de los pueblos llamados "incivilizados", en especial la emancipación de América Latina, la democracia, el individuo, la justicia y la libertad.

Si bien los temas se cruzaron y amplificaron desde opuestos rumbos, ellos tuvieron fronteras definidas, sin que quedaran al margen polémicas y debates, que incluso tuvieron un tono iracundo, como la carta de respuesta que José María Vargas Vila[113] envió a Pérez Triana sobre la unión panamericana. Igualmente, junto al debate sobre la unidad hispanoamericana, se cruzaron temas o problemas de análisis, como fue el de la propuesta del "Pan-Americanismo",[114] y en ese contexto basta ver la polémica que se desató entre dos revistas latinoamericanas, *Hispania* y la *Revue Sud-Américaine*, confrontación en la que Pérez Triana y Leopoldo Lugones, respectivamente, atizaron la discusión con euforia y efervescencia, entre las más destacadas de una variedad de oposiciones reflexivas.

Por otro lado, confrontaciones jurídico-políticas se sumaron a la revista, como aquella enfocada en la revisión de la doctrina Monroe, de 1823,[115] el papel de Theodore Roosevelt y su intervención en la independencia de Panamá de Colombia, pero también se tocaron otros sucesos, como la guerra de Perú y Chile por los territorios de Tacna y Arica;[116] la Casa Arana y la Peruvian Amazon Company en la explotación del caucho, y la investigación al respecto del Gobierno británico en los hechos de las masacres de

---

[113] "Unión Pan-Americana", en revista *Hispania*, n.º 4, abril de 1912, pp. 110-116 (s. a.).

[114] Santiago Pérez Triana, "El pan-americanismo y la *Revue Sud-Américaine*", en revista *Hispania*, Londres, n.º 26, febrero de 1914, p. 920, y Leopoldo Lugones, "El pan-americanismo: su forma y su fórmula", en revista *Hispania*, Londres, n.º 26, febrero de 1914, p. 920.

[115] "Origen y significación de la doctrina Monroe", en revista *Hispania*, n.º 19, Londres, julio de 1913, pp. 657-658 (s. a.).

[116] Agustín Edwards, "Chile y el arbitraje", en revista *Hispania*, n.º 2, Londres, febrero de 1912, pp. 29-31; Francisco García Calderón, "Chile y el arbitraje", en revista *Hispania*, n.º 3, Londres, marzo de 1912, pp. 73-74; "Tacna y Arica", en revista *Hispania*, n.º 11, Londres, noviembre de 1912, pp. 364-365, y "Tacna y Arica", en revista *Hispania*, n.º 12, Londres, diciembre de 1912, pp. 393-396.

los indígenas en el Putumayo;[117] las intervenciones norteamericanas en México;[118] la cultura militar en Chile y su relación con América Latina,[119] entre los principales. Parecería ella una revista aleatoria, o en su interior contradictoria. Sin embargo, el ansia de mantener una pluralidad de voces, de temáticas y de posiciones, antes que permitir un consenso absoluto y una posición dictatorial en sus líneas editoriales, hizo que *Hispania* conciliara en publicitar las posiciones contrarias, e incluso publicó agudos debates entre los escritores, con un admirable nivel de tolerancia de las ideas polémicas, todo ello bajo el respeto y el reconocimiento. En este libro se publican las polémicas entre Sanín Cano y Enrique Pérez Lleras, que, como se ha mencionado arriba, tratan sobre el tema del parlamentarismo; la de Sanín Cano[120] y Miguel de Unamuno[121] sobre la "raza española", dos de los temas más representativos. Solo un hecho exigió de los directores la corrección y la oposición. El caso se presentó debido a la publicación de un corto artículo del señor Earl Harding[122] sobre Colombia y Panamá, que indujo a Pérez Triana y a Sanín Cano a publicar una rectificación,[123] que se incluye en el presente libro.

---

[117] "Lo del Putumayo", en revista *Hispania*, n.º 11, Londres, noviembre de 1912, p. 364 (s. a.).

[118] Enrique Pérez, "De Méjico", en revista *Hispania*, n.º 6, Londres, junio de 1912, pp. 185-186; Americus, "Las vicisitudes de una república en América", en revista *Hispania*, n.º 14, Londres, febrero de 1913, pp. 457-459; "Intervención en Méjico", en revista *Hispania*, n.º 14, Londres, febrero de 1913, pp. 459-460 (s. a.).

[119] Enrique Pérez, "Chile y la cultura militar en América Latina", en revista *Hispania*, n.º 3, Londres, marzo de 1912, pp. 64-65.

[120] Baldomero Sanín Cano, "La race incomprise", en revista *Hispania*, n.º 18, Londres, julio de 1913, pp. 610-611, y "Correspondencia", Carta de Sanín Cano a Pérez Triana, en revista *Hispania*, n.º 19, Londres, julio de 1913, p. 670.

[121] Miguel de Unamuno, "La supuesta anormalidad española", en revista *Hispania*, n.º 19, Londres, julio de 1913, pp. 656-657.

[122] Earl Harding, "Colombia y su derecho", en revista *Hispania*, n.º 23, Londres, noviembre de 1913, p. 811.

[123] Santiago Pérez Triana y Baldomero Sanín Cano, "Explicación", en revista *Hispania*, n.º 24, Londres, diciembre de 1913, p. 840.

Con relación a los colaboradores y articulistas latinoamericanos frecuentes, se publicaron escritos del peruano Francisco García Calderón (autor de *Las democracias latinas de América*), los venezolanos Laureano Vallenilla Lanz (autor del polémico *Cesarismo democrático*), Rufino Blanco Fombona (ferviente bolivariano e impulsor de la Biblioteca Ayacucho), Vicente Lecuna (experto estudioso de Bolívar, quien reuniría sus obras completas), Manuel Díaz Rodríguez (novelista de *Ídolos rotos*), el poeta argentino Leopoldo Lugones (especialmente conocido por su *Lunario sentimental*), el filósofo y psiquiatra argentino José Ingenieros (autor de *El hombre mediocre* y redactor del periódico bimensual *Seminario de Filosofía*), el político y diplomático argentino Luis María Drago, el historiador mexicano Carlos Pereyra, el novelista boliviano Alcides Arguedas (precursor del indigenismo con *Raza de bronce*), el argentino Juan Agustín García (historiador de *La ciudad indiana*), el venezolano Carlos Antonio Villanueva Tirado, poetas como el cubano Gabriel Zéndegui, el bohemio guatemalteco Enrique Gómez Carrillo (reconocido por su revista *El Nuevo Mercurio*) y el famoso poeta mexicano Amado Nervo (quien trabó amistad con Oscar Wilde); estos son los más reconocidos, entre muchos otros. Estos nombres resumen la inteligencia más representativa de Hispanoamérica en esos años, y su presencia en *Hispania* delata la continuación de una empresa colectiva de diversas voces.

De los colombianos son de resaltar los que integraron la redacción de la revista: Enrique Pérez Lleras, Ismael López (Cornelio Hispano), Saturnino Restrepo, Felipe Pérez y los ya mencionados Santiago Pérez Triana y Baldomero Sanín Cano. Entre los españoles, los más asiduos y constantes en aparecer fueron los periodistas y políticos socialistas Luis Araquistáin y Faustino Ballvé, el filósofo y errático hombre público Miguel de Unamuno (autor *Del sentimiento trágico de la vida*), el novelista y dramaturgo Azorín, Ramón Pérez de Ayala (autor de la notable novela antijesuítica *A. M. D. G.*), Ramiro de Maeztu (para ese año, socialista, posteriormente católico integrista y autor de la estridente *Defensa de la hispanidad*, asesinado por los republicanos al iniciarse la guerra civil), Rafael Altamira (su principal obra fue *Historia de España y de la civilización española)*, José Plá, A. G. Gardiner, entre los más reconocidos. También colaboró el franco-venezolano Luis Bonafoux, autor de *La víbora de Asnières*, a quien todavía se le recuerda por haber acusado de plagio a Clarín en su *Regenta* (presunta copia de *Madame Bovary*, de Flaubert).

La divergencia de caracteres, de ópticas intelectuales y de disciplinas o géneros literarios cultivados se combinó con la amplia paleta de nacionalidades, sobre todo colombianos y españoles, que hicieron de las páginas de *Hispania* un escenario vivo de la complejidad misma de la vida literaria de esas primeras décadas del siglo XX. Es menester, entonces, explicar el contexto histórico e intelectual en el que se incluye esta publicación colombiana en Londres.

Hispania: del hispanoamericanismo al "antiimperialismo hispanófilo": trayectorias y perspectivas

Como en los últimos años han venido investigando la sociología y la historia intelectual de América Latina, la idea de una integración española e hispanoamericana, en particular como frente de unión contra las ambiciones de las potencias europeas, y singularmente contra los intereses de los estadounidenses, no fue exclusiva de los intelectuales colombianos. Por medio de las revistas, los congresos y la prensa, o a partir de ensayos o libros impresos, algunos escritores, periodistas, diplomáticos y políticos en Centroamérica y Suramérica se sumaron a la ola de opiniones contra la injerencia e intervención de las potencias imperialistas del siglo pasado sobre el subcontinente latinoamericano.

De modo que este escenario de "unión e integración" constituyó un referente de actividades y de intercambios culturales e intelectuales, como se puede colegir de las investigaciones de Eduardo Devés Valdés,[124] Alexandra Pita, y Carlos Marichal Salinas[125] y

---

[124] Eduardo Devés Valdés, *Del Ariel de Rodó a la Cepal*, Buenos Aires, Biblos, 2001.

[125] Alexandra Pita y Carlos Marichal Salinas, *Pensar el anti-imperialismo...*, y *La*

Óscar Terán,[126] entre otros, quienes han investigado sobre el papel de los impresos —revistas, folletos o periódicos—, sus vínculos con los intelectuales y sus actividades ideológicas, o políticas y culturales, en el marco de la corriente "antiimperialista". Al respecto comentan Alexandra Pita y Carlos Marichal en la introducción de su libro *Pensar el antiimperialismo*:

> El hecho de que hubiese una marcada diversidad ideológica en el tratamiento del imperialismo contemporáneo se reflejaba, por lo tanto, en la variedad de géneros y estilos de los autores... Para una mayor comprensión del fenómeno de los textos antiimperialistas conviene hacer exploraciones adicionales en la literatura de la época. En consecuencia, consideramos indispensable que estudios como el nuestro sean contrastados con otros que se dediquen a explorar las revistas culturales contemporáneas, fuentes privilegiadas de difusión, donde se generaban y transmitían los combates de las ideas.

Y añaden que es indispensable determinar el papel de las revistas y su óptica ideológica del antiimperialismo en la historia intelectual latinoamericana, contexto en el cual *Hispania* se inscribe, y no de modo forzoso, sino en una horma típica:

> Como una especie de espejo que permite realizar un contrapunteo de lo expresado en los libros, este tipo de revistas, donde se aborda por igual literatura, pensamiento social y filosófico o reflexión política, son especialmente útiles, como lo han revelado una serie de libros recientes sobre una o más revistas latinoamericanas de la época. Tales publicaciones permiten conocer las características de las empresas culturales que realizó un grupo de intelectuales. Al mismo tiempo, su estudio nos permite comprender la

---

unión latinoamericana y el boletín "Renovación": redes intelectuales y revistas culturales en la década de 1920, op. cit.

[126] Óscar Terán, *Vida intelectual en el Buenos Aires fin de siglo (1810-1910): derivas de la "cultura científica"*, Buenos Aires, Fondo de Cultura Económica, 2008.

conformación grupal, con sus afinidades políticas e ideológicas, pero también con sus voces disonantes que nos remiten a los conflictos internos dentro de cierto marco político y cultural. Al dar muestras del funcionamiento real y las dimensiones de las redes intelectuales, las revistas son de especial utilidad para comprender la producción y circulación del antiimperialismo en el espacio regional latinoamericano.[127]

En el número tres, de marzo de 1912, apareció en *Hispania*, firmado con el seudónimo de Agustín de Manos-Albas, el artículo de Santiago Pérez Triana titulado "Manifiesto a los pueblos de América: necesidad de la unión Pan-Americana",[128] complementado por una misiva,[129] publicada en el número cuatro, de abril de ese año, en la que se invitaba a todo interesado en el mundo a dar sus opiniones, a hacer sus aportes y a discutir sobre el asunto. Esa carta generó un espacio de reflexión y de polémica sobre la situación y el papel de Latinoamérica ante las potencias de la época, y se fortaleció la idea de oposición al imperialismo y a la intervención armada o por otras vías en los países latinoamericanos.

Resulta interesante constatar cómo aparecieron allí opiniones de pensadores representativos del subcontinente, como el positivista y prohispanista mexicano Carlos Pereyra,[130] uno de los intelectuales e ideólogos latinoamericanos más destacados de la corriente antiimperialista. Habría que recordar que sus libros *El mito de Monroe*, *El crimen de Woodrow Wilson*, *Tejas, la primera desmembración de México* y *La Constitución de los Estados Unidos como instrumento de dominación plutocrática* fueron muy leídos y

---

[127] Alexandra Pita y Carlos Marichal Salinas, *Pensar el antiimperialismo, op. cit.*, pp. 17-18.

[128] A de Manos-Albas, "Manifiesto a los pueblos de América: necesidad de la unión Pan-Americana", en revista *Hispania*, n.º 3, Londres, marzo de 1912, pp. 54-56.

[129] Santiago Pérez Triana, "Unión Pan-americana: carta circular", en revista *Hispania*, n.º 4, Londres, abril de 1912, p. 110.

[130] Carlos Pereyra, "Los orígenes patológicos de la Santa Alianza", en revista *Hispania*, n.º 51, Londres, marzo de 1916, pp. 1559-1560.

divulgados por los sectores críticos de la inteligencia americana.[131] Y una nota más: no fue extraño que en *Hispania* se reseñara la importante *Editorial América*,[132] que editó en Barcelona Rufino Blanco Fombona entre 1915 y 1933, porque estos pensadores, como Pereyra o César Zumeta, autor de la obra *El continente enfermo* (1899), o Alcides Arguedas (*Pueblo enfermo*, 1909), fueron publicados por el historiador venezolano, con los clásicos del pensamiento latinoamericano.

En conjunción con los análisis sobre el antiimperialismo que Marichal y Pita elaboran, a propósito de esta actitud entre los latinoamericanos, Skidmore y Smith, en su capítulo titulado "América Latina, Estados Unidos y el mundo", abordan las circunstancias y las condiciones históricas sobre las cuales fue creciendo y extendiéndose esta actitud en el ámbito de los territorios de América, y aseguran que la injerencia de los estadounidenses se hizo más extendida, particularmente con el advenimiento de la Primera Guerra Mundial. Afirman:

> La ofensiva diplomática, económica y militar estadounidense sobre América Latina a partir de 1880 propició una fuerte reacción en los intelectuales y estudiantes de sus países. La guerra hispanoamericana hizo surgir a José Enrique Rodó, uruguayo y uno de los críticos militantes más celebrados. En 1900 publicó *Ariel*, un breve ensayo en el que comparaba el excesivo materialismo estadounidense con la sensibilidad cultural superior latinoamericana... La Primera Guerra Mundial, aunque en sus inicios no afectara directamente a América Latina, cambió de forma sustancial sus relaciones con el mundo. En primer lugar, aceleró el declive de Gran Bretaña como fuerza económica más importante del hemisferio. Desgastada por las costosas y largas hostilidades en Europa continental, tuvo que hacer uso de sus inversiones

---

[131] Andrés Kozel y Sandra Montiel, "Carlos Pereyra y el mito Monroe", en *Pensar el anti-imperialismo, op. cit.*, pp. 69-97.

[132] Reseñas sobre la empresa editorial de Rufino Blanco Fombona se hallan en el n.º 51, de marzo de 1916, p. 1563, y en el n.º 52, de abril de 1916, p. 1588, de la revista *Hispania*.

ultramarinas para pagar la guerra. Además, su competitividad en la economía mundial había comenzado a experimentar un descenso a largo plazo.[133]

Desde variadas ópticas, *Hispania* compuso una pluralidad de voces sobre el antiimperialismo —norteamericano y europeo— que se expresaron con distintos matices y giros, según los ritmos cambiantes de la realidad y los vaivenes de la geopolítica en un entorno que abarcó de 1898 y la guerra hispano-estadounidense a las consecuencias de la Primera Guerra Mundial. De esa generación de escritores e intelectuales vale la pena exaltar a algunos personajes que, si bien fueron citados en algunos contenidos de la revista, como José Enrique Rodó y Manuel Ugarte, no fueron publicados en *Hispania*, y también a otros de los que no quedó siquiera una mención, como es el caso de José Carlos Mariátegui, Luis Alberto Sánchez o Gabriela Mistral.

Como ocurre normalmente en las revistas, *Hispania* sirvió de puente para que sus integrantes y colaboradores asiduos publicaran escritos que luego tomarían la forma de libro y lograrían una amplia repercusión, en particular, gracias al acento antiimperialista. El volumen de Santiago Pérez Triana, ya citado aquí, *Aspectos de la guerra*, con prólogo de Sanín Cano, está conformado por los artículos que se publicaron en la sección de "Editoriales" entre los años de 1914 y 1915; similar es el caso de la obra de Enrique Pérez Lleras titulada *Cirugía política*,[134] con prólogo de Miguel de Unamuno.[135]

Pero tal vez son de resaltar con mayor énfasis los escritos que sirvieron de base a obras que se convertirían en clásicos del pen-

---

[133] Thomas E. Skidmore y Peter H. Smith, "América Latina, Estados Unidos y el mundo", en *Historia contemporánea de América Latina: América Latina en el siglo XX*, Barcelona, Crítica, 1996, pp. 378-420.

[134] Enrique Pérez, "Cirugía política", en revista *Hispania*, n.º 12, Londres, diciembre de 1912, pp. 386-387, y es reseñado con comentarios de José Enrique Rodó, Francisco García Calderón, José Ingenieros y Alcides Arguedas en la revista *Hispania*, n.º 26, Londres, febrero de 1914, pp. 942; 944.

[135] Enrique Pérez, *Cirugía política*, París, Garnier, 1913.

samiento latinoamericano, de autores como Francisco García Calderón,[136] Laureano Vallenilla Lanz,[137] Rufino Blanco Fombona,[138] Vicente Lecuna[139] y Carlos A. Villanueva,[140] y reseñas de libros publicados, como las obras de José Enrique Rodó,[141] que se incluyen aquí, entre los más reconocidos.

Vale la pena, en fin, indicar que en *Hispania* aparecieron artículos como los de Robert B. Cunninghame Graham sobre "El Río de la Plata",[142] que luego se editó como libro con prólogo de Santiago Pérez Triana y traducción de Saturnino Restrepo, y "El ombú"[143] de H. W. Hudson, con prólogo de Sanín Cano.

---

[136] Francisco García Calderón, "Chile y el arbitraje", en revista *Hispania*, n.º 3, Londres, marzo de 1912, pp. 73-74; "Un libro de Juan Finot", en revista *Hispania*, n.º 6, Londres, junio de 1912, pp. 179-180; "La religión americana", en revista *Hispania*, n.º 19, julio de 1913, pp. 652-653.

[137] Laureano Vallenilla Lanz, "Argentina y Venezuela", en revista *Hispania*, n.º 6, Londres, junio de 1912, pp. 173-176; "El gendarme necesario", en revista *Hispania*, n.º 10, Londres, octubre de 1912, pp. 326-329.

[138] Rufino Blanco-Fombona, "Bolívar y el general San Martín", en revista *Hispania*, n.º 16, abril de 1912, pp. 541-546; n.º 18, junio de 1913, pp. 618-624; n.º 21, septiembre de 1913, pp. 735-741; n.º 23, noviembre de 1913, pp. 808-811; "Algo que debe saber España de América, algo que debe saber América de España", en revista *Hispania*, n.º 39, Londres, marzo de 1915, pp. 1325-1327; "Interior de usurero", en revista *Hispania*, n.º 52. Londres, abril de 1916, pp. 1578-1579.

[139] Vicente Lecuna, "La campaña de Carabobo y la diversión de Bermúdez", en revista *Hispania*, n.º 24, Londres, diciembre de 1913, pp. 859-864, y n.º 25, enero de 1914, pp. 906-910; "Un crítico militar de Bolívar", en revista *Hispania*, n.º 38, Londres, agosto de 1914, pp. 1314, y n.º 39, septiembre de 1914, p. 1336.

[140] Carlos Villanueva, "Rosas y el bloqueo francés de Buenos Aires", en revista *Hispania*, n.º 10, Londres, octubre de 1912, pp. 320-322; "Congreso de Panamá", en revista *Hispania*, n.º 14, Londres, febrero de 1913, pp. 463-464; "Napoleón y Bolívar", en revista *Hispania*, n.º 22, Londres, octubre de 1913, pp. 769-770; "El punto de apoyo", en revista *Hispania*, n.º 36, Londres, diciembre de 1914. p. 1272.

[141] Baldomero Sanín Cano, "Libros", en revista *Hispania*, n.º 26, Londres, febrero de 1914, p. 942.

[142] Robert Bontine Cunninghame Graham, "El Río de la Plata", en revista *Hispania*, n.º 1, Londres, enero de 1912, pp. 9-11; n.º 2, febrero de 1912, pp. 35-37; n.º 3, marzo de 1912, pp. 69-71; n.º 4, abril de 1912, pp. 101-104; n.º 5, mayo de 1912, pp. 140-142; n.º 6, junio de 1912, pp. 176-179.

[143] H. W. Hudson, "El ombú", en revista *Hispania*, n.º 15, Londres, marzo de

Complementan este somera revisión las reseñas de Sanín sobre las obras del hispanista inglés James Fitzmaurice-Kelly,[144] que se publicaron en libros de relevancia cómo *Manual de la historia de la literatura española*[145] y *Miguel de Cervantes Saavedra: reseña documentada de su vida*,[146] libros que fueron posteriormente traducidos al español y publicados por Editorial Babel en Argentina. Estas reseñas gozaron de amplios comentarios y divulgación en el país austral, consolidando una variedad de vínculos que son notorios en la sección de "Obras recibidas".

Al respecto, quisiéramos traer un ejemplo, a saber, unas reseñas sobre Rubén Darío publicadas por la revista *Nosotros* (1907-1943)[147] de Buenos Aires, dirigida por Roberto Giusti y Alfredo Bianchi, con quienes Sanín Cano avivó un constante intercambio epistolar, y de quienes publicó varios artículos. Por lo demás, en *Hispania* se discuten algunos artículos del impreso argentino, o por otro lado, no fue fortuito que se saludara la llegada a Londres de Leopoldo Lugones,[148] con quien el colombiano tuvo nexos personales e intelectuales. El acento de la revista entonces consistió, por un lado, en dar a conocer a algunos autores de interés para los lectores de lengua española y reafirmar la constitución de un entorno hispanoamericano con la publicitación de pensadores estrictamente latinoamericanos.

1913, pp. 516-522; n.º 16, abril de 1913, pp. 550-556; n.º 17, mayo de 1913, pp. 596-597.

[144] Baldomero Sanín Cano, "Libros", revista *Hispania*, n.º 23, Londres, diciembre de 1913, p. 840; "Libros", en revista *Hispania*, n.º 24, Londres, diciembre de 1913, pp. 864, 866.

[145] James Fitzmaurice-Kelly, *Manual de la historia de la literatura española, desde sus orígenes hasta nuestros días*, Babel, Buenos Aires, 1926. Prólogo y traducción de Sanín Cano.

[146] James Fitzmaurice-Kelly, *Miguel de Cervantes Saavedra: reseña documentada de su vida*, Buenos Aires, Babel, 1944. Traducción de Sanín Cano.

[147] Reseña de la revista *Nosotros* sobre un artículo de Ernesto Mario Barreda, reproducida en la revista *Hispania*, n.º 4, Londres, abril de 1912, p. 106 y reseña de la revista *Nosotros*, n.º 83, de marzo de 1916, sobre un escrito de Alfredo Colmo, reproducida en la revista *Hispania*, n.º 53, Londres, mayo de 1916, p. 1608.

[148] Revista *Hispania*, n.º 10, Londres, octubre de 1912, p. 336.

Ahora, algo esencial de la revista: sobre la ubicación de *Hispania* en el espectro de la historia intelectual hispanoamericana, nada revela mejor la intención de la revista y sus posturas ideológicas que su número editorial, como se ha mencionado arriba, donde se exponen los criterios o valores que la guiaban: "Vínculo sonoro [...] que ilumine y despierte las consciencias de los pueblos de habla española". Este propósito es fundamental, y aquí es menester señalar, igual que la investigación citada,[149] el hecho de que algunos intelectuales españoles y latinoamericanos asumieron una "corriente ideológico intelectual" bajo la actitud que se denominó "antiimperialismo hispanófilo".

Uno de los mayores representantes de esta corriente intelectual fue el argentino Paul Groussac.[150] Bajo esa denominación se extendió dicha tendencia —con matices y polémicas— entre los pensadores y escritores latinoamericanos, diplomáticos y expresidentes, dándole asiento ideológico a la postura antiimperialista hispanófila centrada específicamente contra el expansionismo norteamericano, contra sus ansias de tener injerencia e intervenir en los países centro y suramericanos. Esta noción se entendió como una defensa de la España moderna y liberal —no conservadora—, y se configuró tanto discursivamente como en la acción política. Se quiso así acentuar una oposición radical que confrontaba toda "intromisión" del creciente imperio norteamericano; y esa oposición incluso se hizo extensiva a las potencias europeas cuando manifestaban posiciones intervencionistas respecto a los llamados "países débiles o incivilizados".

El "antiimperialismo hispanófilo" no fue unánime. Pero se puede señalar que cobijó a *Hispania* —a muchos de sus miembros y cola-

---

[149] En la presentación del libro *Pensar el antiimperialismo*, los coordinadores señalan de qué modo las posturas y las actitudes antiimperialistas de los intelectuales latinoamericanos del siglo XX fueron divergentes, y su lenguaje, así como sus recursos lingüísticos, también fue heterogéneo, e incluso advierten que sus producciones se expresaron de modos diferenciables en variados medios y formas de opinión pública. Alexandra Pita y Carlos Marichal, *Pensar el Antiimperialismo*, op. cit., pp. 9-40.

[150] Paula Bruno, "Mamuts vs. hidalgos: lecturas de Paul Groussac sobre Estados Unidos y España en el fin-de-siglo", en *Pensar el Antiimperialismo*, op. cit., pp. 43-66.

boradores— y configuró una imagen de América y España que se desenvolvió a partir de dos contornos que surgieron paralelos en los temas debatidos por la revista colombiana en Londres: la apuesta o solicitud de una unión panamericana y la revisión o reactualización polémica y reflexionada de la doctrina Monroe de 1823.

Ahora, este "antiimperialismo hispanófilo" fue una actitud —entre otras cosas— de las posturas ideológicas de muchos intelectuales españoles e hispanoamericanos, que se asentó desde 1898[151] a partir de la guerra entre Estados Unidos y España,[152] y que conformó una visión de sus actividades, de sus misiones o de sus retos personales. Se estableció, además, bajo unos claros principios político-jurídicos: libertad, soberanía, justicia, igualdad y, ante todo, regulación de los conflictos de las naciones; y por encima de todo ello, se defendió la no intervención ajena en los problemas de los países latinoamericanos.

El antiimperialismo no propiciaba estrictamente una reacción: alentaba también un anhelo, impulsaba un deseo, la autonomía de los pueblos latinoamericanos, bajo la demanda de la realización de la "utopía de América". De este modo es posible ubicar a *Hispania* bajo este referente, cuya actitud y principios fueron similares a los de algunas revistas y algunos intelectuales latinoamericanos de la época. De ahí que unidad e integración hispanoamericana sean las bases sobre las cuales *Hispania* imprimió —con carácter y esfuerzo— su sello en la opinión pública, desde una capital mundial del imperialismo.

Sin duda, las relaciones asimétricas entre las grandes potencias industriales, en busca incesante de mercados para sus productos, y los países subdesarrollados, como los nuestros, no escapaban a la percepción crítica de estos intelectuales hispanoamericanos per-

---

[151] En el libro *Pensar el antiimperialismo*, junto al franco-argentino Paul Groussac, son investigados los mexicanos Carlos Pereyra —quien fue colaborador en *Hispania*— e Isidro Fabela; el nicaragüense Salvador Mendieta, el guatemalteco Máximo Soto Hall, el argentino Alberto Ghiraldo, el chileno Joaquín Edwards Bello, el español Luis Araquistáin —asiduo articulista de la revista— y el peruano Manuel Seoane.

[152] Pablo de Azcárate, *La guerra del 98*, Madrid, Alianza, 1968.

tenecientes a la segunda clase de estos países, quienes pensaban, discutían y publicaban en Londres, el centro de la más grande potencia. Las contradicciones afloraban por todos los flancos.

Hay dos asuntos que en esta versión antiimperialista e hispanófila se atravesaron en la mente de los colombianos: uno fue, sin duda, y se reitera en las páginas de la revista, la intervención norteamericana que condujo a la separación de Panamá de Colombia, en 1903, como se ha insistido aquí; el segundo fue el papel que cumplió en esa nefasta hora el político y gobernante Theodore Roosevelt. Fueron Santiago Pérez Triana[153] y Baldomero Sanín Cano[154] quienes con mayor audacia, por medio de sus artículos, desafiaron al siniestro personaje y manifestaron categóricamente su rechazo al catastrófico suceso.

Ahora, el carácter misional de *Hispania* no se contrajo o se limitó a la denuncia ni se redujo a opiniones a ultranza propias de un panfleto. Por el contrario, la sobriedad, la seriedad y el cuidado en juzgar bajo los principios de la reflexión histórica, el uso de las fuentes —políticas, diplomáticas, sociológicas, filológicas, culturales e históricas— fueron las notas más destacables del armazón argumentativo utilizado: para los miembros de *Hispania*, la opinión de una revista, antes que informar, debe ilustrar a su público lector culto e ilustrado (en un sentido que podemos calificar de *kantiano*) y, por otro lado, debe despertar su conciencia crítica ante los problemas del momento. *Hispania* no se concibió como un magazín,

---

[153] Uno de los escritos de Santiago Pérez Triana que tuvieron mayor resonancia en el mundo hispanoamericano, europeo y norteamericano fue la carta que envió al presidente William Howard Taft en 1909, sobre la intervención de Roosevelt en la separación de Panamá, que fue ampliamente comentada por Cornelio Hispano en el primer editorial de la revista. Varios años después Pérez Triana arremetería contra el título *honoris causa* que la Universidad de Buenos Aires otorgó a Roosevelt. A raíz de ello, Pérez Triana envió una carta, que tuvo resonancia en los medios intelectuales y políticos de ambos continentes, el americano y el europeo. Sergio Elías Ortiz, *Santiago Pérez Triana, op. cit.*, pp. 86-88.
"Amenidades de Mr. Roosevelt", en revista *Hispania*, n.º 1, Londres, enero de 1912, pp. 3-6 (s. a.).

[154] Baldomero Sanín Cano, "Palique", revista *Hispania*, n.º 25, Londres, enero de 1914, pp. 890-891, y "Resonancia en el vacío", revista *Hispania*, n.º 30, Londres, julio de 1914, pp. 1125-1126.

como una hoja de información, y menos como un panfleto suelto: era una estructura político-intelectual afianzada en un proyecto de aspiraciones culturales transcontinentales.

Para *Hispania*, el propósito de unir a los pueblos de habla española en un momento de resquebrajamiento de su soberanía nacional, y de concientizar de ello a los ciudadanos y lectores sobre la situación de Latinoamérica frente al mundo, no constituía una labor unilateral. Como se podrá ver a lo largo del presente libro, para *Hispania*, y de la mano de los artículos de Sanín Cano, se hizo inevitable echar una mirada a ese otro mundo (el de las entrañas del imperio, el mundo europeo occidental) que se quebraba y que mostraba ya sus signos de agotamiento y de decadencia o cansancio.

En el artículo "O expropiar o resignarse", Sanín Cano expresa a este respecto:

> Los pueblos americanos deben estudiar la muerte lenta de un sistema en Europa, para evitar las dolencias de que ella es resultado. Con ese ánimo damos a los lectores de HISPANIA de cuando en cuando una sinopsis de la agitación obrera o de la cuestión agraria en el Viejo Mundo.[155]

Años después Sanín Cano ratificó el papel de la revista en la labor de formar la conciencia y propugnar la unidad de los pueblos hispanoamericanos, cuando afirmó que

> Los sudamericanos que viven en Europa y pueden escribir en los diarios y periódicos que circulan vastamente en el otro lado del mar, tienen para con sus coterráneos la obligación de señalar los peligros que corren aquellas naciones en sus intimidades con Europa. Las más de las veces no serán oídos. Eso no importa. La misión del periodista, en caso de que haya una verdadera misión para los del oficio, tiene las apariencias de un sacerdocio, y una de las miserias con que el sacerdote ha de luchar ordinariamente es la que le

---

[155] Baldomero Sanín Cano, "O expropiar o resignarse", en revista *Hispania*, n.º 23, Londres, noviembre de 1913, pp. 804-805.

hacen sufrir la indiferencia del público y la incapacidad orgánica de las multitudes para recibir las verdades de alcance remoto.[156]

Estas breves citas (y el somero recorrido hecho por los contenidos de *Hispania*) ponen al lector en el punto neurálgico de una discusión intelectual adelantada en América Latina: la crisis del orden imperial europeo-norteamericano, que amenazaba con degenerar en una conflagración mundial, estaba presente en la conciencia creciente del desplazamiento, que se estimaba inevitable, de la significación del mundo cultural hegemónico occidental. Europa dejaba de ser el centro cultural del mundo, y su violenta maquinaria bélica y su hegemonía industrial socavaban los fundamentos de ese imperativo cultural, que deslumbraba a la periferia. Ahora el esclavo (la periferia mundial) levantaba su voz de protesta contra el amo (el imperio).

Esta discusión culturalista, si se nos permite el concepto cautivante de moda, se basaba en una reflexión que entrañaba una corrección de la filosofía de la historia dominante desde Condorcet, alentada por los positivistas (Comte, Spencer o Morgan). Se trataba entonces de poner en tela de juicio los fundamentos de ese progreso, pero no negando la raíz ilustrada-liberal de los mismos. Se trataba de sacar las consecuencias negativas (en realidad, una realidad mundial insostenible) de esa imagen ingenua de la filosofía de la historia del progreso indefinido de la humanidad. Para Sanín Cano, el deslumbrante cuento de hadas condorcetiano se convertía, por obra de la misma civilización industrial y bélica, en una leyenda que había que superar.

Las batallas ideológicas, políticas, culturales e intelectuales de Sanín Cano en *Hispania*

Pero volvamos al eje *Hispania* y Sanín Cano. Al hacer un seguimiento de la producción y de las publicaciones consignadas por Sanín

---

[156] Baldomero Sanín Cano, "La prudencia de los incautos", en revista *Hispania*, n.º 42, Londres, junio de 1915, pp. 1382-1383.

Cano en *Hispania* se pueden construir cuatro campos de análisis que, reunidos de modo sintético, agrupan las contribuciones del colombiano en la revista: a) la crítica al imperialismo, el colonialismo y el uso de la guerra con fines capitalistas; b) el problema de la unidad e integración hispanoamericana; c) la crítica al capitalismo salvaje y a la cultura de masas, y d) el papel y la función social del escritor y del intelectual en la sociedad hispanoamericana.

Una vez más es necesario observar y destacar de qué modo se conjugaban esos criterios, y en particular en la dirección que les dio Sanín Cano a su participación e injerencia en la revista. En el número segundo aparecieron tres secciones nuevas[157] y nuevos colaboradores. Con mayor despliegue aparecieron nuevas secciones y se incluyó, en esta segunda edición, la de "Correspondencia" y la de "Crítica", que se orientaba a la reseña de libros, esta última bajo la supervisión de Sanín Cano. En la sección que lleva por título "Crítica" aparecieron en esta ocasión las reseñas elaboradas por Baldomero Sanín Cano, siendo esta su primera aparición en la revista y su primer aporte a esta publicación.

Esta sección se destacaría por su periodicidad y su incidencia en el tono general que ostentaría *Hispania*. Es de resaltar que en dicho espacio se lograron una comunicación y unos vínculos culturales con cuanto se producía en el ámbito de la cultura letrada en España e Hispanoamérica. Fueron reseñados autores y libros considerados relevantes, que llegaban a las manos de los directores y que eran elegidos por el interés que despertaban en estas dos zonas geográficas, por sus conexiones con ellas. Asimismo, mediante crónicas cortas y reseñas se exaltaron algunos temas y problemas que ponían de presente las influencias mutuas de ambas partes del Atlántico. Justamente, en esta, su primera contribución, es de destacar los principios y los juicios emitidos, que conducirían esta sección. En efecto, Sanín Cano escribe:

---

[157] La revista, en su estructura primordial, consta de las secciones "Notas editoriales" y "Editoriales", "Artículos generales", "Crónicas y vida internacional", "Artes y letras", "Crítica", "Libros castellanos", "Obras recibidas", "Correspondencia", "Unión Pan-Americana", "Valores y mercados", "Agentes de *Hispania*" e "*Hispania* y la Prensa".

> Con este título señalará HISPANIA a la atención de sus lectores los libros de lengua española que llegaren a su redacción. No hace diferencia entre libros españoles y libros hispanoamericanos, porque esta diferencia no sería esencial. Si la lengua hablada tiene ligeras divergencias vernaculares de un paralelo a otro, la lengua escrita lleva una tendencia marcada a uniformarse. Un libro publicado en Madrid o en Buenos Aires entrega todo su contenido a cuantos hablan español, desde la Patagonia hasta Colorado, y desde Luzón hasta Tenerife.[158]

La sección que inauguró Sanín Cano tendría un impacto acentuado en el proyecto editorial de la revista y, según observaba su director, sería un escenario de expresión que no solamente haría una difusión de la producción literaria y artística originaria de los países de lengua española enviada a la revista, sino que también sería un canal de intercambio y de enlace cultural de lo español y lo hispanoamericano. Por medio de este espacio de opinión se pondrían en conocimiento algunas de las creaciones de reconocidos letrados de la lengua española. De este modo, se incentivaría el debate y la polémica que surgieran a partir de sus realizaciones, que igualmente se podrían divulgar con un objetivo crítico —así se puso de presente en la sección, "Crítica"— para la comunidad panhispánica, y no solamente hispanoamericana.

El diálogo entre España e Hispanoamérica no sería forzoso ni fortuito. La empresa que emprendió aquí la revista *Hispania* constituiría, como lo hizo notar Sanín Cano, un esfuerzo por unificar y consolidar la unidad de identidad y de conciencia de España e Hispanoamérica. Esta unidad espiritual y cultural también habría de ser, al mismo tiempo, soporte o guía para encarar incluso las diferencias y los elementos que unían a la "madre patria" con las "nuevas repúblicas", a un siglo de ocurridas las independencias latinoamericanas y a unos cuantos años de la disolución de la colonización íbera, tras la pérdida de sus últimos bastiones imperiales

---

[158] Baldomero Sanín Cano, "Libros castellanos", en revista *Hispania*, n.º 2, Londres, 1 de febrero de 1912, pp. 38-39.

en 1898. Por ello, una vez más Sanín Cano escribía en sus palabras inaugurales de la sección, refiriéndose a la reseña de los libros:

> Las diferencias de libro a libro no son esenciales sino de grado, y tienen más que ver con la mentalidad del autor que con los oteros en que acaba una denominación geográfica y empieza otra. No entendamos que cada uno de estos países no tenga sus caracteres propios, visibles desde luego en la producción literaria de sus hijos, para quien sepa descifrar los rasgos mentales de un escritor entre las líneas con que expresa su pensamiento. Lo que importa tener presente es que la lengua castellana es dueña y señora de esas comarcas, así de las que han cedido generosamente la riqueza de su suelo al emigrante, como de las que han retenido con avaro espíritu de raza las tradiciones del antepasado español.[159]

Ya se ha indicado cómo se concibió en *Hispania* la idea de la unidad hispanoamericana, esto es, como un diálogo entre las naciones de habla hispana que incluía, por su puesto, a la "madre patria", y que en ese proceso de comunicación no se interrumpían las diferencias ni las divergencias, y menos aún los rasgos comunes, que eran los que sobresalían. La intención parece obvia: el dominio y la unidad espiritual o de conciencia de unos pueblos lo brinda la lengua, sustrato común y fuente de un vínculo vigoroso, como lo señaló arriba Sanín Cano, pese a las variaciones vernáculas, regionales o locales.

Lo que importaba, cuando se hablaba de la lengua, no era emitir un discurso que actuara como instrumento o armazón de defensa de su corrección, a la manera del imperativo dogmático de los gramáticos conservadores, que propugnaban su vigilancia y su conservación pura. Más bien se buscaba la elocuencia, y con ella, forjar una lengua dúctil que se amoldara a las nuevas ideas. La lengua se concebía en diálogo con la modernidad, con el cambio y el avance de las realidades, de las sociedades a las que se debía articular el lenguaje. De modo que se incitaba a practicar una expresión más bien libre, aprovechando la riqueza y generosidad

---
[159] *Ibid.*, p. 38.

de la lengua, y se proponía su innovación y recreación para hacer frente a la dureza de la realidad social. La lengua no era concebida como instrumento o medio artificial, sino como fuerza cultural vital para enlazar comunidades, para entablar relaciones inéditas, para convocar a un diálogo que rompiera distancias, liquidara prejuicios, organizara a la gente y la asociara fraternalmente.

El papel de Sanín Cano en la dirección y en los espacios de discusión de la revista no fue fortuito ni ocasional. A su cargo estuvo en ocasiones la sección de "Notas editoriales", que establecían las pautas de los contenidos que aparecerían en cada uno de los números. Pero sobresalió en particular el papel que cumplió en las secciones "Libros castellanos" y "Libros u obras recibidas". En ellas rindió testimonio de su "oficio de lector" (en palabras de Cobo Borda), de asiduo divulgador de obras y autores, tanto europeos como hispanoamericanos; y además se desempeñó como lingüista, traductor, demiurgo que ponía en comunión varios mundos y geografías.

Esta labor tuvo su acento propio: su empeño en reseñar obras y autores locales y nacionales de España y de Latinoamérica constituyó una labor encomiable de dar relevancia a su idea de unidad e integración hispanoamericana a partir de la literatura y de la lengua. Para Sanín Cano no había madre peninsular e hijas hispanoamericanas (este fue más bien el celo de reseñista de Unamuno).[160] Consecuente con ello, no derivó en una apología conservadora o tradicionalista, como lo hace notar en los ensayos representativos de su pensamiento a este respecto: "Papel de la literatura en la fraternidad hispano-americana",[161] incluido en la presente edición; "El porvenir del castellano", publicado en la *Revista Contemporánea* (1904-1905) ya mencionada, *¿Existe una literatura hispanoamericana?*,[162] un texto que es complementado con

---

[160] Cfr. *Algunas consideraciones sobre la literatura hispanoamericana*, de Miguel de Unamuno, Madrid, Espasa Calpe, 1957.

[161] Baldomero Sanín Cano, "Papel de la literatura en la fraternidad hispano-americana", en revista *Nuestro Tiempo*, Madrid, n.º 14, febrero de 1902, pp. 212-221.

[162] Baldomero Sanín Cano, "¿Existe una literatura hispanoamericana?", en revista *Universidad*, n.º 42, Bogotá, 3 de septiembre de 1927, pp. 171-173.

su ensayo titulado "Acerca de la literatura hispanoamericana",[163] ambos publicados originalmente en la revista *Universidad* (1921-1929), que dirigía Germán Arciniegas y en cuyos contenidos Sanín Cano tuvo una injerencia decisiva. Este interés por la unión intelectual latinoamericana no se contrae, sea dicho de modo complementario, en *Hispania*. La reunión del XIV Congreso de la Federación Internacional de P. E. N. Clubs, que se organizó en Buenos Aires en 1936, y de la que Sanín Cano fue nombrado presidente por Emid Ludwig[164] y Antonio Aita, continuó esta tarea misional, si se nos permite la expresión en su sentido secular, gracias la Séptima Conversación de la Organización de Cooperación Intelectual de la Sociedad de las Naciones.[165] Este evento es vital en la trayectoria analítica de Sanín Cano sobre el papel de la literatura en la identidad y unidad de los pueblos latinoamericanos.

Queremos insistir en la importancia de estos hilos conductores por la significación que tuvieron (y que siguen teniendo) en el desarrollo de la historia intelectual de nuestros países. En efecto, en el encuentro mencionado se expusieron textos que se convertirían en clásicos del pensamiento hispanoamericano, como el de Alfonso Reyes "Notas sobre la inteligencia americana",[166] el de Pedro Henríquez Ureña "La América española y su originalidad",[167] el de Francisco Romero "Futura influencia de la literatura iberoamericana en el pensamiento mundial"[168] y el de Sanín Cano titulado

---

[163] Baldomero Sanín Cano, "Acerca de la literatura hispanoamericana", en revista *Universidad*, n.º 45, Bogotá, 3 de septiembre de 1927, pp. 247-248.

[164] "El maestro Sanín Cano será presidente de la Asamblea del Pen Club", en *El Tiempo*, domingo 13 de septiembre de 1936, p. 1

[165] *Memorias: Europa-América Latina*, Buenos Aires, Comisión Argentina de Cooperación Intelectual, 1937.

[166] Alfonso Reyes, "Notas sobre la inteligencia americana", en *Europa-América Latina*, Buenos Aires, Comisión Argentina de Cooperación Intelectual, 1937, pp. 7-13.

[167] Pedro Ureña Henríquez, en *Europa-América Latina*, Buenos Aires, Comisión Argentina de Cooperación Intelectual, 1937, pp. 183-187.

[168] Francisco Romero, "Futura influencia de la literatura iberoamericana en el pensamiento mundial", en *Europa-América Latina*, Buenos Aires, Comisión Argentina de Cooperación Intelectual, 1937, pp. 213-217.

"Influencias de Europa sobre la cultura de la América española".[169] En todos ellos se encuentran huellas de esfuerzos anteriores, que son cosecha fecunda que sigue sus ideales de unidad e integración, de diálogo y de mediación cultural —no de sometimiento— entre los pueblos de Latinoamérica y Europa.

Uno de sus escritos más reveladores de la idea según la cual la lengua y la literatura son una fuente en la integración espiritual y cultural del continente, no canon inamovible, es el titulado "Americanismo y americanidad".[170] Allí el maestro Sanín Cano define y da especificidad a ese contorno que ha constituido el continente americano, para encontrar sus raíces, pero igualmente sus singularidades por medio de esos dos pulmones constitutivos del cuerpo de la civilización. Este escrito, "Americanismo y americanidad", debemos recordar, estaba destinado a ser expuesto como conferencia en el III Congreso Internacional de Catedráticos de Literatura Iberoamericana,[171] que se realizaría en Nueva Orleáns, Estados Unidos, en diciembre de 1942, evento al que no pudo asistir el colombiano. Luego se publicó su ponencia.

Bajo la consigna "El nuevo mundo en busca de su expresión", allí expusieron de nuevo personalidades ya asentadas de la "inteligencia americana": Alfonso Reyes,[172] Gilberto Freyre,[173] Alberto

---

[169] Baldomero Sanín Cano, "Influencias de Europa sobre la cultura de la América española", en *Europa-América Latina*, Buenos Aires, Comisión Argentina de Cooperación Intelectual, 1937, pp. 219-235.

[170] Baldomero Sanín Cano, "Americanidad y americanismo", en "Lecturas Dominicales" de *El Tiempo*, Bogotá, 24 de enero de 1943, pp. 1-2.

[171] *Memoria del Tercer Congreso Internacional de Catedráticos de Literatura Iberoamericana, diciembre de 1942*, Nueva Orleáns, Tulane University Press, 1944. Este congreso fue convocado para celebrar los 450 años del descubrimiento de América, y fue impulsado por el Instituto Internacional de Literatura Iberoamericana y por la Universidad de Tulane. Se realizó en Nueva Orleáns.

[172] Alfonso Reyes, "Posición de América", en *Memoria del Tercer Congreso Internacional de Catedráticos de Literatura Iberoamericana, diciembre de 1942*, Nueva Orleáns, Tulane University Press, 1944, pp. 205-220.

[173] Gilberto Freyre, "Conceitos históricos da América brasileira", *Memoria del Tercer Congreso Internacional de Catedráticos de Literatura Iberoamericana, op. cit.*, pp. 205-220.

Zum Felde,[174] Antonio Aita[175] y Arturo Torres Rioseco,[176] entre muchos otros. Estas referencias son sustanciales, toda vez que si se observa la dirección y el contenido que vertebra Sanín Cano en su sección "Libros castellanos" de *Hispania*, sin suponer uniformidad o unilateralidad, se puede asegurar que ya en Londres su tarea consistía en alentar un diálogo franco con España, en romper el complejo de inferioridad de los latinoamericanos (lo habían hecho Sarmiento, Bilbao o González Prada), y al mismo tiempo, confrontar los otros prejuicios de los norteamericanos y europeos surgidos de su ideal de superioridad frente a lo que constituía el mundo de América Latina.

A través de *Hispania*, Sanín Cano no solamente daba a conocer —con corrección y énfasis— a los extranjeros de los dos mundos —Norteamérica y Europa— la geografía y los recursos naturales, sino que también informaba y divulgaba con notoriedad la producción literaria, cultural e intelectual de América Latina. Entre otras tareas, o propósitos, se impuso equilibrar y colocar en un mismo rango de igualdad las dos culturas, sin derivar o inclinarse hacia un extremo, hacia los nacionalismos o fanatismos, como era lo corriente —o prohispánicos enceguecidos, o indigenistas rencorosos, o europeístas puros—; por el contrario, su anhelo fue poner a dialogar, y en comunión, las culturas y ver en ellas los linderos que las unen o los que las separan, buscando siempre los valores del respeto, del reconocimiento, de la igualdad, la libertad y la justicia.

No por casualidad Sanín Cano, en Londres desde 1909, y luego a su regreso a Colombia, desde 1931, reflexionó sobre asuntos capitales de la identidad latinoamericana. Por ejemplo, el lector

---

[174] Alberto Zum Felde, "La democracia en América", en *Memoria del Tercer Congreso Internacional de Catedráticos de Literatura Iberoamericana*, op. cit., pp. 205-220.

[175] Antonio Aita, "La expresión literaria de América", *Memoria del Tercer Congreso Internacional de Catedráticos de Literatura Iberoamericana*, op. cit., pp. 221-237.

[176] Arturo Rioseco Torres, "La poesía hispanoamericana del presente y del porvenir", en *Memoria del Tercer Congreso Internacional de Catedráticos de Literatura Iberoamericana*, op. cit., pp. 239-247.

podrá establecer un punto de comparación y leer sus ensayos titulados "La América española"[177] y "Cultura incaica",[178] ambos publicados en *La Nación* de Buenos Aires, y podrá distinguir el modo como valoraba, examinaba y veía de forma polémica el problema de la relación entre raza e identidad y las reflexiones que planteó para ambas partes del mundo —Europa e Hispanoamérica—. En "Cultura incaica", que fue su última contribución en el diario bonaerense de *La Nación*, incluso se enfoca en destacar el mundo indígena, argumentando que ni la identidad ni la raza indígena —conceptos que disecciona y confronta— son de la esencia íntegra latinoamericana, y agrega que el indigenismo no puede constituirse en arma ideológica autodefensiva contra la cultura y el orbe occidental.

Por el contrario, Sanín Cano resalta los valores civilizatorios del mundo indígena y los coloca en el lugar que les corresponde. Basta leer su reseña —aquí publicada— del libro de Clements Markham[179] titulado "La conquista de la Nueva Granada", cuyo capítulo sobre el Imperio inca es exaltado por Sanín Cano. De modo que lo indígena y el indigenismo es parte constitutiva de un proceso histórico universal de desenvolvimiento de la cultura en el que lo precolombino se incluye como expresión y revelación —aceptando los contrastes y choques para lograr su visibilidad— a un contexto más complejo y de tintes mundiales, después de verse obligado a soportar el proceso de mestizaje, para verse contenido en la órbita occidental por medio de la conquista y la colonización.

Este asunto incluso lo toca de manera magistral en 1914, con su escrito titulado "El descubrimiento de América y la higiene",[180]

---

[177] Rafael Rubiano Muñoz y Andrés Felipe Londoño, "La América española", en *Baldomero Sanín Cano en* La Nación *de Buenos Aires (1918-1931): prensa, modernidad y masificación*, Bogotá, Universidad del Rosario, 2014, pp. 83-88.

[178] *Ibid.*, pp. 374-378.

[179] Baldomero Sanín Cano, "Historia de Colombia", en revista *Hispania*, n.º 13, Londres, enero de 1913, pp. 435-436.

[180] Baldomero Sanín Cano, "El descubrimiento de América y la higiene", en *Indagaciones e imágenes*, Bogotá, Universidad Externado de Colombia, 2010, pp. 43-54.

ensayo clásico de su producción y que fue publicado en su primer libro, *La civilización manual y otros ensayos*,[181] dedicado a Jorge Mitre, director del diario argentino. Valga entonces asegurar que Sanín Cano no se polariza y no cae en los extremos al enfocarse en el problema de la identidad latinoamericana, su unidad e integración política cultural. Por el contrario, frente a lo que fue habitual en muchos latinoamericanos de ese momento, quienes pretendieron aislar el espacio geográfico cultural latinoamericano del proceso de la historia, el colombiano ni lo particulariza ni lo fragmenta, sino que lo ubica en un contorno complejo del tiempo histórico de la civilización occidental.

Él mismo lo advierte. Es importante en este contexto retomar su epistolario con Alfonso Reyes, donde le expresa al insigne intelectual y diplomático mexicano que él no aboga por una actitud conservadora de la lengua castellana —hispanismo conservador— ni por un nacionalismo estrecho —el de los indigenismos— que rehúyen el diálogo con las literaturas y lenguas extranjeras. De modo que Sanín Cano le confiesa a Alfonso Reyes:

> La historia de nuestra cultura es tal, mi querido embajador, que el mejor modo de ser cultos es comprender a fondo y tan extensamente como nos sea posible la cultura europea. Leyendo a Gomperz, el gracioso estilista vienés, profesor de filología y autor de *Griechische Denker*, me sentía en 1912 más americano que nunca. [Y agrega que] El único modo de ser criollos es usar de más talento que los extranjeros y lograr mejores obras que los escritores, poetas, dramaturgos, pintores de otros pueblos.[182]

---

[181] Baldomero Sanín Cano, *La civilización manual y otros ensayos*, Buenos Aires, Babel, 1925.

[182] En la carta, fechada el 29 de agosto de 1932, Sanín le escribe a Reyes que nacionalismo y cosmopolitismo no constituyen extremos insolubles e irreconciliables. Sanín compartió esta visión a propósito de las tendencias literarias y culturales de la época a no mediar las relaciones culturales entre América Latina y Europa. *Alfonso Reyes y los intelectuales colombianos: diálogo epistolar*, Bogotá, Siglo del Hombre Editores-Universidad de los Andes, 2009, pp. 105-108.

A su vez, en dicha carta Sanín Cano comprendía por insinuación de Reyes que "La única manera de ser provechosamente nacional es ser generosamente universal".[183] Bajo esos derroteros, entonces, *Hispania* fue un vehículo y un instrumento no exclusivamente de comunicación, de opiniones y pensamiento, sino que también fue un medio y una fuente vivaz en un espacio público amplio continental, de apuestas, de convicciones, de principios y, naturalmente, de expectativas y realizaciones. Para ubicar con mayor proximidad al lector es necesario descomponer analíticamente a Sanín Cano y sus entretejidos en la revista. Para ello delinearemos las principales batallas del colombiano en el impreso.

No sobra decir que su cosmopolitismo londinense, su constante encuentro con personalidades del mundo intelectual y periodístico, incluidos los latinoamericanos, sus incansables viajes por Europa, cubriendo la Primera Guerra mundial,[184] además de sus actividades como diplomático, le sirvieron como una especie de observatorio frente al contexto internacional, lo que le permitió refinar sus reflexiones sobre la esencia hispanoamericana. Esto es muy notorio en *Hispania*, pero se acentuaría en su viaje a Madrid, en 1923, y luego a Buenos Aires, en 1925, en particular en el contexto intelectual que forjó y constituyó mediante sus vínculos con Samuel Glusberg[185] (Enrique Espinoza) y las revistas *Babel* (1921-1951) y *La Vida Literaria* (1928-1932).

---

[183] Respuesta de Alfonso Reyes ante la demanda de Héctor Pérez Martínez que refiere Sanín Cano en la carta de una supuesta desvinculación de Reyes a México y a su nacionalismo. *Alfonso Reyes y los intelectuales colombianos*, op. cit., p. 107.

[184] Incluidos los artículos sobre la guerra publicados en *La Nación* de Buenos Aires y otros impresos del mundo, son de notoriedad sus observaciones y entrevistas, como "Una visita a Jorge Brandes en plena guerra europea", en *Revista de las Indias*, segunda época, n.º 4, marzo de 1939, pp. 521-538; "La guerra", en *Revista de las Indias*, segunda época, n.º 10, Bogotá, octubre de 1939, pp. 321-331, y "De París en 1929", *Revista de las Indias*, segunda época, n.º 65, Bogotá, mayo de 1944, pp. 5-16.

[185] Horacio Tarcus, *Cartas de una hermandad: Leopoldo Lugones, Horacio Quiroga, Ezequiel Martínez Estrada, Luis Franco, Samuel Glusberg*, Buenos Aires, Emecé, 2009.

De modo que la presencia de Sanín Cano en la revista se puede ver de modo exhaustivo en cada año de publicación, y se pueden establecer algunas líneas de sus contiendas ideológicas, políticas, culturales e intelectuales en que se batió con sus contribuciones, y además se puede comprender cuál fue su papel en la publicación. En el año 1912, en los doce números publicados, Sanín Cano escribió dieciséis artículos, realizó siete reseñas y envió dos cartas. En el año 1913 publicó quince artículos, elaboró siete reseñas y envió dos cartas. Del número 25 al 36, que compone el año de 1914, publicó quince artículos y cinco reseñas. En el año 1915 se redujo sustancialmente su participación por el cambio de formato ya referido, porque la revista se ocupó del tema de la Primera Guerra Mundial; ese año Sanín Cano elaboró ocho artículos y tres reseñas. De 1916 se cuentan dieciséis artículos y una reseña.

Por lo expuesto, se puede resumir que Sanín Cano publicó 64 artículos, escribió 23 reseñas y envió cuatro cartas, para un total de 91 registros que se pueden leer, todos, en esta obra. Como podrá ver el lector, algunas reseñas se pueden considerar como artículos, por su calidad y su composición, pero en ese contexto, para esta obra seguimos estrictamente su ubicación dentro de la revista. Ahora, no se registran contribuciones que aparecieron en el primer número, ni en los números 28, 39 y 40. Como ya se ha indicado, la primera contribución se publicó en el número dos, en la sección "Crítica", en el aparte de "Libros castellanos", para la que escribió una reseña del libro *Rosario de sonetos líricos*, de Miguel de Unamuno, publicado en Madrid en 1911.

En esta sección se le dio prioridad a la lengua castellana escrita, y en ese sentido, el libro publicado y la producción literaria serían uno de los medios indispensables de la construcción de ese espacio geográfico cultural referido a los pueblos de habla hispana.

Al iniciar la sección llama la atención, entonces, la primera reseña que escribió Sanín Cano, y que se centra en Miguel de Unamuno, a quien valora bajo el siguiente semblante:

> Es buena fortuna que para escribir la primera crónica tenga uno que hablar del último libro de Miguel de Unamuno. Tamaño tem-

peramento se ha ganado el derecho envidiable de que le traten con franqueza. Hablando de Unamuno puede el crítico señalar defectos y hacer reparos minuciosos sin temor de lastimar una reputación de bronce. Puede alabar con estrépito sin miedo de ablandar la invulnerable materia de que está formado este raro ejemplar de los gremios literarios. Como no pertenece a cenáculo alguno y como, según parece, no tiene lazos con escuela de arte determinado, está libre de las deformaciones que obra sobre la personalidad este género de ambientes estrechos y tiránicos. Ni aún siquiera las taras del profesorado puede uno advertir en la obra sinuosa de este vasco rebelde a quien pusieron las circunstancias en el rectorado de Salamanca.[186]

De Unamuno, en esa peculiar obra capta generosamente Sanín Cano su talento poético, que, según advierte el colombiano, se halla bajo el legado de Carducci y de Hazlitt, por su fuerza y contenido, por su composición que se resiste a la usanza de la época y en la que procura —así lo estima Sanín— "la sonoridad de la frase con un cuidado prolijo [...] Y es un esfuerzo que debemos agradecerle, porque la lengua española necesitaba, sin duda, a fines del siglo XIX, un impulso reaccionario contra la abundancia del vocablo. Acaso vaya un poco lejos el autor del *Rosario* y de la *Vida de don Quijote y Sancho*".[187]

A renglón seguido Sanín Cano estima los *Sonetos* publicados por Unamuno, y los alaba, como él mismo lo expresa sin reticencias. Los detalles y el esfuerzo idiomático de Unamuno es un indicio del talento de esta figura española y de su versatilidad, fundada en la libertad de su pensamiento, con el dominio propio —agrega Sanín— de alguien a quien, de la cultura de su época, le son familiares "las ideas con que se ha engalanado el pensamiento humano". Reconoce el conocimiento que tiene de todos los autores que median entre Hesíodo y Kierkegaard y Nietzsche,

---

[186] Baldomero Sanín Cano, "Libros castellanos", en revista *Hispania*, n.º 2, Londres, febrero de 1912, p. 38.

[187] *Ibid.*, p. 38.

de quienes habla con superioridad y con destreza. Cierra su nota Sanín Cano ubicando la obra en el contexto, y para ello reitera su visión del autor:

> Unamuno es uno de los pocos representantes de la cultura en quienes parece que no se hubiera llevado a efecto la inversión romántica. Es triste, pero su tristeza no proviene de ver la vida distinta de como ella se muestra. Su anhelo se cifra en mirar de frente los hechos y en dominarlos, en tanto que la preocupación de los románticos y sus innumerables herederos, fue desfigurar los hechos, imaginándose lastimosamente que de ese modo era más fácil sobreponerse a ellos. Hay que agradecerles a las circunstancias la combinación preciosa, mediante la cual, en el país romántico por excelencia, vinieron a nacer limpios de este pecado original Don Miguel de Unamuno, que ha llegado a ser Rector de Salamanca, y Ángel Ganivet, que sucumbió bajo la pesadumbre de su inmediata y precisa visión de las cosas.[188]

La sección avanza con la reseña de la novela corta de Roberto Botero Saldarriaga titulada *Sangre conquistadora*,[189] publicada por la Imprenta la Luz, de Medellín, en 1911. A partir de esta novela se abre uno de los temas que, no sin combates intelectuales, serán afrontados en *Hispania*: el problema de la relación entre raza, historia y naturaleza en Hispanoamérica. La literatura denominada local o regional será de predilección y atención en las reseñas habituales de Sanín Cano en la revista (recordemos que su coterráneo Tomás Carrasquilla fue el más vigoroso novelista realista hispanoamericano de la región antioqueña). Aquí el motivo es aprehender la esencia del ser americano, no convertirlo en mito o en instancia de idolatría, sino mediante la construcción de esa esencia, cobrar conciencia de su composición y de su historicidad.

Con la reseña de esta novela corta, Sanín Cano pretendía impulsar una labor pedagógica política, en la medida en que se puede

---

[188] *Ibid.*, p. 38.
[189] *Ibid.*, p. 38.

hacer desde la literatura, e invitar a confrontar el mito de la raza y la naturaleza degenerada del ser de América para reincorporarlo o reinventarlo bajo unos criterios o argumentos más racionales (reflexión social y estética). Por lo tanto, el ensayista colombiano no cae en los extremos, sino que, por el contrario, abre el escenario de debate y de discusión frente a los mismos hispanoamericanos, a los europeos e incluso a los norteamericanos, confrontando las imágenes sobre el ser de América (la especulación no es ontológica, sino socio-histórica), que en últimas, en esa época, seguía envuelto en la imagen de la barbarie, o calificado según los prejuicios que solo veían en ella atraso, subdesarrollo o incivilización.

Desde ese ángulo, las reseñas sobre la literatura local o regional —criolla o nacional, como diría Sanín Cano— igualmente sirven para reflexionar sobre su importancia, no solamente para la conciencia, sino para la construcción de la identidad de los pueblos. Pero ante todo (y en ello quizá podamos tenerlo como agudo precursor) las relaciona con otras literaturas criollas o nacionales del mundo europeo, de modo que se puedan comprender los rasgos comunes de la naturaleza humana, sus sentidos y significados, pese a la diversidad geográfica, bajo la mirada de un conjunto universal. Después de todo, lo que llamamos *literatura universal* tiene una honda raíz regional.

La literatura criolla es parte de una unidad, la humana, y ella se conecta con los asuntos más universales. El propósito de Sanín Cano, entonces, es resaltar la idea de que la importancia de la literatura criolla radica en el modo en que bajo la circunstancia de una región son vistos los problemas humanos y los asuntos sociales, que adquieren interés dentro del ámbito más amplio de la literatura en general.

Otro de los asuntos que convoca la sección dirigida por Sanín Cano en la revista es el problema de la conquista y la colonización de América como un área temática de la revista. De paso, las independencias latinoamericanas aparecieron en el horizonte de la publicación de igual manera mediante reseñas, artículos e investigaciones de destacados historiadores familiarizados con el tema o conocedores de él, tema sobre el que fue constante la reflexión, al punto de que se dieron allí batallas ideológicas frecuentes y, asimismo, se zanjaron confrontaciones históricas y culturales. La sección en esta ocasión se cierra con los comentarios de Sanín sobre Jacinto Benavente y su traducción de los dramas de Shakespeare a la lengua española. En este sentido, esta es otra de las labores de la sección: indicar las importantes traducciones de obras a la lengua española, por cuanto esta difusión es clave o prioritaria en el diálogo cultural. Sanín Cano fue, de este modo, un incansable mediador cultural, no solamente por la divulgación de obras y autores extranjeros, sino también por su traducción y difusión en la lengua española, con el objeto de acercar al público lector hispanoamericano lo foráneo y extranjero.

Resaltamos así la corta crónica sobre Benavente, por la importancia del esfuerzo de comunicar dos mundos —el español y el inglés— mediante el esfuerzo de traducción y de conexión entre dos espacios culturales disímiles. Como lo reitera el mismo colombiano,

> Entre los modernos autores dramáticos, ninguno está mejor designado que Benavente, por la naturaleza, la fortuna, y por sus aficiones mentales para trasladar a la lengua castellana la obra enorme y maravillosa del gran Guillermo. Hay partes primordiales en las comedias de Benavente que admiten la comparación con Shakespeare.[190]

Bajo esta semblanza, y con la analogía de Benavente con Shakespeare, logra Sanín Cano impulsar y darle existencia a su sección de *Crítica* o *Libros castellanos*, cuyos objetivos principales fueron construir un espacio de discusión en torno a las relaciones y vínculos culturales, artísticos, letrados y literarios de España y América Latina. Al final de los comentarios de Sanín Cano sobre Benavente se publicó un listado de las obras que, según *Hispania*, serían de interés y atracción para el público lector hispanoamericano. De ahí que en esa ocasión se reseñaran algunas de las obras

---
[190] *Ibid.*, p. 39.

de Enrique Pérez[191] —partes de las cuales incluso serían publicadas en diversos números de la revista—, de Cornelio Hispano,[192] Manuel Briceño,[193] Guillermo Forero Franco,[194] Guillermo Manrique Terán[195] y Tulio M. Cestero,[196] para cerrar finalmente este apartado del número dos.

Pero no solo de reseñas nutrió Sanín Cano *Hispania*. El primer artículo del ensayista colombiano apareció en el número tres de la revista, ya señalado, y es un agudo escrito en el que analiza los problemas de la representación, la participación y las decisiones ciudadanas en la democracia de la sociedad de masas. Advierte de qué modo el parlamento es una institución que, debido a su carácter procedimental, impone la cantidad sobre la cualidad, con un tono en el que se muestra "romántico" (¿se nos permite el desvarío?), por la crítica que hace al dominio que el capital tiene sobre el ámbito de la política.

En el escrito agrega que los parlamentos, más que ser el espacio de debate ciudadano, se han convertido en los lugares predilectos donde gobiernan el interés, el egoísmo y los intereses del capital. Las élites y las masas no son responsables de lo que las opiniones y las decisiones implican en general para la sociedad en los parlamentos; por lo tanto, en la corrupción por el gobierno numérico, del cincuenta por ciento más uno, radica realmente lo defectuoso de este sistema de gobierno en la época.

Más que una actitud nostálgica conservadora, Sanín Cano pone de manifiesto en ese ensayo la manipulación y la influencia que tiene en el siglo XX la sociedad de masas. La sociedad de masas se impone de modo inapelable; va adquiriendo preponderancia y el ciudadano pasa a ser un consumidor X, y asimismo un anónimo

---

[191] Enrique Pérez, *Vida de Felipe Pérez*, Bogotá, La Luz, 1911; *En la brecha*, Bogotá, Eléctrica, 1911; *Los mediocres*, Bogotá, La Luz, 1911, y *Causa y efecto*, Bogotá, 1910 (s. e).

[192] Cornelio Hispano, *Leyenda de oro*, Caracas, El Cojo Ilustrado, 1911.

[193] Manuel Briceño, *Los versos*, Bogotá, Fénix, 1910.

[194] Guillermo Forero Franco, *La parroquia*, Nueva York, 1911 (s. e.).

[195] G. Manrique Terán, *Cartagena de Indias*, Bogotá, Juan Casis, 1911.

[196] Tulio M. Cestero, *Ciudad romántica*, París, Librería Paul Ollendorf, 1911.

engranaje más de la trituradora máquina del capitalismo. Añade cómo la masificación y el capitalismo, a un mismo tiempo, afectan la democracia como sistema y gobierno de disenso y de debate.

El capitalismo y la sociedad de masas anestesian a las mayorías, y los consensos mayoritarios se imponen ante las voces de las minorías; así disminuye la responsabilidad del ciudadano, entra en ocaso la ilustración y la conciencia de los ciudadanos. Masificación, capitalismo y nacionalismo, además del racismo y el consumo, por un lado, y la idea de superioridad racial de las culturas y las naciones, por otro, son los síntomas del declive de la Europa occidental de ese momento, y a esos males se opone la pluma del colombiano.

La crítica al gobierno descarnado de lo cuantitativo, del capitalismo y de la masificación no tienen en Sanín Cano, empero, un olor de reacción nostálgica (como lo tendrán en Ortega y Gasset, años más tarde, en *La Rebelión de las masas*). Por el contrario, es por medio de esa crítica —que no ven las élites ni las multitudes— que se llama la atención del giro que está dando el orbe occidental hacia una sociedad cuya racionalidad no es racional ni humana, y que menos aún va hacia la emancipación, sino que más bien lleva su camino autodestructivo a la instrumentación del ser humano.

Con ello Sanín Cano estaba destacando la irracionalidad intrínseca, o mejor, la inconsecuencia intrínseca entre los postulados de la racionalidad ilustrada (que produjo la soberbia y admirable idea del "progreso indefinido de los hombres", en Kant, Lessing o Condorcet, es decir, que echó las bases para pensar en una historia universal secular y fraterna) y el imperialismo y la sociedad masificada del siglo XX. Es decir, entre los principios filosóficos humanitarios y la realidad brutal de la arrogancia imperialista hay un abismo insondable. El humanismo secular (que viene desde el Renacimiento y Descartes, y se profundiza en el siglo XVIII de *La enciclopedia*) se desdice en sus efectos más negativos y protuberantes.

Este escrito, que luego sería profundizado en sus posteriores ensayos de *La Nación* de Buenos Aires, y que hace parte de un libro publicado en 1926, bajo el título de *Indagaciones e imágenes*",[197]

---

[197] Baldomero Sanín Cano, *Indagaciones e imágenes*, op. cit.

señala el fracaso del sistema parlamentario —y de la democracia, con sus déficits y contradicciones—, su ineficacia y discordante ejecución. Este fracaso consiste en que el parlamentarismo crea un sistema burocrático enquistado. Sanín Cano lo denominó "el siglo de las comisiones". Esto genera la tiranía de las mayorías y la manipulación de masas, y por eso cita a importantes pensadores como Sighele, Le Bon, Freud, Nietzsche, Durkheim, Tarde, entre otros, que ratifican esa sospecha. Estos autores le sirvieron de apoyo a Sanín Cano para explicar cómo, por efecto de las masas y las multitudes, se desvanece el individuo (la subjetividad) y se relajan o se desintegran los valores morales, ilustrados y racionales que constituían la base de las sociedades democráticas desde el siglo XVIII.

El artículo plantea así el problema de la democracia en la sociedad de masas: hace énfasis en la tiranía de las mayorías, y para ello se apoya en Alexis de Tocqueville,[198] sin citarlo expresamente (quizá leyó *Recuerdos de la Revolución de 1848*). Hay un símil en el análisis que hace sobre las consecuencias de la Revolución francesa (1789) en la democracia del siglo XIX. El parlamentarismo es corrupto, su corrupción mata la cualidad para imponer la cantidad, y crea castas, jerarquías y privilegios. Es una institución política que, si bien se instaló desde la Revolución francesa o como consecuencia de ella, no ha logrado, sin embargo, desterrar los antiguos prejuicios, puesto que

> La ironía de la historia universal nos enseña que, después de todo, no hubo más que una dislocación de las clases sociales. Los favores que el Estado dispensaba profusamente al clero y a la nobleza pasaron en Francia, sin el título de privilegios, a ser prerrogativa de la burguesía. El gran desarrollo de la riqueza pública vino a concentrar el poder de que antes gozaban los nobles en los burgueses económicos y atrevidos. El pueblo les dio su apoyo y acrecentó con su trabajo y su actitud el incontrastable y mágico

---

[198] Alexis de Tocqueville, *El Antiguo Régimen y la revolución*, México, Fondo de Cultura Económica, 1996.

poder del oro. Cesó el poder de la sangre y empezó a crecer con graves apariencias de trastorno el dominio del capital.[199]

Su última contribución está consignada en el número 54, el último de la revista, fechado el 27 de junio de 1916, con el título "Una especie en vía de extinción". En el último número, compuesto por dedicatorias, semblanzas y notas a causa de la muerte de su fundador, Pérez Triana, resulta más que notable el escrito de Sanín Cano. Es un análisis de las clases medias en Europa y contiene una reflexión profunda sobre la desaparición de los derechos y la libertad del individuo en la modernidad del siglo XX.

En su postura ideológica observa cómo a las clases medias —liberales y profesionales— las ha degradado la guerra y cómo la crisis las empuja a posiciones nacionalistas, que rayan en lo fanático e irracional (se pone en la línea de los análisis clásicos del ascenso del fascismo); mientras eso sucede, esas clases y las masas o multitudes contemplan con beneplácito el fervor fanático e irracional de los armamentistas o guerreristas; pero a contrapelo, en Asia oriental está surgiendo un imperio, el ruso, donde los obreros y el mundo proletario han ido ganando un puesto y las ideas socialistas han empezado a alcanzar un sentido de humanismo y de transformación que el sistema capitalista no ha podido lograr.

Algunas líneas de reflexión y análisis sobre Sanín Cano, Londres e *Hispania*: a manera de conclusiones

Un exhaustivo examen de las contribuciones que año a año hizo Sanín Cano a la revista nos depara algunos temas constantes en su obra y pensamiento. Las catástrofes, las crisis, las crueldades en el siglo XX, el armamentismo, el uso de las distintas formas de violencia —militares, políticas, diplomáticas y massmediáticas—, el uso de la guerra, el imperialismo, el colonialismo, los desastres ambientales, los conflictos de género, de raza e identidad, las tra-

---

[199] Baldomero Sanín Cano, "Sobre el parlamentarismo", en revista *Hispania*, n.º 2, Londres, febrero de 1912, p. 61.

gedias de la modernidad, entre otros, fueron asuntos constantes, y constituyeron los temas en los que se centraron los análisis de Sanín Cano en *Hispania*.

Magistral, sin vulgarizar, el ensayista colombiano despliega una combinación de análisis y reflexiones sociológicas, políticas, artísticas, literarias, históricas, científicas y culturales. La preocupación central de Sanín Cano es la unidad e integración hispanoamericana, como ya lo hemos subrayado, y alterna esta convicción con el tono inicial y general de la revista contra el imperialismo norteamericano. Hace una crítica severa a los desmanes y abusos del capitalismo colonial, que utiliza la guerra como medio de intervención y de violación de las soberanías de los países latinoamericanos y de otros países considerados "bárbaros o incivilizados", como se los designó en esa época.

El lector del libro encontrará en los artículos de Sanín Cano un tono anticapitalista y cierto giro de anticapitalismo romántico.[200] Por un lado, su percepción catastrófica del siglo XX, como se puede ver en sus ensayos, no es un delirio, y menos aún una alucinación. Esa percepción se debe al binomio de guerra y capitalismo, a la comunión de armamentismo y expansión territorial, o mejor, a la combinación de capitalismo y voracidad colonial, que no solamente ha hecho cambiar las miradas del mundo, sino que también ha provocado un giro de rumbo geopolítico, algo que en particular afecta de modo drástico al ámbito latinoamericano. Las ambiciones imperialistas de la época se imponen en cualquier momento; basta una fuerza armada, un capital, unos financistas y una ideología fanática, como la del nacionalismo o el racismo, para que se vulneren la paz y la libertad de los pueblos.

A la vez, Sanín Cano capta agudamente la manera en que se pasa, en cualquier parte del mundo, de una economía de libre mercado a otra en la que la presión y la manipulación hegemónica y monopólica de corporaciones y trust se va imponiendo; cómo se

---

[200] El concepto de "anticapitalismo romántico" se toma de Michael Löwy, *Para una sociología de los intelectuales revolucionarios: la revolución política de Lukács, 1909-1929*, México, Siglo XXI, 1978.

pasa a una economía de grupos herméticos y cerrados, en la que no existe el libre juego, y estos grupos, en su ambición y tendencia al monopolio, pueden manejar a su antojo los precios de los productos básicos, o de primera necesidad, generar las crisis financieras o bancarias, montar o desmontar gobiernos, pero, ante todo, pueden acaparar cualquier producto o, en su ansia de acumulación, hacer de la guerra una ocasión de crecimiento y de inversión.

Los costos de esta ambición interesan como beneficios en números. Estos trust o corporaciones no le reconocen importancia a la vida de los pueblos, en especial los no civilizados. Sanín Cano denuncia sin patetismo oportunista la deriva y el colapso de la civilización, que sigue el camino de su propia destrucción, que alienta el desplazamiento de grandes grupos humanos, que incita al asesinato en masa y propicia la muerte de millones de personas. El humanismo de Sanín Cano se funda en la crítica al "humanismo" occidental. Ese humanismo se perfila en algunos de sus ensayos de actualidad alarmante, como "Pánicos de numerario", "La posesión del suelo", "Los sindicados de la incompetencia", "O expropiar o resignarse", "La liberalidad en el hambre" y, en especial, en los que tituló "La artificialidad de los precios, I, II", que aquí se publican.

De 1912 a 1916, Sanín Cano, como se verá en este libro, toca hechos o acontecimientos relacionados con la guerra y la expansión capitalista colonial, que confronta de modo vehemente. Su aliento romántico, y en particular de oposición al capitalismo, se puede deducir del modo en que se enmascaran violencias y se velan las verdades; cómo se manipula al pueblo y de qué modo se constituye una sociedad más desigual, más injusta, y ante todo más inmoral e hipócrita. Los artículos de análisis político, nacional o internacional, pretenden, mediante la reflexión crítica, aleccionar al público lector latinoamericano sobre el declive de la civilización europea occidental y sobre cómo esos valores destruidos, si no se estudia esa parte del mundo, dominarán al resto del mundo, y de modo específico a los latinoamericanos, como ya se mencionó.

La degradación moral del individuo y la exaltación fanática de las comunidades nacionales mediante la raza, la identidad o la cultura, constituyen los signos más apreciables, expuestos en la inmediatez, de una realidad que se encamina hacia su propio cataclismo. El abuso y la manipulación nacionalista por líderes y estadistas caudillescos, el autoritarismo de los medios masivos de comunicación y la dimensión concomitante del crimen organizado,[201] son signos inocultables de la época. La época es vista como una especie de nivelación en la estratificación social, en la que surge un movimiento de justicia por las clases menos favorecidas, del que esas mismas clases son impulsoras. Este movimiento o movilización es alentador: tiende a una reducción de la abrumadora desigualdad social, o, desde el otro espectro, las clases venidas a menos las conciben como revanchismo o venganza.

Es de destacar, entre sus comentarios sobre hechos de la época, su escrito titulado "Los sucesos del Rand",[202] un análisis sobre la masacre de los mineros blancos en África por el Imperio británico debido a una huelga de los trabajadores.

De igual manera, sobresale un escrito del año de 1912, que parece sin ilación dentro del recorrido de su producción en la revista, y que está dedicado al centenario de las "Cortes de Cádiz",[203] en el que valora la circunstancia del suceso histórico y ve en ella un hecho importante: cómo en esta etapa se define de modo consistente y sólido el proceso de emancipación e independencia de América. En ese análisis se destaca una seria documentación, con un sólido estudio y un examen crítico de los hechos.

Las contribuciones que Sanín Cano hace a la historia de Colombia y de América Latina están precedidas con frecuencia de un llamado "a profesionalizar la historia", es decir, a depurar y exigir rigor —no frialdad y neutralidad, como se ve en su escrito sobre el epistolario de Bolívar—,[204] a desmitificar y "desfanatizar"

---

[201] Baldomero Sanín Cano, "La criminalidad", en revista *Hispania*, n.º 5, Londres, mayo de 1912, p. 137.

[202] Baldomero Sanín Cano, "Los sucesos del Rand", en revista *Hispania*, n.º 20, Londres, agosto de 1913, pp. 688-689.

[203] Baldomero Sanín Cano, "Las Cortes de Cádiz", en revista *Hispania*, n.º 10, Londres, octubre de 1912, p. 137.

[204] Baldomero Sanín Cano, "El epistolario de Bolívar", en revista *Hispania*, n.º 27, Londres, marzo de 1914, pp. 974 y 976.

la narración histórica como elemento central de la identidad y la conciencia de los pueblos.

El lector podrá encontrar una serie de artículos de Sanín Cano —quizás los más frescos y originales, los más nutridos de humor, pero también de ironía— sobre la Primera Guerra Mundial, que fueron publicados con mayor frecuencia en los números aparecidos entre 1914 y 1916. En ellos repudia las atrocidades de la guerra, y sobre todo hace énfasis en el declive de la civilización y las consecuencias que esa conflagración tendría para los pueblos, y en general para la humanidad. Hay escritos inigualables en este frente de análisis de Sanín Cano, en particular, sobre todo, aquellos que se relacionan con la realidad latinoamericana: "La guerra contra el pueblo", "Gobernar es prever", "El barril de carne salada", "La verdad explicada a los pobres", "Entre profesores anda el juego" y "Deuda de ingratitud" son los más destacados.

Como "anticapitalista romántico", Sanín Cano ve cómo el capitalismo va creando las bases de lo que se conocerá como *cultura de masas* e *industria cultural*. Allí capta, desde otra ventana, la tragedia de la cultura moderna, en el arte, en la literatura, que afecta de modo especial al escritor y al intelectual. Se asoma como sensor a esta otra tragedia y catástrofe, a la cultura como instrumento de reproducción técnica y como mercancía. En ese contexto, sus escritos son magistrales. Ve cómo se va acelerando el proceso de afinamiento de la manipulación y el control de las masas y de las multitudes mediante el consumo y la diversión; cómo la literatura, la música y el teatro se masifican y pierden su valor de inapreciable singularidad y universalidad. Aquí el tono romántico se radicaliza, y se observa al público cambiante, que no sabe disfrutar, sino que compra un boleto para evadir y huir de la realidad, de la soledad, del anonimato, de la crisis, es decir, que evade los años de vértigo, ansiedad y nerviosismo.

Con el título de "El criterio espectacular", Sanín Cano escribe tres artículos al respecto. Se deben añadir sus dos magníficos ensayos "El hombre normal" y "Crónica de teatros", en los que enfoca y analiza el fenómeno de la masificación de la cultura y su conversión en entretenimiento, industria y mercantilización.

A la par, descubre y registra cómo surge la ciencia aplicada a la "administración",[205] que busca un mayor rendimiento y explotación del obrero, para aumentar e incrementar sus acciones, y por ende su productividad y esfuerzo.

En ese sentido Sanín Cano juzga la instrumentalización científica aplicada a la explotación del trabajo y la producción del obrero como negativa, a lo que se unen sus críticas al dominio de lo cuantitativo sobre lo cualitativo, cuando se detiene a ver las falacias y las trampas del uso social, político e incluso cultural de la estadística;[206] esta es también un instrumento de engaño, pero ante todo de manipulación, de su análisis sobre el parlamentarismo, arriba comentado.

Estos ejercicios críticos de Sanín Cano dieron impulso a su creatividad y expandieron la reflexión analítica que aplicaría en los artículos que finalmente publicó en *La Nación* de Buenos Aires entre 1914 y 1931. Pero también se verían beneficiados otros que publicó en múltiples revistas de Europa, Centro y Suramérica, como las ya mencionadas de la Argentina, pero en especial en *El Repertorio Americano* (1919-1958), que dirigió el socialista y humanista costarricense Joaquín García Monge, amigo íntimo y colega de Sanín Cano.

Si bien algunos artículos, aquí en el presente libro vueltos a publicar, aparecieron en sus principales obras, es menester señalar que de los 91 registros, solo se han publicado en libro 14, en diferentes obras, como *La civilización manual y otros ensayos*,[207] *Indagaciones e imágenes*,[208] *Tipo, obras e ideas*,[209] *Escritos*[210] y *El oficio*

---

[205] Baldomero Sanín Cano, "Una nueva ciencia", en revista *Hispania*, n.º 15, Londres, marzo de 1913, pp. 506-507.

[206] Baldomero Sanín Cano, "De la estadística", revista *Hispania*, n.º 21, Londres, 1 de septiembre de 1913, pp. 727-728.

[207] Aparecen publicados "De la estadística" y "Nietzsche y Brandes", en *La civilización manual y otros ensayos*, Buenos Aires, Babel, 1925.

[208] Aparece publicado "El espíritu nuevo y las universidades" en *Indagaciones e imágenes, op. cit.*

[209] Aparece de nuevo publicado "De la estadística" en *Obras, tipos e ideas*, Buenos Aires, Ediciones Peuser, 1949.

[210] Transcribimos cómo aparecen titulados en el libro *Escritos*, y luego en *Hispania*: "Menéndez y Pelayo": "Una memoria venerada"; "Cordovez Moure": "Pasa-

del lector;[211] los demás solo están publicados en la revista *Hispania*. Ya cuentan con cien años.

Para este libro se realizó una transcripción completa de las contribuciones que Baldomero Sanín Cano hizo a *Hispania*. En ocasiones firmaba con su nombre completo, como fue lo usual y característico de su estampa; en muchos, su nombre aparece con la letra ß, para distinguirlo con claridad de algunos colombianos que firmaban con seudónimo, como Pérez Triana, que en ocasiones firmó como A. de Manos-Albas, o Enrique Pérez Lleras, que utilizó el seudónimo de Hugo de Rauzán.

El lector podrá acceder a los artículos, las reseñas y las cartas publicadas en *Hispania*. Se agregan en el libro algunos artículos de valor en el conjunto del proyecto intelectual de Sanín Cano sobre el papel de la literatura, una semblanza completa del personaje y una entrevista, la más íntegra y orgánica que concediera el ensayista colombiano, realizada en 1941, al cumplir ochenta años. Esperamos satisfacer al público lector desvelando una de las facetas esenciales del reconocido ensayista, y realzar y hacer contemporáneo a uno de los intelectuales más sólidos y consistentes del país.

De modo que esperamos que este libro permita una renovación y una revaloración de su persona y de su incidencia en el pensamiento y la historia latinoamericana, en su amplia extensión. La expectativa, al ofrecer al lector de hoy este material de Sanín Cano, es que su figura se vigorice, si ya le es conocido, y, de no ser así, que suscite en el lector el interés que se merece. No dudamos de que la pluma de Sanín Cano, una de las más respetadas del continente, ejercerá la misma fascinación que supo despertar en sus días, como bien lo supo expresar el insigne pensador argenti-

---

do incierto, aunque no muy remoto"; "La lección del tiempo": "La lección del tiempo (β)"; "Historia de Colombia": "Historia de Colombia"; "La race incomprise": "La race incomprise"; "Lo trágico cuotidiano": "Lo trágico cuotidiano"; "Azorín": "Azorín"; "El coronel Teodoro Roosevelt": "Resonancias en el vacío (β)"; "Rubén Darío": "Declina el véspero". *Escritos*, Bogotá, Instituto Colombiano de Cultura, 1977.

[211] Y aparece, en *El oficio del lector*, la reseña sobre José Enrique Rodó. *El oficio del lector*, Caracas, Biblioteca Ayacucho, 1978.

no Francisco Romero en un homenaje que se le hizo al ensayista colombiano en 1948:

> Sanín Cano encarna con perfección un tipo intelectual que es acaso el que más escasea en nuestras tierras y probablemente el que más necesitamos. En Hispanoamérica abundan los especialistas capaces de examinar con rigor y versación un problema histórico, filosófico y aun científico; abundan también los puros literarios, muchas veces de calidad notable. En cambio escasean los ensayistas, los que podríamos denominar los hombres de las ideas en libertad. Y no andaríamos muy lejos de la verdad si dijéramos que es Sanín Cano nuestro ensayista máximo, entre los vivientes. El ensayista es uno de los más refinados y complejos productos de una cultura, y por eso la nuestra, todavía juvenil, cuando no puerilmente escolar, nos los ofrece con tan lamentable rareza. En otras formas de la actividad del ánimo, la imitación y la importación de lo ajeno suplen la carencia de lo propio; el ensayista no puede ser imitador ni le es lícita la importación lisa y llana de lo extraño, por el personalísimo cariz de su profesión, que tiene tanto del arte como de la ciencia, pero que es, sobre todo, la expresión de una individualidad espiritual.[212]

Sanín Cano no tuvo nostalgias "románticas", deseos de restablecer autoritaria y extemporáneamente un orden preindustrial sobre la base de los prejuicios de clase, raza y nación. La crítica de Sanín Cano a la civilización occidental estuvo fundada en los mismos principios que hacen válida la esperanza universal de la libertad, la igualdad y la confraternidad. El ideal es jacobino, si se quiere, soterradamente anarquista, de *Hispania*. En esta crítica al orden occidental, que ejerció tan desembarazadamente por efecto de su universalismo sin prejuicios, Sanín Cano vio también una nota esperanzadora: la reconfiguración de nuestra unidad espiritual-cultural-intelectual de los pueblos de habla española. Fue una

---

[212] Francisco Romero, "Un maestro de América", en *Revista Iberoamericana*, n.º 26, México, 15 de febrero de 1948, pp. 249-253.

reconfiguración oportuna de la unidad bihemisférica (Bolívar había excluido con sobradas razones a la España de Fernando VII desde su "Carta de Jamaica", escrito de 1815) como modelo alternativo de un mundo quizá posoccidental.

Sanín Cano cumplió en *Hispania* la premisa del intelectual cosmopolita, libre de rencores nacionalistas (la especialización nacional y temática actual de las ciencias sociales y humanas mató el tipo-ideal generoso de Sanín Cano: quizá el último universal fue José Luis Romero, o Rafael Gutiérrez Girardot); sintió latir en las letras y en toda expresión inteligente, en general, una íntima y honda comunicación de la condición humana. Su sutil y elegante ironía, su universalismo genuino, su volterianismo aplicado como antídoto contra las gesticulaciones provincianas, gritonas y estridentes de tantos de sus contemporáneos (esto fueron en general la llamada *Generación del 98* los *indigenismos*), fueron sus registros ensayísticos distintivos. Sanín Cano resaltó en *Hispania* sobre todo esa tolerancia que es la raíz de la empatía del intelectual moderno; del compromiso del hombre con el hombre y del *homo americanus* con el cosmos abierto de la historia universal.

Con cierta discreción se pueden establecer, con no demasiada dificultad, afinidades entre el pensamiento de Sanín Cano y la crítica de Lenin al imperialismo, entre las ideas de Sanín Cano y la discusión de Karl Mannheim sobre la crisis del parlamentarismo y el ascenso del socialismo, entre el discurso de Sanín Cano y la discusión de Walter Benjamin sobre el fin del arte. Estas discrecionales comparaciones, no obstante, apenas podrían contribuir a definir un tipo de intelectual hispanoamericano, que encarna Sanín Cano, en que el cosmopolitismo de sus ideas se da la mano con el compromiso ético-político, colindante con el "anticapitalismo romántico".

Este "anticapitalismo romántico" (que caracterizó tan agudamente Michael Löwy en su estudio sobre el joven Lukács) demarca un tipo de intelectual que viene más bien en declive, o mejor, marca una transición entre el intelectual-político, que encarnó Domingo Faustino Sarmiento, abocado a luchar contra el caudillaje, y el "hombre estético, que encarnó Rubén Darío, que resume en su poema autobiográfico "Yo soy aquel..." de *Cantos de vida y esperanza*.[213] El carácter transicional de Sanín Cano, que se transparenta y define en las páginas de *Hispania*, se perfila más aún si se lo coteja con la tarea que por esos años se echaron al hombro los jóvenes Pedro Henríquez Ureña y Alfonso Reyes, cuyo testimonio más locuaz es su epistolario.[214] Entre los ensayos de *Hispania* de Sanín Cano y el epistolario de los jóvenes Henríquez Ureña y Reyes (que se inició hacia 1906) media una característica que no se debe pasar por alto.

El antioqueño Sanín Cano no redujo su atención a una fundamentación estética, y aun estetizante, de su utopía intelectual, que era el problema dominante del dominicano y el mexicano, y cuya meta se puede caracterizar como la de una superación múltiple del positivismo (crítica al positivismo basada en lecturas de Schopenhauer, Bergson, James y Boutroux). Sanín Cano se enfrenta a la escena contemporánea sin soslayar los contenidos económicos, políticos, de las fuerzas internacionales y diplomáticas del mundo occidental, que decididamente muestran las grietas de una gran civilización ya en ocaso. La Gran Guerra (que poco ocupa la atención del grupo de los mexicanos) es el *leit motiv* de ese desencanto de la civilización occidental, la vulgar y cruel guerra austro-alemana contra el resto de Europa, en la que el profesorado alemán (Wundt a la cabeza) se rebaja a la altura de las guarniciones prusianas y exalta chovinista la aventura bélica. Sanín Cano es el testigo de una violencia sin antecedentes, que es denunciada sin tapujos en el mundo pictórico por el holandés Louis Raemaekers.

Henríquez Ureña y Reyes, por el contrario, como desafiando esa condición miserable de la existencia real, de los contenidos materiales de la decadencia occidental, se armaron de un valor supremo, casi insondable: se hicieron de una nueva buhardilla de hadas que los protegiera de esas inclemencias nihilistas. La Grecia

---

[213] Rafael Gutiérrez Girardot, *Spanische Literatur um die Jahrhundertwende*, 1978 (inédito), archivo personal de Juan Guillermo Gómez García.

[214] Pedro Henríquez Ureña y Alfonso Reyes, *Epistolario íntimo (1906- 1946)*, 3 tomos. Recopilación de Juan Jacobo de Lara, Santo Domingo, UNPHU, R. D., 1983.

clásica se convirtió en punto de partida y programa de estudio. Había en la juventud mexicana culto a la Grecia antigua, compenetración con Platón y las tragedias, y hasta un convite en una lujosa residencia, revestida de motivos orientales, para evocar ritualmente el nacimiento del dios del vino y la locura Dioniso. Comparado con el sentido de las relaciones y las jerarquías del sucio y vasto mundo del dinero, las finanzas y el poder analizados por Sanín Cano, los propulsores del Ateneo mexicano parecen críos en estado de eterna inocencia: son los días mexicano-alcióneos.

Sanín Cano, por su parte, se hizo solo, a pulso, en medio del provincialismo más espantoso. Henríquez Ureña y Reyes contaron con un entorno favorable, que incluyó un numeroso y prestante grupo de personalidades, desde Justo Sierra y Luis G. Urbina a José Vasconcelos y Martín Luis Guzmán, entre muchos más,[215] mientras que Sanín Cano actuó más bien casi solitario en un medio hostil y en la jaula ideológica que impuso la Regeneración carista. Así que mientras en México se experimentaba un ambiente creativo que condujo a la publicación de *Savia Nueva* y *Nosotros*, así como a la conformación del Ateneo de la Juventud y la creación de la Universidad Autónoma de México, no se pudo contar con un brote semejante de protagonistas y actividades renovadoras en la aislada Colombia de fin de siglo.

Sanín Cano fue un autodidacta que creció en un medio aislado, y que solo por coincidencia feliz pudo trabar amistad con José Asunción Silva (el prototipo del dandy modernista). Contó con el apoyo, siendo ya mayor, del general Rafael Reyes, quien contribuyó a sacarlo del anonimato en el que lo habían enterrado casi en vida Caro y compañía (solo lograba sobrevivir como administrador del tranvía tirado por caballos de la capital). Sanín Cano tampoco contó con la suerte de un viaje de formación en su juventud, ni menos pudo gozar de un ambiente universitario favorable y aprovechable, como fue el caso del joven venezolano Mariano Picón

---

[215] Susana Quintanilla, *Nosotros: la juventud del Ateneo de México*, México, Tusquets Editores, 2008.

Salas con su estancia en Chile,[216] o con la oportunidad del viaje-beca a Italia que logró José Carlos Mariátegui, que posibilitó la escritura de *La escena contemporánea*.

Por su parte, Sanín Cano no se arrogó la aureola algo anacrónica de genio incomprendido y su correlato de bohemia e intemperancia de señorito, caso ejemplificado por el bogotano Jorge Zalamea, quien prosiguió a su manera la tarea crítico-intelectual del ensayista antioqueño en la Colombia de las décadas de los treinta a los sesenta.[217] Con una discreción que era conciencia de una situación delimitada por las circunstancias, Sanín Cano más bien prefirió el gesto modesto y el magisterio discreto, sin pretender sorber el océano de la masificación (*multitudes* era, acaso, un término más usual) y figuración rutilante por encima de sus límites, ni pontificar solemne en el ágora soñada de una coronación apoteósica. Sanín Cano se sentía más bien un periodista, con un toque de sacerdote discreto de oficio difuso, responsable de su leal saber y entender.

Casi por milagro, el sobrio y sereno antioqueño supo mantener la fe en la inteligencia que pudo desenvolverse de cara a la opinión pública con *Revista Contemporánea*, cuando tenía más de cincuenta años de edad. La fortuna de acompañar al general Reyes en el exilio en Londres le abrió la puerta a la ampliación de los horizontes humanos, del que *Hispania* es cumplido testimonio.

Así, Sanín Cano documenta en estos artículos de *Hispania* el desmantelamiento de todo el sistema de valores fundamentales que se había identificado orgullosamente con la civilización occidental y sus naciones más avanzadas. Su experiencia londinense contribuyó a perfilar las consecuencias abrumadoras y perversas de la ideología darwinista del capitalismo y el derrumbe de la base moral del individualismo burgués como guía de la acción del *homo europaeus*. Este desastre universal ("ominosa pesadilla", dice el antioqueño) se asimiló al nihilismo; fue nihilismo.

Sanín Cano documentó, pues, la contradicción entre el sistema de valores culturales (humanitarismo, igualdad, racionalidad,

---

[216] Mariano Picón-Salas, *Autobiografías*, Caracas, Monte Ávila, 1987.

[217] Andrés López Bermúdez, *Jorge Zalamea: enlace de mundos, quehacer literario y cosmopolitismo (1905-1969)*, Bogotá, Universidad del Rosario, 2014.

libertad y laicismo) y las instituciones económicas, políticas y sociales, abiertamente agresivas; y también entre estas instituciones y la personalidad desintegrada del hombre masa. Así que entre cultura, sociedad y personalidad no queda sino una amalgama de elementos difícil de descifrar. En toda Europa la burguesía (se llamaba "clase media"), que desde la Revolución inglesa acaudillada por Cromwell, la Revolución francesa, los levantamientos del socialismo romántico de 1848 y aun los movimientos de unificación, en Italia, fue libertaria; pero en los últimos tiempos renunció a los valores emancipadores antifeudales, se armó de otros privilegios, le dio al poder del dinero y su maquinaria financiera un papel dominante y dominador. La apoliticización de los adinerados permitió a los más inescrupulosos la toma del poder político. La renuncia a estos fundamentos humanistas, ilustrados y liberales dio por resultado, para Sanín Cano, la tragedia de la cultura europea, la noche de la razón occidental. La primera gran víctima de Occidente fue Occidente mismo.

Sanín Cano no era un teórico social ni pretendió serlo, pero pudo atisbar la desazón de las décadas siguientes, que se desenvolvieron por los carriles del desconcierto y el fanatismo de los colectivismos comunistas o fascistas. El orgulloso individualismo y la racionalidad que le es propia no pudieron canalizar las consecuencias adversas de esa amalgama que no se articulaba. Las fuentes originarias que hicieron posible la modernidad europea parecían desvanecerse, pero Sanín Cano rechazó el desespero, el oportunismo o el escepticismo cínico. La inteligencia lúcida aceptó la presión y no sucumbió a la farsa del antiintelectualismo irracionalista. Era todavía muy temprano para llamar a reparaciones de emergencia o suturas a medias de ese cuerpo destrozado. El fino hilo necesario para una reconstrucción (no restauración) de esa masa informe de cultura se hallaba aún perdido, y había razones para sospechar que no se había tocado fondo. Así que Sanín Cano captó la crisis en las entrañas de la capital mundial, Londres, desenmascaró las falsas justificaciones de sus actores y mantuvo, no obstante, firmes sus convicciones de intelectual latinoamericano íntegro, en una época de vértigo.

Es un gran mérito del intelectual-ensayista Sanín Cano decir las cosas por su nombre, en un medio social y público viciado, más bien acostumbrado a lo contrario: a recubrir el horror con fórmulas ambiguas y perfumadas. Arriesgarse a decir las cosas por nombre propio, desenmascarar el embuste consentido, denunciar con agudeza y ponerse del lado de la humanidad crucificada por la codicia y el fanatismo, fue la tarea del intelectual Baldomero Sanín Cano. Este fue el signo distintivo de su escritura y su actualidad emergente; si hubiera sido de otro modo, ¿para qué leerlo hoy?

Rafael Rubiano Muñoz
Juan Guillermo Gómez García
Medellín, julio de 2015

Bibliografía

Abel, Christopher. *Política, partidos e Iglesia en Colombia*. Bogotá: Faes-Universidad Nacional. 1987.

Aita, Antonio. "La expresión literaria de América". En *Memoria del Tercer Congreso Internacional de Catedráticos de Literatura Iberoamericana, diciembre de 1942*. Nueva Orleáns: Tulane University Press. 1944, pp. 221-237.

Altamirano, Carlos (dir.). *Historia de los intelectuales en América Latina*. Buenos Aires: Katz. 2008 (vol. 1); 2010 (vol. 2).

Álvarez Timoteo, Jesús y Martínez Riaza, Ascención. *Historia de la prensa hispanoamericana*. Madrid: Mapfre. 1992.

Arpini M., Adriana; Jalif de Bertranou, Clara A. y Olalla Marcos (edits. y coords.). *Diversidad e integración en nuestra América: de la modernización a la liberación (1880-1960)*. Buenos Aires: Biblos. 2011.

Azcárate, Pablo de. *La guerra del 98*. Madrid: Alianza. 1968.

Bergquist, Charles. "La economía colombiana en el siglo XIX". En *Café y conflicto en Colombia (1886-1910): la guerra de los Mil Días, sus antecedentes y consecuencias*. Bogotá: Áncora. 1999.

Bolívar, Simón. "La carta de Jamaica". En *Doctrina del Libertador*. Caracas: Biblioteca Ayacucho. 1985, pp. 55-75.

Bruno, Paula. *Pioneros culturales de la Argentina: biografías de una época, 1860-1910*. Buenos Aires: Siglo XXI. 2001.

———. *Visitas culturales en la Argentina, 1898-1936*. Buenos Aires: Biblos. 2014.

———. *Sociabilidades y vida cultural: Buenos Aires, 1860-1930*. Quilmes: Universidad Nacional de Quilmes. 2014.

Bruno, Paula. "Mamuts vs. hidalgos: lecturas de Paul Groussac sobre Estados Unidos y España en el fin-de-siglo". En *Pensar el Antiimperialismo*. México: El Colegio de México, 2012.

Caicedo Palacios, Adolfo. *Epistolario de Alfonso Reyes y los intelectuales colombianos: diálogo epistolar*. Bogotá: Siglo del Hombre-Universidad de los Andes, 2009, pp. 105-108.

Cancino Troncoso, Hugo; Klengel, Susanne y Leonzo, Nanci (eds.). *Nuevas perspectivas teóricas y metodológicas de la historia intelectual de América Latina*. Frankfurt am Mein: Vervuert. 1999.

Carter G., Boyd. *Las revistas literarias de Hispanoamérica*. México: Ediciones de Andrea. 1959.

Cataño, Gonzalo. "La revista contemporánea". En *Revista Contemporánea, 1904-1905*. Bogotá: Universidad Externado de Colombia. 2006.

Castaño Duque, Gildardo. *Una Latinoamérica universal: contribuciones de Baldomero Sanín Cano (1861-1957) en la revista* Hispania *(1912-1916)*. Tesis de grado para el título de magíster en Literatura Colombiana. Medellín: Universidad de Antioquia. 2014.

———. "Revista *Hispania* (1912-1916): presencia cultural colombiana en la vida intelectual europea". En *Utopías móviles: nuevos caminos para la historia intelectual en América Latina*. Medellín: Diente de León-Universidad de Antioquia. 2014.

Celis Ospina, Juan Carlos y Rubiano Muñoz, Rafael (coords.). *Rubén Jaramillo Vélez: argumentos para la ilustración contemporánea*. Bogotá: Siglo del Hombre Editores-Gelcil. 2014.

Cobo Borda, Juan Gustavo. "Literatura colombiana, 1930-1946". En *Nueva historia de Colombia*, vol. 6. Bogotá: Planeta. 1989.

———. "Prólogo". En *El oficio del lector*. Caracas: Biblioteca Ayacucho. 1977.

———. "Prólogo". *Escritos*. Bogotá: Instituto Colombiano de Cultura. 1977.

Colombi, Beatriz. *Viaje intelectual: migraciones y desplazamientos en América Latina (1880-1915)*. Rosario: Beatriz Viterbo. 2004.

Cornelio Hispano. *Diario de Bucaramanga*. París: Paul Ollendorf. 1912.

Cussen, Antonio. "Londres, 1810-1829". En *Bello y Bolívar*. México: Fondo de Cultura Económica. 1998, pp. 43-167.

Delpar, Helen: *Rojos contra azules*. Bogotá: Tercer Mundo. 1994.

Devés Valdés, Eduardo. *Del Ariel de Rodó a la Cepal*. Buenos Aires: Biblos. 2001.

Elizalde, Lydia (coord.). *Revistas culturales latinoamericanas, 1920-1960*. México: Universidad de Morelos. 2008.

Elyeye Echeverry, Sonia. *La evolución de la literatura colombiana a través de la revista Eco*. Cali: Universidad del Valle. 1963.

España, Gonzalo. *La guerra civil de 1885: Núñez y la derrota del radicalismo*. Bogotá: Áncora. 1985.

Fitzmaurice-Kelly, James. *Manual de la historia de la literatura española: desde sus orígenes hasta nuestros días*. Babel: Buenos Aires. 1926. Prólogo y traducción de Sanín Cano.

Fitzmaurice-Kelly, James. *Miguel de Cervantes Saavedra: reseña documentada de su vida*. Buenos Aires: Babel, 1944. Traducción de Sanín Cano.

Freyre, Gilberto. "Conceitos históricos de América brasileira". *Memoria del Tercer Congreso Internacional de Catedráticos de Literatura Iberoamericana, diciembre de 1942*. Nueva Orleáns: Tulane University Press. 1944, pp. 205-220.

Funes, Patricia. *Salvar la nación: intelectuales, cultura y política en los años veinte latinoamericanos*. Buenos Aires: Prometeo. 2006.

Galván Moreno, Carlos. *El periodismo argentino: amplia y documentada historia desde sus orígenes hasta el presente*. Buenos Aires: Claridad. 1944.

Gilmore, Robert Louis. *El federalismo colombiano: 1810-1858*. Tomos I y II. Bogotá: Universidad Externado de Colombia. 1964.

Gómez García, Juan Guillermo. *Cultura intelectual de resistencia: contribución del "libro de izquierda" en Medellín en los años setenta*. Bogotá: Ediciones Desde Abajo. 2005.

Granados, Aimer (coord.). *Las revistas en la historia intelectual de América Latina: redes, política, sociedad y cultura*. México: Universidad Autónoma Metropolitana-Juan Pablos Editor. 2012.

———. *Temas y tendencias de la historia intelectual en América Latina*. México: Universidad Michoacana de San Nicolás-Universidad Nacional Autónoma. 2010.

Granados, Aimer y Marichal, Carlos. *Construcción de las identidades latinoamericanas: ensayos de historia intelectual, siglos XIX y XX*. México: Colegio de México. 2009.

Gutiérrez Girardot, Rafael. "Tres revistas colombianas de fin de siglo". En *Boletín Cultural y Bibliográfico del Banco de la República*, n.º 27, vol. 28. Bogotá. 1991.

———. *Temas y problemas de una historia social de la literatura hispanoamericana*. Bogotá: Cave Canem. 1989, pp. 69-70.

———. *Spanische Literatur um die Jahrhundertwende*. 1978 (inédito).

Halperin Donghi, Tulio. *Letrados y pensadores: el perfilamiento del intelectual hispanoamericano en el siglo XIX*. Buenos Aires: Emecé. 2013.

Henríquez Ureña, Pedro. "La América Española y su originalidad". En *Europa-América Latina*. Comisión Argentina de Cooperación Intelectual: Buenos Aires. 1937, pp. 183-187.

Henríquez Ureña, Pedro y Reyes, Alfonso. *Epistolario íntimo (1906-1946)*. Santo Domingo: UNPHU. 1983.

Holguín Holguín, Andrés. "Literatura y pensamiento, 1886-1930". En *Nueva historia de Colombia*, vol. 6, Bogotá: Planeta. 1989.

Illán Bacca, Ramón. *Voces: 1917-1920*. Barranquilla: Universidad del Norte. 2003.

Jaramillo Uribe, Jaime. *El pensamiento colombiano en el siglo XIX*. Bogotá: Temis. 1974.

Kozel, Andrés y Montiel, Sandra. "Carlos Pereyra y el mito Monroe". En *Pensar el Anti-imperialismo: ensayos de historia intelectual latinoamericana, 1900-1930*. México: Colegio de México-Universidad de Colima. 2012, pp. 69-97.

López Bermúdez, Andrés. *Jorge Zalamea, enlace de mundos: quehacer literario y cosmopolitismo (1905-1969)*. Bogotá: Universidad del Rosario. 2014.

Löwy, Michael. *Para una sociología de los intelectuales revolucionarios: la revolución política de Lukács, 1909-1929*. México: Siglo XXI. 1978.

Mejía Arango, Lázaro. *Los radicales: una historia política del radicalismo del siglo* XIX. Bogotá: Universidad Externado de Colombia. 2007.

Memoria del Tercer Congreso Internacional de Catedráticos de Literatura Iberoamericana, diciembre de 1942. Nueva Orleáns: Tulane University Press. 1944.

Memorias. Europa-América Latina. Comisión Argentina de Cooperación Intelectual: Buenos Aires. 1937.

Mesa Chica, Darío. "La vida política después de Panamá". En *Manual de historia de Colombia*, tomo 3. Bogotá: Procultura. 1992.

——. *Miguel Antonio Caro: el intelectual y la política*. Bogotá: Universidad Nacional. 2014.

Nabuco, Joaquim. *Mi formación*. Caracas: Biblioteca Ayacucho. 2000.

Ortiz, Sergio Elías. *Santiago Pérez Triana*. Bogotá: Kelly. 1971.

Otero, Gustavo Adolfo. *El periodismo en América: esquema de su historia a través de la cultura latino-americana (1492-1946)*. Lima: Empresa Editora Peruana. 1946.

Otero Muñoz, Gustavo. *Un hombre y una época: la vida azarosa de Rafael Núñez*. Bogotá: ABC. 1951.

Pérez, Enrique. *Cirugía política*. París: Garnier. 1913.

Pérez Triana, Santiago. *Discurso en el banquete Sociedad de Beneficencia Iberoamericana de Londres*. 4 de mayo de 1901.

——. "Conferencia en la Unión Ibero-Americana". En *Revista Contemporánea (1904-1905)*. Bogotá: Universidad Externado de Colombia. 2006, pp. 641-648.

Picón-Salas, Mariano. *Autobiografías*. Caracas: Monte Ávila. 1987.

Pita González, Alexandra. *La Unión Latino-Americana y el Boletín Renovación: redes intelectuales y revistas culturales en la década de 1920*. El Colegio de México-Universidad de Colima. 2009.

———. *Pensar el antiimperialismo: ensayos de historia intelectual latinoamericana, 1900-1930*. México: Colegio de México-Universidad de Colima. 2012.

Polo, Rivas. *Revista Mito: vigencia de un legado intelectual*. Medellín: Universidad de Antioquia. 2010.

Quintanilla, Susana. *Nosotros, la juventud del Ateneo de México: de Pedro Henríquez Ureña y Alfonso Reyes a José Vasconcelos y Martín Luis Guzmán*. Tusquets. México. 2014.

Reyes, Alfonso. "Notas sobre la inteligencia americana". En *Europa-América Latina*. Comisión Argentina de Cooperación Intelectual: Buenos Aires. 1937, pp. 7-13.

———. "Posición de América". *Memoria del Tercer Congreso Internacional de Catedráticos de Literatura Iberoamericana, diciembre de 1942*. Nueva Orleáns: Tulane University Press. 1944, pp. 205-220.

Rodríguez, Flor María. "Colombia: Juan García del Río y la Biblioteca Americana (Londres, 1823)". En *Hacia la novela: la conciencia literaria en Hispanoamérica, 1792-1848*. Medellín: Universidad de Antioquia. 1993, pp. 73-85.

Romero, Francisco. "Futura influencia de la literatura iberoamericana en el pensamiento mundial". En *Europa-América Latina*. Comisión Argentina de Cooperación Intelectual: Buenos Aires. 1937, pp. 213-217.

Rioseco Torres, Arturo. "La poesía hispanoamericana del presente y del porvenir". En *Memoria del Tercer Congreso Internacional de Catedráticos de Literatura Iberoamericana, diciembre de 1942*. Nueva Orleáns: Tulane University Press. 1944, pp. 239-247.

Romero, Francisco. "Un maestro de América". En *Revista Iberoamericana*, n.º 26. México, 15 de febrero de 1948, pp. 249-253.

Rubiano Muñoz, Rafael y Londoño, Andrés Felipe. "La América Española". En *Baldomero Sanín Cano en La Nación de Buenos Aires (1918-1931): prensa, modernidad y masificación*. Bogotá: Universidad del Rosario. 2014, pp. 83-88.

Samper, José María. *Ensayo sobre las revoluciones políticas y la condición social de las repúblicas colombianas*. Bogotá: Universidad Nacional de Colombia. 1969.

Sanín Cano, Baldomero. "Hombres que he conocido: Santiago Pérez Triana". En *Revista de América*, n.º 2. Bogotá, febrero de 1945, pp. 292-303.

——. "Horrible historia". En *La Ilustración, Revista Hispano-Americana*, n.º 521. Barcelona, 26 de octubre de 1890, pp. 678-679.

——. "Papel de la literatura en la fraternidad hispano-americana". En *Nuestro Tiempo, Revista Mensual Ilustrada, Ciencias, Artes, Política y Hacienda*, n.º 14, Madrid, febrero de 1902.

——. "La lengua internacional". En *Nuestro Tiempo: Revista Mensual Ilustrada, Ciencias, Artes, Política y Hacienda*, n.º 39. Madrid, marzo de 1904, pp. 352-357.

——. "Dos pueblos absorbidos: Finlandia y el Imperio de Corea". En revista *Hojas Selectas*, n.º 106. Barcelona, octubre de 1910, pp. 945-949.

——. "Nueva campaña de Mr. Teodoro Roosevelt". En revista *Hojas Selectas*, n.º 108, Barcelona, diciembre de 1910.

——. "Londres en tiempos de guerra". En revista *Hojas Selectas*, n.º 145. Barcelona, enero de 1914, pp. 1139-1141.

——. "La aurora de un mundo nuevo: nostalgia del campamento". En revista *España*, n.º 223, Madrid, 17 de julio de 1919, pp. 6-8.

——. "Justicia rerum". En revista *España*, n.º 235. Madrid, 9 de octubre de 1919, pp. 8-9.

——. "Un humorista sudamericano". En revista *España*, n.º 359. Madrid, 3 de marzo de 1923, pp. 4-5.

——. "La poesía de la mendicidad". En revista *España*, n.º 352, Madrid, 13 de enero de 1923.

——. "La actitud de Lugones". En revista *España*, n.º 387. Madrid, 15 de septiembre de 1923.

——. "Un bardo político y la ley de prensa". En revista *España*, n.º 403. Madrid, 5 de enero de 1924, pp. 5-8.

——. "La anécdota, su valor documental". En periódico *La Voz*. Madrid, 15 de diciembre de 1924, p. 3.

——. "Ángel Ganivet". En *La civilización manual y otros ensayos*. Buenos Aires: Babel. 1925, pp. 201-207.

——. *De mi vida y otras vidas*. Bogotá: ABC. 1949, p. 286.

———. *La administración Reyes (1904-1909)*. Lausana: Jorge Bridel. 1909.

———. "¿Existe una literatura hispanoamericana?". En revista *Universidad*, n.º 42. Bogotá, 3 de septiembre de 1927, pp. 171-173.

———. "Acerca de la literatura hispanoamericana". En revista *Universidad*, n.º 45. Bogotá, 3 septiembre de 1927, pp. 247-248.

———. "Influencias de Europa sobre la cultura de la América Española". En *Europa-América Latina*. Comisión Argentina de Cooperación Intelectual: Buenos Aires. 1937, pp. 219-235.

———. "Americanidad y americanismo". En "Lecturas Dominicales" de *El Tiempo*. Bogotá, 24 de enero de 1943, pp. 1-2.

———. *Indagaciones e imágenes*. Bogotá: Universidad Externado de Colombia. 2010. 190 pp.

———. "Cultura incaica". En *Baldomero Sanín Cano en La Nación de Buenos Aires (1918-1931): prensa, modernidad y masificación*. Bogotá: Universidad del Rosario. 2014, pp. 374-378.

———. "El descubrimiento de América y la higiene". En *Indagaciones e imágenes*. Bogotá: Universidad Externado de Colombia. 2010, pp. 43-54.

———. *La civilización manual y otros ensayos*. Buenos Aires: Babel. 1925.

———. "Una visita a Jorge Brandes en plena guerra europea". En *Revista de las Indias*, segunda época, n.º 4, marzo de 1939, pp. 521-538.

———. "La guerra". *Revista de las Indias*, segunda época, n.º 10, Bogotá, octubre de 1939, pp. 321-331.

———. "De París en 1929". *Revista de las Indias*, segunda época, n.º 65, Bogotá, mayo de 1944, pp. 5-16.

Sarmiento Sandoval, Pedro. *La revista* Mito *en el tránsito de la modernidad a la postmodernidad literaria en Colombia*. Bogotá: Instituto Caro y Cuervo. 2006.

Segnini, Yolanda. *La Editorial América de Rufino Blanco-Fombona, Madrid, 1915-1933*. Madrid: Libris. 2000.

Sierra Mejía, Rubén. *Miguel Antonio Caro y la cultura de su época*. Bogotá: Universidad Nacional. 2002.

———. *El radicalismo colombiano en el siglo* XIX. Bogotá: Universidad Nacional. 2006.

Skidmore, Thomas E. y Smith, Peter H. "América Latina, Estados Unidos y el mundo". En *Historia contemporánea de América Latina: América Latina en el siglo* XX. Barcelona: Crítica. 1996, pp. 378-420.

Tarcus, Horacio. *Cartas de una hermandad: Leopoldo Lugones, Horacio Quiroga, Ezequiel Martínez Estrada, Luis Franco, Samuel Glusberg*. Buenos Aires: Emecé. 2009.

Teresa de Mier, fray Servando. *Ideario político*. Caracas: Biblioteca Ayacucho. 1978.

Terán, Óscar. *Vida intelectual en el Buenos Aires fin de siglo (1810-1910): derivas de la "cultura científica"*. Buenos Aires: Fondo de Cultura Económica. 2008.

Tirado Mejía, Álvaro. *Aspectos sociales de las guerras civiles en Colombia*. Bogotá: Colcultura. 1976.

———. *El Estado y la política en el siglo* XIX. Bogotá: El Áncora Editores, 2001.

Tocqueville, Alexis de. *El Antiguo Régimen y la revolución*. México: Fondo de Cultura Económica. 1996.

Unamuno, Miguel de. *Algunas consideraciones sobre la literatura hispanoamericana*. Madrid: Espasa Calpe. 1957.

Vega, José de la. *La federación en Colombia (1810-1912)*. Bogotá: ABC. 1952.

Viscardo y Guzmán, Juan Pablo. *Carta dirigida a los españoles americanos*. México: Fondo de Cultura Económica. 2004.

Vallenilla Lanz, Laureano. *Cesarismo democrático y otros ensayos*. Caracas: Ayacucho. 1991.

Zum Felde, Alberto. "La democracia en América". En *Memoria del Tercer Congreso Internacional de Catedráticos de Literatura Iberoamericana, diciembre de 1942*. Nueva Orleáns: Tulane University Press. 1944, pp. 205-220.

II. Artículos de Baldomero Sanín Cano
en la revista *Hispania*

EL PARLAMENTARISMO

Revista *Hispania*, n.º 3, Londres, 1 de marzo de 1912, pp. 59-62.

DECÍA EL ARTÍCULO 3.º de la Declaración de los Derechos Humanos: "El principio de toda soberanía reside esencialmente en la Nación: ningún cuerpo, ningún individuo puede ejercer autoridad que no emane de la Nación directamente", y el Artículo 4.º: "La libertad consiste en poder hacer todo lo que no dañe a otro".

En estas dos bellas falacias, incluidas ya en el número de las pocas que han perdido el respeto de las gentes serias, se han basado los sistemas de Gobierno ensayados durante un largo siglo en ambos lados del Atlántico. Es tan prolífico el error y tan resistente al insuceso la mente humana, que después de los ensayos frustráneos hechos en Occidente, durante siglo y medio, Turquía primero, Persia en seguida y a última hora los chinos, como para acentuar el descrédito, han resuelto constituirse conforme al sistema democrático, con base alcalina de parlamentarismo.

Un siglo y medio de ensayos pueriles, cincuenta años de fracasos gigantescos, todavía no han llevado a la mente desprevenida del pueblo la convicción de que los engañan lastimosamente. La habilidad de los titiriteros nacionalistas ha sido mediana; pero el instinto fundamental de las multitudes, según el cual solicitan que las engañen y ofrecen coronas de laurel y de papel de estraza a los escamoteadores, ha sido más durable que la inhabilidad de los políticos. La Revolución francesa, madre de estas teorías, nació de un estado intolerable de miseria. Los que, favorecidos por el descontento y por el estado irritable que produce la inanición, explotaron aquella favorable situación, invocaron, recordando los textos famosos de los enciclopedistas, la igualdad de los hombres, la fraternidad de los pueblos, la libertad absoluta del individuo. La Revolución francesa era, según sus predicadores y más brillantes secuaces, el principio de la hermandad universal de los hombres, de las sociedades, de las razas. Los patíbulos habían de sellar con sangre este anhelo de fraternidad entre los pueblos del globo. Todos los hombres eran iguales y hermanos necesariamente. Por una fatalidad de los sucesos históricos, los anhelos de internacionalismo expresados en todos los tonos por los oradores de la revolución en su primera época y por los expositores de la generación anterior, vinieron a convertirse, con motivo de la conducta de los emigrantes, en un nacionalismo feroz e intransigente, en un odio tenacísimo a todo lo que se expandía del otro lado de las fronteras gálicas. Nunca fue el sentimiento nacional más vivo que durante las guerras de la República. El siglo XIX ha visto crecer y desarrollarse este sentimiento con vigores de convulsión epiléptica en toda la extensión de los territorios a donde ha llegado con las armas, con los libros, con la predicación laica el influjo de la Revolución francesa, aquella revolución que había señalado como único objeto de la *fuerza pública* el garantizar los derechos del *hombre* y del *ciudadano*. Los que hacían la declaración unían las palabras hombre y ciudadano como para dar a entender que no había fronteras.

Del artículo tercero de la declaración de derechos nació el sistema democrático, y para traerlo a la práctica se inventó el moderno parlamentarismo. Es necesario, puesto que la soberanía reside en la Nación, que ella disponga de sus propios destinos; y como la Nación se compone de unidades, para hacer presente la voluntad de ellas, es menester decidirlo todo por el principio de las mayorías, dejándoles a los menos el derecho inalienable de dejarse oprimir por los que representan la mitad más uno del cuerpo social. Es una flaqueza detestable de los espíritus el no poderse poner de acuerdo sobre puntos de importancia o sin importancia; y para hacer práctico el sistema democrático no había más solución discreta que la de aceptar el dominio incontestable del mayor número. No he podido nunca hallar la lógica de este desenlace, ni comprender por qué la mitad más uno ha de ser más inteligente, más culta, más generosa, más hábil que la mitad menos uno. La constitución de las sociedades enseña diariamente que la virtud, la inteligencia, la habilidad se refugia *siempre*, en todo género de agrupaciones, en una minoría numérica reducidísima. Ni es explicable tampoco por qué sería más repugnante o doloroso, en una agrupación de cien personas iguales, ser gobernado por 49 más bien que por 51. Pero si se añade a esta imposibilidad de explicar el fenómeno, la circunstancia universalmente reconocida de que las ideas prácticas y los nobles sentimientos se concentran en un numero escasísimo de espíritus, no alcanza uno a comprender por qué se llama tiranía el predominio de estos espíritus, para denominar con el título de república democrática el gobierno de los innumerables que carecen de estas cualidades. Ya se sabe cuál es el argumento en favor de la democracia: "es de rigor que en una agrupación de doscientos ha de haber más hombres inteligentes y hábiles que en una de cincuenta". Pero esta es una falacia poco inveterada, porque da la casualidad de que estas divisiones sociales no se hacen a ciegas como en una recolección de frutos, pues en las aglomeraciones humanas entra el factor personal, entra el raciocinio y el sentimiento sobre los cuales reina la estadística con el mismo imperio que sobre los objetos inanimados. Sucede además, fatalmente, que los nobles espíritus, las inteligencias proceras se apartan, sin poder remediarlo, de la sensibilidad y comprensión de las multitudes y en eso precisamente se diferencian del rebaño.

El sistema democrático acepta que la razón y el sentimiento del mayor número encarnan la verdad y la justicia. Es muy fácil aceptar aquello que nos conviene. Es más agria empresa el probar que la conveniencia de muchos es la felicidad de todos. Las cuestiones de Gobierno son precisamente las más complicadas. El resolverlas supone talento, imparcialidad, modestia, discreción, vastos conocimientos, dotes de mando, tolerancia, cualidades, y virtudes de muy rara ocurrencia en el género humano. En otro género de problemas el procedimiento es en un todo opuesto a las maniobras de la democracia. Si se trata de designar cuál es la mejor ruta para trazar una vía ferrea a lo largo o al través de un territorio, ello no se decide nunca por mayoría de votos. Un profesional, un hombre experto en tales obras, hace el estudio de la región, cuenta sus recursos y habitantes, hace el cálculo del costo, designa la vía más factible y barata de acuerdo con la renta probable de la administración de la obra, y a su dictamen se acogen los intonsos que van a poner dinero en ella.

Cuando se trata de resolver un problema de matemáticas, a nadie le ha ocurrido distribuir los datos entre una mayoría de ignaros para comparar las soluciones y sacar un promedio aritmético con los diferentes resultados. Hay más aún: si haciendo la suma de dos y dos, un millón de personas afirman contra un solo voto que el total es cinco, la persona cuerda sonríe, y, dándole la razón a la minoría, continúa creyendo que son cuatro. Las cuestiones científicas no se resuelven por mayoría de votos. Cuando se resuelven de tal manera dejan de ser científicas. Cuando en un Congreso de leprólogos una mayoría dijo que la lepra era contagiosa pero no hereditaria, y la minoría pensó enteramente lo contrario, el mundo sonrió modestamente para concluir, que, desde el momento en que esa votación era posible, el problema dejaba de ser científico.

Las cuestiones más arduas de Gobierno son puramente científicas. Están complicadas con infinita variedad de detalles, se ramifican inopinadamente, se enlazan con datos cuya apreciación o eliminación requieren conocimientos profundos, extensísimos y certeros. La representación popular formada por unas pocas mentes sanas, por hombres intonsos, por intrigantes de parroquia, por favoritos de gremios ignaros, por la incapacidad rumiante, ¿podrá decidir estos problemas acudiendo al sistema de las votaciones?

Veamos el Parlamento inglés y el problema con cuya sola enunciación se agita basta hacerles perder a sus miembros la tradicional y un poco legendaria corrección británica. La cuestión del proteccionismo es una cuestión científica: más claramente, es un simple problema de matemáticas. Se trata de una suma y de una resta. Solamente que, para plantear la operación y colocar los sumandos, para hacer el cómputo y determinar el minuendo, ha de tener el matemático a su disposición las estadísticas más complicadas, determinar los radios de producción y de consumo, marcar sobre el mapa la dirección de las olas del comercio, excavar en las listas de precios de las diversas comarcas, tantear el monto de los jornales, averiguar si el fabricante percibe la mayor parte del beneficio que a la postre paga el consumidor, o si el volumen máximo de este beneficio está en manos de los vendedores intermediarios, y escudriñar otros detalles que a mí, profano en estas materias, naturalmente se me escapan. ¿Cómo puede esperarse que la gran mayoría de un parlamento pueda poseer los datos o sea siquiera capaz de buscarlos y ordenarlos? Un perito en estas disciplinas a quien le hubieran dado años, subalternos capaces, dinero, facilidades para consultar estadísticas y revolver archivos en su país y en los otros con que este hace comercio, al cabo de algún tiempo, resolvería el problema o lo declararía insoluble.

¿Qué hace la democracia? Somete esta cuestión a un parlamento en donde hay intereses agrarios, intereses pecuarios, intereses de fabricantes, codicias de banqueros, avaricias de comerciantes, recelos de provincias, en donde interviene toda la mala fe de los buenos oradores, y el sentimiento irreductible del partido, según el cual un principio es falso porque lo sostiene el partido contrario. Este es el momento en que la Gran Bretaña no sabe si la prosperidad de las islas y la ventaja de su comunicación con las colonias están del lado del proteccionismo o del libre cambio.

Falta todavía un bello atributo con que la democracia ha ornado la figura moral de sus representantes. Hablo de la irresponsabilidad: El ingeniero, por ser un individuo, tiene vivísimo sentimiento de la responsabilidad, y mientras mayor sea su inteligencia y más extenso su saber, es más alta en él la noción y más delicada su sensibilidad en cuanto a la exactitud y eficacia de sus afirmaciones. Si ahondamos el análisis de la responsabilidad moral, venimos a parar en las conclusiones negativas del determinismo. Uno es responsable, porque siente que lo es; pero, bien examinadas las cosas, toda responsabilidad viene a quedar reducida a una pura sutileza de causa y efecto. Sin embargo, las cuestiones de sensibilidad no pueden ser eliminadas de la vida social, porque ellas son el fundamento de nuestras relaciones de individuo a individuo. Tenga o no base racional, la responsabilidad es un factor de que no podemos desprendernos en la vida corriente. Pues el parlamentarismo se basa sobre la irresponsabilidad. Estos legisladores, que a un mismo tiempo son jueces, ni tienen legalmente responsabilidad alguna, ni pueden tenerla, psicológicamente hablando. No voy a extenderme sobre la psicología de las multitudes. Ahí están Sighele, Tarde, Le Bon, cuyas obras dan todas las variantes de este problema y ofrecen soluciones más o menos elegantes. Uno de los primeros resultados que ofrece el obrar en conjunto es embotar la responsabilidad moral. Desde que se divide esta responsabilidad entre varias personas, se hace irremediablemente nugatoria. Es muy fácil atribuirle al voto de los colegas la culpa de una solución gravada ulteriormente con resultados incómodos o deshonorables. Ni debe olvidarse que en toda aglomeración deliberante hay una tendencia a nivelar las voluntades y las inteligencias en detrimento de las mejores. Las academias, los cenáculos, los parlamentos rebajan a los más altos, si acaso levantan un poco el nivel de los tipos más bajos. Tres hombres leales, probos, ilustrados, generosos, puestos a deliberar en compañía de un intelecto romo y oblicuo, se contagian lastimosamente de esta oblicuidad y pobreza de miras. El hombre fuerte, dice Ibsen, es el hombre solo. La forma de soledad que aconseja este rudo y luminoso aforismo es la del individuo que vive entre la multitud sin hacer parte de ella. En esta soledad se acendra el sentimiento de la responsabilidad.

Los parlamentos se ocupan de ordinario, con grande extensión y de preferencia, en el estudio de responsabilidades ajenas. Para esta labor de aniquilamiento los equipó irónicamente la democracia, quitándoles, ante la ley, la obligación de responder por sus votos, y la naturaleza, por si la ley no interviene, los priva necesariamente de esa forma preciosa de nuestra sensibilidad.

Para todo asunto, complicado o elemental, en cuyo estudio ha de ocuparse la representación nacional de un país, se nombra una comisión. Este recurso fue tan favorecido por la democracia durante el siglo diez y nueve, que podrá servir para calificar la historia política, la historia industrial de esa época de grandes necedades y de grandes descubrimientos. El sistema pasó de los parlamentos a todas las manifestaciones de la vida colectiva. Y llegó a adquirir tal fuerza que los hombres colocados en posición de inequívoca responsabilidad se creían satisfechos y aliviados, cuando al frente de una ruda contingencia podían decir: "Se ha nombrado una comisión". El nombramiento vino a ser el fin solicitado por el administrador, no el medio para llegar a la solución de una intricada serie de complicaciones. Después de un terremoto se nombra una comisión; en expectativa de que el río amenazante se salga de madre y barra de sus habitaciones a todos los pobladores de una comarca, se nombra una comisión, y las personas en cuyas manos puso la suerte, o la voluntad popular (forma nueva en que se ha presentado el hado antiguo) la resolución de estas dificultades, juzgan cumplido su deber, una vez que los de la comisión se han puesto a deliberar.

Pero volvamos al parlamento. Allí, para decidir sobre cuestiones graves de finanzas, para dictar la paz o desencadenar la guerra, se nombra una comisión, la cual, formada en lo general de incapaces, escoge de su seno al menos irremediablemente extraño a la cuestión encomendada y le exige que presente un informe. Es menester advertir que, designado uno para informar, los demás de la comisión dan por llenado su deber en la forma mejor indicada por las circunstancias. Este pobre señor a quien le ha tocado presentar el informe, o es un bendito como la mayoría de los que componen el género humano, y es de creerlo, porque él se ufana ordinariamente de pertenecer a la gran mayoría del país en cuyo nombre legisla; o es un hombre capaz de darse cuenta, allá entre las cuatro paredes de su estudio, de la enormidad del encargo puesto sobre sus hombros. Si lo primero, escribe cualquier necedad y no da opinión alguna; si lo segundo, averigua cuál es la mejor autoridad en el asunto de que se trata, va a pedirle opinión, y de acuerdo con ella redacta el informe. De ordinario este dictamen prevalece y lo votan las Cámaras, convencidas, desde luego, de que es su bella obra. Resulta, pues, que la Nación entera se conmueve en una gestión ruda y muy costosa, denominada elecciones populares, para elegir 300 representantes. Estos representantes, para decidir los puntos graves del programa legislativo, nombran una comisión de diez o doce. La comisión elige a uno de sus miembros para que informe y presente un proyecto de solución. Informe y proyecto serán la obra de un perito en la materia cuya ilustración, cultura, serenidad de ánimo, honradez y talento son enteramente desconocidas de las turbas que eligen, de las turbas elegidas y de la tripulación que se embarca en la empresa de la comisión. ¿No será mejor que esta persona a cuyo saber e inteligencia se ha recurrido en último análisis, a esta persona escogida por una minoría insignificante, se le hubiera asignado la tarea de resolver el asunto sin la complicada maquinaria de las elecciones, sin la protesta de la comisión y sin el aflictivo encargo dado a un sujeto, absolutamente incapaz de meditar sobre el asunto? Ya se ve, pues, que el parlamento mismo, con las prácticas parlamentarias más usuales, niega en un todo el principio democrático y se echa en manos de las minorías, en manos de la unidad representativa. Estos hombres representativos deberían ser los llamados a resolver las cuestiones de gobierno, que son las más graves de cuantas pueden encomendarse a la mente humana.

Es preciso no pasar adelante sin hacer presente que el caso de poner el informe en manos de un hombre honrado y capaz es la mejor de las soluciones, allí donde la corrupción de los tiempos hace posibles desenlaces funestos. El individuo a quien en definitiva le toca presentar el proyecto de resolución, suele ser instrumento de mayorías voraces, suele ser él mismo una codicia fagedénica, y entonces convierte a sus numerosos aliados en instrumento sordo de sus concupiscencias. Este mismo informante de apetitos inmoderados suele ver a las últimas que su opinión no prevalecerá en el parlamento, y se decide a no informar. Hay parlamentos en donde la maquinaria del servicio es tan rudimentaria, que en presencia de una rebeldía como ésta no hay recurso ninguno aplicable, aunque, por otra parte, los intereses de la mayoría, sean, excepcionalmente, los mismos de la Nación.

* * *

Los privilegios contra los cuales protestaron los hombres de 1789 eran principalmente de casta. La nobleza y el clero debían ceder los suyos para que nadie pretendiese revivirlos. Después de las confiscaciones, parecía que el Estado, dueño de las propiedades con cuya renta vivieron en la ociosidad nobles y abates, no consentiría que volvieran a establecerse privilegios en favor de gremio alguno. La ironía de la historia universal nos enseña que, después de todo, no hubo más que una dislocación de las clases sociales. Los favores que el Estado dispensaba profusamente al clero y a la nobleza pasaron en Francia, sin el título de privilegios, a ser prerrogativa de la burguesía. El gran desarrollo de la riqueza pública vino a concentrar el poder de que antes gozaban los nobles en los burgueses económicos y atrevidos. El pueblo les dio su apoyo y acrecentó con su trabajo y su actitud el incontrastable y mágico poder del oro. Cesó el poder de la sangre y empezó a crecer con graves apariencias de trastorno el dominio del capital. Las combinaciones políticas, la formación de mayorías parlamentarias, las crisis ministeriales, se hacen y deshacen a merced de la alta finanza. El parlamentarismo, que había debido ponerles coto a las exigencias inmoderadas del capital, ha venido a ser uno de los innumerables instrumentos de que la riqueza se vale para desenvolver con premura y seguramente sus grandes combinaciones. En el curso de los últimos cincuenta años el poder del oro sobre los parlamentos ha venido a ser indiscutible y bochornoso. Hasta ahora solo un partido político está exento de esa coyunda. Es el socialismo, acaso porque no le ha tocado aún regir como señor absoluto los destinos de ninguna potencia mundial. Con una cadena de oro rigen los financistas el destino de los pueblos: las decisiones en puntos graves de gobierno no salen de los parlamentos, sino de las lonjas. Acabamos de tener un indecoroso ejemplo de estas maniobras. A mediados de 1911 Europa estuvo a punto de verse comprometida en una guerra sin ideales. Francia, Inglaterra, Alemania y sus aliados tuvieron aguzadas las armas y listos sus ejércitos y flotas para caer sobre el enemigo en el curso de veinticuatro horas. No hubieran empezado a bajar los valores de Bolsa en Berlín, en París, en San Petersburgo, hasta inquietar el espíritu asustadizo de grandes combinaciones financieras, y hoy estaría reformada la carta de Europa, diezmada su población, convertidas en humo de pólvora y en sangre de inocentes las cuantiosas rentas de los gobiernos europeos.

¿Qué papel desempeñaron los parlamentos en esas horas ominosas? Callaron como peces. Ligados a la suerte del capital, no vinieron a pedir cuentas sino cuando las listas de precios en la Bolsa indicaron que algo crujía siniestramente en la armadura internacional de Europa. Si por desgracia los valores hubieran subido, los parlamentos habrían aplaudido al saber, tarde, que sin declaración de guerra, como ahora se acostumbra, las hostilidades habían comenzado en la frontera vecina. De modo que estos cuerpos, incapaces para crear el bien, tienen una elasticidad diabólica para ofrecer su consentimiento al frío monstruo del capital en solicitud de intereses.

Las pavorosas revelaciones tardías de una prensa que está, como los parlamentos, al servicio de las finanzas, han venido a originar una penosa crisis ministerial en Francia. La prensa, la prensa moderada o incorruptible de que es modelo *Le Temps* de París, resulta, como los parlamentos, sofisticada por las exigencias del capital, *Le Temps* estaba en los secretos de la posible ruptura de hostilidades, y juzgó digno callarse. Los diarios alemanes que pecaron de indiscreción obedecían a rencillas de negociantes. Cuando el *Post* fue llamado por el Gobierno alemán al banco de los acusados para que respondiese de los cargos resultantes contra el *Auswärtiges Amt* adoptó la actitud agresiva de quien ha dicho solamente una parte de los secretos cuya divulgación envuelve un peligro social. Ante esa actitud el Ministro tuvo por más prudente callarse. El Parlamento alemán, por su parte, desempeñó el papel poco lisonjero de personaje principal supeditado por los grandes intereses del personaje secundario.

* * *

Por sobre todas estas flaquezas del régimen parlamentario, para dar con las cuales no es preciso apurar el razonamiento, pues ellas resultan del orden natural del discurso, está la flaqueza máxima de la organización democrática. El espectáculo de la Europa contemporánea contrista el ánimo de los débiles y apacienta la codicia de los audaces. Inglaterra, Francia, Alemania, Italia, naciones que representan, cada una a su manera, formas de cultura en cuya conservación está o debía estar interesado el género humano, pierden visiblemente parte de su prestigio, a tiempo que Rusia va desenvolviendo sus ambiciones en Europa y en Asia, con una seguridad y sangre fría desconcertantes. La cultura científica representada por Alemania e Inglaterra, las tradiciones de la civilización, greco-romana conservadas y purificadas durante siglos por Francia y por Italia, están amenazadas por un país cuya existencia data apenas de dos siglos y ha sido, desde su aparecimiento como potencia europea, un enemigo de las ideas y sentimientos cultivados y defendidos por los pueblos de Occidente. El poder de Rusia está basado en su resistencia a admitir el régimen democrático. La semblanza cómica de parlamento, otorgada en un momento de angustia, ha sido mermada cuidadosamente de prerrogativas hasta convertirla en útil agregado de tramoyistas subalternos. Purgado de ese humor ruinoso, el Gobierno ruso ha uncido a su carro primero a Francia y después a Inglaterra. Los tratados secretos y los empréstitos cuantiosos hacen de Rusia el gran poder de Europa. Con una serenidad de malhechor poderoso ha dictado al mundo sus condiciones de adelanto, que son la fuerza bruta, la conquista, el exterminio del débil. Negando la virtud de todos los ideales cristianos y filosóficos, negando la eficacia del bien, de la ciencia, indiferente a las creaciones del arte, solo reconoce por límite de sus ambiciones el alcance de sus fuerzas materiales. No quiero decir que Rusia no haya producido grandes artistas, hombres de ciencia, pensadores y filósofos. Hay constancia de que todos ellos proceden directamente de la cultura europea, y hay constancia igualmente de que todos ellos son considerados como enemigos del imperio de los Zares. Allí no hay campo ni para el bien, ni para la ciencia, ni para la belleza. Las conquistas que el Occidente ha llevado a cabo en el dominio de la materia, Rusia las adapta a sus necesidades de predominio por medio de la fuerza bruta. Ella no necesita cultivar la ciencia, ni las artes mecánicas. Las clases dirigentes reciben allí complacientemente el resultado de este cultivo, a tiempo que, de cada cien súbditos del Zar, noventa ignoran lo que es el libro y desconocen los embolismos de la escritura.

Estamos, tal vez, en el último periodo favorable en que la cultura greco-romana, representada por Alemania, Inglaterra, Francia e Italia, pudiera, haciendo uso de la fuerza bruta, señalarle límites a este monstruo hiperbóreo, que solo en la fuerza bruta y en el mal cifra la satisfacción de sus inmoderados apetitos. Y el momento pasa fatigosamente *Ruit hora!*

* * *

Tal es la virtud del régimen parlamentario. Toda una tradición de siglos va a desaparecer con su desprestigio. Y lo más ponderable y doloroso es que ni los pensadores, ni políticos imperialistas hallan defensa para el sistema. La miseria de sus principios es innegable, la infecundidad de sus labores salta a la vista. Ya no tiene defensores. Pero las almas timoratas exclaman: "¡Está muy bien! El parlamentarismo ha sido un fiasco; los principios en que se basa no soportan la crítica. Pero ¿con qué vamos a reemplazarlo? Este razonamiento, aplicado a la curación de una enfermedad reconocida del organismo social, tiene el mérito que tendría en boca de un médico este peregrino razonamiento: "En efecto el paciente tiene una caquexia acuosa que le mina y destruye el organismo, hay un modo de curar este mal; pero una vez que lo hayamos destruido, ¿con qué vamos a reemplazarlo?".

En frente del autoritarismo ignorante de la fuerza bruta puesta al servicio de los instintos inferiores de la especie, debe colocarse el autoritarismo de las grandes ideas y de las nobles aspiraciones del género humano.

* * *

Y, por último, detengámonos en la lógica premiosa del Art. 4.º: "La libertad consiste en poder hacer todo lo que no dañe a otro". No se puede exponer con mayor desembarazo una proposición absolutamente contraria a la experiencia de siglos y a las condiciones fundamentales de la existencia. Vivir es dañar. El solo hecho de existir constituye un ataque a los derechos de los individuos coexistentes. El prójimo es una unidad que aumenta el divisor para las munificencias de la naturaleza. El prójimo es un competidor necesario en las oportunidades que ofrece la vida social. Es cierto que ese mismo prójimo puede, ejercitando libremente su actividad, aumentar esas oportunidades en favor del mayor número; pero eso no destruye la inanidad evidente del Art. 4.º, puesto en las tablas de la ley revolucionaria. Hay el derecho de hacer el bien, conjuntamente con el derecho de dañar. Solamente que a causa de tendencias, o innatas, o desarrolladas por lo que se llama cultura social, es más virulento y activo el impulso que nos lleva a dañar que el otro, del cual suele resultar en ocasiones provecho para terceros. Es más: puede decirse que el daño se hace por lo general conscientemente, al paso que el beneficio no es sino el resultado de circunstancias reflejas. Aquí vendríamos a discutir el tema fatigado y desagradable de si el hombre es naturalmente bueno o irremediablemente perverso. Me falta la serenidad de ánimo requerida para dilucidar cuestiones como esta.

Los legisladores de la democracia ¿qué han hecho hasta ahora para cercenar el mal creciente y agudo del capitalismo? ¿Hay estrago comparable al que ejercen con frialdad e indiferencia las grandes combinaciones financieras para eliminar los obstáculos que se oponen a la realización de sus empeños? Despueblan las comarcas, procuran el hambre colectiva, rebajan el nivel intelectual de los pueblos convirtiendo en máquinas las unidades hábiles, todo sin salirse del ámbito de leyes, hechas a propósito para limitar la libertad del individuo a los hechos que no envuelven daño para terceros.

PÁNICOS DE NUMERARIO

Revista *Hispania*, n.º 7, Londres, 1 de julio de 1912, pp. 204-205.

ESTUDIANDO LA MANERA de evitar estos pánicos en los Estados Unidos, viaja ahora por Europa un multimillonario de aquella República. El problema, después de la crisis de 1907, ha puesto a pensar seriamente a las cabezas mejor organizadas de la alta finanza yankee. Los lectores, sin duda, recuerdan la gravedad del suceso y los incidentes cómicos y trágicos a que dio lugar la escasez de numerario, comparada con la enorme cantidad de negocios que se hacen diariamente del otro lado del Atlántico.

El fenómeno que se presentó entonces en América provino de la lucha entre un corredor de Bolsa con millonarios que preparaban especulaciones suculentas sobre las minas de cobre de Montana. Esa lucha vino a mostrar de repente lo flaco de la organización en que se apoya el sistema fiduciario americano. Como se sabe, en los Estados Unidos los bancos que tienen el derecho de emisión, lo adquieren con la condición de tener siempre en depósito una cantidad igual a la suma que emiten. Dicho depósito, se imagina el que hace negocios con papel bancario, debe estar constituido por especies metálicas, o, en palabras más cortas, debe ser en oro. Pero en realidad lo constituyen otros papeles. Los bancos harían mezquinos beneficios si una parte considerable de su capital hubiera de estar representada por quintales de oro sellado que no gana interés. Su negocio consiste en convertir parte del capital en papeles representativos de valores, en acciones de compañías, en obligaciones hipotecarias, en bonos de deuda nacional, en billetes de banco de los que ganan interés. De esa manera el capital del banco está en actividad, aunque tenga carácter de depósito y respaldo de los billetes emitidos.

La situación que se crea de esta manera es risueña y muy sostenible en tanto que no haya pánicos o crisis. Al presentarse estos fenómenos, el edificio cruje desde la base, y a veces se desmorona. En la crisis de 1907, se contaron por millares los bancos que hubieron de liquidarse, a pesar de estar todos en situación próspera. Los tenedores de billetes, asaltados por las primeras manifestaciones del fenómeno, acudían inmediatamente a convertirlos en oro. Los bancos pagaban hasta cierta suma. Pero, al aumentar el pánico, descubrieron que iba a acabarse el numerario y que no podían pagar ni en obligaciones, ni en acciones de otras compañías, ni en bonos de gobierno. Pensaron naturalmente en vender estos documentos para proporcionarse especias metálicas. Como el pánico se extendía a toda clase de operaciones, y como en todo país próspero, y aun en los que no lo son, el numerario es siempre inferior a la capacidad total de los negocios, descubrieron inmediatamente que la venta de sus papeles, sobre ruinosa, resultaba imposible.

Acudieron al expediente cómico de pagar el cheque presentado por el cliente, con otro cheque a cargo de una institución no declarada todavía en quiebra. El cliente, seguro de que en el otro banco le pagarían con el mismo subterfugio, protestaba de la superchería y clamaba en voces de pánico porque le pagaran en oro sellado. Entonces el cajero del banco tambaleante preguntaba:

—¿En qué especies hizo Ud. su depósito?

—En oro, contestaba el interesado. Y le argüían:

—¿Está Ud. seguro? ¿No traería un cheque?

—Sí, traje un cheque, contestaba; pero era un cheque por oro sobre un banco respetable.

—Es lo mismo que hacemos nosotros. Le damos un cheque en oro sobre un banco respetable.

Y el cliente no lo recibía, por estar convencido de que el oro se escapaba de todas partes y que la respetabilidad de los bancos había empezado a ser lo que en álgebra denominan cantidad imaginaria, es decir, una cifra con signo menos y afectada por un radical de exponente par.

137

A pesar de las estrechas relaciones comerciales que hay entre los Estados Unidos y Europa, en los principales centros financieros europeos la crisis no asumió tales proporciones. Hubo dificultades, paralización de los negocios, angustias acaso; pero bancarrotas estrepitosas no hubieron de presentarse. Por eso viene el millonario yankee a ver cómo hacen aquí para evitar esas miserias. Descubrirá desde luego que el haber en Londres, en París, en Berlín, bancos del Estado, es una de las razones por las cuales son aquí las crisis más difíciles, pero no imposibles. Descubrirá también que para mantener la confianza y desafiar el pánico de las multitudes, esos bancos de Estado hacen el sacrificio de tener en caja millones inactivos de oro sellado, que, con todo, no representan en su totalidad la cantidad de moneda que se necesitaría en un momento dado para hacer frente a los pánicos y para atender al creciente desarrollo de los negocios. En los Estados Unidos hay una prevención sorda contra los bancos de Estado. Esa prevención depende de que no se han borrado aún de la memoria los descalabros que han sufrido allí las emisiones de billetes del Estado desde Washington hasta Lincoln. Depende también de que el negociante desconfía sordamente del político, a quien tiene, mientras no se pruebe lo contrario, por sujeto deshonorable. Un banco de Estado, expuesto a las maniobras de Senadores y Representantes, es una institución vizca. En esto hay mucha exageración, desde luego, pero el negociante bueno es etimológicamente un sujeto desconfiado. *Nec otium!* Al mismo tiempo, es fuerza reconocer que para hacer negocios hay necesidad de arriesgar algo. Los Senadores y Representantes son un peligro como las heladas para el agricultor, como las huelgas para el manufacturero, como la polilla para los fabricantes de pellizas, y sea esto dicho sin ánimo de ofender ni a las heladas ni a la polilla.

    Hay que observar igualmente cómo el factor de la desconfianza está exagerado y no es el único. Hay otro fundado en la razón y en la necesidad. En Inglaterra y Francia, países riquísimos, poseedores de ahorros ingentes, faltos de aplicación, bien pueden hacer el sacrificio representado por millones inactivos en las cajas del Banco de Estado, porque así le inspiran confianza al capital del negociante y lo estimulan para que lo ponga en movimiento y descubra nuevas fuentes de riqueza. Los Estados Unidos son un país muy rico sin capital suficiente para desenvolver sus inmensas oportunidades naturales. Le deben a Inglaterra miles de millones, y todavía sacan de aquí capital para sus grandes empresas. Es natural que en los Estados Unidos consideren extravagante el sacrificio de inmovilizar esos millones solamente para inspirar confianza al público.

El malestar que sienten los multimillonarios americanos, y cuyas causas viene a estudiar uno de ellos en Europa, depende de que las operaciones financieras tienen una base doble y heterogénea. Descansan sobre el numerario y sobre el crédito. No pueden basarse sobre el numerario solo porque, como se ha dicho ya, los negocios se desarrollan y surgen en una proporción superior a la cantidad de moneda que pudiera acuñarse. Los Estados Unidos no quieren hacer el sacrificio de inmovilizar miles de millones en un banco de Estado y tienen razón. No es solamente la inmovilización lo doloroso; es el pensar en el esfuerzo que se necesita para sacar el oro, en el trabajo inútil del laboreo de las minas; y todo ¿para qué? Para inspirar confianza a los negociantes. Puede decirse que la moneda de oro es el tributo que pagan los hombres honrados para comerciar con los pillos; porque si todos fueran honrados, ya se sabe que bastaría el signo representativo en las transacciones y la unidad de los valores sería el esfuerzo que necesita el hombre para desempeñar un trabajo determinado, digamos, para hacer un kilogramo de pan. Si en vez de basarse los negocios en el oro sellado y en el crédito, se basaran sólo en el crédito, y solamente los hombres honrados tuvieran derecho de comerciar, no habría pánicos y se ahorraría el esfuerzo, las miserias que suponen la extracción del oro, la cianuración y el trabajo de acuñar.

Ni se diga que es imposible quitarles a muchos el derecho de comerciar, que es injusto hacer de los negociantes una casta privilegiada. Las leyes actuales dan en todas partes ejemplos de esta clase. Al pródigo la ley le nombra un curador. Igualmente aceptable viene siendo que al capitalista cogido en negocios vizcos la ley lo prive del derecho de comerciar. Además, la competencia brutal de los grandes capitales, ¿no les ha quitado ya a las pequeñas fortunas la capacidad de entrar a hacer negocios? De grado o por fuerza, tienen que añadirse los pequeños capitales a los grandes para poder procurarse un mediano interés.

Cuanto al argumento relativo a la fundación de una nueva casta, si se adopta el plan de exigirles pruebas de honorabilidad a los presuntos comerciantes, queda contestado con el hecho de que esta edad democrática ha estado fundando castas y dándoles patentes desde su incepción. Países hay en que los jueces son una casta; los agentes de cambio en otras partes son una casta tan exclusiva como el sacerdocio en el antiguo Egipto. Todas las profesiones les van imprimiendo a sus cultivadores estigmas que se transmiten de generación en generación. Basta un poco de atención, después de haber frecuentado por años las populosas metrópolis de la edad presente, para distinguir al abogado del agente de cambio, del vividor o del especiero, a la simple vista. Estas señales exteriores se hacen fácilmente reconocibles, porque las urgencias del conflicto vital plasman la fisonomía y los ademanes de una generación a otra, y porque el individuo, a causa de la competencia brutal en cuyo medio nace, no tiene, a menos que sea una naturaleza excepcional, el derecho de elección para hacerse a un oficio: tiene que seguir el de la familia o el del gremio o gremios a que su familia pertenece.

RAFAEL POMBO

Revista *Hispania*, n.º 7, Londres, 1 de julio de 1912, pp. 204-205.

No ya mi corazón desasosiegan
Las mágicas visiones de otros días.
¡Oh, patria! ¡oh, casa! ¡oh, sacras musas mías!
¡Silencio! unas no son, otras me niegan.

Los gajos del pomar ya no doblegan,
Para mí sus purpúreas ambrosías,
Y del rumor de ajenas alegrías
Sólo ecos melancólicos me llegan.

Dios lo hizo así: las quejas, el reproche,
Son ceguedad; feliz el que consulta
Oráculos más altos que su duelo!

Es la vejez viajera de la noche,
Y al paso que la tierra se le oculta,
Se abre a su vista hospitalario el cielo.

Había en estos versos de Rafael Pombo el presentimiento de un fin cercano y no temido. No son de reciente publicación; pero coinciden con una época de su vida en que se despidió del mundo, y con voz y ademanes inequívocos le dijo *no* a la existencia. Este soneto es una obra milagrosa de pureza de concepción y de desarrollo; la joya más pura y acaso la nota más intensa de lirismo que lanzara en su vida. La produjo en los días precisamente en que se hablaba del eclipse total de su ingenio. Contiene uno como símbolo formal e ideológico de esa vida llena de cambios rudos e inesperados. Las grandes aspiraciones en que se agitó su precoz adolescencia y las que conmovieron su loca juventud; los vértigos de la pasión en la edad madura; el cansancio anticipado, las extravagancias de una vejez oprimida por la comparación insistente entre la enormidad del ingenio y la pequeñez de la obra llevada a cabo; el desprecio apolíneo por la turba de los extraños; la fe en un mundo superior y remoto donde la personalidad pudiera afirmarse, libre de los obstáculos que finge la carne y que pone realmente la humanidad asediada por los mismos apetitos; tanto así dice el soneto más hermoso de Don Rafael Pombo.

La misma forma tiene caracteres de símbolo personal: la concisión lapidaria, la frase entrecortada, el súbito pasar de unas emociones a otras, remedan en cierto modo la curiosa personalidad y la conversación inconsútil del maestro.

* * *

Nació en 1833. Procede de una familia vastamente emparentada de Popayán, en el Sur de Colombia. No siguió carrera alguna. Difundió su curiosidad espiritual por todas las disciplinas; y así disertaba sobre vagos orígenes de las palabras castellanas, sobre las afinidades de las plantas, como desenredaba ecuaciones algebraicas de las que presiden a los movimientos de los astros. En una época de su vida tuvo el placer malsano de negarlo todo. Escribió entonces la *Hora de tinieblas*, obra mediocre en cuya exaltación se ocuparon durante algún tiempo los libre-pensadores de bajo fondo y los devotos escandalizables. Hizo penitencia de esta culpa dándoles a los niños de habla castellana una serie de cuentos y apólogos edificantes en que la originalidad frisa en veces con la extravagancia y en que las llamaradas del genio fulgían por instantes entre las suertes más estupendas de rima y ritmo funambulescos. Tuvo un firme y severo conocimiento de la lengua castellana y de sus caudalosos recursos. La rima y el ritmo español le deben parte de la riqueza que la una y de la agilidad que el otro han ganado en los últimos tiempos. Su léxico es abundante, generoso, digno de confianza, que le ayudaron a formar un extenso conocimiento de nuestros mejores modelos y un gusto regalón en materias de sonoridad y elegancia vocabular.

Tuvo el primer lugar entre los poetas colombianos cuando llegó a las cumbres andinas la marejada romántica; de esa época datan *Edda*, *Elvira Tracy*, cuya forma y substancia indican desde lejos el abolengo romántico. De la misma época data *El bambuco*. El bambuco es el nombre de la tonada nacional colombiana. Tiene un dejo triste, monótono; pero en sus escasas modulaciones encierra el alma de una raza. Pombo sorprendió en esta poesía, que consta de setenta y tantas estrofas, todo el encanto y el dolor que la tonada se ha encargado de trasmitir a las edades para memoria de las vicisitudes y dolores de un pueblo, de alegrías y esperanzas. La aparición de estas redondillas coincide con la preocupación de la época en materias de color local, para el desempeño de cuadros del género. Fue uno de los cánones del romanticismo. El color local fue, para el pincel de Pombo, generoso material artístico; en prosa, les cedió a escritores como Emiro Kastos toda la eficacia y verdad de sus recursos; pero inspiró en horas de abundante producción a dioses menores un mar cerrado de cuadros de costumbres en que la imaginación de la posteridad va a documentarse con el objeto de medir la paciencia que gastaron los lectores colombianos entre 1850 y 1870.

Romántico siguió siendo Pombo toda su vida, porque nadie en el siglo ha logrado limpiarse la sangre de aquella portentosa inoculación; pero de cuando en cuando, solicitada su musa por las bellezas de la herencia clásica, solía ensayar la lira de los maestros griegos y latinos. En una época de transición o de eclipse se complació su ingenio caprichoso en el cultivo del apólogo, y sometió el verso castellano, para deleite de los aficionados a lo extraño, a las torturas del borceguí. Deformó pies, barajó hemistiquios, combinó las más heterogéneas formas de ritmo y trajo en momentos pasajeros el hexámetro latino a servirles de vehículo a imaginaciones estrafalarias. Resucitó el estro bendito en horas de sorpresa para sus mismos admiradores, antes de que el poeta resolviera dejar el mundo para siempre. En esta resurrección tuvo parte, sin duda, un hermoso libro con que enriqueció la literatura francesa el poeta americano José María de Heredia. La lectura de *Trofeos* predispuso la musa de Pombo a escribir estos versos con que se reveló su ingenio en una forma renovada y excelsa:

El olvido

Sobre el peñón el templo derruido;
Y al pie bronces y mármol se han mezclado
De héroes y diosas que adoró el pasado
Y esconde hoy ya la zarza del olvido.

Sólo un pastor que trajo aridecido
Al sacro antiguo pozo su ganado,
Con triste son de un caracol lanzado
Llena el éter azul y el mar dormido.

Fiel a sus dioses, como madre en duelo,
La tierra en cada Abril de nuevo acanto
Los capiteles mutuos decora.

Pero al patrio ideal ya el hombre es hielo,
Ni aun oye al mar que en noches de hondo encanto
Por sus sirenas desolado llora.

Las tres generaciones que le vieron escalar la cumbre del Parnaso, descender a mitad de la falda y emprender de nuevo la marcha para llegar a mayor altura, decretaron su coronación hace cinco o seis años. Asistió a la ceremonia con un porte entre burlón y cohibido. Su vista corta e inquieta se paseaba por la orla de la multitud plaudente, y su cara daba señales de incomprensión cuando alcanzaba a distinguir entre los organizadores de la apoteosis vates clásicos de calvas austeras, románticos incurables de los buenos tiempos tumultuosos y simbolistas de la última hora, con una corona en la mano y en los labios un reír indeciso.

De aquella estrepitosa oleada de cariño, de aquel concierto de aplausos anacrónicos se retiró meditabundo a recogerse para siempre entre los muros de su dormitorio, de donde no lograron sacarlo ni el afecto de los amigos ni la curiosidad del vulgo. Tendido en su lecho, no por enfermedad, sino acaso por poner en práctica un ideal de reposo, ha estado remedando la muerte y acariciando los maderos del sepulcro durante varios años. Hasta nosotros llega el sollozo de desamparo que lanzan en Bogotá los cultivadores de la lengua y del verso, al dar cuenta de sus funerales.

Deja una obra inmensa, desigual; vertida pródigamente sobre la prenda periódica o avaramente conservada en los secretos de su biblioteca. Repudió siempre la idea de publicar en vida un volumen de sus versos, y le ha dejado al editor probable una agria tarea de compilación y despojo. Habrá que hacer una selección escrupulosa entre lo mucho que ha publicado. Esperemos que, entre lo inédito, la suerte nos reserve gratas sorpresas a sus desprevenidos admiradores.

EL PAÍS DE LAS CUATRO DIMENSIONES

Revista *Hispania*, n.º 7, Londres, 1 de julio de 1912, pp. 213-214.

EN OTRA SECCIÓN publica HISPANIA[1] los comentarios hechos al Manifiesto del Señor de Manos-Albas[2] por D. Roberto Ancízar. El Sr. Ancízar vive hace tiempo en la República Argentina. Su larga permanencia en el hospitalario suelo del Plata le da autoridad en materias que se rocen con la vida social y económica de esa Nación. El haber hecho larga demora en otras repúblicas del Continente y el tener relaciones con gente notoria en la política sur y centro-americana, le habilita para decir sobre temas parecidos al que analiza el Manifiesto palabras atendibles. Su posición es verdaderamente propicia para justipreciar el valor de este documento. La franqueza de su carácter nos hacía esperar con fundamento declaraciones perentorias y dignas de séquito, si resolvía confiarnos por escrito la integridad de su pensamiento. Ha querido hacerlo, e HISPANIA se ufana con la publicación de esos comentarios recomendables por la franqueza, el vigor de la convicción y la experiencia personal del Sr. Ancízar.

Sin embargo, es necesario apuntar que su estada en la República Argentina le ha familiarizado con la vida exterior de la próspera

---

[1] Sanín Cano se refiere al ensayo escrito por Santiago Pérez Triana con el título "Manifiesto a los pueblos de América: necesidad de la Unión Pan-Americana", aparecido en el n.º 3, 1 de marzo de 1912, pp. 54-59, bajo el seudónimo de A. de Manos-Albas.

[2] Carta enviada por Roberto Ancízar, fechada el 26 de abril de 1912 en Buenos Aires, publicada en la sección "Unión Pan-Americana", *Hispania*, n.º 7, Londres, 1 de julio de 1912, pp. 226-227.

comarca, pero le ha hecho olvidar un poco la vida interior vigorosísima y pujante de que da muestras inequívocas. Las conclusiones a que llega el Sr. Ancízar en sus vívidos comentarios hacen caso omiso del factor interior.

Cuando el Gobierno (argentino) tenga que pronunciarse entre Europa y los Estados Unidos, lo hará sin vacilación por Europa, que le manda barato ideas y productos, y le recibe casi la totalidad de su exuberante producción.

La solución es parcial, demasiado sencilla, casi arbitraria. Tiene, por sobre otros muchos inconvenientes, el de recomendar los productos y las ideas por su baratura, en un solo aliento. La baratura de los artefactos no es siempre una prenda de su excelencia. Junto con la baratura, que es una noción relativa, hay que tener presentes las condiciones de adaptación, durabilidad y eficacia. En materia de ideas, la baratura es la más desastrosa de las recomendaciones. Las ideas baratas están generalmente deterioradas y carecen de aplicación: están ya desprovistas de su carácter virulento, y es mejor arrumbarlas, cuando no sirven para someterlas a un rudo trabajo de transformación.

El origen de las ideas baratas no tiene importancia. Si las despachan de Europa o de los Estados Unidos, su fin será el mismo. Lo que importa es que la República Argentina no las reciba. Es imposible incluirlas en las tarifas prohibitivas de la Aduana. No es difícil, sin embargo, dejarlas a un lado y concederles el privilegio de que se enmohezcan y acaben. Las ideas baratas han hecho ya bastante daño en Chile, en Colombia, en el Brasil y la Argentina para estar pensando todavía en recibir ese artículo bajo la sola recomendación de que cuesta poco.

Recibir las ideas supone un agrio trabajo de elaboración y de adaptación; como no vengan en tal modo, ya puede decirse que su influjo es parcial, incómodo las más de las veces y seguramente efímero. Él Continente lo sabe. Tiene en todas las latitudes gentes dispuestas al esfuerzo que supone la gestación de las ideas, y más dispuestas a recibirlas, si son verdaderas, cuanto más costosa fuere su aceptación, y más doloroso su desarrollo.

Además de esto, el cambio de productos venales no es la sola preocupación del argentino. La baraúnda comercial de las orillas del Plata desconcierta tan sólo a los observadores premurosos. Al lado y por encima de ese bullicio hay hoy, como ha habido siempre, cerebros que organizan el pensamiento argentino y que han contribuido a formar lo que se llama el ideal de ese pueblo. La República Argentina no está formada por las estadísticas del trigo, de las cabezas de ganado, ni mucho menos por los precios que tienen en la Bolsa de Londres los bonos de ferrocarriles o su deuda de Estado. La nación está constituida por la tradición, por el sentimiento que liga unas a otros las generaciones, por el ideal, sobre todo, que impulsa los corazones hacia una fúlgida realización de la vida. El Sr. Ancízar disminuye considerablemente el alma argentina, cuando quiere hacernos ver que la política de esa República se sintetiza en las tres aspiraciones por él enumeradas en la importante carta suya que hoy publica HISPANIA. La preocupación de comprar y vender ideas, productos naturales y artefactos no es la característica del espíritu argentino: no bastan las cifras para determinarlo. La ecuación de su trayectoria histórica debe incluir funciones de las que expresan claramente la vitalidad síquica del mando latino. Otras naciones han concentrado sus aspiraciones y su historia en el límite de una raza, de un territorio determinado, de una aspiración concreta. Hay países que piensan en cifras; los hay que simbolizan sus aspiraciones en desarrollo territorial. De la Argentina puede decirse que piensa en fórmulas universales. Su territorio, según el dicho de uno de sus estadistas, es para la humanidad; sus ríos, por ley en que han debido moldearse todas las del Continente sobre navegación fluvial, están abiertos a todas las naves; gobernar, para Alberdi, era poblar; gobernar para Sarmiento era simplemente educar; Drago señala un nuevo rumbo a la historia de las naciones, despojándolas con un memorándum del derecho de cobrar deudas de estado por medio de la fuerza.

El Sr. Ancízar ha disminuido el alma argentina. Hay argentinos tan empeñados por el momento en las operaciones de compra y venta que no sienten el ruido subterráneo de las ideas costosísimas destinadas a transformar esa tierra. Pero hay argentinos que sienten el ruido y preparan el advenimiento de las ideas. Al frente del Gobierno está Sáenz Peña, cuya historia mental es un pergamino de nobleza ideológica. Uno de sus hombres representativos, Don Luis M. Drago, tiene en sus manos, para ofrecerlo a las naciones, el olivo da la paz: Lugones, el más atrevido de sus poetas, no lucha en su tierra precisamente por el ideal fenicio: Rojas tiene empeñada la pluma con rumbo a la conquista del Ideal; Ugarte nos ha enseñado en el Continente la belleza de la vida, extraña al clamor de los comicios y de las lonjas de frutos.

En un libro concienzudo, firme y sólido como un tratado de secciones cónicas, abundante en documentos y en puntos de vista nuevos, Don Adolfo Posada[3] ha querido dejarnos la visión intensa de su demora en las orillas del Plata. De ese libro se desprende la impresión calmante de que la Argentina se expande en el sentido de las tres, iba a decir de las cuatro dimensiones. Es preciso leerlo para comprender que el Sr. Ancízar, en su comentario del Manifiesto, quiso, voluntariamente, reducir el vasto campo de su visión interior al estudiar los fenómenos sociales y políticos de la Nación Argentina.

---

[3] Adolfo González Posada y Biesca (Oviedo, 1860-Madrid, 1944). El libro se titula *La República Argentina: impresiones y comentarios*, Madrid, Ediciones F. Beltrán, 1912.

EUROPA COSACA

Revista *Hispania*, n.º 8, Londres, 1 de agosto de 1912, p. 241.

SVEN HEDIN,[4] el explorador sueco del Asia inaccesible, escribió al regresar de sus viajes un folleto sobre los peligros que envuelven para su patria el desarrollo violento de Rusia y las ambiciones inmoderadas de este monstruo étnico. El folleto no tenía pretensiones de éxito de librería, y circuló primero reducidamente entre las personas a quienes pudiera interesar el asunto.

La prensa rusa se ocupó del opúsculo con pasión y vehemencia. Denunció a Sven Hedin por su falta de gratitud para con el Gobierno ruso, de quien es deudor, según la misma prensa, de las atenciones y facilidades que le fueron otorgadas durante sus valiosas exploraciones. El folleto, que había circulado en privado, adquirió cierta notoriedad, y ahora ha sido publicado en varios idiomas hasta completar un millón de ejemplares.

Es un grito de consternación y de alarma. Es una intimación seria a los gobernantes suecos, y una apelación al patriotismo de los individuos. El desenvolvimiento de Rusia constituye una amenaza para toda Europa. Hacia el Sur la han detenido en lo posible Alemania, Austria, Turquía y los aliados de estos países. Hacia el Este parecía que Inglaterra pudiera detenerla. Está visto que el impulso es más fuerte que la diplomacia británica y tan audaz que la marina más fuerte del mundo no puede contenerla. Hacia el Nordeste se ha expandido con la anexión criminal de Finlandia.

---

[4] Nacido en Estocolmo en 1865 y muerto en esa misma ciudad en 1952. Explorador, geógrafo, biólogo y botánico.

Continúa en desarrollo el legendario programa de Pedro el Grande: mano libre en Asia con los ferrocarriles construidos y por construir; política de expansión o agresiva o insinuante, según lo indiquen las circunstancias, para obtener un puerto en el Mediterráneo, y para acercarse a Constantinopla, cuyo destino manifiesto (los débiles también lo tienen) es caer en manos de Rusia; paso lento hacia el Atlántico por encima de Suecia, por encima de Noruega, para procurarse un puerto que le haga fácil influir sobre los futuros destinos de esta masa de agua. El plan es sencillo. Los mojones ya puestos señalan la dirección en que van a ser clavados los otros.

Se trata de un imperio de 150 millones de habitantes, regido por una voluntad sola. Se trata de una nación conquistadora y agresiva en que el elemento legislativo y posiblemente moderador está reducido a una sombra de parlamento. Ni Francia, ni Alemania, ni Inglaterra, pueden provocar rompimientos con otras potencias sin contar con la opinión de cámaras más o menos representativas. En Rusia el Ministerio le señala al Parlamento con la pluma o con la bota el camino indicado por las necesidades de la patria, que, por una coincidencia ya muy repetida, suelen ser las mismas que las de los Grandes Duques.

Sven Hedin ha visto el peligro del lado de su patria; de una nación comparativamente débil y poco poblada. Ha contemplado de muy cerca, la suerte de Finlandia. Su patriotismo se alarma y propone el remedio. Suecia debe armarse, aumentar su Marina, fortificar sus costas. El esfuerzo de Suecia está limitado por un territorio pequeño, por riquezas medianas, por una población de cinco millones. Los recursos de Rusia son ilimitados: su población es treinta veces mayor que la de Suecia. Tiene una forma de gobierno que no le señala límites a sus anhelos de expansión. ¿Qué representan los arneses de guerra con que Sven Hedin quiere cubrir a su patria? Sacrificios dolorosos en Suecia, y una invitación a Rusia para que aumente sus medios de destrucción. Si Rusia ambiciona un puerto en el Atlántico y pretende por la fuerza arrebatárselo a Suecia, será inevitable el despojo. El solo preventivo de estos asaltos es la organización de la paz. No la paz armada y complacientemente disfrazada con el nombre de alianzas defensivas, sino la paz fundada en el desarme y en el reconocimiento de los derechos adquiridos. En tanto que esto no suceda, en Europa se prepara la misma situación que en América ha producido el desarrollo inesperado y violento de los Estados Unidos. En el curso de veinticinco años, si sigue estancada la población de Francia, si en Alemania continúa disminuyendo el índice de desarrollo de la población, a tiempo que el eslavo prolífico llena de nuevos súbditos del Zar sus tierras incultas, Rusia será para Francia y España, para Suecia y Holanda, enemigo de tan poderosos recursos agresivos, como lo son hoy los Estados Unidos de Norte América para Colombia, para Venezuela o para Haití.

LA POSESIÓN DEL SUELO

Revista *Hispania*, n.º 9, Londres, 1 de septiembre de 1912, pp. 276-278.

AUNQUE, SEGÚN PARECE, tenemos conquistado el reino del aire, la posesión del suelo continúa siendo la más viva preocupación del individuo. Cada hombre supone que le es absolutamente indispensable poseer cierto número de pies cuadrados de la superficie terrestre para edificar sobre ellos cuatro paredes y suspender un techo amigo. No está de sobra una cantidad mayor alrededor de estos muros, suficiente para el cultivo de unas eras o para el engorde de vacas o para ocupar a sus semejantes en labores del suelo con que ha de enriquecerse el propietario a expensas de una clase menos ambiciosa o más desentendida. El que no tiene parte del suelo ha de tener con qué pagar la renta exigida para ocuparlo. Si no tiene para pagar esa renta, la sociedad lo asila en institutos que se denominan casas de pobres, hospitales, prisiones o cementerios. De modo que si al nacer no tienes donde extender los miembros, ni morir, por lo menos, estás seguro de que la comunidad te ofrecerá, por razones de higiene, cuando menos siete pies de tierra en donde puedas reposar a lo largo.

La posesión del suelo es, por lo tanto, indispensable al individuo, y el requerir todos esa posesión hace que la superficie se cuente con medidas avaras y que se haya encarecido fantásticamente en los centros populosos. El pie cuadrado de tierra en la parte comercial de Nueva York vale como si estuviera cubierto con una gruesa capa de oro. Las tierras de pan llevar en Inglaterra o Alemania se escapan del poder de las fortunas medianas.

Agustín de Manos Albas señalaba aquí mismo hace pocos meses cómo va escaseando la tierra conquistable en Asia y en África. Allí el campo está libre para la codicia de las naciones europeas. Pero desde el punto de vista individual, esas comarcas empiezan a quedar estrechas para sus habitantes. La China sola tiene mayor población que Europa. La India sufre de hambre colectiva cada vez que se pierde una cosecha, porque el suelo apenas da para sostener 160 millones de hombres, por lo general sobrios. África en su parte habitable cuenta ya doscientos millones de habitantes. Hay allí más franceses que en Francia, tantos portugueses como en Portugal, millones de españoles y de ingleses. Suramérica, casi tan grande como África, sin yermos, dotada de todos los climas y fértil como Canaán, tiene apenas cuarenta millones de habitantes. Hace cuarenta años África era el Continente desconocido y tenebroso. Suramérica entró a la sociedad de las naciones cultas hace un siglo. No tiene comarcas inexploradas. La tierra, donde la toca el arado o donde le confían una semilla, responde con prodigalidad desconcertante. Allí el individuo no siente la estrechez del territorio. En muchas de esas Repúblicas el que ocupa las tierras incultas del Estado, las cerca y las descuaja, adquiere sobre ellas dominio perfecto.

Allí no existe, pues, el problema de la estrechez de territorio. La abundancia de población en otros Continentes indica, sin embargo, que sobre Suramérica se verterá dentro de poco gran parte de la masa de población del globo. La inmigración es beneficio, sin duda, y el primer resultado que produce es hacer subir el valor de la propiedad que ocupa. Pero ese valor puede subir de tal suerte que constituya un obstáculo al desarrollo de los pueblos y una amenaza a las clases no propietarias. Ya en Europa la cuestión de los latifundios es un problema alarmante en Italia, en Alemania, en Inglaterra. Lloyd George, cuya visión del porvenir se extiende más allá del horizonte sensible de los estadistas con sueldo, ha dado en Inglaterra la primera campanada. "Lo que hasta ahora hemos hecho", dijo en días pasados, "no es más que la labor preliminar. Estemos preparados para la división de la tierra". Lloyd George no es un politicante: es un apóstol. Vino al poder con el nombre de liberal. Su visión del universo le ha demostrado que es socialista, y a la realización de la equidad tienden todos sus movimientos políticos.

En Suramérica se presentará dentro de poco esta desapacible cuestión de la estrechez del suelo y de la carestía del metro cuadrado de tierra utilizable. Entonces los estadistas han de afrontar el problema de la división del territorio, o el problema, acaso más arduo, pero inexorable, de la comunidad de posesión. Los estadistas sur-americanos que merezcan el nombre deben evitar con medidas inmediatas el que ese problema venga en lo futuro a presentarse.

Casi todos los gobiernos poseen en nombre de la comunidad grandes extensiones de tierras cultivables. El valor de la propiedad en casi todos ellos es bajo, comparado con el precio de las tierras en Europa. En algunos, como en Colombia, a que seguiré refiriéndome, a manera de ejemplo, el precio no es bajo solamente: está desapareciendo. Allí la propiedad raíz en la vecindad de las ciudades populosas tiene el mismo precio que en 1885, cuando la población era apenas el cincuenta por ciento de lo que es hoy. Como se ve, el aumento de población no influye siempre en el alza de precio de los terrenos. La China está poblada en algunas regiones tan densamente como Holanda, y allí el precio de la tierra es insignificante comparado con el que tiene el suelo en las naciones europeas de población menos densa. A la densidad de población debe añadirse la intensificación de la vida. La vida se intensifica creando nuevas necesidades para el individuo, azotando, con el estímulo generoso, los deseos de poder y de goce que dormitan en cada unidad social. En Suramérica está pasando ya, en las Repúblicas del Sur, que a medida que la vida se intensifica y la población aumenta, el terreno va creciendo en valor considerable. Al aumentar de valor, por una gravitación imperiosa, sale de manos del pobre o del Estado y cae en manos de las grandes fortunas privadas o de las grandes asociaciones comerciales. En el curso de medio siglo los gobernantes argentinos, uruguayos, chilenos, empezarán a pensar en la forma de redistribuir el suelo para evitar esta explotación desapiadada de las clases obreras por el gran poseedor de tierras arables. El grave problema que Lloyd Georg se propone resolver en Inglaterra, tendrán que resolverlo dentro de poco las naciones Suramericanas. ¿Por qué no empiezan a plantearlo en la hora presente? No hay todavía tradiciones en que se apoye la enorme injusticia, como en Inglaterra o en Italia. No se han creado todavía las dos clases separadas por siglos de explotación desapiadada. La política no es en Suramérica lo que en Europa: un juego de dos partidos fletados alternativamente a las inmoderadas codicias del capital.

En el caso de las naciones europeas, la etapa capitalista de su historia hace aparecer como condición necesaria del desarrollo general esta explotación de unas clases por otras y esta distribución, monstruosamente inicua, de la tierra que aran, de la tierra sobre la cual edifican. Es la injusticia que clama al cielo en las palabras de Lloyd George.

Colombia, nación a la cual se refieren especialmente estas observaciones, está viendo desde 1885 la depreciación constante de la propiedad raíz. No hay espacio para señalar menudamente las causas de ese fenómeno. Es suficiente dejar constancia del hecho. El ínfimo precio del terreno cultivable o edificado empieza a llamar la atención de los especuladores en valores territoriales. De un momento a otro, para bien de ese país, las olas de la emigración henchirán el mar sereno de su población, y entonces empezará el Estado a notar que la tierra sale de manos del labriego y del pequeño propietario, para caer dentro de las formidables empresas agrícolas que se han de organizar con el incremento de población y con el acudir de grandes capitales al país. En Colombia, el impuesto sobre la propiedad o no existe o tiene proporciones irrisorias. En la Asamblea de 1908 un diputado propietario observaba que un impuesto del tres por mil sobre la tierra causaría la ruina de los dueños de ella, porque en comarcas, fértiles como el valle del Nilo, la propiedad no producía siquiera esa renta. El Ministro de Hacienda observó que era el caso de que la propiedad volviera a su dueño común y originario, que es el Estado. La propiedad continúa tan abatida como estaba en 1908. En veintisiete años no ha subido de valor. Es natural que, de un momento a otro, empiece la marcha de ascensión. El Gobierno no debe esperar fríamente que se verifique el alza sin tomar en tiempo oportuno las medidas que la historia y la prudencia aconsejan, para evitar que la tierra venga a quedar en pocas y por la general en malas manos.

Está demostrado ya por los tratadistas de economía política que interpretan estos fenómenos desde el punto de vista de la equidad social, que el incremento espontáneo de valor en la propiedad raíz no le pertenece exclusivamente al propietario. Las condiciones vitales alrededor de ese terreno, sobre las cuales no tiene dominio el dueño de él, hacen crecer el valor de una manera fatal. El aumento de población, el incremento de las necesidades, el juego de nuevos y complicados intereses, inesperados aspectos del conflicto vital, el desarrollo de nuevas formas de cambio y de comercio, todo eso le da a la tierra circunyacente triplicado valor, y le ofrece al propietario de ella nuevas oportunidades sin que él haya puesto de su parte nada para obtenerlo. Los que cooperan en el crecimiento de este valor y oportunidades, no siendo propietarios, nada ganan con tal incremento. El Estado mismo, para derivar de eso una renta, tiene que conformarse con hacer reavaluar el terreno y obtener de esa manera un mezquino rendimiento. Ya en Inglaterra el Gobierno, por boca de Mr. Asquith, ha declarado que este incremento espontáneo debe volver a la comunidad.

Estos principios señalan en mi sentir el camino que han de seguir los estadistas valerosos y avisados en aquellos países donde la propiedad yace, como en Colombia, postrada, en espera del reino que ha de venir.

Los hechos presentes y el recuento de los pasados señalan la ruta. En los países del lejano Oriente hay mensajeros de la idea futura, que se ocupan en preparar el reinado de la equidad, dominando desde ahora el precio del codiciado suelo.

En Colombia ya gravita la tierra, a pesar de su bajo precio de los grandes capitales. Hay una forma de evitar la aglomeración del terreno en unas pocas manos. El catastro sobre el cual se cobra hoy el impuesto territorial es notoriamente bajo. Tomando esta cifra por base, el Gobierno debe garantizarle al terreno un precio doble del que tiene, y declarar que todo aumento de valor sobre este nivel garantizado pertenecerá al Estado. En el curso de diez, de quince, de veinte años, con el aumento de población, de medios de transporte, con la creación de nuevas y poderosas corrientes comerciales, la tierra adquirirá seguramente un valor más alto que el doble del que tiene hoy. Desde ese momento la riqueza inmueble, al desarrollarse, acrecerá en proporciones equitativas y manifiestas el tesoro del Estado.

Mas ¿cómo podrá el Estado garantizar ese precio? Esta es la parte del problema que toca resolver a los economistas. El Estado puede hacer obligatorio para sí y para los particulares el recibo de las tierras en pago de deudas por el precio que el Gobierno garantiza. Puede tomar sobre sí la deuda en la seguridad de que propendiendo por el desarrollo de los negocios, en el espacio de veinte, de treinta años, la tierra podrá ser adjudicada en lotes pequeños y en condiciones de equidad a individuos capaces de cultivarla.

Si para el estadista meticuloso la doctrina de la garantía resultare aventurada, bastará doblar el precio en los catastros y anunciar para dentro de diez años un nuevo avalúo, después del cual, todo lo que excediere del ciento por ciento se considerará como propiedad del Estado.

EL HOMBRE NORMAL

Revista *Hispania*, n.º 9, Londres, 1 de septiembre de 1912, pp. 282-283.

LA PRENSA INGLESA de los dos lados del Atlántico ha discutido larga e intencionadamente la posición del Estado en frente de las cuestiones delicadísimas suscitadas últimamente por los apóstoles de la eugenesia. Esta polvareda ha puesto en la luz de la rampa a dos personajes de quienes el público poco se preocupa en las épocas de tranquilidad y bonanza. El hombre normal no es un personaje atractivo para los lectores fagedénicos de novelas insulsas. El hombre promedial es una abstracción a que se acercan con mediocre interés de tarde en tarde los estadistas o los encargados de levantar el censo. El *average man* no es una figura idealizable. El hombre normal lleva una existencia sin altibajos, es superior a las sospechas, lo calumnian apenas y no le suministra alimento ninguno a la chismografía del barrio. Literariamente son entes inexplotables el uno y el otro. La literatura romántica puso en boga los tipos excelsos de virtud, amenazados de continuo por un hombre perverso, tan ideal y tan falso en definitiva como una víctima perdurable. La novela naturalista introdujo en la literatura la preocupación de estudiar al individuo deformado por herencias morbosas, y esta preocupación, convertida en idea fija, vino a ser la señal de disolución para un género literario nacido bello y rozagante en las postrimerías del segundo imperio. La diferencia capital entre el hombre normal y el hombre del promedio estriba principalmente en las simpatías de que el uno es objeto y en el odio tenaz que al otro le profesa el género humano. El banquero, lo mismo que el monarca, el pedagogo, la costurera, el militar, el ingeniero, la sufragista, el ministro de la corona, los vendedores ambulantes y el cronista de salones, está convencido de que es un hombre normal. Toma un tratado de frenología, un libro de Lombroso y un espejo; se lleva las manos a la cabeza, palpa las protuberancias de un cráneo idolatrado y concluye que es el hombre normal. El empleado de almacenes, de quien la naturaleza se ha burlado infundiéndole aficiones literarias, se enfadaría sin duda cuando alguna persona fuera a decirle que no es un hombre normal. El Zar de todas las Rusias se imagina no sólo que es un hombre normal, sino precisamente que es *el* hombre normal. De él para abajo no hay más que cretinos; de él para arriba degenerados superiores.

El hombre promedial no es objeto de cariños tan difundidos. Un geómetra cualquiera puesto en el caso de hacer su autobiografía empezaría diciendo: "Sin alabarme, tengo por fuerza que considerarme un poco por encima del hombre promedial". Nadie se atreve a contradecirlo. Los circunstantes aceptan esa apreciación convencidos de que nadie se atrevería a negarles a ellos el derecho de colocarse en ese mismo plano, un poco más arriba del hombre promedial y acaso del geómetra.

Las preocupaciones del estadista, comunicadas a la multitud por una prensa celosa de vulgarizar todas las nociones, han llegado a hacernos deseable el conocimiento de la psicología de estos dos personajes. El *Herald* de New York, diario respetable, cuyos editores se preocupan de suministrarle al público precisamente aquello que el público necesita, tuvo una vez la idea de sacar en sus columnas la anatomía del hombre normal, su fisonomía exterior y las señas espirituales que lo hacen discernible. Y, refiriéndose a estos deseos del *Herald*, nos cuenta Ferri, el criminalista, que Lombroso, su camarada, recibió un día del propietario de esa hoja, una carta en que le pedían la descripción sumaria del hombre normal. La solicitud venía acompañada del respectivo cheque. Parece raro que el *Herald* hubiera buscado a Lombroso para que trazara los límites de esta abundante especie. Lombroso se ocupó toda su vida en discriminar los caracteres distintivos del hombre anormal. Acaso el *Herald* supuso, con ciertos visos de razón, que Lombroso, por un procedimiento, semejante al matemático de eliminación, hubiera logrado aislar al hombre normal después de haber catalogado a los anormales. Lombroso vaciló un instante, miró el cheque, notó que se componía de tres cifras, le pareció raro que nunca le hubiera ocurrido describir a este personaje, y puso manos a la obra con aquella imperturbable falta del sentido de lo ridículo con que se dejaba acariciar equivocadamente los pies por Eusapia Palladino debajo de la mesa en que hacía sus experimentos definitivos sobre el espiritismo.

Describió al hombre normal despacio y concienzudamente. Los lectores del *Herald*, y acaso el propietario, sufrieron un desengaño. El hombre normal, según Lombroso, es un sujeto a quien todos conocen. Nos codeamos con él a tarde y a mañana, y resulta poco interesante. Es un señor que se levanta a una misma hora todos los días, generalmente muy temprano. Va a su oficina, leyendo de ordinario el mismo periódico; se sienta en el mismo escritorio que el día anterior; trasiega por papeles o libros eternamente iguales; da órdenes hoy que se parecen a las de ayer, u obedece las mismas que le dieron el día anterior; suspende el trabajo para alimentarse con manjares siempre iguales procedentes de un mismo lugar, y al abandonar la faena diaria para volver a su casa, hace el mismo gesto hoy para ponerse el abrigo que hacía Acacio Acacievitch en la imperecedera novela de Nicolás Gogol. ¿Es este el hombre normal? Los lectores del *Herald* esperaban ponerse en contacto con Napoleón o con Sila; pero es el caso que Lombroso había dado cuenta de estos dos personajes entre los anormales, poniendo al uno entre los epileptoides y al otro entre los paranoicos. El hombre normal era Don Pepe, el Secretario de la Junta de Consumos, o Dieguito, el contabilista meticuloso de la vecina tienda de ultramarinos.

El hombre promedial, al decir de Gilbert K. Chesterton, es más difícil de hallar. Según parece, este famoso cronista del *Daily News* salió una vez en busca del *average man* con el objeto de entrevistarlo, y no pudo dar con él en parte alguna. Todos le conocen y nadie es capaz de decir dónde se halla. Tú consideras a tu prójimo como un precioso ejemplar del promedio humano, y tu prójimo se venga en lo íntimo de sus lucubraciones poniéndote como ejemplo del *average man*.

Quedamos, pues, en que todos somos hombres normales, y con que el hombre promedial habita una región inaccesible. Es necesario que el Parlamento inglés le dé forma de ley al proyecto sobre los mentalmente defectuosos, para que entre el Juez de cada pedanía y el médico ambulante, se haga la perfecta discriminación. Van a llevar a los asilos y a los hospitales al hombre anormal. Entonces quedarán en la calle sin riesgo de confundirse con nadie el hombre del promedio y el inofensivo, numeroso, opaco y, por lo general, inútil hombre normal.

LOS SINDICADOS DE LA INCOMPETENCIA

Revista *Hispania*, n.º 12, Londres, 1 de diciembre de 1912, pp. 385-386.

LA GUERRA DE LOS BALCANES tendrá a lo menos un resultado práctico. Servirá para enseñarles a los ilusos que Europa se deshace bajo el régimen de la incompetencia. La política agresiva del Emperador de Alemania les ha impuesto a todas las naciones europeas la necesidad de vivir como en vísperas de una sangrienta campaña. Los pueblos se arruinan, los cultivos quedan abandonados, las industrias pagan al Estado tributos que amenazan ahogar a las no dedicadas exclusivamente a la producción de elementos bélicos. La miseria en Rusia, el gran poder militar en Europa; la destitución en Inglaterra, la primera potencia naval; el hervir amenazante del socialismo por donde quiera, son el resultado directo e inmediato de la opresión que engendran estos enormes impuestos con que las naciones europeas pagan su preparación constante para el combate. Una idea de lo que estos gastos significan puede ofrecerla el hecho de que para conocer los planes de los diversos estados mayores, Francia sola gasta anualmente tres millones de francos, suma enorme que parecería insignificante si se la comparara con el gasto total secreto de los diversos Ministerios de Guerra y Marina. El velo de lo que cuestan estos espías de cada momento fue en parte alzado con motivo del lamentable proceso Dreyfus. Un centenar de millones de francos, a lo menos, gastan los gobiernos de Europa en asalariar espías, en comprar traidores, en violar la correspondencia diplomática de países amigos, todo con el fin de estar preparados para la guerra. De modo que los legos en esta materia, los patrioteros y los chauvinistas, descansaban en la seguridad de que, en un momento dado, el Ministerio de Guerra en Francia o en Alemania estaba en capacidad de señalar sobre el papel, con la precisión deseable, el número de hombres disponibles en cada país, la calidad de los armamentos, la organización de la intendencia, la facilidad de movilización y la eficacia de cada cuerpo de ejército. La diplomacia, naturalmente, le ha dedicado gran parte de su actividad a esta nobilísima labor de espionaje, y la prensa nacionalista de Sur a Norte usará de sus corresponsales para los mismos fines.

Sin embargo, cuando la nube de los Balcanes indicó a principios de octubre que se desharía en tempestad rumorosa, las potencias, la diplomacia y la prensa de Europa estuvieron acordes en considerar como una sublime y generosa temeridad de los Balcanes esta tentativa de aligerar a tiros de rifle y de cañón la suerte de sus connacionales en Turquía. Fue unánime la creencia de que, como en 1897 a Grecia, la Sublime Puerta les dictaría a los Balcanes una ruda lección de pocas semanas. Alemania le había cedido a Turquía el mérito de sus enseñanzas militares, y había honrado a ese país de infieles con la presencia de un Mariscal del Imperio para que organizara el estado de guerra con la misma eficacia con que lo tienen preparado los héroes del gran Federico. El Mariscal von der Goltz señaló su desinterés indicándole al Gobierno turco que se proveyera de cañones en Alemania, y fueron tudescas la táctica militar que impuso y las fortificaciones que mandó construir en Salónica y en Kirk-Kilisse, en Salónica y en Andrinópolis. Todo esto a vista y paciencia de la Europa, liberal, imperialista, republicana, garibaldina y cosaca.

Al saber de la ruptura de hostilidades, las grandes potencias (o las grandes impotencias) hicieron la declaración de que el *statu quo* era intangible. Esa declaración vale mundos desde el punto de vista psicológico y desde el punto de vista de su aplicación. Ella indicaba que a Turquía le sería terminantemente prohibido hacer captura de territorio, o no quería decir nada; porque con las primeras noticias de los triunfos búlgaros, y con la misma elasticidad y distinción con que había proclamado el principio de *statu quo*, el Gabinete de Saint James hizo presente a la Europa sobreexcitada que no era justo privar a los aliados de las ventajas obtenidas con tantos sacrificios. Si hubieran sido los turcos los vencedores de Kirk-Kilisse, otro habría sido el tono en que siguieran tocando los organillos ministeriales. Un solo hombre en toda Europa parece haberse dado cuenta de lo que el destino les preparaba a los pueblos balcánicos; fue el que indicó como resultado probable de la guerra "el ensanche de los límites de la libertad y del buen gobierno". Este Ministro supone acaso que la reviviscencia de la tortura entre cristianos es una prolongación de la libertad individual del torturante, y que los rumores de especulación en diferentes gabinetes europeos, no precisamente musulmanes, son señales de buen gobierno.

Si el error de los gobernantes europeos se hubiera referido a materias distintas de la organización militar, sin ser disculpable, tendría explicación en las limitaciones naturales de la mente humana; pero es difícil explicarlo tratándose de la preocupación incesante y más viva de los gabinetes hace cosa de cuarenta años; es inexplicable que estando estos hombres convencidos de que la sola manera de existir y de perpetuar sus ideales de raza o de casta dominadora es vivir preparados para destruir al vecino en la ocasión más propicia o para no dejarse dominar por él si toma la ofensiva, estuvieran tan ignorantes del poder militar efectivo de cinco naciones cuya historia es una perpetua amenaza de guerra y cuya turbulencia ha sido materia de diarias consultas en las lonjas y en las cancillerías de Europa hace más de quince años. Errar en estas materias es una visible falta de inteligencia que frisa con la pérdida del instinto de conservación.

Antes de estallar la guerra de los Balcanes, la Puerta estaba en guerra con Italia. Estas hostilidades se prolongaron por un año. Italia, que figura entre las grandes potencias, y está usando, desde que se alió con Alemania, la sangre de sus hijos y el producto de su porvenir industrial en sostener un ejército y una armada superiores a sus fuerzas, no pudo obtener en doce meses ventaja ninguna sobre el enemigo. No habría obtenido las mediocres condiciones que le fueron otorgadas si no hubieran sonado los clarines al norte de Ródope. Y un poder oscuro, cuatro reyes de burlas, los que da la baraja, en tres semanas de huracán, desarraigan un imperio del Sur de Europa y hacen cambiar la mueca fatigada de las cancillerías. Si este no es el reinado de la incompetencia, no hay hombre de ingenio que se resuelva a llevar sobre sus hombros el calificativo de competente.

En el curso de los últimos cinco años la política internacional de Europa en la cuestión balcánica ha sufrido grandes transformaciones. Los gobiernos de Montenegro, Serbia y Bulgaria sirvieron para divertir a lectores de diarios cómicos o para suministrarle personajes activos a la ópera bufa. ¿Qué habrían hecho los caricaturistas y musicantes de Viena sin el uniforme del oficial serbo? ¿Dónde habrían reclutado sus personajes de lo cómico sin la diplomacia montenegrina, sin las tropas búlgaras puestas en escena bajo la dirección de mercenarios suizos? Antes de romperse los fuegos, Europa dijo que no toleraría la guerra. Hizo una señal de amenaza que se aligeraba en mueca de desdén. Por encima de ese altísimo desprecio los aliados pasaron las fronteras. Vino en seguida la declaratoria del *statu quo*. Ya sabe Europa lo que eso vale. Juntamente con esta declaratoria sobrevino la relativa a la localización de hostilidades. Parece que Austria, con sus amagos de intervención y de *ultimatums*, va a romper, por su parte, esta frágil valla. A última hora las grandes potencias, después de haber contado minuciosamente los muertos y heridos en la campaña, mandan a Constantinopla sus naves de guerra para proteger a sus nacionales. De la ópera bufa y de la caricatura hemos pasado, saltando por lo trágico, al sencillo ejercicio de la caridad cristiana.

Gobernar es prever, dijo Quevedo, o no es nada, podría añadir una mente desprevenida. Los que se ocupan, por mandato de los pueblos o de sus soberanos, en dirigir el mundo europeo, no tienen ni la conciencia de su cargo, ni el sentimiento de la responsabilidad, ni la inteligencia que se requiere para tantear el porvenir. Y tantear el porvenir es la sola cualidad que distingue al estadista del primero que llegue.

Como los griegos en 1897 —así lo pone *The Nation* en su número del 9 de noviembre— los turcos estaban convencidos de que las potencias no permitirían una guerra. Estaban faltos en absoluto de preparación, y toda la parla de su eficiencia alemana no era otra cosa que farsa periodística. El mundo vino a ser engañado, y probablemente la casta militar de los osmanlíes se dejó también engañar por sus fáciles éxitos en Tesalia contra los griegos.

Está muy bien que el profeta ocupe sus ocios en vaticinar el pasado; está muy bien que el mundo se deje engañar sugestionado por los periodistas a sueldo que recibían el primor de sus inspiraciones cuotidianas de mano de las castas militares turcas. Pero el hombre de Estado, no es engañable por las apariencias; si no sabe prever, debe cederle su puesto al primero que llegue. El hombre de Estado que aguarda el resultado de las guerras entre extraños para acercarse a plañir el botín con otros dogos hambreados, es miembro inconsciente de esas turbas que se acercan a los edificios incendiados para merodear en los escombros.

LA ARTIFICIALIDAD DE LOS PRECIOS I

Revista *Hispania*, n.º 12, Londres, 1 de diciembre de 1912, pp. 392-393.

LA ESTADÍSTICA y la experiencia económica de los últimos años señalan un fenómeno curioso y mal estudiado. A medida que se desarrollan los medios de producción, la anarquía crece entre los productores. A medida que se desarrollan las vías de comunicación, que se uniforman los instrumentos de cambio y se multiplican los tratados de comercio, las personas encargadas de distribuir por el mundo los productos de la agricultura o de la industria fabril, simplifican sus procedimientos y se acercan a una tácita convención, por medio de la cual explotan sin lástima, pero con mucho tacto, al desamparado consumidor. A tiempo que la producción o la recolección del kilogramo de caucho en el valle del Amazonas cuesta cuatro o cinco veces más que en los Estados Federados Malayos, el artefacto de goma elástica tiene en los almacenes un precio que varía poco de Londres a Buenos Aires y de San Petersburgo a Yokohama. El fenómeno de la uniformidad en el precio de las ventas al por menor se hace todavía más raro si se tiene en cuenta que de nación a nación el ejercicio del comercio se complica con la infinita variedad de las tarifas aduaneras. Lo que pasa con los productos de la agricultura se observa también con el artefacto. Una máquina de escribir vale en Inglaterra, país regido por el libre cambio para la mayor parte de los artículos de comercio, lo mismo que en Colombia, donde las tarifas aduaneras son sensiblemente elevadas.

Esta aparente complicación se explica fácilmente por la organización que ha logrado imponerles el comercio a sus numerosos representantes, y por el estado deplorable de anarquía en que se hallan los productores. El ganadero de las Pampas argentinas tiene que competir, sin saberlo, con el criador de México, con el propietario de Alemania y de Rusia, al paso que el tendero de Londres, de Nueva York o de Berlín, en el ápice de la evolución de que son muestra los grandes almacenes de novedades, se ha confederado con todos sus colegas del universo para no pasar de ciertos precios máximos y mínimos, sino en condiciones señaladas por el deterioro o antigüedad de los géneros.

Un ejército veterano de intermediarios, un cuerpo valeroso de anunciadores hace llegar el artículo de comercio a los rincones más remotos del planeta en beneficio del comerciante casi siempre, y por rareza en bien del productor. Los lectores se acordarán de aquella graciosa copla cantada popularmente en Nueva York hace cosa de 20 años:

> There seems no reason why everybody
> Should not be wealthy when
> you can sell for one hundred dollars
> A bicycle built for ten.

En efecto, una bicicleta se producía en esos tiempos por una suma equivalente a la décima parte de su valor en el mercado. Parece que el beneficio indicado por la diferencia debería venir a manos del fabricante. Sin embargo, cuando se han deducido los transportes, los empaques, los intereses del capital invertido, etc., etc., quedan todavía el salario y el provecho indirecto de una legión de intermediarios admirablemente organizados para explotar al consumidor. Los precios de las cosas necesarias que se deterioran con el tiempo son menos forzados que los otros, y, sin embargo, para tener altos precios en este caso, también se han hallado procedimientos eficaces aunque monstruosos. El año de 1910, por ejemplo, la cosecha de fresas fue tan abundante en Inglaterra que amenazó deteriorar el precio de la fruta. Para evitar la baja, y el precedente sentado por ella, los propietarios echaron en ese año los ganados a los prados de fresas, para sostener el provecho de los vendedores de frutas. De esta manera el precio bajó poco y se mejoró tal vez la carne del ganado consumida en ese año. Importa observar aquí que el resultado de la baja del precio habría sido el poner la fresa, artículo de lujo, al alcance de las clases pobres; lo cual pareció menos razonable a los fariseos que echar las margaritas a los puercos. Otro ejemplo de esta nueva verdad económica de destruir las cosas para mejorar su precio nos lo ofrecen las innumerables y fatigadas combinaciones a que ha dado lugar en el Brasil la empresa financiera y política de valorizar el café, como si se tratara de mejorar en el mercado el precio de obligaciones hipotecarias deterioradas por algún trance inesperado. Para llegar a obtener la valorización del café se consideraron aceptables todas las propuestas. Hubo quien disfrazó con aspectos de ley económica la conveniencia de echar al fondo del mar toda una cosecha para libertar de esa competencia a los vendedores. No fue a dar al mar el grano excedente, porque, a diferencia de la fresa, puede conservarse en trojes, donde mejora su calidad con los años; pero se ha retirado de las plazas y de las lonjas, por medio de una ingeniosa combinación, aquella cantidad que estuvo a pique de ser precipitada al húmedo abismo.

    Esta forma criminal de equilibrar los años de abundancia con los de escasez carecía de precedente. Estados de cultura inferiores al presente se valían de otros métodos. El Inca peruano, dueño absoluto de la tierra sobre la cual extendía su solícito dominio, distribuía las áreas de pan llevar entre los indios que se creían capaces de cultivarlas. Aquellas partes que no eran adjudicadas, el Estado inca las hacía cultivar, y sus productos venían a los graneros del imperio, de donde salían para ser distribuidos con equidad en los malos años, no en beneficio de los mercaderes, sino en beneficio de la comunidad. En Egipto, según la Biblia, un Faraón, siguiendo los pronósticos de José en la interpretación de los reales sueños, hizo guardar en los graneros del Estado el producto de los años de abundancia para cuando llegasen los temidos siete años de sequedad y escasez. Y Malthus, el asendereado Malthus, convencido, erróneamente desde luego, de que la población aumentaba en razón geométrica, al paso que la producción sólo iba hacia adelante en razón aritmética, no vio otro modo de prevenir la miseria inminente que el de ponerle coto a la reproducción de la especie. La química, la mecánica han dejado malsanos los principios de Malthus, pero los mercaderes quieren enmendarle la plana al autor del *Ensayo sobre la población*, destruyendo en su beneficio los inesperados excesos de la producción, que ha dado en multiplicarse siguiendo la fórmula de las óptimas series piramidales en álgebra.

Es menester agradecerles a los financistas del café aquel desenlace de mejor proveer; pero es preciso igualmente reconocer que con su inagotable fondo de recursos mentales y materiales habrían podido ya disponer de las cosechas secuestradas usando otros procedimientos. En los Estados Unidos cada habitante consume al año 12 libras de café por término medio, y el 90 % de los que allí consumen el artículo ignoran en absoluto lo que es la bebida. No conocen sino una mixtura en que el grano viene representando una parte mínima del peso. Las exigencias de la organización comercial han convertido en artículo de lujo uno de los mejores alimentos que la naturaleza le brinda al género humano. Se lo brinda en tal abundancia que su manejo desconcierta a los más hábiles financistas.

Si en vez de destruir las cosechas o de retirarlas del mercado usaran el excedente en reemplazar con café verdadero las drogas y el aserrín con que la industria poco escrupulosa ha reemplazado la sustancia genuina, el consumo de café verdadero podría aumentarse en los Estados Unidos en unas cuatro libras por habitante al año, con lo cual aumentaría el consumo en 160.000 toneladas en el mismo período.

En Inglaterra el caso es más curioso.

El consumo de café está reducido a media libra por habitante al año. El Reino Unido se dice libre-cambista, sin que eso impida que el café tenga un impuesto aduanero exorbitante en la Gran Bretaña. Para cohonestar tamaña inconsecuencia, han clasificado al café entre las bebidas espirituosas, sacándolo de su categoría indiscutible de alimento primordial é irreemplazable del género humano. Francia, Italia, España han colocado en clase tan alta del arancel a este producto tropical, que allá lo mismo que en Inglaterra, a pesar de que el consumo es mayor, todavía es el café un artículo de lujo. Los interesados en mejorar la condición de este cultivo, teniendo presente el índice del consumo promedial en Inglaterra, deben preocuparse por extender el uso de la bebida. La diplomacia debe valer algo para mejorar la condición de los productores. Si se lograra que en Inglaterra le quitasen al café el calificativo de bebida espirituosa, y por medio del anuncio se llegara a obtener un consumo promedial como el de los Estados Unidos, el mercado británico solamente requeriría 200.000 toneladas más de las que hoy consume anualmente, cantidad suficiente para sostener el precio alto sin necesidad de combinaciones artificiales.

EL CRITERIO ESPECTACULAR [I]

Revista *Hispania*, n.º 14, Londres, 1 de febrero de 1913, pp. 471-472.

ERA EL DÍA DE FERIA. En premio de aplicación, y con la esperanza de que el deseo de volver a verlo una vez conocido me impidiese recaer en las tentaciones que me habían valido notas repetidas de mala conducta, mi padre me llevaba al deseado espectáculo. La pequeña ciudad de provincia era un hormiguero. Allí habían acudido del centro y de los confines del Estado cuantas almas sentían anhelo de esparcimiento. Entre la turba abigarrada distinguía mi rudimentaria inclinación a las clasificaciones el hablar fatigado de nuestros compatriotas del Norte, el acento rudo y cascado de los que venían del Oriente, las inflexiones zalameras y premurosas de los occidentales, nacidos a orillas del Cauca. Labriegos en traje de fiesta, mozos de cordel limpios e inconocibles, cargadora de bíblicas monteras vistosas, arrieros a medio vestir, petimetres de la capital estrepitosos, de andar afectado y de rumbo inequívoco hacia la taberna de lujo, se disputaban el pequeño espacio comprendido entre la plaza cercada para la corrida de toros y la acera occidental, por donde iba con mi padre a ver la feria. En el camino me sorprendió un espectáculo absolutamente nuevo. Un hombre sentado a la turca, en el suelo limpio, tenía delante de sí un cuadro de cartón grande dividido en cuadros más pequeños, cada uno de los cuales contenía una figura de animal, humano en veces, por lo general alado o cuadrúpedo. En la mano tenía este hombre una bolsa llena, según me parecía, de piedrecillas, por el ruido con que contestaban a los dedos indiscretos de su poseedor, cuando trasegaban entre ellas. Niños, jóvenes, ancianos y ancianas estaban alrededor del cuadro. Depositaban, con ojos llenos de esperanza, una moneda sobre tal cuadro de los pequeños. El hombre se ponía a sacar fichas. Como sacara una que no correspondiese a las cubiertas con una moneda, se llevaba, sin sorpresa de parte de los jugadores, todas las monedas colocadas sobre los cuadros pequeños. Quise detenerme a ensayar mi suerte. "Es inútil", me dijo mi buen conductor; "si quieres darle a ese hombre la moneda, puedes hacerlo sin la formalidad del apunte. Entrégasela. Te mirará con respeto en adelante, pues comprenderá por tus ojos y tus acciones que con este género de asechanzas no puede engañarte. La ambición y la crueldad humanas no tienen límites. Mira ese cuadro: tiene 72 figuras. Los apuntadores son tres o cuatro. El tallador, por su parte, tiene cuidado de que no sean muchos. Él, para ganar, tiene 68 figuras, y cada uno de los que apuntan tiene una sola probabilidad entre las 72. Sin embargo, cuando yo era niño como tú, ya venía este hombre todos los años, durante la semana de feria, a solicitar el concurso de los asociados, en esta forma extraña, para subvenir a sus necesidades. Creo que yo solamente he llegado a descubrir lo improbable de ganar en este juego. Todavía acude la gente como en mis años de candor. El Estado tiene prohibido el juego. Pero en tres días del año, en cada distrito, se da libertad para ejercitar esta universal inclinación del género humano. Como los distritos son noventa, y los días de libertad absoluta están distribuidos de modo que no coincidan, el individuo que prefiere el juego a otros medios de subsistencia, puede trasladar su residencia de un lugar a otro, y acomodar con holgura sus penates en los distritos que se hallen entregados a regocijos públicos. De esta manera se realiza una libertad ideal dentro de los reglamentos aparentemente tiránicos que ha dictado el Gobierno. Estas ferias sirven además a otro fin. El Gobierno ha convertido en monopolio la fabricación de licores. En vez de fabricarlo él mismo y venderlo a los consumidores, por un natural sentimiento de delicadeza, vende el derecho de producirlo a ciertos individuos. Al mismo tiempo, lo que parece contradictorio, dicta leyes severas contra la embriaguez. El destilador se queja, y para salvar las circunstancias, el Estado determina que haya en cada distrito tres o cuatro días de regocijos públicos cada año, durante los cuales la policía echará una mirada indiferente sobre los juegos de azar y sobre los excesos de la bebida, que suelen parar en embriaguez. Así es como Cabriolas, Cosiaca, Cuartas, los Conejos y toda la tribu de aficionados a la pasión del juego y a la expansión de las libaciones espirituosas, recorren en el año todos los ámbitos de la provincia y adquieren cierta irrevocable notoriedad dentro de nuestras recelosas fronteras. Con todo esto adquirimos otra ventaja. Los distritos se mezclan unos con otros durante los regocijos públicos. Los agentes de los diversos puntos del Estado se ponen en contacto. De esta manera se pulen las anfractuosidades de campanario y la tribu adquiere una conciencia regional más vasta y generosa. Este papel lo desempeñan en Alemania las Universidades; aquí está más al alcance de todas las fortunas y gustos".

En este momento pasábamos cerca a un vistoso y formidable almacén de licores, en cuyo recinto no había más que un vendedor de cara pálida y expresión fatigada. Introduje la vista, desde la puerta, por los amplios recodos del almacén, a buscar a los clientes. No había ninguno. Esto me causó sorpresa. Mi padre lo notó, sin duda, porque añadió como hablando consigo mismo: "La necesidad de esparcimiento es vieja como el mundo. El hecho de que el licor les sea necesario a algunas personas para lograr la alegría transitoria ha complicado curiosamente las costumbres. Este Don Blas, dueño de este vasto almacén de venta de licores al por mayor, ejerció la profesión de venderle directamente al consumidor en pequeñas cantidades las bebidas usuales, y con eso perdió de un lado la consideración social, y del otro la tranquilidad de su conciencia. Abandonó el oficio de cantinero, con que se había enriquecido, hizo pública confesión de sus faltas, y al cabo de cierto tiempo abrió este almacén, en que vende al por mayor lo que antes suministraba al por menor directamente a los consumidores, en beneficio de ellos, pues les ahorraba el costo de uno o más intermediarios. Antes vendía cinco hectolitros por semana. Las gentes honradas le negaban toda consideración. Hoy expende ciento, y ha vuelto a recuperar sus buenas amistades.

La sociedad lo acata y está para emparentar, por matrimonio de sus hijas, con las antiguas armas del lugar".

Cuando mi excelente guía hubo terminado este discurso, llegábamos a la feria. Un titiritero nos convidaba en términos ensordecientes a que penetráramos a su recinto, cubiertos con telas de muchos colores, en que alternaban los oros muertos del damasco con algunos fragmentos de alfombra de fique. Seguimos adelante: aquí estaba un juglar. Tenía un auditorio tan numeroso que no nos fue posible acercarnos. Más lejos, en una pequeña eminencia, un hombre divertía a las muchedumbres con un sencillo espectáculo. Sobre una mesa que parecía de hierro, rodeada de una verja alta, y cubierta hasta el suelo por unos paños rojos, había unos pavos que miraban a la muchedumbre con la tristeza acostumbrada de sus fisonomías. Cerca de la mesa, con un mohín de afectada indiferencia, un músico del campo rasgaba las cuerdas de un violín. Los pavos bailaban sobre la mesa al compás de la música. Cuando el músico le daba treguas al instrumento, suspendían los pavos el baile, y prorrumpía en aplausos sinceros la humanidad circunstante.

De regreso a la casa, no pude menos que expresarle a mi padre la sorpresa que me causaban estos frutos de la paciencia y la educación sobre la criatura en apariencia tan poco inteligente. Acaso el pavo había sido calumniado como la mula; acaso la lengua popular erraba en sus consejos sobre la inteligencia de los animales. "Esto no es el resultado de la educación, dijo mi padre. Se trata de una lenta tortura. La mesa que viste tiene las tablas de hierro. Debajo, dentro de las discretas cortinas rojas, hay un brasero. Cuando la mesa se calienta hasta el punto de hacerse intolerable para las patas de los pavos, los pobres animales saltan para aliviarse de las quemaduras, y no salen del recinto porque la verja es suficientemente alta para impedirlo". La explicación me pareció plausible. Solamente había un pormenor que parecía escaparse a las mallas de la teoría. Los pavos seguían el compás de la música. "Es una mera apariencia, dijo el sabio mentor. El violinista sabe lo suficiente para seguir el compás de los saltos epilépticos de esas pobres criaturas, y la gente que aquí se reúne, está prevenida para observar, como es lo ordinario, que el danzante sigue al instrumento, y no el violín al danzante. Esto es lo que sucede, añadió, en las relaciones ordinarias de la vida. Trata de acomodar tu instrumento al paso de los bailarines, filosóficos, morales, políticos y literarios que ensayan delante del público sus diferentes compases. Es siempre muy difícil hacer creer al público que son los pavos, con sus torpes saltos, los que señalan el compás de la música en esta feria enorme que se llama la civilización cristiana".

LA ARTIFICIALIDAD DE LOS PRECIOS II

Revista *Hispania*, n.º 15, Londres, 1 de marzo de 1913, pp. 498-499.

LA SIGUIENTE NOTICIA da una idea de la forma en que los productores de ciertos artículos de primera necesidad y los propietarios de algunos medios de transporte se preparan a dominar la anarquía de que adolece la industria en algunos centros:

> La concentración del capital en unas pocas manos por el sistema de "enlace mutuo" de las juntas directivas de compañías anónimas es una cuestión ardiente en los Estados Unidos, y con relación a ella una Comisión del Congreso dio principio a una investigación. Los expertos pusieron manos a la obra y han venido a informar que por este sistema de mutualidad más de una tercera parte (el 36 %) de todo el capital activo y de todos los recursos de los Estados Unidos han venido a quedar bajo el dominio de dos hombres: Pierpont Morgan y John D. Rockefeller. El activo combinado de las empresas Morgan-Rockefeller se dice que monta a 40 mil millones de dólares, de los cuales dos terceras partes más o menos representan intereses ferroviarios e industriales y bonos de empresas de utilidad pública. Lo demás son petróleo y minas. No se trata de empresas rivales. En verdad, se nos dice que las grandes empresas (*big interests*) en América, lejos de estar divididas en campos hostiles, siguen la política de trabajar conjuntamente. Mientras tanto, el lado político de esta plutocracia de alto vuelo va siendo revelado en el Senado durante la investigación relativa a los fondos suministrados para las luchas de partido. En la cam-

paña presidencial de 1904 dos terceras partes del colosal fondo de guerra de Roosevelt fue suscrito por las grandes empresas.

Esta corta nota política de *The Nation*, de Londres, señala una ominosa orientación. Los comerciantes están ya organizados en el territorio de los Estados Unidos. El método de ventas en los grandes almacenes de Nueva York, Chicago y Filadelfia se extiende por todas partes, y amenaza con la destitución al comerciante de pequeño capital. En un principio se creyó que ese nuevo sistema de ventas podría ofrecerle al mundo los artículos a precios más bajos. La creencia se fundaba en que esas grandes organizaciones podían ensanchar considerablemente los negocios sin aumentar en la misma proporción el número de sus empleados. El argumento, si ha tenido validez directa, ha desaparecido bajo las exigencias del capital invertido en esas mismas empresas, que no se satisface con los intereses corrientes, y que, aplicando la ley de bronce a sus empleados, fuerza al consumidor a pagar los precios indicados por la necesidad o la codicia de los tenedores de acciones. Estando casi todos estos establecimientos en un acuerdo perfecto, los precios de su mercancía no están señalados más que por las exigencias del consumo, conocidas hasta la tercera cifra decimal, y por las exigencias del accionista. Los comerciantes en pequeño están llamados o a ligarse con las grandes empresas o a desaparecer en la brutal competencia con que los amenazan.

El productor, por su parte, quiere organizarse ahora bajo la dirección férrea de Morgan y de Rockefeller. La legislación inventada para desconcertarlos ha resultado ineficaz. Siendo ya dueños de más de la tercera parte del capital invertido en las industrias, se ve cercano el día en que tendrán bajo su dominio lo que se llama la parte predominante. Hoy sólo tienen los transportes, las minas y el petróleo. Factores de tamaño alcance señalan el dominio absoluto de todas las industrias. Las compañías de transporte están en capacidad de señalarles condiciones a las industrias todas, que tienen necesidad de los rieles y canales para desenvolverse. El hierro, el acero, el cobre, el oro y el petróleo en unas solas manos, preparan el advenimiento del más portentoso de los monopolios.

La fabricación de máquinas, de instrumentos de labor, de materiales de transporte, de telégrafos y teléfonos, queda a merced de estos potentados. Aun el mecanismo de los cambios será administrado a su talante desde que sean dueños de los metales preciosos con que se fabrica la moneda.

La mutualidad de estas empresas significa, pues, la organización de los productores para disputarle al comerciante la parte del león que ha venido tomando en la tarea provechosa de surtir al género humano en grande y en pequeño. El capital que ha podido organizarse para monopolizar la industria y la producción acabará por reunir en una sola y magna empresa el mecanismo de las ventas y los sistemas de producción agrícola y fabril. A eso tiende lógico e inmisericorde el régimen capitalista.

Es pertinente analizar aquí la fatigada cuestión del individualismo y del colectivismo. Los críticos apasionados de las doctrinas colectivistas se lamentan desde ahora con un hipo doliente de la desaparición del individuo en ese régimen preconizado por los socialistas. El mérito de estos gemidos prematuros puede aquilatarse pensando en lo que vendrá a ser el individuo el día en que Morgan y Rockefeller se apoderen de las dos terceras partes restantes de los medios de producción y de transporte en los Estados Unidos. En los cien millones de habitantes de ese país van a quedar dos individuos; los demás es la turba gregaria, dócil, manejable, oscura. Dominar hoy los medios de producción y transporte es señalarle rumbo a la ciencia, ponerles límites a las aspiraciones metafísicas de la especie, encerrar el arte en cánones determinados, distribuir las nociones morales en dosis proporcionadas a la codicia de esos dos capitalistas, organizar elecciones y disponer de la forma y sentido en que han de legislar los parlamentos.

Hay en las estaciones de ferrocarriles y en los patios de ferias un aparato ominoso, de una sencillez irritante, de una fealdad conmovedora. No le han puesto nombre. En Inglaterra la sabiduría popular lo designa con el de "penique en la hendidura" *(penny in the slot)*. Basta insertar un penique en una hendidura para recibir por mérito de la acción de la gravedad cigarrillos, fósforos, cervezas, perfumes, jabón y otras baratijas. Empiezan a usarlos para ofrecerles música a los transeúntes, y en algunas estaciones de ferrocarril puede el pasajero procurarse sus tiquetes por medio de este aparato sencillo, silencioso y honrado como un banquero. La historia de los hechos económicos nos cuenta que en tiempos de la aplicación tentacular de las primeras máquinas, los obreros se levantaron en masa con ánimo de destruir las nuevas empresas manufactureras. Algunos economistas dicen todavía que los obreros procedieron entonces irreflexivamente. El número creciente de gentes sin empleo autoriza para pensar que los obreros de entonces previeron el porvenir con más claridad de la que gastan algunos economistas para descifrar los signos del presente. Lo que aturde es que delante de estas máquinas informes del penique en la hendidura la innumerable cantidad de mozos y rapazas que trabajan en los almacenes hayan permanecido indiferentes. Este aparato va a quitarles el oficio a todos ellos. Acaso eso no sea un mal muy grande. Privados de esa forma rudimental de subsistencia que los esteriliza y enerva, acaso vuelvan a adquirir como unidades humanas la virulencia que en ellas se necesita para exaltar los valores éticos. Pero algo más precioso que la ocupación servil de estas gentes va a desaparecer cuando el capital, en poder de un solo *trust* en todo el mundo, se resuelva a usar del penique en la hendidura en toda la extensión de sus posibles aplicaciones. El gusto individual va desapareciendo desde que reina la máquina. Cuando reine el penique en la hendidura desaparecerá por completo. La máquina para producir artefacto barato ha de darlo al mercado por millones y de una misma especie. De aquí proviene la dolorosa uniformidad de la edad presente en los vestidos, en los carruajes, en la arquitectura urbana, en las comidas de los grandes hoteles, en los estilos de los periodistas y en las manifestaciones del arte. Todavía los espíritus selectos a quienes la fortuna ha favorecido con una renta atendible, pueden darse el lujo de diferenciarse un poco, un poco solamente, de las turbas monótonas.

Si continúa el capital dominando el mundo y llega, por las leyes naturales de la economía política de farsa y suposición que hoy nos enseñan, a quedar en manos de un solo *trust*, desaparecerán los vendedores y vendedoras de los almacenes y desaparecerá la variedad en los artículos. El productor y el comerciante serán agentes ciegos y humildes del *trust*. El *trust*, para aumentar sus ganancias y simplificar la producción, ordenará la fabricación de pocas formas en cada artículo y para cada una de ellas tendrá máquinas de las de penique en la hendidura. Tres o cuatro medidas de sombreros y botas, cuatro o cinco de pantalones, americanas y *jaquets*, una de corbatas, y cada forma colocada en la máquina respectiva con el precio indicado para que el individuo, si así puede llamarse a la unidad humana, se acerque, ponga el dinero en la hendidura, y, sin necesidad de intermediario, se procure el objeto de que tenga urgencia. La humanidad de esos venturosos días se me antoja que ha de parecer tan uniforme y poco pintoresca como resultan los contemporáneos si se los compara con las abigarradas multitudes del Renacimiento o de la Edad Media.

Los novelistas contemporáneos que, como Ezequiel, se ocupan en darnos anticipadamente la visión de los tiempos, han rehusado por amor a las gentes contemplar el futuro desde el punto de vista del dominio absoluto del capital. La degradación de la especie, la desaparición de toda forma de arte, el aplanamiento irremediable del sentido del gusto que traerá consigo aquel señorío de los apetitos menores servidos por el poder del oro, contienen elementos trágicos de un valor más alto que los explotados por el ingenio llano de Eduardo Bellamy o por el "filósofo naturalista" que reside, en asocio con otras personas, en la mente anchurosa de H. G. Wells, o por la dulce ironía de Anatole France, irreconciliable con las rudas apariencias del tiempo presente.

LA LIBERALIDAD EN EL HAMBRE

Revista *Hispania*, n.º 17, Londres, 1 de mayo de 1913, p. 578.

NO ES ACASO una novedad el decir que los países medianamente organizados de Europa son los que están constituidos por el sistema federativo. Tampoco es una novedad afirmar que el sistema federativo es la forma predominante en los gobiernos europeos. Pero no está por demás exponer estos hechos para hablar de la burocracia triunfante, dentro de cuyas redes parece condenado a asfixiarse el organismo europeo. El país mejor organizado de Europa es la Confederación Helvética. Le sigue Alemania, en donde la burocracia está todavía supeditada por las necesidades del orden y la disciplina. Viene en seguida Austria, en donde el Ministro Haerdtl acaba de dar el grito de alarma. Según él, parece que el Gobierno austriaco hubiera establecido un premio en favor de los incompetentes. El sistema de provisión de empleos, de aumento de plazas, de ensanche de las divisiones y subdivisiones en los ministerios adquiere proporciones alarmantes y tiende a desorganizar la vida nacional. Las cifras que cita el Señor Haerdtl difunden la consternación en los espíritus más serenos. En 1890 el Estado austriaco gastaba 37.715.000 coronas en los sueldos de los funcionarios. En 1911 han aumentado esos gastos a 110.517.900. Es de advertir que el aumento no procede de incremento de sueldo, sino de la prodigalidad con que el Estado distribuye sus rentas creando nuevos funcionarios. De un año para otro se duplica el número de empleados con una generosidad alarmante. Lo más doloroso es que el aumento de funcionarios no trae por consecuencia la mayor eficacia del servicio administrativo. El caso contrario es el de más frecuente ocurrencia. Las siguientes cifras que da el Ministro Haerdtl, son de una elocuencia conmovedora y sombría: "En 1911, de los 150 departamentos administrativos de los ministerios, hubo 3 en los cuales no se despachó asunto ninguno, 24 que despacharon solamente 500 (de a 21 por año en cada uno); 31 que les dieron curso a un número que variaba entre los 500 y 1.000", y así sucesivamente, hasta llegar a la proporción representada por 25 divisiones en las cuales se evacuaron 3.000 asuntos. El máximum de trabajo ministerial representa el despacho de 120 asuntos por año en un repartimiento en donde el número de funcionarios acaso pasa de cincuenta. En el repartimiento donde se hace sentir la presión máxima se necesita un empleado para despachar dos asuntos en un año.

Italia no ocupa el cuarto lugar, sino uno más bajo, aunque al decir del economista Luzzatti, ella no anda tan mal en materia administrativa como Francia o Inglaterra. En Italia, según la autoridad que se acaba de mencionar, el mal, con ser grave, lleva trazas de propagarse en formas aún más virulentas. De 1907, en adelante, los gastos en sueldos de funcionarios se aumentaron en 155.000.000 de francos en tres años. En ese mismo tiempo el Gobierno italiano había creído necesario crear 48.000 plazas nuevas para aliviar los ocios forzados de quienes en un año despachaban tan solo dos asuntos.

Al ver la proporción en que crecen los gastos administrativos, el menos avisado se imagina que el principal objeto de estos aumentos es mejorar la condición del funcionario subiendo el monto de su remuneración. Ello sería de justicia. Y parece indicado además por el encarecimiento de los objetos de primera necesidad. Pero el Estado parlamentario carece de inteligencia para apreciar esta incómoda situación del empleado. En vez de gastar millones en provecho de la administración y del servidor público envejecido en la labor, complican la primera con inútiles engranajes y condenan al hambre a tres en vez de poner a uno en condiciones de llevar existencia decente.

Cuando se discutió en el Parlamento inglés la inquietante cuestión del salario mínimo, la prensa observó, con adecuada competencia, que si el Gobierno obligaba a los dueños de minas a fijar para los obreros un jornal mínimo, el Gobierno debía empezar por señalar él mismo un mínimum de remuneración para sus propios servidores. El argumento, que parece incontestable para el común de los mortales, apenas logra merecer el desdén suficiente de las burocracias parlamentarias.

Aquí ocurre observar que los enemigos del socialismo invocan como argumento contra esa forma de gobierno, el peligro de que todo se convierta en una enorme burocracia, donde desde el zapatero hasta el tallador de piedras y el fabricante de locomotoras sean empleados públicos en un Estado servil. Esto significa para los enemigos del socialismo, no solamente la desaparición del individuo, sino el reinado de las incompetencias. Los temores no son fundados sino partiendo del principio de que los administradores de entonces sean ineptos con la misma suficiencia y serenidad que los de la hora presente.

El individuo desaparecerá seguramente, dicen los sostenedores del régimen capitalista, el día en que el socialismo haya convertido a cada hombre en un servidor del Estado. Aun suponiendo, y es un suponer, que fuera tan burdamente incompleja la organización socialista, el individuo no habrá perdido nada en comparación con el régimen actual.

El individuo creado por el régimen parlamentario burocrático es una entidad anónima, una especie, no sé si animal o vegetal (apenas le queda vida vegetativa), cuyos caracteres distintivos son estos: un certificado de examen, especie de tarraja igual para todo el mundo, con que se deforma monstruosamente la inteligencia de los que la tienen; unas mangas supernumerarias de alpaca, destinadas a conservar limpios los puños de la camisa y un redondel de cuero con que se previene la dilatación de ciertos vasos sanguíneos en las gentes de vida sedentaria.

A este punto de uniformidad y desarrollo ha llegado la humanidad burocrática en la culta y civilizada Europa.

LOS SUCESOS DEL RAND

Revista *Hispania*, n.º 20, Londres, 1 de agosto de 1913, pp. 688-689.

EL RAND SE DENOMINA una región de Sur-África copiosamente favorecida por la naturaleza con yacimientos auríferos. El oro se encuentra allí en estratos, en forma de conglomerados, en una abundancia tal que su producción representa más de una tercera parte de la producción total del mundo. En el año de 1907 produjo esa región £ 25.500.000 de oro. La producción total del mundo alcanzó, en el mismo período, a £ 85.000.000. En el año de 1908, la producción del Rand ascendió a £ 30.000.000, una cantidad equivalente al producto total del mundo el año de 1892. Las cifras disponibles referentes a la producción del año de 1912, señalan una cifra de £ 37.182.795, lo que marca un aumento de £ 3.639.000 sobre la producción del año anterior. De 1884 a 1912, las minas del Rand les han suministrado al comercio, a los cambios y a los joyeros y farmaceutas £ 364.000.000, suma fantástica que ha contribuido penosamente al encarecimiento de la vida en todas las latitudes, y ha producido fenómenos económicos de una trascendencia inquietante. La abundancia del oro en esta región fue la causa de que los *boers* perdiesen el dominio político allí ejercido por ellos con riguroso exclusivismo de raza y con algunas puntas de fanatismo religioso. La primera tentativa contra el poder de los *boers* fue aquella invasión inopinada a cuya cabeza estuvo el famoso Dr. Jameson, y que mientras tuvo probabilidades de éxito gozó de valiosas simpatías políticas y de otro género en Inglaterra. El capital inglés comprometido en las empresas mineras de esa región tuvo influjo suficiente para provocar aquella costosísima guerra de 1899, cuyo postrer episodio fue la salida del Presidente Krüger, echando por delante unos cuantos vagones de ferrocarril, cargados con los ahorros que había hecho durante su presidencia. Hace dos años apenas que los *boers* han recibido de la corona inglesa el privilegio de una completa autonomía dentro de las laxas exigencias políticas de la unidad del reino. Los propietarios de las minas han mirado ese fenómeno con indiferencia. Una vez en posesión de las minas, el establecimiento de una explotación minuciosa de los individuos y de las oportunidades de un territorio por medio del sistema parlamentario, es labor conocida en todos sus pormenores por los capitalistas del mundo culto. Al servicio de éstos están incondicionalmente los partidos políticos, las sectas religiosas, los agitadores en veces, y las testas coronadas muy frecuentemente. El único enemigo de los capitalistas en estas horas solemnes, precursoras de una liquidación, es la vida misma. La explotación del hombre tiene límites, señalados fríamente por las leyes biológicas. La ración diaria de pan y carne, de líquidos y de aire, no puede disminuirse al arbitrio de los magnates. La cifra, grande o pequeña, con que se designa el valor del salario, tiene méritos diversos, según los climas y ambientes. En las minas del Rand, un salario de dos o tres libras (que parecería excesivo en la India, en el Japón o en México), apenas da para sostener una vida llena de asechanzas. La misma prodigalidad con que el suelo le entrega sus tesoros a la mano ávida del hombre, encarece las condiciones de la existencia. La tierra produce oro, pero apenas responde a las exigencias del cultivo agrícola. Los ganados topan allí con la misma naturaleza ingrata con la cual tiene que luchar el hombre. La vida es, pues, costosa. Además de costosa, la explotación capitalista ha querido hacerla miserable y efímera. El trabajo en las minas, llevado a cabo en cavernas mal ventiladas y a una presión en que los accidentes forman parte conspicua de los sucesos diarios, diezman a los trabajadores implacablemente. Acaso la palabra diezma es en esta coyuntura un mero eufemismo. Especialmente, en aquella sección de las explotaciones en que el obrero se las ha con los taladros, la mortalidad por causa de la tisis asume proporciones de odiosa quimera.

La cantidad de blancos ocupados en arañar las entrañas del Rand para producir oro, llega a diez mil, sin pasar de doce mil. Entro ellos se presentan durante el año cuatro mil casos nuevos de tisis. No es necesario añadir que, sigan o no sigan en los trabajos de explotación, estos cuatro mil enfermos anuales quedan señalados para pasar dentro de poco a las entrañas de la tierra en actitud yacente.

Las cifras estadísticas son verdaderamente trágicas. Al fin de los primeros seis meses de trabajo, el 1½ por ciento de los trabajadores ha salido del juego por ministerio de la muerte. Al fin de dos años y medio, el 25 por ciento ha dejado de existir; a los cuatro años y medio, ya no queda más que el 45 por ciento, y a los quince años desaparece en su totalidad el cuerpo de trabajadores. Importa observar que estas cifras son promediales: ellas cubren todas las diferentes clases de trabajadores. En la sección especial de los taladros las cifras son aún más pavorosas.

De un modo repentino e inesperado para los propietarios de las minas, los mineros del Rand se declararon en huelga en los primeros días de julio. Uno de los jefes de la explotación minera en Sur-África, en coloquio con un periodista sobre estos acontecimientos, manifestó su sorpresa en palabras de un valor simbólico muy extenso. Los mineros, decía él, están bien pagados. ¿Qué importa, parecía añadir su amable sonrisa, que mueran al cabo de seis meses, si en ese período han estado ganando a razón de dos libras por día en los días que trabajan?

Esas contracciones epilépticas de las masas, parecen instintivas. Muy probablemente la mayor parte de los trabajadores en el Rand ignora que las condiciones en que el trabajo se cumple obran de un modo destructor sobre la salud y la vida. Pero la vida misma, la vida colectiva, se siente atacada en sus mismas fuentes y reacciona instintivamente. Eso es lo que significa el movimiento de rebeldía en el Rand. Por eso ha desaparecido la huelga con la misma rapidez con que se hizo presente.

Para apaciguar el furor de los huelguistas, la burocracia surafricana no tuvo a su disposición otro recurso que lanzar metralla sobre los mineros exasperados. Las exigencias del sacrosanto cupón han llegado a convencer a los explotadores de que las descargas de fusilería son la mejor manera de provocar una solución en duras alternativas como esta. La creencia es errónea. En tiempos pasados, calmaba un general las tormentas ordenando la flagelación de las olas. Cuando los ríos salen de madre, los ingenieros suelen adoptar en nuestra edad inquieta otros procedimientos. Sería deseable que los políticos, mejor aconsejados, al tratar de desviar estas corrientes vitales, siguieran el consejo de los ingenieros, antes que la práctica de generales chasqueados.

La tragedia de estos sucesos estriba principalmente en la inutilidad del objeto a que se sacrifican esas vidas, con una frialdad inmisericorde de parte de los capitalistas. Si los gobiernos de Europa dedicaran el producto de las minas de oro, en un año (£ 30.000.000), a la organización de los cambios con exclusión de la moneda metálica, aprovechando las enseñanzas que nos han dado los bancos de liquidación (*clearing houses*), todo ese caudal de energías y de vidas que devora la minoría, podría aplicarse al impulso de otros valores de cultura.

Se ha convertido ya en un clisé desapacible el exaltar con palabras rutilantes el poder del oro. El oro tiene todo el poder que nosotros hemos querido darle. Existe por la gracia de nuestros corazones. Está copiosamente distribuido en el sistema planetario. Buscando con cuidado, astrónomos inquietos lo han hallado por montones en el sol, a tiempo que otros han hecho con sorpresa el melancólico descubrimiento de que no existe en la luna. Hay una gran cantidad de oro disuelto en las aguas del mar. Y puesto que es cierta la unidad de la materia, estamos preparados para que el día menos pensado el químico restituya a su condición de oro quién sabe qué ruin y despreciable sustancia, mirada hoy con desdén por estar al alcance de todo el mundo en grandes cantidades. El oro tiene un brillo que le hemos dado nosotros mismos. No es más duro que el hierro; no es más pesado que el osmio. Le han escogido para hacer monedas, en una época en que no había muchos cuerpos simples de que echar mano. La cultura moderna ha recibido esa preocupación de siglos oscuros, y continúa creyendo que es un poder lo que no tiene otro oficio que evitar en las transacciones el peligro de que los pillos nos engañen, peligro que desgraciadamente no ha sido eliminado con su maravillosa agencia. Con monedas metálicas y todo, el hombre justo y desprevenido suele ser la víctima de los que apenas son un poco menos justos que él y un ápice más prevenidos. Si se usara el cheque invariablemente como signo representativo de la riqueza individual, habría fraudes, sin duda, en tanto que la sociedad estuviera mal organizada, pero no serían esos fraudes más numerosos y tristes que en la época presente. El poder actual del oro se funda principalmente en el descrédito a que han venido a reducirse valores éticos de alto brillo en épocas pasadas. Así como declina la noción caballeresca del honor, sube a palmos el poder del oro, o el poder, digámoslo más claro, de los instintos y apetitos bajos de la especie que con oro se pueden comprar. No es, por lo tanto, inexplicable el ahínco mostrado por los capitalistas en preservar incólume el prestigio de un símbolo colocado al fin de una vasta perspectiva histórica de despojos y usurpaciones.

O EXPROPIAR O RESIGNARSE

Revista *Hispania*, n.º 23, Londres, 1 de noviembre de 1913, pp. 804-806.

LA POLÍTICA INGLESA no tiene interés para nosotros como política inglesa. Al hablar de ella a nuestros lectores, tratamos de observarla en su aspecto de eternidad. Lo que actualmente sucede en Inglaterra puede servir para trazarles el camino a las Repúblicas nuevas que el entusiasmo jacobino o la tradición de la Gironda han creado en el Nuevo Continente. Se oye decir desde la Plata hasta México, en las comarcas donde acaso se estudia o se menciona siquiera el problema social, que en países nuevos, ricos, generosamente dotados por la naturaleza, plantear la discusión sobre ese tema es ofender a la Providencia y provocar sus iras. En el trópico y cerca de los trópicos los dioses llovieron bendiciones sobre el planeta. El clima es benigno. El hombre no ha menester preocuparse de los fríos del invierno. En ciertas latitudes y alturas, ni aun siquiera existe el problema del vestido, como no sea desde el punto de vista de reducirlo a un mínimum sin ofender las leyes del decoro. La tierra es blanda, generosa, ubérrima. El banano crece de por sí, cuelga de sus vástagos el numeroso racimo y ofrece a quien se acerca dulce y riquísimo sustento. Las aguas de los ríos, libres, sonoras, puras, desenvuelven su curso en predios indivisos, y le ofrecen el tesoro de sus peces a la red del primero que llegue. En tierras como éstas, dicen los faltos de imaginación, ¿qué significan las nuevas teorías sociales? ¿Necesitamos acá, dicen los que ya han acaparado parte de esas fructuosas heredades, quien nos enseñe a interpretar los hechos económicos a la luz de las nuevas doctrinas sociales? Quédese todo ello, responden ellos mismos, para países en que la propiedad ha caído en manos de unos pocos, y en que los rigores del clima y la ingratitud del suelo diezman a las clases desheredadas. Así razonan los vientres llenos de las personas faltas de imaginación. La imaginación, si la tuvieran inquieta, aunque no fuera ni lógica ni muy extensa, bastaría para enseñarles que si no se atiende desde ahora en los trópicos a la cuestión social, en el curso de una o dos generaciones se habrá creado en esos países, por no haber ocurrido a tiempo con el remedio, la misma posición insoportable que en las caducas organizaciones europeas. ¿No existe ya el mal en los Estados Unidos? ¿No aparece ya con su cortejo de violencias en las orillas del Plata?

Los pueblos americanos deben estudiar la muerte lenta de un sistema en Europa, para evitar las dolencias de que ella es resultado. Con ese ánimo damos a los lectores de HISPANIA de cuando en cuando una sinopsis de la agitación obrera o de la cuestión agraria en el Viejo Mundo.

En Inglaterra las reformas se han ido sucediendo con una rapidez que desconcierta a los poseedores, sin contentar a las clases trabajadoras. La ley de aseguros, esfuerzo noble en favor de los siervos del salario, estuvo al atascarse entre detalles mal estudiados de organización. De ella quedará uno que otro pormenor saludable. Sin embargo, la obra fue y quedará siendo constitucionalmente imperfecta. Asegurar la vida de los asociados contra la enfermedad y la destitución ha debido ser la primera obligación del Estado, aunque el Estado fuese, como dice Nietzsche, el más frío de los monstruos fríos. Asegurar la vida del individuo debía ser la primera función del Estado. Sin embargo, la Europa cristiana, regida por la ley judaica, no ha venido a descubrir esta verdad sino en los albores del siglo XX. Y, habiéndola descubierto, los diversos Estados no han tenido valor para aplicarla en toda su extensión. En Inglaterra el Estado ha traído a vida un sistema artificioso para crear, con ayuda del amo y del criado, un fondo en beneficio de los criados que lleguen a enfermar o carecer de ocupación. Pero, en tanto, consiente en que grandes agrupaciones de capital estén explotando despiadadamente al público con el más pingüe de los negocios, que es el aseguro de vida, el aseguro contra incendios, contra accidentes, etc. etc. Todas las formas de la equidad están señalando sin réplica la necesidad de hacer del aseguro en grande y en pequeño una institución nacional y una función del gobierno, y la necesidad, además, de hacerlo obligatorio para todos los asociados.

Parece que el sentido de la consecuencia estuviera reñido con el régimen parlamentario. En Italia, el gobierno de Giolitti ha creado el monopolio del asegurado. Parece que la ley haya sido o una mera tentativa o el simple resultado de una intriga parlamentaria, porque se ha quedado en los libros, y esta es la hora en que no se sabe si el futuro Parlamento la conservará contra la codicia de los mercaderes. Mas, suponiendo que la conserve, nada habrá hecho si al declarar el aseguro una función del Estado, no les impone a los asociados la obligación de asegurarse, como los obliga, por ejemplo, a seguir ciertas reglas de higiene en el uso de sus habitaciones.

En Inglaterra, el Gobierno, después de haber resuelto a medias el problema del aseguro, se prepara a resolver de un modo elemental la cuestión agraria. Lloyd George, el Canciller del Tesoro, expuso en Bedford, el 11 de octubre, todas sus quejas contra el actual sistema de propiedad del suelo que domina en Inglaterra. Ha señalado todos los defectos del régimen, ha mostrado la cara acontecida de los que lo sostienen y explotan en contra de los labradores, ha exclamado en varios tonos que la reforma es inminente; ha prometido que su gobierno hará la reforma pero ha querido callarse sobre las medidas que van a ser empleadas con el fin de lograr una distribución del suelo más equitativa y más adecuada a su digno y eficaz cultivo. Una sola cláusula constructiva ha querido cederle al público. Y esa cláusula, para no desdecir el orador de su carácter distintivo de crítico y destructor, vino concebida en forma negativa. Lo único que hasta ahora sabemos del vasto plan agrario del Canciller, es que la reforma *no* se hará comprándoles la tierra a los poseedores, aunque ha llegado a asegurar que el Estado tomará el control absoluto del suelo.

De otras regiones soplan hace un tiempo vientos cargados de la misma electricidad. La rapidez con que las nuevas ideas sociales se difunden en el ambiente es en verdad inquietante para los poseedores. Hace diez años pendía una ley de excomunión sobre las testas caldeadas al rojo blanco en donde relampagueaba la idea de la expropiación. Hoy, escritores serenos, como los de la *New Age*, hablan en uno de sus mejores documentos políticos de la apropiación de los medios de producción, dejándoles a los actuales dueños una pensión por dos generaciones. La *New Age*, en el documento indicado, que es una carta abierta al Congreso de las Sociedades Cooperativas, diseña la actual situación, y, saltando de consecuencia en consecuencia con un rigor de lógica más humana que escolástica, llega a la sola conclusión posible: es necesario que el obrero se apropie los medios de producción; es necesario que una vez en posesión de ellos los organice, cediéndolos a los respectivos gremios.

Europa, después de haber consentido en dejarse exprimir rudamente por el capital organizado, empieza a disponer mañosamente la nacionalización de algunos servicios. Ya hay países donde el Estado es dueño de ferrocarriles y canales. Casi en toda Europa, los tranvías urbanos, el alumbrado, el abasto de aguas, son propiedad municipal. El correo es por donde quiera un servicio del Estado; así como la policía y el ejército. Pero la historia de la posesión de estos recursos por el Estado empieza a enseñar que la nacionalización no resuelve el problema. Según B. Kidd, el hombre que se mete fraudulentamente en un vagón de ferrocarril y lleva a cabo su viaje sin pagar el pasaje, no se diferencia de los dueños del ferrocarril que le hacen pagar al pasajero tres veces más de lo que vale, sino en que los últimos tienen la protección de la policía, en tanto que el primero está amenazado por ella. El valor moral de los dos actos viene siendo uno mismo. Las compañías privadas de ferrocarriles que en el curso de quince o veinte años han estado explotando al pueblo sobre la base del 300 por ciento y de la impunidad, han logrado además, por medio de pueriles combinaciones financieras, con que no engañan a nadie más que a sí mismos, inflar hasta lo inverosímil el capital de esas empresas. De modo que hoy, si el Gobierno, en Inglaterra, por ejemplo, pretende nacionalizar el servicio de transportes, pensará tres veces al leer las cifras con que se representa, en transcripción fantástica, el capital de las compañías ferroviarias. Para comprarlas por su valor de lonja tendría la necesidad de pedirles dinero a los capitalistas, y para pagar los intereses del empréstito, y para amortizarlo, tendría que sostener el mismo sistema absurdo y depredatorio en el valor de los transportes. Las empresas privadas que han ido pasando al Estado con el gravamen de un precio inverosímil han tenido que conservar las mismas tarifas, acaso en condiciones más gravosas, mientras los capitalistas, al ver los resultados del traspaso, han hecho circular por el mundo antiguo la especie de que el Gobierno es mal administrador. En verdad el Gobierno es mal administrador, porque aplica a la administración los principios del capitalismo. Pero es raro que los financistas hayan descubierto que el Estado es mal administrador de ferrocarriles y no lo sea de los correos, del ejército y de los caminos vecinales, que han estado en su mano en el curso de siglos.

Los gobiernos mismos empiezan a ver que la nacionalización de los transportes, de los medios de producción y del suelo no puede llevarse a cabo por medio de la indemnización previa, o sea, de la compra. El Canciller del Tesoro, en Inglaterra, acaba de dar la voz de alarma, en cuanto se refiere a la propiedad de la tierra.

Hay todavía un problema afanoso y urgente, cuya solución han vislumbrado en un fulgor como de relámpago, los grandes economistas. Por encima de todas las injusticias y desigualdades con que está gravado el proletario europeo, está lo que se llama la deuda nacional de los diversos países. Para dar una idea de lo que esta deuda significa, basta indicar que la baja en los papeles franceses, procedente de la crisis creada por la guerra balcánica, representa tres mil millones de francos en el curso de nueve meses. Esas deudas las paga principalmente el pueblo trabajador. Y ¿de qué proviene la mayor parte de esas deudas? De las guerras, todas ellas absurdas, que han sostenido unos contra otros los países europeos. Para ser más explícito, las deudas actuales de la Europa civilizada provienen de las guerras napoleónicas y de las carnicerías a que se han entregado algunas cultas monarquías en el curso del siglo. Después de haberse arruinado en las guerras napoleónicas, la Europa contemporánea se entretiene en aumentar el desastre apropiando los ahorros nacionales a la reforma y ensanche de los armamentos. De modo que las deudas del Estado, en vez de disminuir, crecen en proporciones fantásticas. Si continúa esta carrera precipitada de gabinetes megalómanos hacia el desastre, pronto hemos de ver que la idea de repudiar las deudas nacionales pasará por el cerebro de los gobernantes después de haber frecuentado el de los economistas. La repudiación se impondrá seguramente con o sin la aquiescencia de los gobiernos el día no muy remoto en que el pueblo se entere de que está pagando duelos ajenos y en que, con frío raciocinio, llegue a la conclusión de que, propias o ajenas, esas deudas son superiores a los recursos de las naciones que han querido cargar con ellas.

SÍNTOMAS

Revista *Hispania*, n.º 25, Londres, 1 de enero de 1914, pp. 883-884.

EL FILÓSOFO que emprendiera la compilación de un nuevo tratado sobre los espectáculos, encontraría sin duda, si pretendiera documentar generosamente su obra, señales inequívocas de una transformación inminente. La literatura rebelde del año 1848, con que se alimentó una generación de bravos soñadores, mostraba en el teatro, en la novela, en las narraciones versificadas más o menos extensas la lucha de la virtud contra el vicio. La habilidad del novelista consistía principalmente en prolongar la pugna durante dos o tres volúmenes, en encadenar las peripecias rigurosamente para llegar, con el lector jadeante y desmazalado, a contemplar el triunfo necesario y resplandeciente de la virtud sobre el vicio. Eso era también lo que buscaba el dramaturgo en el curso precipitado de sus escenas.

    Los personajes estaban divididos en dos campos ideales. De un lado la rectitud perfecta, inflexible, capaz de todos los sacrificios y armada de inverosímil resistencia en las pruebas innumerables a que solían someterla las circunstancias. Del otro, el mal creciente, multiforme, recursivo y odioso, listo siempre para empezar de nuevo la persecución de la virtud y lleno de ardides contra la flaca presa. La pugna era tenaz; las alternativas interesantes y numerosas. El lector, sin embargo, o el espectador, sabían desde un principio a qué atenerse. El triunfo de la virtud era una condición indispensable de esos géneros literarios.

    Los tiempos han cambiado. Entre el romanticismo estrepitoso que triunfaba en toda la línea, ya que no en la política, en las ideas literarias, por los años de 1840 y 1850, y la hora presente, han mediado muchas formas y se han esterilizado muchas ideas. Vino primero la impasibilidad de Flaubert, que se negaba en absoluto a poner ideas sociales o los sentimientos del amor en sus novelas. Vino en seguida el naturalismo zoliano, que empezó por mostrar el vicio desnudamente y acabó por revelarles a sus adeptos un nuevo evangelio, sobre la propagación de la especie. Tuvimos a Ibsen que, sin expresar sus sentimientos sobre el bien o el mal, se complació en señalar con procedimientos implacables el contraste perenne entre los principios, el por que se rige la vida y la vida misma.

Todo esto ha pasado dejando en nosotros el sabor amargo que percibimos al despertar de una pesadilla. La literatura contemporánea, aquella por lo menos que no ha degenerado en calicó de a tres peniques la yarda, asume una posición todavía más desesperada. Galsworthy, en sus dramas y novelas, ofrece el espectáculo de la desesperanza absoluta. Sus personajes son todos sistemática y realmente buenos. Odian el mal. Parece que lo desconocen. Cuando acaso ocurre, toman estos personajes en su presencia las actitudes de la consternación, de la sorpresa, de la incredulidad. El criminal es el primero en manifestar esta sorpresa. ¿Es posible que el mal exista? parece que se preguntan unos a otros los personajes de Galsworthy. El marido que deja a su mujer por una modelo; el hombre sin trabajo que se roba una caja de plata; el empleado que falsifica un cheque; la mujerzuela a quien el hambre y la inconsistencia natural de su genio traen a mal traer hasta los últimos recodos de la encrucijada vital; el desocupado incurable que pide una limosna, cuando no tiene con qué comer, y distribuye entre sus amigos lo poco que le ofrece la misericordia de los transeúntes; la gran Señora ofendida; el politicante de alto bordo, todos son personas excelentes. No hay un solo hombre malo en la obra sana y fuerte de Galsworthy. Y de esta uniformidad voluntaria de su obra resulta una más profunda impresión de desconcierto para el lector desprevenido. Los que obran el mal en estas novelas o dramas no solo ignoran su existencia, sino que lo confunden con el bien. Un banquero pone en manos de la justicia a un hombre que, forzado por una pasión redentora, llega a falsificar un cheque. El banquero no sabe que las consecuencias de esa acción son funestas para un hombre, para una familia, acaso para una raza. Cuando el hombre sale de la prisión, los encargados de velar por la sociedad lo persiguen a donde quiera, distribuyendo la especie de que acaba de ser puesto en libertad en pos de una pena cumplida por estafa, y los encargados de velar por el orden social, que son gentes buenas, continúan convencidas de la importancia y valor moralizante de sus atribuciones. En una escena atroz, en que un individuo que va a ser detenido injustamente le señala al polizonte las consecuencias de hambre y desnudez que va a tener para su familia esa detención, el agente de la autoridad se lleva a los ojos el envés de la mano y exclama: "¿Qué objeto tiene Ud. en amargarme el cumplimiento de mi deber?". Cuando el mal se cierne sobre la vida y la vence, pero la acción está dirigida por personajes rematadamente perversos, triunfe el mal o salga a la postre vencido, al espectador le queda el recurso de echarles la culpa a los hombres, reconciliándose con la vida. En la exposición serena y desprevenida de Galsworthy no queda más remedio que vituperar la existencia, a lo menos las condiciones en que la sociedad nos obliga a tolerarla.

El pueblo, sin embargo, que empieza a tomar en dosis reducidas esta droga tremenda, no percibe sino a medias sus efectos disolventes. Él no ha llegado a la conclusión de que la vida misma es responsable de la miseria circunstante. En el cerebro de las multitudes no entran los conceptos puros. Sin embargo, se está verificando en la mente popular una disociación de ideas, y ya se sabe que no hay nada tan eficazmente corrosivo como la incapacidad de separar unos de otros, conceptos que estaban asociados en la mente. El hombre del pueblo tenía como señales conductoras en la peregrinación de la vida, el policía encargado de defender al rico, y el rico cuyo objeto era adornar la sociedad y procurar de ese modo la felicidad del pobre. El policía estaba ligado en la mente del pueblo a las ideas de orden. La idea de riqueza se asociaba con la conservación de lo existente. No se sabe por qué procedimiento subterráneo las dos parejas de ideas empiezan a disociarse. Por todas partes se echan de ver las señales de esta ominosa transformación. En el cinematógrafo las gentes asisten con el mayor agrado a las peripecias en que el guarda civil resulta siendo la víctima de las circunstancias y de los pillos. En el teatro, un poco más elevado, aunque dolorosamente incomplicado, las señoras aplauden a la mujerzuela que, con sus artes y donaires, logra burlarse del agente secreto de la seguridad. Y en momentos de angustia el público manifiesta sin recelo su desaprobación ante la conducta de un agente secreto capaz de urdir una mentira y traer a un hombre a la comisión aparente de un crimen con el objeto de aprehender a quien no era delincuente. Hay algo peor que todo esto. En la vida real parece que hubiera una complicidad encubierta con cierto género de delincuentes. Hace algunos años que el público alemán manifestó sin ambages su interés en beneficio de un sujeto que había cometido, con cierta audacia, y no poco chiste, delitos innegables contra la propiedad.

Todas estas consideraciones pesimistas estaba haciendo Don Ermeguncio, hace algunos días, en beneficio de un millonario que le escuchaba atentamente. El millonario, hombre de pocas letras, de una mente sencilla, sin ideas, sin preocupaciones, ya un tanto fatigado, replicó: "Puede ser cierto que el público tenga placer especial en ver que la policía y los ricos sucumben en las películas del cinematógrafo y en los dramas elegantes. Pero esta forma especial del gusto popular no la ha descubierto Galsworthy, no la han descubierto los artistas medianos ni los fotógrafos que sorprenden la vida con la máquina cinematográfica. Esta actitud del pueblo la hemos descubierto los capitalistas, y estamos explotándola solicitando dramas que la lisonjeen. Actualmente triunfa en un teatro de Londres un drama construido con arreglo a los más sagrados principios de inferioridad y titulado *Dentro de los términos de la ley*. Allí resulta que las ratas, las mujerzuelas y los desocupados han resuelto el problema, viviendo sin quebrantar los artículos del Código Penal, cosa más sencilla de lo que parece, pues entre mi gremio hay gentes supremamente cortas de genio, lo cual no quita que hayamos dado todos con el modo de vivir estrictamente "dentro de la ley".

LOS DESPOJOS DEL VENCIDO

Revista *Hispania*, n.º 26, Londres, 1 de febrero de 1914, pp. 928-929.

LAS AVES DEL CIELO, que no aran ni siembran ni tienen graneros, no carecen por eso de cuidados. Desde su más tierna edad están circundadas de enemigos. En el nido las atacan los gavilanes y los milanos. Las ratas mismas suelen acercarse a esos seres indefensos en horas de hambre inextinguible, para devorarlos impunemente. Los chicos merodeadores toman estas criaturas de sus nidos calientes, bajo la angustiosa algarabía de los padres, tan solo por el gusto de ejercer actos de soberanía en la persona de seres indefensos y más débiles. En el trópico las plagas que azotan las tiernas generaciones de las aves son aún más numerosas. Allí vive la golondrina nocturna o chotacabras, que en sus paseos de noctámbula empedernida, cuando no da con el ratón, que es su plato exquisito, o con la mariposa crepuscular en grande abundancia, recorre al merodeo infame de los nidos mal defendidos. Y por último, la mosca hipoderma ejercita también sus capacidades destructoras en una forma incomparablemente cruel. Deposita sobre la piel sana y desnuda de los polluelos del gorrión sus huevos alevosos. La larva repugnante crece sobre las espaldas de la avecilla implume, formando un tumor casi tan grande como el cuerpo de la víctima. Los tormentos que ha de experimentar esa pobre criatura con tamaño parásito en su seno pueden apenas comprenderlo quienes hayan sentido en el cuerpo los resultados de una visita domiciliaria llevada a cabo por la *Hypoderma bovis*, azote del ganado, de los roedores, del perro doméstico, de las aves implumes y del mismo rey de la naturaleza.

A todo esto se agrega que hay aves extremadamente celosas. La paloma tiene por sus hijos un amor apasionado e intolerante. Cuando acaso llega a descubrir que en su nido han trasegado animales extraños: hombres, ratas u otros merodeadores anormales, sobrecogida de celos y rabiosa con los violadores del domicilio, carga sus polluelos y los destruye.

Pero no es en la tierna edad solamente cuando las aves viven circundadas de enemigos. Las asechanzas son también rudas y numerosas en la edad adulta. Cada especie tiene sus enemigos. Sin embargo, la palabra enemigo, lo mismo que crueldad y sevicia, no pueden usarse en este caso. El milano no devora a la paloma por odio, sino por necesidad y por instinto. Acaso le tiene amor a la criatura devorada y supone, desgarrándola, que está haciéndole un gran beneficio. El hombre es el único animal cuya organización cerebral acepta estos conceptos, los explica y en ciertos casos los cultiva y desarrolla fríamente. Decíamos que cada especie alada tiene sus enemigos. El águila ejerce depredaciones entre las especies de mayor estatura y carne más generosa. El milano devasta palomares. Entre los gorriones las especies más grandes y más fuertes destruyen a las menores y más débiles. La serpiente, el gato montés, la zorra, las zarigüeyas, casi todas las especies carnívoras ejercen el estrago sobre las aves. En efecto, las depredaciones de que es objeto el reino alado, solo tienen semejante entre las especies vivaces y suculentas que habitan el piélago o lagunas de los ríos.

Pero entre todos los enemigos que tienen las aves, el más tenaz, el más cruel de todos, el único verdaderamente consciente y por eso el solo criminal, es el hombre. Las destruye para comérselas; las mata para ejercitar sus instintos destructivos, revistiéndolos con las apariencias de noble deporte; por último, ha logrado constituir una especie de industria provechosa convirtiendo las plumas en adorno indumentario. No es, en verdad, un aspecto nuevo de la necesidad invencible que tenemos de destruir las apariencias vitales. El azteca fue muy aficionado a este género de ornamentación. El hombre de las selvas del interior del África y la América del Sur y en las rientes colinas del Tirol y de Baviera, en la dulce Italia y en otras preciosas comarcas del mundo culto, ha dado en usar las plumas de las aves para aumentar la gallardía de su porte o para que el ojo inquisitivo de sus semejantes se fije más bien en las plumas de un sombrero que en las piernas corvas y menguadas del tirolés, o en la nuez prominente y la nariz limitada por curvas de tercer grado de un *bersagliere* italiano. Las plumas cubren además la pompa polícroma de los oficiales del ejército, lo mismo en Persia que en Westminster, que en el bien aventurado y tibio Dahomey. Las mujeres, por su parte, no obstante las ternuras que disipan entre bomberos y policías, han consentido fríamente, calculada y conscientemente, en que las aves del cielo sean destruidas por millones cada año que pasa con el fin de servir a vanos fines de indumentaria. No se ha pensado en el número de seres alados que importa sacrificar anualmente para vestir los sombreros franceses, o los que, fabricados en Viena o en Berlín, corren el mundo con el nombre prestigioso de artículos de París. Las selvas se despueblan. El aire ha enmudecido en las comarcas tropicales. Primero, por allá en los años de 1870 a 1875 pasó por aquellas comarcas el gnomo destructor de las especies, bajo las apariencias del entomólogo alemán. Barbudo, rosado, rubio como la bestia de Nietzsche, risueño y panzudo, recorría las selvas americanas en busca de insectos desconocidos. El honor de su profesión, especializada a lo infinito, no le permitía ocuparse de las aves, que, mirándolo tan rubicundo e innocuo, no vacilaban en acercársele y en decirle al oído los secretos de su amor o de sus odios. El entomólogo las dejaba indemnes. Él debía ignorar la existencia de todo cuanto no cayera bajo el título elástico y desprevenido de insectos.

Sin embargo, al escribir a los académicos por cuya liberalidad estaba viajando, tuvo la indiscreción de mencionar la riqueza del territorio en especies ornitológicas. Las academias se interesan por todo. Tienen enemigos de la vida en forma de entomólogos, de ornitólogos, de herpetólogos, y hacia el trópico partieron en varias direcciones los que iban a completar la historia natural de las aves, apenas dejada en sus comienzos por Buffon.

Antes de 1880, ciertas regiones de Colombia, en las vertientes del Orinoco, alimentaban la más numerosa fauna alada del mundo. No había especie de aves que no estuviera allí representada por curiosas variedades. Todos los [...] más delicados matices, aparecían en el plumaje de las trepadoras. Colibríes de tamaño gigantesco y de proporciones diminutas, que los hacían confundir con los insectos, ostentaban sus plumas tornasoladas de tintes metálicos y relucientes. Pájaros había en que el cuerpecillo endeble estaba cubierto con plumas diez o doce veces más largas que él. En unas aves la pluma se convertía en un plumón suavísimo, en otras degeneraba en una especie de cabello vistoso. Los penachos, los collares, las bandas multicolores, las colas enhiestas o colgantes, eran otros tantos caprichos de la naturaleza para atraer los sexos los unos hacia los otros, antes de que llegue el enfriamiento total del planeta.

Llegó un día el coleccionador y azotó con su rifle la selva intacta. Vino en seguida el comerciante de novedades o su agente a buscar adornos para el artículo de París: en seguida vinieron el silencio y la nada. Las vertientes del Orinoco, en la región colombiana, están desiertas y silenciosas. Hay un gran número de especies que han desaparecido real y verdaderamente. Cuando los habitantes de la comarca hablan de la gracia y la inteligencia de las *tiranitas* (gallinácea domesticable que bailaba en sus horas de expansión) o de las *madres chanchas*, que acompañaban en calidad de guías a otros pájaros migratorios, le parece al viajero que son relatos de un periodo geológico mal estudiado; se siente la tristeza de lo inevitable, y aquel inmenso desamparo que sugiere el poema nobilísimo de Stefan George, titulado el "Señor de la isla".

Varias veces han querido los gobiernos de Sudamérica cerrarles el camino a estos devastadores de la belleza en el corazón de los Andes. Sería posible detener al naturalista. La zoología no ha logrado todavía petrificar el corazón de sus adeptos. Sería posible detener a las señoras y aún a los *bersaglieri* si ellas o ellos mismos fueran los cazadores de aves; en unas y otros queda todavía una lumbre de sentimentalidad. Es casi imposible detener al comerciante, enemigo nato de todas las vibraciones generosas de la materia gris y de los nervios de la sensibilidad. Es absolutamente desesperada la tarea de reducir a este tipo humano llamado el comisionista a conformarse con mandar en cada año de Sudamérica a Europa cien cargas menos de pájaros muertos.

Sin embargo, al clamor del campesino, del hombre amante de la naturaleza, de los sabios que quisieran evitar el exterminio de las especies, se une hoy el de los parlamentos de Europa. En Inglaterra, el año de gracia de 1914 verá la expedición de una ley generosa contra estas carnicerías. Veremos si en el trópico tiene el comisionista más votos en el Parlamento que el amor a la naturaleza o la piedad en el que sufre.

En Colombia, la legislatura acaba de señalar un impuesto de exportación muy alto sobre los pájaros disecados. La ley parece dictada para el comisionista y por el comisionista. La grita contra los devastadores cederá un poco, y, en tanto, los mercaderes no exportarán aves disecadas sino sacos de plumas, lo único que Europa necesita. Con las plumas solas reconstituye el naturalista la pieza para el museo. ¡Sancta Simplicitas!

EL CRITERIO ESPECTACULAR [II]

Revista *Hispania*, n.º 27, Londres, 1 de marzo de 1914, pp. 962-963.

HACE ALGÚN TIEMPO que una señora recorre las capitales de Europa con una compañía dramática compuesta por perros. Representan solamente un drama de seducción y de sangre, en el cual han sido interpretadas unas cuantas escenas grotescas para satisfacer todos los gustos.

El público saca, por lo general, de esas representaciones una sensación de estupor, fundada en la creencia de que los perros saben lo que están representando. La creencia es instable, no soporta la crítica; pero por esa misma razón deja en algunos espectadores una inquietud muy explicable. En otros espectadores, cuyo número es insignificante, la sensación se complica con un sentimiento de conmiseración. A su pensamiento acude la idea de cuánto habrán sufrido esas criaturas antes de llegar a la perfección histriónica de que dan muestras. "¿Cómo harán para enseñarles eso?" se preguntan unos a otros los espectadores al abandonar el teatro.

Sin embargo, lo que los perros han aprendido nada tiene que ver con el drama. Se les ha enseñado a atravesar la escena en ciertas direcciones, a detenerse en una puerta, a saltar por una ventana, a permanecer sentados en un automóvil de burlas mientras alguno, con cuerdas y resortes, hace girar el vehículo en las direcciones propicias. El perro no se da cuenta de lo que está pasando, y en rigor no está pasando nada. El espectador, sobre aquellos paseos en la escena, sobre las salidas y entradas por una u otra puerta, construye el drama sensacional, se agita y se conmueve y se divierte con su propia creación.

Lo que pasa en este teatro de perros es lo mismo que ocurre frecuentemente en el escenario ocupado por los grandes artistas. Ha pocos días, le daba uno de los actores de Inglaterra su opinión a un *reporter* sobre el estado de espíritu que suele crear en el comediante la repetición diaria de un mismo papel durante dos o tres años. Decía el actor dramático que en las tres o cuatro primeras representaciones ponía, sin duda, un pedazo de su alma para conmover al auditorio. El esfuerzo, sin embargo, en esas primeras noches ya empezaba a ser artificial. Para sacar a la escena un drama, es necesario someterlo a ensayos en que la iniciativa del artista genuino se va limitando, poco a poco, dentro del estrecho círculo de las exigencias de tramoya sostenidas tiránicamente por el director de escena. Al terminar los ensayos, el artista dramático ha logrado convertir en gestos de autómata y en movimientos y dichos subconscientes las tres cuartas partes de su papel. En las primeras noches en que se dirige al público, cuando alcanza a ver entre la multitud al crítico de teatros, a la millonaria o duquesa con quienes ha discutido las probabilidades de éxito, a la chica de predilecciones artísticas con cuya admiración se siente orgulloso, surge por momentos el yo rebelde, y se transparenta en un gesto inesperado que sorprende al público y provoca tras de bastidores la censura amable del director de escena. "De la centésima representación en adelante", añadía el actor, "nuestro trabajo es una faena odiosa, consistente en la repetición de dichos, actitudes y gestos que no tienen para nosotros ninguna significación". La vida consciente desaparece. El actor viene a reducirse a la misma condición de los perros sabios, después de haber seguido un procedimiento contrario de despersonalización. El perro no comprende en un principio lo que de él se exige, ni llega a enterarse, probablemente, del íntimo significado de todas las maniobras escénicas a que lo someten. Pero de tanto hacerlas llega a adquirir de sí mismo un cierto dominio, y mientras más repite las mismas actitudes, se pone en mejor capacidad de hacer desaparecer el estudio. El comediante racional empieza por entender lo que le encomiendan que repita; pero al cabo de las quinientas veces, las palabras son una mera oquedad, los gestos una convención superflua, las actitudes, simples ejercicios calisténicos. A fuerza de repetirlas, olvida el sentido de las palabras, y repitiéndolas demasiado se le convierten en un ruido inquietante. Para darse uno cuenta de la mentalidad del actor al cabo de la milésima representación, basta hacer un sencillo experimento: repetir a solas, en voz alta, por algunos instantes, una palabra de tres sílabas rápidamente, y tratando de que la última sílaba se precipite sobre la primera en la velocidad de hablar. La palabra comienza por perder su sentido. En seguida se convierte en un ruido grotesco. Más tarde produce alucinaciones, y le causa al experimentador una sensación parecida a los preliminares de la locura.

El público que asiste a las últimas representaciones de un drama repetido centenares de veces es víctima de la misma ilusión que le producen los perros sabios. Los actores hablan, gesticulan, se mueven, salen o entran obedeciendo a un hábito creado por las repeticiones y por las órdenes del director de escena. Sobre esas palabras fonográficas, sobre las apariencias de un escenario artísticamente dispuesto hasta en sus menores detalles, sobre la indumentaria, la iluminación, los gestos, las andanzas, los suspiros comprimidos y estereotipados, las carcajadas supuestas, el espectador edifica un drama tremendo, angustioso, que aviva en lo profundo de su ser hereditarios instintos de rebeldía, o suscita las ternuras de una edad pasada.

Hasta aquí hemos supuesto, en mérito de la equidad, que el comediante entiende en un principio el argumento de la pieza y el alcance moral o filosófico que ha querido darle el autor. En la mayor parte de los casos, la verdad está en la afirmación contraria. No hay injusticia en asegurar que la *Nora* de Ibsen pasa cien codos sobre la cabeza de sus intérpretes; ni hay exageración en decir que el sentido trascendente de los dramas de Galsworthy se les escapa a los actores en la misma medida que al público. Me refiere un amigo que, asombrado con la pasión que ponía cierta actriz americana en la representación de la *Dama de las camelias* y de algún drama de Echegaray, y fascinado por el primor con que vertía en gestos y en actitudes ciertos matices espirituales, quiso convencerla de que estudiara la *Casa de muñecas*. No hubo necesidad de conversar con la actriz durante muchas horas, después que hubo leído el drama de Ibsen, para convencerse de que no entendía por parte ninguna el supremo alcance de esa concepción fundamental. Admirado mi amigo de que representara, en esa penuria mental, con tan singular maestría ciertos papeles de Dumas y de Echegaray, quiso convencerse del origen de sus creaciones, y descubrió, lastimosamente, que la famosa actriz representaba bien aquellos dramas que había visto en la escena, dominados por la persona de la Duse o de María Guerrero; los papeles que no había visto desempeñar a otras personas se le escapaban irremediablemente. Es el caso de la comedia canina en su más piadosa desnudez.

Sin la complicidad apasionada del espectador, los perritos no lograrían nunca desempeñar cabalmente su cometido para con la señora que los amonesta y dirige. Es necesario que el auditorio puntúe, aplauda, llene los vacíos de la representación para que ella sea completa. El procedimiento de sugestión usado por la señora que dirige los perros crea en los espectadores un estado de espíritu que se comunica por todo el ámbito del teatro. Sin este estado de espíritu la comedia no tendría existencia.

En el caso del teatro humano, no puede tampoco prescindirse de la colaboración del espectador. El ambiente que crean las cosas exteriores, como la decoración y como la presencia de una multitud en el teatro, es indispensable para que el drama tenga la plenitud de su existencia. El contagio de que son víctimas las multitudes en el caso de grandes emociones, forma parte principalísima en el arte histriónico. Entre las numerosas leyendas a que ha dado origen la figura triste y extraña de Luis II de Baviera, corre muy favorecida por sus admiradores la de que solía hacerse representar las obras de Wagner en un teatro, casi a oscuras, con el monarca por solo espectador. Una experiencia como ésta tendría significación si no procediera de una organización hereditariamente anormal. Además, el drama de Wagner tiene el apoyo de la música, cuya influencia crea por sí sola todo un ambiente sentimental.

Forzando un poco los anteriores conceptos, no es difícil dar con el fundamento de aquella filosofía que nos ofrece del mundo una explicación meramente espectacular. Lo mismo que cuando asistimos al teatro, tenemos necesidad, en el mundo, de colaborar con nuestra mente para suavizar el absurdo de la existencia. Las apariencias vitales no tienen en sí significación moral alguna. Para descifrar el enigma inquietante de la vida, los hombres les hemos asignado a las acciones significados diferentes, por medio de los cuales levantamos la estructura que se llama noción del universo. El significado que les hemos asignado a los hechos o, para hablar con más rigor, a las apariencias, es semejante al que les ponemos, por necesidad de entender y de construir un episodio, a las carreras de los perros que, en dos pies, atraviesan la escena en obedecimiento a un poder terrible, que ordena con el látigo tras de bastidores, y cuyas miras les son en absoluto ininteligibles.

EL EPISTOLARIO DE BOLÍVAR

Revista *Hispania*, n.º 27, Londres, 1 de marzo de 1914, pp. 974 y 976.

LA GLORIA de los grandes hombres es intermitente como el fulgor de las reputaciones literarias. Medio siglo se empeña en denigrar a Napoleón, medio siglo en olvidarlo, y en seguida viene la época de las rehabilitaciones y de las apoteosis. La imparcialidad del historiador se ríe de estas alternativas, y el hombre de mundo se ríe de ellas y del historiador imparcial. Con los grandes hombres y con las épocas históricas es imposible ser imparcial. Generalmente hay una opinión formada cuando un hombre se sienta a escribir la vida de otro hombre o a comentar sus hechos. Es una fortuna para los amantes de la historia que no haya historiadores imparciales y desapasionados: ese género literario vendría siendo en tal caso desesperadamente tedioso e inabordable. Hace falta un poco de amor o un poco de odio para narrar con vivacidad la vida de un personaje histórico. Quien no tenga sobre su personaje una emoción que comunicar a los lectores, debe abstenerse de escribir historia y limitarse a publicar los documentos, en los cuales puede el lector, en ocasiones, hallar la emoción viva, el detalle pintoresco, la anécdota característica para reconstruir por sí solo la vida de un grande hombre o la fascinadora vitalidad de una época.

Don Rufino Blanco Fombona, que por fortuna no es un historiador imparcial, ha querido darnos en las *Cartas de Bolívar*, que acaba de publicar, el más jugoso libro documentario que haya aparecido sobre el Libertador. Existen muchos infolios de documentos relativos a Bolívar, pero nadie como Blanco Fombona ha logrado engarzar con el hilo de un cariñoso entendimiento esta clase de testimonios vivos de una época. Sin adelantarse a la palabra del héroe y sin hacer ostentación superflua de imparcialidad, el colector ha puesto al principio de cada época notas penetrantes en que discurre con lucidez y competencia sobre los sucesos de que hacen mérito las cartas. La pasión intelectual de Blanco Fombona antes favorece que desvirtúa sus capacidades de narrador, tratándose de Bolívar. Y es necesario que haya un entusiasmo razonado como éste, ya que hemos tenido el empeño denigrador, fríamente obcecado, de parte de unos, y el ditirambo insubsistente y fastidioso de parte de los otros.

La vida de Bolívar está todavía por escribir. Mancini dejó en blanco las páginas en que debía proyectarse sobre el futuro la imagen del héroe después de 1815, en la época de sus triunfos definitivos, del éxito asombroso de sus aspiraciones y del pesimismo romántico que lo sobrecogió en los últimos días de su existencia, ante la ingratitud de los amigos y la invencible ignorancia de los pueblos. Publicaciones como las *Cartas*, comentarios como éstos que ha preparado Blanco Fombona, harán posible y más placentera la tarea de los biógrafos por venir.

Importa decir en beneficio de quienes no hayan leído aún este volumen, que las *Cartas de Bolívar* recogidas aquí por la solicitud de Blanco Fombona, tienen, a más de su valor histórico, un mérito literario que no es preciso encarecer. Bolívar tenía fácil la palabra y la pluma. Había trasegado sin duda por entre los libros donde se hallan las ideas disolventes o salvadoras de que se alimentó su siglo, y al hacer acopio de ellas las convirtió en su propia sustancia espiritual. La asimilación fue tan perfecta, que ni el estilo ni el pensamiento dan ocasión de imaginar que hay un hombre de letras detrás de las preciosas ráfagas que de tiempo en tiempo pasan por la correspondencia del Libertador. Leídas con el auxilio de las discretas glosas que ha interpolado el autor, las *Cartas de Bolívar* son mucho más que un documento histórico. Palpita en ellas la vida de una época, toman cuerpo las aspiraciones de un Continente y por medio de ellas puede el lector desprevenido diseñar el tamaño relativo de los hombres y el alcance de su influjo sobre los tiempos.

EL CRITERIO ESPECTACULAR [III]

Revista *Hispania*, n.º 30, Londres, 1 de junio de 1914, pp. 1080-1081.

PARECE QUE EL CRÍTICO de teatros está condenado a desaparecer. Han desaparecido antes de ahora especies más útiles o más curiosas; pero sería lástima que fuéramos a quedarnos sin un representante de aquel género literario puesto en alto por Larra, por Jules Janin, por Lemaître, por Père Fagnet. Si el solo crítico de teatros del siglo XIX hubiera sido Francisque Sarcey, es posible que algunos autores dramáticos hubieran señalado su desaparición con un gesto de complacencia. Yo no soy autor dramático, y, en verdad, no me habría hecho falta la crítica de teatros si el *dogo* hubiera sido el único e irremplazable censor de este género.

Ahora, sin embargo, los críticos no van a desaparecer por razón de muerte natural, lo cual sería muy lamentable, sino por un curioso procedimiento de suplantación. Hasta ayer (el mundo va de prisa) los dueños de teatros tenían cierto interés en el éxito de los dramas que traían a la escena; pero el interés principal fincaba en el pobre dramaturgo, cuya vida, al decir de quienes conocen el teatro por dentro, era una tortura insufrible en los dos meses anteriores a la presentación. Para juzgar de su obra, sabía el autor que se iban a agolpar a la platea gentes familiarizadas con Sófocles y Aristófanes, con Esquilo, con Shakespeare, con todo el teatro español y francés, con la Dramaturgia de Lessing, con Goethe lo mismo que con Goldoni. Esas gentes conocían el teatro por dentro y por fuera, y podían señalar rápidamente y sin contemporizaciones por dónde flaqueaba la pieza. La perfección del oficio había llegado a un grado tal, que algunos, como Julio Janin, podían escribir la crítica del drama al día siguiente de la representación sin necesidad de asistir al teatro ni de leer la obra. Por lo cual ocurría algunas veces que el diario sacaba la crítica del drama y daba la noticia de la manera como había sido representado, a pesar de que, por un incidente inesperado, la pieza había sido retirada a última hora y cambiada por otra. Percances insignificantes como éste empezaron a labrar el descrédito de los críticos teatrales. Algunos de ellos pecaban de una miopía comparable tan solo a su arrogancia. Sarcey pontificaba para destruir dramas y actores con una serenidad de mar en estío. Cuando vio a la Duse la primera vez, dijo con un aire de protección: "*Une petite femme de race, mais qui n'a pas d'école*". Frase de una incomprensión boulevardesca que retumba de cuando en cuando en los oídos de la muchedumbre teatral, con el mismo estrépito que otro decir de la Duse, cuando, estando preparada para dar la *Princesse de Bagdad* en un teatro de Turín, vino el *régisseur* a decirle que era menester cambiar la pieza porque Sara Bernhardt iba a dar el mismo drama esa noche en otro teatro de la ciudad. "*Ci sono anch'io*", dijo la Duse, y desafió la competencia. Ya se sabe lo que el mundo ha resuelto sobre el particular.

Estos ligeros deslices han comprometido el oficio de crítico, y, además, como el autor, que solía ser hombre de letras (pocas o muchas), ha sido relegado al tercer plano por el empresario que muy a menudo no tiene ningunas, la profesión de crítico ha zozobrado. En este momento ya no acude el espectador de la noche anterior al diario de la mañana para documentar sus impresiones, comparándolas con las del crítico. Hoy se espera hasta las cuatro de la tarde, en que aparecen los carteles de anuncio, donde está resumido en breves frases el mérito del drama. En el cartel de teatro saben los que quieran leerlo que Mr. X., Consejero del Rey, autoridad incontrastable en materias internacionales, opina que el drama "de la noche anterior es simplemente delicioso y se sostendrá en el cartel por largo tiempo". El Embajador H. también da su opinión. No es autoridad en materia de dramas, pero tiene un profundo conocimiento de la política de su país: "Me he divertido mucho", dice el Jefe de la Embajada, y como observador escrupuloso, agrega: "Noté que los espectadores también se divertían; la pieza es excelente". Las opiniones favorables se multiplican, firmadas por un autor de ciencia constitucional, un banquero de Australia y un explorador de la Alemania Central.

Sin embargo, el público no ha quedado satisfecho con la suplantación, y pide nuevas autoridades. Se las han servido. Para aquilatar el valor escénico, las cualidades de ente humano que tuviera la *Fugitiva* en el drama de este nombre, debido a Galsworthy, los diarios fueron a pedirles su opinión a las chicas del almacén, porque la fugitiva había desempeñado ese oficio transitoriamente. No hay necesidad de agregar que las chicas del almacén desaprobaron en absoluto las cualidades de observador en quien había creado ese tipo. Galsworthy había falseado los cimientos del carácter mercaderil.

Bernard Shaw ha tenido peor suerte. Su *Pigmalión* ha merecido cierto interés de parte del público. Sin embargo, la opinión de los críticos no ha satisfecho ni al empresario ni a los espectadores, de resultas de lo cual los diarios fueron a solicitar la opinión de una florista, porque en la pieza figura una mujer de este gremio como protagonista. La vendedora de flores consultada sobre el mérito del tipo creado por Bernard Shaw, ha dicho, con muchas reservas y vacilaciones, que "estaba bien, pero que la señora a quien le habían recomendado ese papel no lo había estudiado en los tipos actuales, y que resultaba un poco pasada de moda".

No se han agotado los puntos de vista en que es necesario colocarse para llegar a adquirir un verdadero aunque transitorio criterio espectacular. ¿Saben ustedes que el portero de un teatro en Milán ha sido consultado sobre el mérito de las obras de D'Annunzio? Si hemos de creer a un saladísimo cronista del *Corriere della Sera*, dicho señor estuvo a entrevistar al portero. "¿Qué le parecen a usted las obras de D'Annunzio?" preguntó el cronista. "Puedo decir", contestó el portero, "imparcialmente que arrebatan desde las primeras escenas la atención del público". "¿Usted las ha visto representar?". "No, no las he visto nunca, pero sé por dolorosa experiencia que las piezas d'annunzianas interesan a los espectadores desde el principio. Cuando se ponen comedias francesas o italianas de otros autores, los coches, los automóviles, van llegando poco a poco y generalmente después de que está muy avanzado el primer acto. Algunos llegan al segundo. Yo tengo tiempo de abrir cómodamente y con espacio la portezuela de cada carruaje y como el caballero no está de prisa, recuerda siempre que es costumbre dejarme una propina. Cuando el drama es de D'Annunzio, especialmente si es nuevo, todo el mundo llega a la hora precisa, se aglomeran a la puerta con una premura casi plebeya, yo no puedo atenderlos a todos y los pocos a quienes puedo hacer el servicio vienen tan apurados que, sin pensarlo, me dejan sin propina. ¿No pudiera D'Annunzio dejar el interés para el final del primer acto? De esta manera el público no perderá nada y yo saldría ganando". No puede negarse un cierto mérito de observación palpitante a las notas melancólicas del crítico portero. Los empresarios, por su parte, usan de un criterio muy semejante que viene a parar en la cantidad de propinas, aunque en el caso del empresario ellas llevan otro nombre.

    Hay, en fin, un observador frío y desinteresado cuya opinión no ha sido consultada aún. Hablo de las acomodadoras. Estas chicas tienen un caudaloso acopio de experiencia. Han visto cada pieza ciento, quinientas, mil veces. Conocen las interioridades de la escena. Tienen ocasión de observar en sus más íntimos detalles las diversas fases de la emoción en cada espectador. Son jueces absolutamente imparciales, porque ellas no tienen interés en que una pieza se conserve en los carteles más que las otras, y sus relaciones con los autores no pasan de haberlos oído nombrar. Con estas ideas en la mente, uno de mis mejores amigos tuvo la ocurrencia de pedirle una entrevista a una de las acomodadoras. Era una noche de primavera tibia y rumorosa. Asistía mi amigo a la representación de una pieza que parecía a una mezcla de géneros opuestos. Parecía por momentos un misterio de la Edad Media. En otras ocasiones creaba el delicado ambiente de los cuentos de hadas, y súbitamente se modificaba el paisaje sentimental hasta hacernos imaginar que Colombina y Pierrot estaban interpretando una tragedia desgarradora y sencilla como las que ha regalado Maeterlinck a un siglo premuroso absorto en las miserias cotidianas. El escenario había sido preparado por un gran artista, con un vivo sentimiento de las emociones con que había de quedar en concordancia. El público se había dejado fascinar por aquel mundo sobrenatural y, sin embargo, profundamente humano. Mi amigo, al dirigirse a la acomodadora, creyó encontrar el mismo entusiasmo discreto que se notaba en el público. "¿Qué le parece a Ud. la pieza?" preguntó. "Ni mejor, ni peor que otras, tan fatigante como todas ellas". Era una salida desconcertante. No pudiendo contradecir con ruda vehemencia, mi amigo, consternado por tamaña incomprensión, guardó silencio. Su actitud, sin embargo, marcaba una insistente desaprobación. "Usted se asombra", continuó la mujer, "porque no sabe que he estado viendo esta pieza quinientas veces. Estuvo en el cartel hace dos años por una larga temporada. La retiraron para dar lugar a un drama de gran aparato. Y ahora, no teniendo nada nuevo que ofrecerle al público, la han vuelto a traer a la escena. Hace siete u ocho meses que nos la están sirviendo de nuevo con el mismo escenario, los mismos actores, cuyas muecas y actitudes tienen para nosotras el significado que las contracciones nerviosas tienen para las enfermeras de los manicomios. ¿Comprende Ud. la tortura de oírle repetir quinientas veces un discurso a un caballero que acompaña cada frase con un gesto estereotipado de hace cinco años?". "Pero, a lo menos", observó mi amigo, "no tiene Ud. esas impresiones en la primera representación". "Para nosotras", dijo la acomodadora, "no hay primeras representaciones. No se asombre Ud. Usted no conoce este mundo, o mejor dicho, no lo ha observado desde el punto de vista en que estamos colocadas. Como sabemos el primer día de una representación que ese drama vamos a verlo quinientas o mil veces, contra nuestra voluntad, la primera, la undécima, la centésima representación se funden en una sola impresión dolorosa de hastío y de cadena perpetua". "Pero, ¿no exagera Ud.?". Como si no hubiera oído la pregunta, replicó con otra interrogación: "¿Cuál es la novela que le ha causado a Ud. mayor impresión?". Pensó mi amigo unos instantes y dijo: "*Guerra y paz*". "El ejemplo no es bueno, dijo ella, porque el libro es demasiado extenso. Tres volúmenes de 500 páginas no pueden compararse con un drama que dura dos horas y que puede una aprender de memoria. Si no quiere Ud. salir de la literatura rusa, tomemos un ejemplo de libro menos desigual, más vecino a la perfección del género y reducido a límites meramente humanos. ¿Ha leído Ud. *Aguas primaverales*, de Turgenief?". "Con muchísimo deleite". "Bueno", dijo ella, "suponga Ud. que al tomar ese libro la primera vez, una hada maligna le hubiese dicho: "cuidado, si lo empieza Ud. tendrá que leerlo mil veces". Suponga además, que lo hubiera leído la primera y estuviera ahora leyéndolo por milésima vez. ¿Estaría Ud. dispuesto, al fin de la primera o de la milésima lectura, a ofrecerle opiniones sobre ese libro al primer curioso que se acerca a pedirlas?". Mi amigo no pudo contestar: había descubierto varios incidentes de una tragedia en esa cara pálida, en esos ojos grises del color del acero, en la imperceptible mueca de hastío con que adquirían expresión unos labios de cabra ordinariamente rectilíneos e inexpresivos.

LA GUERRA CONTRA EL PUEBLO

Revista *Hispania*, n.º 33, Londres, 1 de septiembre de 1914, pp. 1203, 1204.

DE CONSECUENCIAS de un asesinato político, la guerra provocada por Austria se ha extendido por toda Europa, ha surgido inopinadamente en Japón, se ha hecho sentir en África y Oceanía, conmueve la política prescindente de Estados Unidos y amenaza crear complicaciones en Suramérica, en China, en todo el orbe habitado.

Una calamidad de tanta consecuencia debe estudiarse en sus causas más remotas. No es difícil, por fortuna, determinar los factores que la han provocado. El capitalismo, dueño de la industria de fabricación de armas y señor absoluto de la prensa, explotó mañosamente la codicia del Emperador de Alemania y sus anhelos de hegemonía universal. En la carrera vertiginosa hacia la guerra y la miseria el Emperador tuvo como aliada y como principal instrumento de su sistema a la casta militar prusiana.

La intolerable situación creada por la competencia brutal que se han hecho las potencias europeas en el sostenimiento de ejércitos numerosos, tenía que resultar en un incendio de estas proporciones; una guerra en que no hay causa directa, en que nadie quiere asumir la responsabilidad de haberla provocado, en que los principios en lucha más bien parecen estar determinados por el acaso que por las cabezas directoras.

No era difícil adivinar desde un principio que en la Europa Central no se trataba de una guerra de pueblos contra pueblos. Los prisioneros alemanes no parecen saber de qué se trata. Sin las primeras hazañas de las patrullas de exploración contra gentes inermes, el odio de los pueblos no habría surgido. Hay quienes dicen que es esta una guerra de diplomáticos. La cara que pusieron todos ellos ante la enormidad del suceso que trataban de prevenir bien muestra que la fuerza primordial tenía otros orígenes. El conflicto se planteaba entre las castas militares y los pueblos que ellas dominaban. Los dos emperadores de Alemania y Austria hacían la guerra a los países vecinos para defenderse de sus propios súbditos; hacían la guerra con el objeto de detener por unos años la avenida del gran río de la historia, en cuyas ondas oscuras y serenas se siente el rumor de las masas sin fortuna que empiezan a adquirir conciencia de sus derechos. El enemigo de Guillermo II no es Rusia con el desarrollo mareante de su población, ni Francia con el visible aumento de su riqueza y de su prestigio en el mundo de las ciencias y de las artes. La carcoma del imperio tudesco es la masa de población organizada por el socialismo para hacer frente a las castas militares y a los partidos dinásticos en las elecciones, en la prensa, en la tribuna, en las escuelas y, si es posible, en el ejército. Morir a manos del socialismo en una lucha de partidos incruenta y disciplinada, es la menos honorable de las muertes para un imperio fundado sobre la explotación del débil. La vertiginosa marea de los armamentos crecientes había de tener un fin. En esa carrera ciega en busca de lo ignoto Alemania estaba llamada a sucumbir primero. Todos sus enemigos le eran superiores en riqueza. No era menester hacer cálculos muy complicados para llegar a la conclusión de que antes de poner un ejército y una marina superiores a los de Francia e Inglaterra, Alemania habría agotado las fuentes mismas de su vida nacional. El hervor de la lucha de clases, encabezada por hombres inermes, tenía para los oídos enfermos del Emperador un ruido siniestro. Esta no era la primera vez en que ha tratado de desafiar a Europa para librarse de sus propios súbditos. El golpe alevoso de Austria sobre Bosnia estuvo a punto de provocar un conflicto tras la amenaza de Guillermo II de acompañar a su aliado con todo el esplendor de su armadura. Fue necesaria la condescendencia de la Europa atónita para evitar esa vez la carnicería sin tasa. El incidente penoso de Agadir no se desenlazó en una guerra continental por la prudencia de las otras naciones. Al terminar la guerra balcánica volvió el Emperador de Austria a conturbar los ánimos con motivo de la ocupación de Escútari por Montenegro. La sangre fría del Gabinete británico, y acaso la falta de preparación de Rusia en esos momentos, desviaron por unos meses el curso de la tormenta. En el año de gracia de 1914 Europa estaba preparada para evitar la guerra por medio de sorpresas diplomáticas. Guillermo II y su aliado de Austria no podían, sin embargo, aplazar dentro de su territorio la solución de problemas sociales cada vez más urgentes y dolorosos. En Alemania, el socialismo y la miseria inevitable aparecían como séquito del aumento de las escuadras y los ejércitos. En Austria, complicando esos mismos males, se ofrecían a la consideración de los políticos aquellos problemas dinásticos que surgirán al morir el Emperador de Austria, en cuya sacra y real persona confluyen los títulos de Rey de Hungría y Rey de Bohemia.

A esta dolorosa encrucijada nos ha traído la ambición de una casta militar, que llena en Europa desde hace algunos siglos el humilde papel de Dr. Sangredo. Y ya se puede afirmar qué representan en este conflicto las naciones que han salido a la liza. El resultado de la lucha sería indiferente para el observador desapasionado si Francia, Inglaterra y Bélgica no representaran las tradiciones de libertad conquistadas en lucha de siglos. No es difícil imaginarnos la actitud que asumirán con su jefe los oficiales y burócratas prusianos ante la Europa dominada por sus armas: será la misma que asumió el Canciller alemán contestando a un voto de censura en el Reichstag: "Vuestra censura carece para mí de importancia. Yo soy el agente del Emperador: sus órdenes son mi norma. Podéis continuar con vuestros votos de censura. Nosotros seguiremos gobernando". A la perspectiva odiosa y humanamente inaceptable del predominio incontestado de los propietarios prusianos en Europa, algunos oponen el peligro que envolvería el predominio de Rusia. Sin embargo, Rusia vencerá con la ayuda de Inglaterra y Francia, que representan las tradiciones de libertad en Europa y que no podrían ceder ante la propagación de un régimen autoritario en el Continente.

Por otra parte, Rusia, con todo el peso que sobre ella grava por los excesos de la burocracia y su indiferencia ante el clamor de los reformadores, ha mostrado varias ocasiones que tiene instintos de generosidad y anhelos de justicia, sentimientos de que nunca ha dado prueba la casta propietaria que se ha adueñado de Prusia y de Alemania. Rusia no hubo menester presión exterior alguna para dar libertad a los siervos. La primera tentativa de desarme se debe al Gobierno del Zar, y es indudable que la historia contemporánea habría tomado otro rumbo si la diplomacia prusiana hubiera recibido con buena voluntad aquellas nobles insinuaciones. Rusia, ligada a Inglaterra y Francia en defensa de las tradiciones de libertad contra el autoritarismo de las castas militares en Prusia, estará obligada a poner todo el peso de su autoridad en favor del desarme. La causa de la libertad individual recibirá con esa medida el más eficaz de los auxilios. La opresión ejercida hoy sobre las clases obreras en ciertos países de Europa tiene su origen en las cargas que le impone a cada Gobierno el sostenimiento de ejércitos formidables so pretexto de conservar la paz.

Con relación a la casta militar prusiana que ha provocado esta guerra y la sostiene, es de importancia hacer una observación a los gobiernos de Sur y Centroamérica.

Era frecuente, viajando por Bélgica, tropezar uno en los hoteles y almacenes con criados y con horteras que se negaban a hablar en otra lengua que no fuese la alemana. Lo que aparecía como una lamentable incapacidad de adaptarse al medio era, en efecto, resultado de una imposición. Los comerciantes e industriales de Amberes y de otras ciudades belgas se maravillaban de la facilidad con que prosperaban los emigrados alemanes que se establecían en Bélgica con negocios humildes y con todo género de oficios y profesiones.

En un principio se creyó que la inteligencia y la economía alemanas eran superiores a las del natural de Amberes; pero la explicación cayó por su base delante de casos evidentes de liberación y aún de disipación.

Hoy no es difícil explicar aquella prosperidad. Los emigrados alemanes eran espías puestos a cubierto de la competencia y de los reveses de fortuna por la generosidad de un Gobierno que había menester de ellos. Las ambiciones del Kaiser no se limitaban a ser el árbitro de Europa. Quiere hacer de Alemania un poder colonial de primer orden. Ya sabemos en América la forma en que ha expresado la oblicuidad de sus ambiciones imperialistas con relación al Nuevo Continente. Es preciso tener presente que en Bélgica, en Francia y en Inglaterra el Kaiser ha desconceptuado a la inmigración alemana. Los dineros del fondo secreto con que han pagado espías disfrazados con la veste del mercader han envenenado las fuentes de la cordialidad entre los individuos de naciones amigas. Es tiempo de que los países libres busquen la manera de prevenir el peligro posible que en sí lleva, para un caso extremo, cada inmigrante alemán.

LA VERDAD EXPLICADA A LOS POBRES

Revista *Hispania*, n.º 35, Londres, 1 de noviembre de 1914, pp. 1246 y 1248.

UNO DE LOS ERRORES más voluminosos en que han incurrido hasta ahora los directores de la reivindicación laborista en ambos lados del Atlántico, consiste en imaginar que la liga ominosa del capital y la reacción autoritaria carecen de visión histórica y no andan provistas de inteligencias capaces de sondear el porvenir. El capital y la reacción tienen a su servicio no solamente la fuerza bruta: los partidos políticos de antigua denominación, tales como liberales y conservadores, demócratas o absolutistas, son otros tantos elementos que se fletan mansamente al capital, allí donde la sabiduría de la reacción ha logrado establecer la rotación de los partidos en el poder con el objeto de desviar el espíritu público sistemática y perennemente. El capital y la reacción tienen a su servicio grandes inteligencias. Dentro de la esfera de su pesada y ubicua influencia caen las cabezas de la Iglesia cristiana, caen los profesores universitarios, y con ellos en masa la prensa de ambos mundos, que no está fletada al capital, como se dice en abreviatura, sino que es el capital mismo con todas sus aspiraciones, sus negras codicias y su desesperada ausencia de sentido moral.

    La guerra ha venido a arrojar súbitamente la consternación entre estos dos viejos aliados. A pesar de su previsión, a pesar de que el preparar la guerra era una de las fuentes de explotación más ricas que el capital había descubierto en contra del proletariado, estas masas humanas que se destruyen por centenas de miles en el suelo trepidante de Europa central, han desquiciado por el momento el andamiaje del capitalismo. Los capitalistas comprenden que se les escapan de entre las manos algunas de las cuerdas con que movían el escenario materialista de la humanidad. Y este desconcierto proviene de que, con todos sus talentos y previsión, habían dejado de incluir entre las realidades inmediatas de que hacían uso los sentimientos de las multitudes. Se habían imaginado que las masas tenían endurecido el corazón, así como lo tienen los miembros de una Junta Directiva. Supusieron que millones de hombres entregados a la degollina incesante aparecerían en el cuadro de los valores como otras tantas piezas de una maquinaria montable y desmontable a voluntad del operador.

Resulta, sin embargo, que en esas masas ingentes persisten los sentimientos individuales. Un miembro de Junta Directiva miente sin escrúpulo para salvar el nombre de su Compañía, condena a la miseria a millares de obreros cuando así lo exige la competencia. La sorpresa del capital ha sido magna al descubrir que los soldados tienen la moción del honor, que mueren con la sonrisa en los labios y desafían el hambre y los elementos con la serenidad de los antiguos héroes.

En tres meses de guerra, el capital ha tenido tiempo de recapacitar, y ya empieza a levantar la cabeza. Al comenzar la guerra, el capital estaba listo para ejercitar sus habilidades en la humanidad desvalida. En pos de la declaratoria acudieron las gentes ricas a vaciar los mercados de provisiones para llenar sus despensas. Los especuladores, a su turno, pusieron de súbito la mano sobre las materias alimenticias para subir los precios impunemente a la sombra de esos monopolios artificiales, creados por el capital en los países donde reina la libertad de comercio. Un hombre estaba entonces a la cabeza del Tesoro nacional inglés, cuya visión de los tiempos iba un poco más adelante que la de los meros especuladores. Ese hombre, sin quitar la vista del pueblo sufrido, y de sus más hondos sentimientos, les notificó a los especieros que si continuaban en su empeño de especular con las angustias de un porvenir incierto, el Gobierno tomaría sobre sí la misión de recoger y distribuir equitativamente las materias alimenticias. La sola amenaza trajo las cosas a su nivel. Con gran sorpresa de los economistas, así como adelantaba la guerra, iban descendiendo los precios de las materias de primera necesidad. Las sabias leyes económicas de la oferta y la demanda venían a cumplirse con la intervención del Gobierno. En tiempo de paz, bajo el hórrido sistema de la competencia y de la libertad comercial, los grandes capitales que pueden darse el lujo de esperar unos meses para recoger sus beneficios, crean un precio artificial donde quiera que alcanza su influencia. El capital es dócil con el poderoso. Se abstuvo de especular con el hambre. Habría sido mejor que insistiera, porque de ese modo, como veremos más adelante, habría quedado establecido un saludable precedente en favor del proletariado.

No fue ésta la sola intervención del Estado en materias comerciales. El Gobierno británico se apoderó de los ferrocarriles y nacionalizó este servicio con un rasgo de la pluma. El Parlamento vacilaba hacía cuatro años, como un anciano trémulo, ante la exigencia popular de nacionalizar los transportes. La producción del azúcar ha sido objeto de torturas mentales para los economistas que todavía están pegados a la roca de las tradiciones. Cuando empezó la guerra, el pensamiento de los gobernantes británicos fue que entre los métodos de estrangulación que se usarían contra Alemania, había de figurar el hecho de que ni de las colonias inglesas ni de tierras de los aliados pasaría a Austria y a Alemania una onza de azúcar. Había que ver cómo era posible poner las cosas para que ni aun de los países neutrales fuera dable llevar azúcar a Alemania y Austria. Si los economistas pudieran sorprenderse de algo, se habrían quedado atónitos al saber que las incomodidades financieras producidas en Alemania y en Austria en relación con el azúcar, venían precisamente de que ambos países son productores de esta materia prima y se iban a quedar sin modo de distribuir en el mundo la enorme cantidad que les quedaba después de haber abastecido el mercado interno. El problema para la Gran Bretaña, se plantea en este momento sobre los datos de su producción neta de azúcar de remolacha y la insuficiencia de la cantidad de azúcar de caña que le suministran las colonias a un precio mayor del exigido en tiempo de paz por Alemania. En estas circunstancias, los hombres de visión económica en Inglaterra, un poco desengañados ya del sistema de libertad de industria, le indican al Gobierno que tome sobre sus hombros la empresa de producir él mismo azúcar de remolacha. El suelo de la Gran Bretaña es sobre manera propicio a ese cultivo: ya se han hecho experimentos. Sin embargo, para emprender en esa materia con probabilidades de obtener éxito inmediato, es necesario invertir por lo menos, de una vez, mil libras esterlinas en la fundación de la empresa. En tiempos anormales como éste, con la perspectiva de la competencia alemana al acabar la guerra, el capital privado no se aventura en estos ensayos. El Gobierno, que puede defenderse a sí mismo, es, según la opinión de gentes desinteresadas, el que debe arriesgarse. Y el Gobierno perece inclinado a tomar la iniciativa. Es otra batalla del socialismo que parece ganada.

En artículos anteriores a éste sostuvimos nosotros en HISPANIA que el aseguro era por su naturaleza uno de los servicios que debían estar necesariamente en poder del Gobierno. Al estallar la guerra, las Islas Británicas se conmovieron hondamente porque en ellas están asentadas numerosas y potentes organizaciones destinadas a explotar el aseguro por todos los ámbitos del planeta. El aseguro marítimo, en que la Gran Bretaña da la marca en todos los mercados, quedaba herido de muerte al romperse las hostilidades. De una proporción insignificante que se contaba por pocos chelines en cada cien libras, es decir, que no llegaba al uno por ciento, subió repentinamente al cinco, y habría llegado a mayores sin la intervención del Estado, que dijo esta vez y con muy buenos modos: "El aseguro lo cobran los aseguradores, pero la seguridad la da el Estado con sus marinos y sus naves. Si los aseguradores se dignan cobrar precios equitativos, el Estado dejará que especulen. Si tratan de exceder la medida, el Estado se verá en el caso de señalar la tasa y de cobrarla, ya que es él en definitiva quien dispensa el beneficio de la seguridad". Este razonamiento es tan verdadero en paz como en guerra. En medio de las calamidades que produce la ruptura de las hostilidades, hay un beneficio a lo menos. Ciertas verdades económicas penetran en este tiempo, sin dificultad, en los cráneos blindados de los partidarios ciegos, aunque no desinteresados, de la libertad de industria.

No hemos agotado los ejemplos. La industria bancaria ha tolerado en tiempo de paz la intervención del Estado a regañadientes y en una esfera muy limitada. Constituía un quinto poder constitucional (el cuarto lo ha usurpado la prensa), y era celosísima de su libertad y, en apariencia, de la libertad el comercio. La guerra, sin embargo, vino a modificar la actitud mental de los banqueros y sus opiniones sobre la intervención del Estado. La situación creada por la guerra trajo a los bancos a dos dedos de su pérdida. La estructura crujió de arriba abajo con un ruido siniestro. Había dos alternativas: insistir en la libertad de industria y perecer honrosamente, o aceptar la intervención del Estado y salvarse con honra para el Estado. Los bancos aceptaron la intervención, y de una situación precaria que frisaba en ruina, han pasado en el curso de tres meses, en Londres, a lo menos, a una situación de holgura que empieza a incomodarlos.

Estas son las enseñanzas económicas de la guerra. La interpretación que los socialistas les han dado a los fenómenos de la producción y de los cambios son herejías inaceptables en tiempos de paz. En horas solemnes en que es preciso acertar, porque los más leves errores traen consigo el desastre, esa interpretación suministra las mejores fórmulas para prever el porvenir.

En años pasados, cuando el Gobierno francés echó mano de los oficiales del ejército para contrarrestar el precario estado de cosas creado por la huelga de los electricistas, Jaurès, haciendo uso de la lógica inmisericorde con que solía impartirle nociones frescas al Gobierno de los burgueses, dijo palabras resumibles así: "Nosotros, los socialistas, aconsejamos la nacionalización de los servicios. El burgués se encoge de hombros y asegura que esos son medios utópicos. Sin embargo, para salir de las dificultades que les produce nuestra propaganda, los burgueses no vacilan en echar mano de la utopía en su propio beneficio". En otros términos, la doctrina es utópica y vitanda, si se aplica en beneficio de la comunidad; es absolutamente innocua y muy práctica si se ejercita en beneficio de unos pocos usufructuarios.

En compensación de las infinitas miserias de la guerra, el pueblo sufrido recibirá el beneficio de que algunas conquistas económicas y sociales quedarán definitivamente establecidas. Ha vuelto a darse el caso de que da cuenta el Nuevo Testamento: "Y oyendo Juan en la prisión los hechos de Cristo, envióle dos de sus discípulos diciendo: ¿eres tú aquel que había de venir, o esperaremos a otro?; y respondiendo, Jesús les dijo: Id, haced saber a Juan las cosas que oís y veis. Los ciegos ven, y los cojos andan; los leprosos son limpiados y los sordos oyen: los muertos son resucitados, *y a los pobres es anunciado el Evangelio*". En esta guerra, las circunstancias han querido que se pueda sin detrimento de nadie explicarles a los pobres la buena nueva de los principios socialistas, y que se les haya mostrado la facilidad de su aplicación. Los predicadores ocupan la tribuna del diario y algunos salen de las oficinas públicas.

Con todo esto, la reacción no se declara vencida. Un semanario londinense en cuyas columnas se dan cita las mejores cabezas de la reacción capitalista y cuyos colaboradores tienen entre otras buenas cualidades la de la franqueza, reconoce en su número de 24 de octubre que se han hecho concesiones a los laboristas y que eso era inevitable; pero que es preciso estar listos para que el Gobierno vuelva sobre sus pasos en cuanto termine la guerra. La esperanza del *Outlook* está basada en el interés de las agrupaciones políticas y de otro género que representa. No es más, a pesar de todo, que una esperanza. Cuando traten de retroceder, los gobiernos tendrán en su contra los principios que son inequívocos, la práctica que habrá durado unos años y las masas a quienes, por una concesión especial de la providencia, se les ha vuelto a enseñar el evangelio.

ENTRE PROFESORES ANDA EL JUEGO

Revista *Hispania*, n.º 35, Londres, 1 de noviembre de 1914, pp. 1250 y 1252.

Comparada con la suma de los individuos, el alma colectiva representa una poderosa agregación de fuerzas manuales, pero, a un mismo tiempo, una considerable reducción de la fuerza pensante.

Estas palabras de un pensador escandinavo resumen la actitud de algunos profesores alemanes en estas horas de recogimiento. El alma colectiva de Alemania se ha absorbido el alma de sus pensadores y filósofos y la ha degradado al nivel de los más bajos instintos.

Se ha dicho que la guerra actual es en Alemania obra exclusiva del militarismo prusiano. De esta manera hemos querido rebajar el valor moral de esa nefanda y desatentada empresa. Es verdad que la casta militar prusiana, cuyo entendimiento no va muy por encima de la inteligencia rudimentaria de las multitudes, ha puesto todos sus conatos en provocar este incendio del planeta; pero es también evidente, por desgracia, que esos soldados de nacimiento han logrado producir en toda Alemania un estado de espíritu que reduce a la condición de enajenados mentales a todos los súbditos del Kaiser. Desde el labrador inocente hasta el profesor de psicología experimental, cada tudesco sabe o siente que Alemania está amenazada por el universo y que es necesario conquistar a las gentes e imponerles la cultura prusiana.

El labriego y el profesor han perdido desde un principio el sentido de la consecuencia. Afirman primero que el mundo se ha ligado contra ellos. Dan por sentado que era el ánimo de todas las naciones europeas y ultramarinas borrar a Alemania de la corteza terrestre. Los súbditos de Guillermo, en esta portentosa emergencia, no hacen otra cosa que defenderse. Pero, al mismo tiempo, otros profesores, como el notorio vulgarizador llamado Rudolf Eucken, afirma que Alemania es el mundo entero y que ese pueblo tiene la misión de velar por la existencia del mundo todo, por su dignidad y sus buenas costumbres. En otras palabras, los sargentos del tipo Bernhardi afirman que a Alemania le corresponde imponerle al mundo su propia cultura. Si la misión del tudesco era distribuir por el mundo una nueva civilización, cuidar celosamente del buen nombre de la especie humana, es apenas concebible que se pongan ahora los profesores a sutilizar sobre el caso indiferente de si son ellos los que hicieron la guerra o los que tuvieron que aceptarla de los aliados temerarios. En verdad, si tenían el deber de imponer por la fuerza el nuevo decálogo, declarar la guerra a las demás tribus era apenas una consecuencia de la obligación sacrosanta. Negar que fueron los agresores es una debilidad inferior a su empeño, porque estaba escrito que las nuevas tablas de la ley habían de ser grabadas en la piedra por el acero de un vándalo.

Todo concurre a hacer pensar que los alemanes van perdiendo la facultad del raciocinio. Nietzsche planteó a su modo la revolución de todos los valores, y dictó, para ejemplo, algunas posibles soluciones. Él proclamó la omnipotencia del instinto, al mismo tiempo que iba señalando las limitaciones del razonamiento. Fue Nietzsche quien dijo con serenidad y elegancia que a él no debían pedirle el porqué de sus opiniones. Y en efecto, la palabra *porque* apenas ocurre en sus aforismos o disertaciones. El Emperador Guillermo II, hijo de sus obras, y padrastro de las ajenas, se guarda para sí el porqué de sus opiniones, y sigue con admirable impavidez la línea recta que le indica la sencillez de sus instintos. Cuando los belgas heroicos a quienes la edad o los defectos físicos les habían negado el honor de tomar plaza en el ejército, echaban mano del fusil y apuntaban sobre el lancero alemán destructor del hogar y de la plantación belga, Guillermo II ordenaba la ejecución del belga *delincuente*. Tal era la palabra que en este caso usaba su santa y real persona. Cuando los prusianos, empero, en las vecindades de

Koenisberg, tiraban, sin vestir el uniforme del soldado, contra los rusos invasores, Guillermo II en la empresa de revaluar valores, les daba el título de *héroes* a los prusianos sin uniforme.

A este modo de razonar nos tienen acostumbrados los niños, los militares de profesión, los Emperadores alemanes y los viejos chochos; pero nuestra credulidad imperturbable se negaba a aceptar que los profesores alemanes adolecieran de esa flaqueza mental. Sin embargo, el profesor Guillermo Wundt, el Néstor de la ciencia internacional, se ha permitido publicar un follero titulado *La verdadera guerra*, en donde corren estampadas estas dichosas palabras:

> La verdadera guerra, es decir, la santa, la propia, la legítima, la justa y santa guerra, es la guerra que Alemania pelea contra sus enemigos. Pero la guerra que franceses, rusos e ingleses han emprendido contra Alemania, es algo distinto. No, esta guerra no es, del lado de nuestros enemigos, una guerra verdadera, no es guerra absolutamente, porque también la guerra tiene su derecho y sus leyes. Es un innoble ataque de bandoleros, cuyos medios son el asesinato, la piratería y el filibusterismo, no el combate abierto y honorable con las armas.

¡*Merci*!
Este lenguaje en boca de un emperador, de un sargento, o de un diputado republicano, estaba apenas en lo regular de las inmunidades y prerrogativas del oficio. Palabras de este género se escuchan en la plaza pública o en las cámaras sin detrimento de la moralidad oficial o con deleite de los numerosos y desprevenidos auditorios. Es el alimento ordinario del burgués obeso, del farmaceuta librepensador y del tendero librecambista. Con palabras de este género en boca de energúmenos más o menos asalariados han caído reinos, se han formado nuevas repúblicas y se han dirigido a la conquista del porvenir gentes que no se preocupaban de las realidades inmediatas. En boca del Profesor Wundt esta jerigonza provoca una sensación de hastío. Llegar a la cumbre del profesorado, haber acumulado en su cerebro todo el saber contemporáneo, tener sobre sus hombros la responsabilidad de encaminar hacia los

campos de la investigación a los hombres de varias generaciones, supone en verdad una discreción y un sentido de las conveniencias que en esta ocasión le han faltado lastimosamente al profesor de Leipzig. Su elocuencia ha de tener otro timbre en las aulas, y su manera de argüir es necesario que se ejercite en campos de mayor variedad y de más vasto horizonte. El Profesor Wundt no sabe acaso que hablando de ese modo ofende alevosamente la inteligencia de sus lectores.

Sin embargo, no debemos reñirle. El profesor, no obstante las implicaciones de la disciplina a que haya dedicado sus desvelos, es siempre y necesariamente un maestro de escuela, es decir, un funcionario encargado de transmitir a la niñez o a la juventud una serie de nociones, en la repetición de las cuales ve caer las hojas doradas con los primeros fríos del otoño y reverdecer los prados al beso discreto de las auras por Pascua Florida. La repetición es uno de los procedimientos más eficaces para provocar en la mente humana un estado de enajenación. Lo supo a la maravilla aquel profundo psicólogo a quien le debe el mundo la invención de los ejercicios espirituales. La especialidad, la camisa de fuerza de la especialidad, como dijo Nietzsche, acaba por esterilizar las más fecundas regiones del cerebro humano. De tanto repetir una misma enseñanza, el Profesor Wundt ha bajado al nivel intelectual de Guillermo II y está soltando folletos que así podían provenir de Monsieur Homais, como del más reciente de los fonógrafos.

La universidad que fue en algún tiempo una entidad libre ha venido a ser en nuestros días un engranaje de la burocracia alemana. Recibe su estipendio de las cajas públicas y dosifica la enseñanza según la voluntad del magnate. La vehemencia de la invectiva en las oraciones del Profesor Wundt tiene el calor y el alcance que señalan en Berlín, de acuerdo con las necesidades momentáneas, los consejeros del Kaiser. En verdad puede el mundo pasarse sin las patrioterías seniles de los profesores tudescos.

DEUDA DE INGRATITUD

Revista *Hispania*, n.º 36, Londres, 1 de diciembre de 1914, pp. 1264-1265.

EL EMPERADOR de Alemania, los periodistas y maestros de escuela, empeñados con él en la tentativa, frustrada según parece, de imponerle al mundo la visión alemana de la existencia, han empezado a manifestar su sorpresa ante la imperturbable actitud de casi todas las naciones cultas en presencia de la política alemana. El Emperador y su séquito, los propugnadores del pensamiento alemán, se quejan amargamente de que el mundo los odia. La sorpresa es un derecho sacrosanto e inalienable. No podríamos negárselo al Kaiser. Sería injusto pretender que los maestros de escuela han de tener sus almas a cubierto de ella. Sería deseable que el Emperador, el Príncipe Ruperto de Baviera y los profesores universitarios, usaran de otras formas al manifestarla. Es lo más que podemos pedirles, y si no lo conceden es porque la naturaleza humana tiene sus limitaciones.

El quejarse tampoco sale, aunque parezca, de lo humanamente practicable. Si el sorprenderse es un derecho de todo hombre, el quejarse lo es de todo ciudadano. Las democracias se basan sobre el derecho de quejarse, de ser oído, que tiene el ciudadano, aunque, por desgracia, el oír una queja no siempre trae consigo el atender a ella.

Decía que los alemanes se quejan del odio que, en su propio sentir, les tiene Europa, y no saben a qué atribuirlo. Individualmente el alemán bien educado es un hombre obsequioso. Sus maneras se inspiran en el deseo de agradar y, si no lo logra, la causa principal reside en una falta de gusto profundamente arraigada en la raza. El alemán sin educación oscila entre el servilismo y la arrogancia. El cambio se nota de ordinario con las alternativas de la fortuna. Pobre empleadillo, el alemán es sumiso. Colocado por la fortuna en posición más alta que su origen, se vuelve, por lo general, dominante y tiránico. Pero con todas sus limitaciones, el alemán, tomado individualmente, es un ser muy tolerable. En la América hispano-lusitana se ha hecho presente en varias formas, todas ellas simpáticas. Ya es el naturalista, el viajero impertérrito, enemigo jurado de las especies zoológicas que pueblan ese rincón del globo, afable con los naturales, sencillote, gordo, rubicundo, casi bobalicón. Ya es el comerciante premuroso, honrado, un tanto vocinglero y por lo general amigo inseparable de la cerveza. La sociedad en donde sienta sus reales le estima por lo general y le considera útil, entre los huéspedes. Suele ser áspero en ocasiones, pero por debajo de las asperezas se nota siempre un fondo de bondad. O es el agente viajero incansable y metódico, el judío errante moderno, a quien las necesidades de su patria le han impuesto la obligación de hacer conocer el artefacto alemán entre el ecuador y los polos mientras se halla vehículo para ir a la luna. El agente viajero procedente de Alemania ha explorado ya todas las regiones explorables de Sudamérica. Le encuentra uno en el tren, recorriendo los valles ardientes del trópico, en carros de ferrocarril que semejan estufas ambulantes para la distribución a domicilio de carne asada... humana. Cruza los yermos elevados a caballo o en su mula, poniendo los anteojos con que parece haber nacido, en cada pared de las posadas, como buscando un sitio para pegar sus anuncios, de los cuales halla usted ejemplares estrepitosos en la nieve de los Andes, en el corazón de los bosques tropicales, sirviendo de ornamento anacrónico a los árboles centenarios; en la inmensidad apacible de las mesetas, y en las orillas escarpadas del río torrentoso. Es una visión pasajera. Servirá con sus músculos flácidos, su mirada desierta, sus colores sanotes, para popularizar de aquí a cien años una leyenda sobre la reencarnación del judío errante. Los judíos polacos que uno a uno emigraban de su tierra en la edad media y con sus caras uniformes y su vestido siempre desolado y escaso, le causaban al observador desprevenido la impresión de que todos eran una sola persona que pasaba, repasaba y volvía a pasar, dieron origen a la leyenda del judío errante.

Hay además el alemán que corta por lo sano los lazos con la patria y se convierte sin dificultad en ciudadano útil y hacendoso de la nación a donde emigra. Es la mejor de las metamorfosis por las cuales suele pasar esta variedad de la especie. Los he conocido en las risueñas ciudades de los Andes centrales de Colombia, que a los treinta años de su permanencia habían olvidado su lengua, balbuceaban el español, propendían concienzudamente a aumentar la población blanca de Suramérica y tenían al Kaiser no por una santidad inadvertible, sino completamente inadvertida. Hablarles de Guillermo I o II y de Federico era lo mismo que tratar de remover en su memoria la lista de los Psámticos.

Todos estos alemanes son personas muy aceptables. Sin embargo, estas gentes, constituidas en nación, han resultado hasta ahora, menos dignas de encomio por su sociabilidad. La historia los reconoce como enemigos del género humano. Empezando con su irrupción en el imperio romano, los tudescos no le han dado tregua al mundo culto. En las carnicerías inconcebibles de que ha sido teatro la vieja Europa, casi siempre le corresponde a Alemania la generosa iniciativa. De mediados del siglo pasado hasta la hora presente, nadie puede escamotarle el honor de haber sido ella la que ha conservado hirviendo la caldera. En 1864, provocó la guerra con Dinamarca, desmembró al pequeño reino y desde entonces está tiranizando sin tregua a los daneses irreductibles del territorio conquistado. Ha gobernado allí durante cincuenta años y no ha logrado asimilarse a una pequeña masa de congéneres. Sin digerir el bocado se lanzó sobre Austria en 1866, la humilló sin tasa y se puso a afilar sus armas para una nueva empresa. Era necesario provocar una guerra con Francia, antes de que esta nación se apercibiese a la defensa, y no siendo posible hallar otro medio que la falsificación de un telegrama regio, el Canciller prusiano apeló al sistema de las raspaduras con el manuscrito de su Soberano. No es precisamente un modo elegante de salir del paso, pero resulta genuinamente prusiano. Sobrevino la deseada guerra en que Europa, atónita y mal informada, consideró que era necesario dejar hacer a Prusia, porque Francia había sido la agresora.

Es del caso señalar la actitud de Europa en el curso de estos sucesos. Sea porque las grandes potencias acariciaran secretamente los mismos planes de Prusia, sea que la humillación de ciertos reinos representara para otros una especie de crecimiento espontáneo, el hecho histórico es pavoroso. Inglaterra, Rusia, España, Italia, en la guerra franco-prusiana, en la agresión a Austria, en la desmembración dinamarquesa, miraron estos atentados con indiferencia tal vez, acaso con la secreta satisfacción que causa el mal ajeno. Esa actitud débil o equívoca ante las agresiones de la Prusia creciente, fueron la causa de la intranquilidad en la política europea desde ese año terrible y atormentado de 1871.

En largas y sapientísimas disertaciones preñadas de documentos, los países que hoy le han aceptado el reto a Alemania, sostienen que es ésta la causa de la guerra. Sin duda la agresión definitiva con que se prendió el incendio pertenece a Alemania. No pueden los aliados, sin embargo, salvarse del cargo de complacencia ante la política descaradamente agresiva de Alemania durante cincuenta años. Los hombres de Estado responsables en Europa de la salud de los pueblos, han debido tomar otra actitud ante la Alemania que se ensanchaba con los despojos de Dinamarca, con la humillación de Austria y con dineros y territorios franceses.

Y volvamos a la historia del odio. Alemania pretende no dar con la causa de esta prevención contra sus grandes destinos. En verdad la historia de sus agresiones frecuentes no es una recomendación. Hay, con todo, algo peor que ellas. Durante dos generaciones los pueblos europeos se han estado arruinando para desechar la pesadilla de una guerra con Alemania. Los hombres que han surgido a la vida política en la última generación han sido alimentados espiritualmente en Europa por una legión de escritores alemanes, género Treitschke, con todas sus posibles degeneraciones, en opinión de los cuales Dios hizo el mundo en seis días para que los alemanes lo ocupasen el séptimo con ánimo de dueños y señores. Todas las demás razas son inferiores. Toda nación del mundo que no coincida con la explicación alemana del conflicto vital, es o un equívoco peligroso o una tentativa criminal contra los manifiestos designios de la Providencia, según los creyentes, o de la sabiduría humana en sentir de los ateos. Así dicen los poetas (Liliencron), los historiadores (Treitschke), los filósofos (Houston Stewart Chamberlain, un escocés germanizante), los sargentos (Bernhardi), los estadistas (von Bülow) y el Kaiser. Su manera de decir carece de atenuaciones. Nos han puesto a los pueblos de otras razas en la categoría de ineptos, degenerados, hipócritas o disolutos; nos han notificado que van a imponernos su yugo, para nuestra felicidad, y se sorprenden porque al insulto y a la amenaza, las multitudes inalemanas responden con el odio. Esta actitud maravillada de la prensa germánica tiene valor idílico. Parece que estuviera uno leyendo a *Hermann y Dorothea* o los cuentos de Grimm.

Tal cual escritor germanizante dice, de golpe, y como para dar ejemplo de generosidad, verdades elementales. En un libro del profesor Steinhauser, titulado *La historia de la civilización alemana*, publicado en segunda edición hace apenas un año, hallo a la página 492 del tomo segundo, verdades de ese género. Dice Steinhauser en su sabia lengua:

> Nada ha sufrido más bajo el jugo del espíritu científico y racionalista de nuestros días, que la vida interior... La lucha económica, el régimen de la competencia y la premura de adquirir a todo trance, trajeron consigo la brutalidad y la falta de miramientos... Los profesores del 48 quedaron a un lado como charlatanes... El mercader astuto se llamó político realista. La política realista ha venido a ser un ideal.

Ya se ve que esta manera de considerar la misión del hombre sobre la tierra no es precisamente adorable. Decir que la ceguedad usuario-materialista de los días que corren es privativa de los alemanes, constituye un despropósito. Lo estrecho, lo reprobable es considerar eso a la manera de los alemanes, como la aspiración definitiva de un pueblo. El mundo no quiere que a son de trompetas Alemania, convertida en el apóstol de los apetitos bajos, los más bajos de la especie, quiera exigirles, por la fuerza, a las demás naciones la santificación del demonio interior.

En efecto, recorriendo la ciencia y la literatura alemana de la última generación, salta a la vista lo apropiado de las observaciones de Steinhauser. Los literatos alemanes que han dado señales de una vida interior complicada y extensa, o son espíritus de combate que reaccionan contra las corrientes predominantes, como es el caso de Nietzsche, o pertenecen a otra raza y han recibido otra educación, como Hermann Bahr, Stefan George, Schnitzler, Hofmannsthal. Los filosofantes de la última hora han encontrado para su deleite una explicación del odio tenaz que, según ellos, les ha jurado el mundo entero a los alemanes. El razonamiento no es hondo pero tiene la virtud de ser claro. "¿Por qué nos odian?" dicen éstos. Y ellos mismos responden:

> Porque somos el elemento activo del mundo, porque trastornamos las comodidades de los que se han enriquecido y de los que están en decadencia. Nuestros métodos técnicos y comerciales les imponen un esfuerzo desagradable de pensamiento y de trabajo a la gente cuya vida está llena con el juego de *football*, y cuya más honda preocupación es la manera de prolongar el fin de semana. Otros, hacia el este, odian en el tudesco al hombre del imperativo categórico que turba el concepto brahamánico de la existencia y que desplanta la lenta economía incapaz de analizar las cuentas en forma muy precisa y pormenorizada.

Todo esto puede ser verdad o dejar de serlo; pero la actitud mental de que surgen tales generalizaciones no es tampoco la más adecuada para captarse el amor de los extraños. Aun aceptando la superioridad del cerebro germánico, es visible que, para hacérnoslo amable, sus felices poseedores habían de usar de otros modales. Hasta ayer tarde a estos razonamientos se agregaba la inmoralidad creciente de Francia y la laxitud de las costumbres parisienses. Excusan ya decir esto los moralistas del teutonismo, porque, a iniciativa del Kaiser, y para contener entre los oficiales del ejército la propagación de un vicio tortuoso, Berlín se ha convertido en la capital más alegre y más benévola del mundo occidental. Acaso con esta circunstancia obtenga de la historia un poco de clemencia para con lo que Nietzsche denominaba el "espíritu de la pesantez", o logre hacerse perdonar aquel modo abreviado y zurdo de abrirse camino en lo moral y en lo material que el berlinés ha designado con el nombre de *Schneidigkeit*.

LA ESTRATEGIA MODERNA

Revista *Hispania*, n.º 36, Londres, 1 de diciembre de 1914, pp. 1270.

¿Qué cosa es un perito en asuntos militares? preguntó Mr. Hennesy. Un perito en cosas militares, dijo Mr. Dooley, es un hombre de quien usted no ha oído hablar antes. Si puede usted acordarse de un sujeto de facha estrambótica cuyo nombre se le escapa, y ese sujeto tiene empleo en un periódico que hasta ese día no existía para usted, llámele usted perito de prensa en cosas militares. Es un empleo difícil de servir.

Así dice Peter Dunne en un libro de vasta circulación en los Estados Unidos y en Irlanda, menos conocido en otras partes por venir escrito en un idioma que no ha caído aún en manos de los filólogos tudescos para su autopista y clasificación. El título del libro es: *Mr. Dooley's Philosophy*. Hago esta cita no por seguir el impulso de los eruditos y manifestar la extensión y variedad de mis lecturas, sino porque la definición está bien hecha y resulta pretencioso tratar de formular otra.

Cuando esto escribía Mr. Dooley, el crítico militar o naval era un ajuste indispensable en la maquinaria de la prensa y el centro del espectáculo en tiempo de guerra. Había todas las razones del mundo para suponer que la aviación, los cañones modernos, los ferrocarriles estratégicos y la imbecilidad creciente del género humano, no solamente conservarían en su lugar de gran predicamento al crítico militar, sino que habían de llevarle a la cumbre de los acontecimientos.

El crítico militar basaba antaño sus observaciones sobre los partes del Estado Mayor. Esta era su fuerza y de allí dimanaba su autoridad. Cuando el periódico diario empezó a ejercer cierto influjo sobre las ideas de hombres que no tienen ningunas, apareció, en tiempo de guerras, una nueva creación informativa. Era el corresponsal de la línea de batalla. Ante esta nueva aparición el crítico militar frunció los hombros, como si se tratara de una vegetación parasitaria que era preciso eliminar a todo costo. La existencia de un corresponsal en la línea de batalla era sin duda una conveniencia para el crítico; pero la idea de que las correspondencias se difundiesen en la prensa, antes de que el experto militar se hubiese valido de ellas, era simplemente absurda. Los partes del Estado Mayor, que en ese tiempo eran larguísimos y muy instructivos, aparecían en letras de molde uno o dos meses después de sucedidos los acontecimientos allí descritos. La obra del crítico, basada en esta firme documentación, pasaba de sus manos a las páginas de la historia universal escrita por Thiers o por Alejandro Dumas. Al sobrevenir el telégrafo y el corresponsal de la línea de batalla, el crítico militar tuvo que habérselas con los nuevos elementos creados por la industria humana y hacer caso omiso del Estado Mayor y de sus partes. Si se hubiera eliminado la vegetación parasitaria del corresponsal, no se sabe lo que hubiera sido del crítico militar, o mejor dicho, sí lo sabemos, porque el corresponsal de la línea de batalla ha desaparecido.

Los Estados Mayores al Norte, al Este y al Oeste, les han hecho saber a Sus Excelencias los dueños de grandes hojas informativas que en la línea de batalla no hay puesto para sus corresponsales. Les niegan la gloria de exponer sus preciosas vidas en holocausto de la información y de la notoriedad. El crítico militar hace sus cuentas ya sin los corresponsales. Por su parte, el Estado Mayor usa de un laconismo que parece inventado para exacerbar el mal humor de los críticos. Se hallan, pues, estos abnegados servidores del público en la dura alternativa de dar su opinión sobre campañas conducidas sistemáticamente en la calígine del misterio o guardar un rencoroso silencio.

El crítico militar se ha vuelto monótono como los partes del Estado Mayor y está amenazado de muerte, del mismo modo que su servidor e instrumento el corresponsal de la línea de batalla. El lector de los diarios aumenta el caudal de sus conocimientos en táctica, y se impone hoy del curso de las operaciones en frases como éstas:

> El ejército enemigo puede haber penetrado en el Bosque de X... pero el camino que conduce a esa ciudad, o puede haber permanecido en el camino, si no ha retrocedido, como lo hacen suponer, por otra parte, los términos lacónicos del comunicado oficial. Sin embargo, noticias venidas de Estocolmo hacen pensar en la posible ocupación del bosque por el enemigo, pues en la mañana de ayer parece que los uniformes eran fácilmente reconocibles de este lado de la floresta. Es difícil, con la mezquina información que suministran los comunicados oficiales, descubrir si el enemigo atravesó el bosque, o si se ha acercado a nosotros flanqueando la floresta. En todo caso, si resultare cierta la noticia proveniente de Estocolmo, el enemigo se halla de este lado del bosque. Por el momento no podemos decir cuáles son nuestras posiciones.

El suscriptor a los diarios matinales recibe esta información seis veces por semana con gran entusiasmo el primer día, con discreta curiosidad el segundo. Del tercero en adelante empieza a imaginarse que es monótona, y a la postre se dice que le están tomando el pelo, en lo cual es posible que no estuviere muy errado.

A todas estas, la cólera del periodista asume proporciones subversivas contra los Estados Mayores. La prensa determina ya en el horizonte el desquiciamiento del planeta a causa de la severidad con que las autoridades militares les cierran el paso a los periodistas en el campo de las operaciones. Unánimemente los diarios entonan el himno de la rebeldía, ante cuyos acordes amenazantes el Estado Mayor se hace más críptico y más indiferente.

Por otra parte, la estrategia claudica. ¿Recuerdan ustedes aquellos golpes de ingenio con que un Napoleón, fijos los ojos en un mapa de Europa, iba empujando al General Mack, sin saberlo, a la frontera de Ulm? Sin ir muy lejos ¿hacen ustedes memoria de las sorpresas, de las combinaciones temerarias que llevaron a cabo los *boers* en defensa de su República? Todo eso ha terminado lamentablemente. El aeroplano, como la estrella polar, atisba eternamente los movimientos del enemigo. La sorpresa contra ejércitos de uno o dos millones de hombres carece de aplicación práctica. En dos líneas de batalla que se extienden, la una desde el Mar del Norte hasta los Vosgos, y la otra desde el Báltico hasta los Cárpatos, la sorpresa es imposible. Los movimientos envolventes están limitados por el mar de un lado, las montañas y los fuertes de otro. Cuando un enemigo allega más fuerzas, el otro las cuenta desde sus aeroplanos y procede a acumular las suyas, por medio de los ferrocarriles estratégicos, en el lugar conveniente. De esta manera las dos grandes campañas han degenerado en carnicerías parciales, horriblemente monótonas, llevadas a cabo por la artillería sobre ejércitos atrincherados. El genio militar se ejercita, como el estudiante de primeras letras, en trazar sobre un mapa una paralela a otra línea, por un punto determinado.

A este fin trágico han llegado los críticos militares, los corresponsales de la línea de batalla y la estrategia moderna, todo por culpa de gentes obcecadas a quienes no han convencido aún los tácticos alemanes de la eficacia absoluta de sus procedimientos.

UN LIBRO DE CUNNINGHAME GRAHAM[5]

Revista *Hispania*, n.º 38, Londres, 1 febrero de 1915, pp. 1306-1307.

ESTE ES UN LIBRO de valor recóndito. Suponga el bien intencionado lector que de entre las ruinas de Pompeya pescara de repente uno de esos profesores alemanes, cuya es la tarea de desenterrar el pasado, un libro en el que se describieran al por menor la vida y costumbres de las ciudades puestas a buen recaudo por la lava del Vesubio. Conceda el lector, además, que las descripciones procedieran de un artista supremo de la palabra que tuviera el privilegio de asir la realidad sin tenacillas y de ponerla a la vista del lector dentro de la perspectiva encantadora de una edad más sabia, más inquieta, y acaso tan refinada como la de los romanos de la decadencia. En otras palabras, imaginemos, lector bondadoso, que hoy resucitara un habitante de Pompeya y, haciendo uso de las formas literarias perversamente refinadas y adorables que nos han legado en siglos de cultura los tenaces cinceladores de la palabra, nos diera el cuadro de los placeres y las miserias humanos según él los había observado en uno de los periodos más interesantes de la historia.

El libro de Cunninghame Graham tiene un mérito semejante. Lo que pasó con Herculano y Pompeya está pasando diariamente con las ciudades vivas. El andar de la historia, la vida de los hombres, el cambio de instituciones políticas, de sentimientos, de perspectivas morales, las va enterrando poco a poco.

---

[5] Tomamos de *El Río de la Plata*, de nuestro colaborador y amigo Cunninghame Graham, las palabras de introducción que lleva el interesante volumen. Tiene también la obra un prólogo del Sr. Pérez Triana.

En los anales históricos al alcance de los profanos puede uno leer de las enormes transformaciones sufridas por las ciudades en que se han forjado y deshecho los grandes imperios. El suelo de Roma, excavado y revuelto, dice las vicisitudes incomparables de esa cuna agitada del mundo latino. Después de haber sido la ciudad más populosa del orbe, vino a tener en la Edad Media la población de una aldea. El polvo de los siglos, y el limo de los valles iba cubriendo a la vista de los romanos de entonces todos los monumentos de una civilización que hoy parece imperecedera. A nuestra vista Londres va desapareciendo. Si no tuviéramos los libros de Dickens, de Thackeray, de los novelistas que florecieron en Inglaterra a mediados del siglo pasado; si no tuviéramos la prensa de esos años, el Londres de la edad victoriana vendría siendo para nosotros un enigma tan indescifrable como la Pompeya del año 79, que muestra, sin embargo, sus calles y sus plazas, el mobiliario de sus habitaciones, las actitudes mudas de sus habitantes, sus baños públicos, los juguetes infantiles, pero esconde tenazmente los sentimientos de sus moradores.

Cunninghame Graham vivió en el Plata cuando esas comarcas tenían todavía el encanto de la vida primitiva. Conoció a Buenos Aires cuando la gente se desnudaba después del almuerzo para meterse en cama y dormir la siesta, cuando el viandante a pie era detenido en las calles por el pordiosero que le estiraba la mano desde los lomos de su cabalgadura. La Pampa, virgen de rieles y de automóviles, no le cedía el encanto de sus cielos profundos y de sus llanuras solitarias sino a los viajeros capaces de entrar en mudos coloquios con la naturaleza imperturbable.

Cunninghame Graham conoció al gaucho, conoció al argentino cuyas costumbres no habían recibido el contagio de las finanzas europeas. El Plata es hoy rico, Buenos Aires más grandioso, la Pampa más poblada, que en los días a donde vuelve sus ojos el autor de este libro. Sin embargo, ni el Plata, ni Buenos Aires, ni la Pampa, se han perdido. Hay algo más sutil y evanescente que ha desaparecido por completo y que el autor, por un privilegio extraño del destino, ha podido conservar para deleite de sus contemporáneos: son los sentimientos rudos, generosos; la energía indomable; la lealtad duradera y los odios tenaces de aquel mundo extraño que se dibuja a nuestros ojos como si hubiera sido fijado en palabras por un profeta del pasado, lleno al mismo tiempo de la visión fascinadora de los tiempos presentes.

LA LUCHA CONTRA EL ADJETIVO

Revista *Hispania*, n.º 41, Londres, 1 de mayo de 1915, pp. 1361-1362.

CUANDO LOS DIARIOS ingleses publicaron en abril la muerte del Barón de Reuter, pocas personas, sin duda, se dieron cuenta de que desaparecería con ese nombre el jefe de la más vasta empresa de informaciones que haya en el mundo. Para muchos lectores de la prensa diaria, Reuter simbolizaba una serie de esfuerzos encaminados a tener al público siempre al corriente de la política mundial, una firma como la *Prensa Asociada* o las *Noticas Centrales*, sin fisonomía personal. Muchos de los que habían oído mentar en Inglaterra al Barón de Reuter y no habían tenido el gusto de conocerlo, se habían quedado con identificar el título con la firma que garantizaba la autenticidad de las noticias calográficas en todas las latitudes del planeta. Aun es de suponer que en Sydney, en Tokio, en Roma, en Valparaíso, esta firma comenzaba a adquirir las proporciones desmesuradas del mito. Reuter, un hombre que sabe cuánto pasa en el universo mundo; Mercurio que hiende el espacio, sondea en las profundidades de los gabinetes y distribuye en seguida por todo el mundo los secretos de Estado; el Diablo Cojuelo que tiene la maravillosa facultad de levantar los techos de las casas para mirar en el fondo de los retretes.

Este Mercurio, este Diablo Cojuelo, había logrado, en largos años de esfuerzo, llegar a una perfecta abolición de todo sentimiento personal. No conozco, en la historia reciente de la literatura, nada comparable a esto, como no sea la tenacidad de Flaubert en busca de una absoluta despersonalización. Reuter es el dechado perfecto de la objetividad alemana. Sus noticias contenían solo el hecho desnudo. A la imperiosa demanda británica concebida en estos términos: "*Give us facts*", "Denos ustedes hechos desnudos de todo comentario y libres de sentimiento", Reuter había contestado organizando un aparato de difusión absolutamente extraño a las pasiones del hombre. Con la misma serenidad e indiferencia relataba una degollina de huelguistas en México, una devastación causada por erupción de un volcán en Italia, la muerte por inanición de unos cuantos exploradores del Polo Norte, o el nacimiento de un heredero en la Real Beocia. Ni aun en materias comerciales solía esta firma salir de su actitud rigurosa de relator impersonal. Tuvo siempre Reuter un horror intelectual al uso de los adjetivos. Con media docena de ellos, casi todos descoloridos y vagos como espectro, satisfacía los anhelos de sus corresponsales. Apresúrome a decir que no se trataba, como en el caso de Flaubert, de una teoría de arte más o menos bien hilada, ni de un vehemente deseo de concisión. Esta frialdad estatuaria de las noticias arrojadas por Reuter a los cuatro vientos era una necesidad del oficio. Desde luego, cuando cada palabra cuesta tres o cuatro chelines por la sola transmisión, el hombre de negocios se hace muy avaro con los adjetivos. Además, Reuter se procuraba esas noticias no para publicarlas por su cuenta, sino para venderlas a cuantos diarios quisieran valerse de ellas para informar a sus lectores. Las opiniones de estos diarios son abigarradas: algunos propugnan las ideas de que los otros abominan. Calificando, en la forma más suave, las consecuencias de una huelga en Milán, podía Reuter lastimar el sentimiento de los periódicos socialistas que compraban sus noticias. De modo que el adjetivo para la oficina de Reuter debe de haber adquirido las cualidades de agente corrosivo.

    La noticia de la muerte de Reuter vino acompañada de pormenores sensacionales. El jefe de esta oficina resultaba después de todo, ser un hombre apasionado, esposo amantísimo, de una sensibilidad delicada, y de sentimientos superiores a su resistencia nerviosa. Reuter les puso fin a sus días voluntariamente, porque no pudo concebir que la vida tuviera para él objeto, desde el día en que hubo desaparecido su esposa. No esperaban este humano y precioso pormenor los que documentaban el andar de la guerra en telegramas incoloros firmados por Reuter. ¿Podía un hombre que había eliminado de la historia contemporánea el sentimiento y la nota de color atentar contra su vida en horas de desamparo? ¿Era creíble que poseyera una exquisita sensibilidad este hombre que había puesto todos sus conatos en abolir la sensibilidad de sus clientes?

Una sorpresa más grande nos reservaba todavía el Barón Reuter a quienes le tuvimos, en vida, por un mito de creación reciente. Los grandes dramas pasionales finalizan generalmente en los diarios con un suicidio estrepitoso. Muy frecuentemente los abonados no saben nada más allá del pistoletazo. Solo en el caso de poetas líricos o de damiselas aficionadas a la lectura de novelas complicadamente innocuas suele ser favorecido el público con una confidencia epistolar de corto pero sustancioso contenido. Ya es el vate que rompe voluntariamente los lazos que le unen a una sociedad incapaz de comprenderlo y se lo comunica al mundo indiferente en una carta destinada a la publicidad. Ya es el artista vencido en una serie de batallas contra la fatalidad de la competencia, o contra la fatalidad de no haber dominado su arte, o contra el escollo de un público más atento a la movilidad incolora del cinematógrafo que a las rígidas armonías del cubismo, el que nos hace partícipes de la causa de su desesperación. Reuter, tan discreto con el público a quien surtía de noticias diplomáticas y financieras absolutamente dignas de crédito y exentas de todo viso de interés o de sentimiento, dejó, para que trascendiese a los diarios, una carta en que anunciaba las causas de su fin prematuro y voluntario. A fuerza de educar a su público, Reuter acabó por adquirir los caracteres que él quiso suprimir en los lectores de sus noticias. Público insensible, tu proveedor era un hombre apasionado; público indiferente, el corazón de Reuter era un nido de tormentas; agentes de bolsa que habéis vivido enamorados de la discreción de esta agencia de cables, sabed, una vez por todas, que la indiscreción de su agente trajo a las columnas de los diarios una delicada historia de sentimiento digna seguramente del inviolado nicho de los recuerdos familiares.

Con este hombre no muere, como en otras ocasiones, un sistema. La vida moderna se ha complicado en ciertas direcciones, pero en otros sentidos resulta horriblemente simplificada y sin fondo. La misma primavera que vio fenecer a Reuter, cuenta en sus necrologías el nombre de Rothschild, cuya muerte pasó casi inadvertida fuera de las encrucijadas de la City. En Roma, los diarios de una tarde dieron la noticia en dos líneas como un rumor no confirmado, y al día siguiente los lectores se quedaron esperando la confirmación. La noticia había perdido su importancia. Reuter, Rothschild, han venido a ser ruedas de un mecanismo complicado, pero perfectamente conocido. Cuando la rueda se rompe, es reemplazada sin que la máquina sufra. No se advierte siquiera que haya habido una suspensión de trabajos en los minutos requeridos para reemplazar la pieza.

Y sin embargo, estos hombres tuvieron en sus manos un poder inequívoco. Reuter fue capaz de moverles guerra a los adjetivos, y logró sin duda hacer desaparecer de sus cables toda nota humana. Rothschild redujo a cifras el mecanismo de la vida nacional en muchas comarcas del planeta. Sus libros de cuentas determinaban el rumbo de la política en algunos países y distribuían en otros la prosperidad o la indigencia. Pero su nombre pasa sin haber influido ni siquiera remotamente sobre las fases más interesantes de la vida, sobre sus más nobles manifestaciones.

¿Qué hubieran hecho Reuter, Rothschild y Carnegie empeñados en la labor de modificar los sentimientos del género humano? Los gobiernos, la Iglesia, las multitudes hubieran querido adueñarse del cinematógrafo, de los periódicos diarios, de las casas editoriales de donde salen a comprimir el intelecto las novelas terriblemente sensacionales y los textos de enseñanza. Está muy bien que se edifiquen templos a la paz; la civilización contemporánea no ha querido apreciar en su justo valor este regalo de Carnegie. Sin embargo, el edificio en sí mismo no es una amenaza social. Vías férreas, canales, obras de salubridad provechosísimas se llevaron a cabo mediante los dineros que hacía brotar Rothschild del pavimento de Londres. ¡Loadas sean su habilidad, su develada y penetrante inventiva! Con todo, queda manifiesto que se pueden construir ferrocarriles, sin exaltar por eso a las nobles aspiraciones del espíritu humano. Un hombre como Reuter, que venció al adjetivo en lucha de decenios, tenaz, desigual y silenciosa, ¡qué maravillas no hubiera obrado sobre sus contemporáneos y sobre la posteridad, si en vez de medirse contra el *bacillus adjetivus*, que destruyó tantas bellas disposiciones literarias, se hubiera empeñado en fecundar regiones del cerebro humano que permanecen eriales después de treinta siglos de civilización!

LA PRUDENCIA DE LOS INCAUTOS

Revista *Hispania*, n.º 42, Londres, 1 de junio de 1915, pp. 1382-1383.

LOS SUDAMERICANOS que viven en Europa y pueden escribir en los diarios y periódicos que circulan vastamente en el otro lado del mar, tienen para con sus coterráneos la obligación de señalar los peligros que corren aquellas naciones en sus intimidades con Europa. Las más de las veces no serán oídos. Eso no importa. La misión del periodista, en caso de que haya una verdadera misión para los del oficio, tiene las apariencias de un sacerdocio, y una de las miserias con que el sacerdote ha de luchar ordinariamente es la que le hacen sufrir la indiferencia del público y la incapacidad orgánica de las multitudes para recibir las verdades de alcance remoto.

La guerra es por su origen, por su desarrollo, por las tendencias que han manifestado algunos beligerantes, una continuada admonición para los países sudamericanos. Sin embargo, los avisos que la guerra envuelve no siempre van en forma perceptible para todos. Es preciso desentrañar su sentido, explicarlo a las gentes, desembarazándolo de muchos incidentes que suelen hacerlo inasequible al común de los lectores.

Acaba de ocurrir en Alemania un suceso en apariencia insignificante para la política universal y que, sin embargo, puede tener vasta influencia en la vida de los pueblos. Un caballero alemán (de industria, según parece), llamado Possehl, había logrado hacerse a una posición en la ciudad anseática de Lübeck, donde ejercía el cargo de Senador. Senador, en las ciudades anseáticas, que se gobiernan a sí mismas y tienen escasos vínculos con el Imperio, es algo como miembro del Consejo Municipal entre nosotros, pero con más prerrogativas, con más atribuciones, sin duda, porque la ciudad es una especie de república soberana, dentro de una confederación de pequeñas naciones. El Senador Possehl que, entre otros méritos, tiene el de haber comenzado con nada, era, además de Senador, hombre de negocios vastamente ramificados. Especulaba en minas, en tierras, en valores de banca, dentro de los límites de su patria anseática, en el recinto del Imperio alemán y por todas partes de Europa. Era lo que en francés dicen, con una mala palabra, *brasseur d'affaires*. Lo cual, por otra parte, nada tiene de raro. Una curiosa hibridación de las especies sociales ha venido a producir un tipo anómalo de parlamentario, jugador de bolsa y promotor de empresas, en cuyas manos o en cuyos bolsillos, si hemos de hablar con desembarazo, están a veces la suerte y todo el futuro de una nación. No dirán ustedes que estoy hablando de Caillaux. Tal vez este hombre ha sido víctima de una calumnia. Hay algunos ministros franceses cuyos nombres figuran metódicamente entre los accionistas de empresas suramericanas equívocas e indignas; pero cuando va usted a hacer averiguaciones sobre el particular resulta, si la empresa carece de beneficios, que el Ministro no tiene acciones en ella y que la adjudicación se la hicieron sin su consentimiento; si hay dividendos que repartir, el Ministro está seguro de los medios legítimos por los cuales adquirió su propiedad. Más adelante verá el lector por dónde se relaciona esta digresión con el caso del Senador Possehl, a quien Júpiter tenga de su mano.

Hace algunos meses; diremos, para ser menos imprecisos, en el otoño de 1914, el apoderado de Possehl fue reducido a prisión en Alemania, sindicado de que traficaba en materiales de guerra con el enemigo. De consecuencia de la prisión de Hersen, apellido a que corresponde el desventurado procurador de Possehl, la policía alemana se dio con mucho tiento a la tarea de seguir en sus más menudos desarrollos los negocios de estos chicos en Suecia, tierra favorecida por su especial solicitud. Esta pesquisa de la policía alemana ha tenido por inesperada consecuencia la prisión del Senador, a quien se acusa ahora nada menos que de alta traición, por haber estado vendiéndoles materiales de guerra a los enemigos de Alemania.

Carece de importancia para Sudamérica este asunto desde el punto de vista de la falta. No será Possehl el primer Senador que en Europa trafica en contra de la patria. La voz patriotismo suena con ecos megafónicos en boca de aquellas personas, constituidas en alta dignidad, que ven comprometido un buen negocio por la indiscreción de los grandes diarios. Los grandes diarios hablan de patriotismo mientras ponen la mano por detrás del cuerpo, tendida hacia arriba para recibir conjuntamente noticias tendenciosas y papeles de crédito. Lo raro en este caso es que hayan aprehendido al supuesto o verdadero delincuente. Possehl les vende armas a los enemigos de su patria en tiempo de guerra y van a castigarlo. Krupp y otras gentes venden armas a los enemigos de su patria en tiempo de paz, para que le hagan la guerra. Esto probablemente es cosa muy distinta para el criterio comercial, y en este caso yo me ufano de carecer en absoluto de ese criterio.

Hay además otras formas de hacer traición a la patria que no envuelven castigo en la legislación contemporánea. Vender armas a los enemigos es traición en alto grado, porque con esas armas se destruye la salud y la vida de los defensores de la patria. Hay reyes, hay parlamentos, hay presidentes de repúblicas más o menos bufas, que producen, en virtud de un monopolio establecido a viva fuerza por ellos mismos, un veneno llamado alcohol, lo distribuyen profusamente entre los asociados para procurarse una renta, sin ignorar que de ese modo, con más eficacia que con fusiles, están destruyendo la salud y la vida de los posibles defensores de la patria. El delito de Possehl no tiene, pues, gran resonancia.

El castigo que han de imponerle, asume, sin embargo, caracteres de relevante magnitud desde el punto de vista internacional. Cualquiera se imaginaría que en país tan bien organizado como Alemania, un delito de traición debía ser castigado con la horca. Yo me alegro de saber que, políticamente, la lógica no solo falla en las Repúblicas de tierra caliente, sino también en Alemania. De acuerdo con la ley alemana, al Senador Possehl le tocarán diez años de prisión si resultare convicto. Esperemos que sus buenas relaciones y su antiguo carácter de Senador le hagan llevadero el encierro. Sin embargo, estos diez años tampoco tienen importancia para Sudamérica fuera del punto de vista de la doctrina cristiana, que nos invita a consolar al triste. La ley alemana, con todo, va más lejos. A más de los diez años de prisión, el traidor sufre la pérdida de sus bienes por confiscación. Es aquí donde el interés sudamericano se hace predominante.

En aquellas Repúblicas los gobiernos suelen hacer concesiones de liberalidad inverosímil: contratos para construcción de caminos cuya explotación durará cien años en beneficio del concesionario; contratos para navegar ríos por el término de una vida humana, con exclusión de toda quilla que no pertenezca al contratista; explotación de bosques a perpetuidad; privilegios para destruir por medio de la sed y del tifo a una capital, construyendo acueductos que no se acaben nunca, porque al estar terminados finaliza o comienza a contarse la duración del privilegio. Estas son la sabiduría administrativa de los gobiernos sudamericanos y su interés por los bienes de la comunidad. Las personas a quienes de ordinario se hacen estas concesiones son aventureros de toda pluma, y aún pueden ser implumes; son gentes desconocidas en Europa, que han sentido las mordeduras del hambre en el aire tenebroso de Londres o en el ambiente luminoso de Sydney o de Melburne, y han aprendido a despreciar al prójimo y a despreciarse a sí mismos en sus vastas peregrinaciones de *globe-trotters* voraces y desocupados.

Cuando estos *sans culottes* de la finanza dan con un Presidente de burlas o un parlamento de entremés en las pacíficas soledades de los Andes, empieza la serie de depredaciones y sortilegios con una magnífica concesión negociable en Europa. En esas concesiones los soberanos de la tierra caliente han aprendido a poner una cláusula que dice más o menos: "es condición de este contrato que el concesionario no podrá traspasarlo a nación extranjera". Con esta sentencia quedan salvadas todas las posibles emergencias, en sentir de la sabiduría administrativa de algunos gobernantes. Es claro, se dicen ellos, que ninguna nación va a comprar el contrato, porque la compra sería nula.

Volvemos ahora a Possehl. Esta criatura había adquirido en sus días de prosperidad minas en Suecia, bosques en Noruega para la producción de pulpa de madera, y otras varias propiedades. Como su fortuna se contaba por millones de marcos, muchas de estas explotaciones que tenían apariencia de compañías anónimas eran, en rigor, suyas propias, porque habiendo resultado prósperas, él había usado de su conocimiento de los negocios de bolsa para comprar a su talante todas las acciones. De modo que al sufrir Possehl la pena de confiscación de sus bienes, vendrá la nación alemana a ser dueña de los terrenos que el delincuente presunto ha adquirido en Suecia y en Noruega.

Esta era la temeraria enseñanza que queríamos derivar de un hecho en apariencia extraño a la vida suramericana. No hubiera venido a nuestro conocimiento si el paso por Göteborg no nos hubiera hecho pasar la vista por los periódicos suecos de mediados de mayo, en donde la cosa tuvo cierta resonancia. Y de aquí en adelante toda ejemplificación resulta superflua, pero es bueno advertir dos cosas: 1.º que muy probablemente este juicio por traición es una mera fórmula engañosa de que el Gobierno alemán se vale para poner la mano sobre propiedades suecas y noruegas que le hacen falta; y 2.º que a pesar de la cláusula puesta a manera de prevención en los contratos sudamericanos, pueden, por medio de este subterfugio, los gobiernos europeos adquirir la propiedad de empresas ferrocarrileras o de navegación de las que se han instituido en aquel Continente merced a concesiones inconsultas. Importa ser prudentes, sin dejar de ser cautos.

Copenhague, 20 de mayo.

EL ÚLTIMO DE LOS PURISTAS

Revista *Hispania*, n.º 44, Londres, 1 de agosto de 1915, pp. 1432-1433.

ESTE TÍTULO de uno de los más bellos y curiosos ensayos de Francisco de Sanctis, me ha venido a la memoria al leer en los diarios de Colombia la nota conmovida por el motivo de la muerte de Luis Eduardo Villegas, hombre docto, jurisconsulto de muchas letras, y ardiente adorador de la hermosa lengua castellana.

Su más viva preocupación en 1880, cuando le veíamos en las redacciones de los periódicos políticos, no eran las vicisitudes de los partidos, sino la pureza y esplendor de la lengua castellana. La política, al fin y al cabo, no era sino un menester despreciable, como cualquier otro, lleno de sórdidas aspiraciones, de locos devaneos, y de funestos desengaños; en tanto que el cultivo de la lengua por la lengua sola, por la inefable majestad de su belleza, carecía de sinsabores y no era ocasión a desengaños.

Amaba su lengua con amor celoso, y en aras de ese amor vino a quemar sin incienso las flores de la retórica, de que se encariñó sin saberlo, con tanto trasegar por los fatigados textos de los clásicos en busca de las más puras formas de la expresión. La Academia le inspiraba entonces un profundo respeto. Las voces que su Diccionario no hubiera prohijado él las tenía por indignas de aparecer en su prosa sabia y solemne. Los que empezábamos a hacer el ensayo de nuestra debilidad en las pugnas del periodismo por aquellos días, nos arrojábamos sobre sus artículos políticos en busca de las formas inmarcesibles de expresión. Teníamos su prosa por el dechado de la pureza; solía de cuando en cuando cerrarnos el paso algún vocablo de ceñudo entrecejo, recóndito y extraño al uso cotidiano, pero la autoridad del Dr. Villegas, generalmente respaldada por la docta Academia, iluminaba nuestras dudas y enderezaba nuestros vacilantes propósitos.

A tiempo que hacía campañas políticas en los diarios de provincia, e iluminaba con su ciencia jurídica en un Tribunal de justicia los casos arduos que se abrían paso hasta esa grave institución, servía en la universidad y en algunos institutos privados la clase de castellano. Su enseñanza no era el ordinario distribuir de nociones incompletas en un modo atropellado a la juventud sin pretensiones. Su enseñanza era una serie de revelaciones. Los que le escuchaban recibían su palabra con la convicción de que había entrado en sus espíritus la buena nueva. Antes de que el Doctor Villegas se acercara a sus discípulos creían en ellos, y creíamos otros muchos, que, sin visitar las aulas, estábamos bajo el influjo de su excesiva personalidad, que hablábamos en lengua castellana. La palabra del Dr. Villegas nos había descifrado el enigma. Eso de que nos valíamos para comunicar el pensamiento era un guirigay indigno, reprobado por todas las nociones de decencia, una mezcla de términos locales y de sentencias francesas malamente acomodadas al idioma castellano en detrimento de su pureza, de su elegancia, de su fluidez irrestañable, de su melodiosa claridad. Odiaba las innovaciones. La lengua había cristalizado de 1550 a 1640. La decadencia del siglo XVIII era debida principalmente al influjo inmoderado de las letras francesas, y el desastre ruidoso que culminó en el pernicioso ejemplo de los escritores americanos, a mediados del siglo XIX, era superior a toda ponderación.

Cuando el Doctor Villegas había entrado a las aulas de la segunda enseñanza, en busca del saber intermediario para llegar a la Universidad, comenzaba a hacerse sentir el influjo de los castigadores de la lengua. Ya la Gramática de Bello había extendido con majestad su influjo por todo el Continente; ya eran conocidas y apreciadas las *Apuntaciones Críticas* de Don Rufino J. Cuervo, y ya corría por las bibliotecas de los eruditos el libro de Capmany que, aunque antiguo, había permanecido oculto para muchos hablistas en América y que, en rigor, no fue popular hasta que Baralt lo hubo desbalijado para hacer su *Diccionario de galicismos*. Bello, Cuervo y algunos otros hablistas que se entretuvieron en trazar arabescos sobre los fastuosos monumentos elevados por aquellos sabios en honor de la lengua española, tuvieron la fortuna de ser escuchados con obediencia por todo el Continente. Pasó entonces por la América Española una ráfaga de purismo. Con excepción de una o dos naciones en que la corriente inmigratoria empezaba a encauzar en nuevas direcciones el sentimiento nacional, todo el mundo hispano en América se dio con empeño a la tarea de purificar el lenguaje. Y aun en aquellos países donde el elemento extranjero creaba otras preocupaciones, los escritores de nota, tales como Juan N. Gutiérrez, mostraban el mismo anhelo de ser pulcros así en la escogencia del vocablo, como en la estructura de las sentencias. Toda indicación de gente autorizada era seguida con empeño. La Academia pudo en aquellos días ejercer sobre la América Hispana la más incuestionable de las tiranías en asuntos de lenguaje. Esperábamos sus decisiones para seguirlas con empeño. Reformas ortográficas, aceptación o proscripción de vocablos o giros, fijación de orígenes, determinación de autoridades, todo se aceptaba con acritud y sin espíritu de crítica. De todos los países el más sumiso en estas materias, especialmente en la época en que el Dr. Villegas dejó de ser estudiante para comenzar a ser profesor, fue la República de Colombia. Y en nuestra provincia, el Dr. Villegas era para cada cual el natural intermediario entre la Academia y los escritores del terruño, aunque, según entiendo, nunca llegó a ser Académico. Ha merecido, sin embargo, una mayor distinción que esa, desde el punto de vista de su afición a los estudios hispánicos. Rufino J. Cuervo dice, en la última edición de sus inmortales *Apuntaciones*, que los estudios de Villegas sobre el uso del plural en los adjetivos fijan la doctrina que en ello debe seguirse. No se crea por esto que el Dr. Villegas hubiera explorado los senos insondables de ese piélago llamado orígenes e historia de la lengua española. Él había recorrido las costas, visitado algunas ensenadas, y fijado algunos puntos de dirección para el tráfico de cabotaje. Conocía los clásicos, trasegaba por sus obras con deleite y no sin provecho para sus discípulos; tenía finísimo el sentido de la índole natural del idioma y era una autoridad en materia de preceptos, porque se sabía al dedillo a Capmany, a Salvá, a Bello, a Cuervo, a Baralt, sin olvidar, aunque lo merecieran, las lucubraciones de la Academia y de algunos académicos sobre la estructura de la lengua. No creo que sus estudios y predilecciones le hubieran llevado más tarde a engolfarse en la pesquisa histórica que hoy debe preceder rigurosamente a los estudios gramaticales; pero, con todo y a pesar de las limitaciones que tuvo su enseñanza, el influjo ejercido por el Dr. Villegas sobre el bien hablar fue muy saludable, y se debe tener en cuenta.

Señalaré una desviación causada por su ejemplo. Los que le escuchábamos y leíamos con atención y respeto de neófitos entre 1880 y 1885, tendíamos a creer, naturalmente, que la mayor parte de las voces usuales eran provincialismos, o eran incrustaciones artificiales procedentes del contacto con otras lenguas, señaladamente la francesa, que la enseñanza elemental ponía al alcance de muchas mentes. Esa tendencia se completaba con el anhelo de buscar la palabra castiza entre los términos poco usados. Existía la palabra *aceitera* de uso corriente. Si llegábamos a enterarnos de que la palabra *alcuza* significaba lo mismo y aparecía en un autor castellano de nota, la palabra *aceitera* llevaba todas las posibilidades de morir arrinconada.

Una tarde, guiado por uno de los empleados del instituto, me acerqué a ver las notas con que el Dr. Villegas señalaba el andar de la clase. Eran una revelación. Decían, si bien me acuerdo: "*Arreitigorrea* hizo novillos. *Elejalde* marró. Barreneche. Exposición nutrida. Óptimo". Hacer novillos y marrar son voces castizas; pero las hay igualmente sanas que andan en boca de todos. De esta tendencia del Dr. Villegas provino, sin duda, el vicio, reconocible todavía en algunos escritores, de preferir entre dos palabras la menos favorecida por el aura popular, y el de trasegar por nuestros buenos autores del siglo XVI y XVII en busca de giros y vocablos que la gente ha puesto a un lado. Esta viciosa costumbre tiene por coronamiento el trasegar de día y de noche por el Diccionario de la Academia en busca de palabras extrañas para echar mano de ellas, y en solicitud de las usuales que el centón no acoge para arrojarlas al olvido. Dicen *memo* porque está en el Diccionario, aunque nadie usa la palabreja, y no se atreven a decir *prescindencia* o *evanescente* o *velívolo*, si les viene a cuento, porque dormía sobre los laureles el académico a quien acaso le correspondió redactar esas páginas del Diccionario.

UN CENTINELA DE LA VIDA

Revista *Hispania*, n.º 45 y 46, Londres, 1 de noviembre de 1915, pp. 1454-1455.

JEAN-HENRI FABRE abandona una vida de investigación minuciosa, y nos deja el tesoro de una experiencia acumulado en ochenta y cinco años de labor gozosa y persistente. Murió a los noventa y tres años, y desde que tenía siete años el problema de la vida, en las apariencias más modestas, solicitó sus sentidos con fascinación indomable. La cualidad característica de su genio era el amor a la vida. Sus recuerdos están llenos de las estrecheces a que una edad sórdida le condenaba frecuentemente en el curso de sus estudios; pero al hablar de privaciones, de honorarios escasos, un buen humor de anacoreta se antepone a todos los sentimientos que deprimen el espíritu del sabio en tales circunstancias. Un maestro de escuela, obligado por la miseria inefable de los gobiernos a vivir con setecientos francos al año, no sería de culpar por un estallido de mal humor o un gemido de tristeza si, al hacer el cálculo de sus haberes y descubrir que para comprar un grafómetro con que completar en la escuela el equipo de agrimensura, tenía que sacrificar sus emolumentos del mes. Fabre refiere estos incidentes con la sonrisa en los labios, más afable y ameno en su pobreza que el mismo San Francisco de Asís, con quien está ligado por los más estrechos vínculos del espíritu.

La privación, las enfermedades, el hambre misma, la muerte, el asesinato, la destrucción colectiva de individuos útiles o nocivos, no logran alterar su incomparable serenidad, porque todos estos fenómenos, dolientes para los que miramos el mundo desde el ángulo estrecho de nuestra personalidad, no son para él más que manifestaciones de la vida imperecedera, y por lo tanto, plausibles. Se ríe de sus propias privaciones; contempla con mirada tranquila los sufrimientos de las bestezuelas que somete a sus experimentos; pero al llegar el día de sus propios dolores, al sentir que la muerte se aproxima, no le abandonan ni la serenidad ni la sonrisa. "Después de un rudo invierno", ha querido contarnos en sus *Memorias de un entomólogo*, "en que la nieve había cubierto el suelo durante una quincena, quise una vez más hacer observaciones sobre mis *Halicti*. Estaba en cama con neumonía, y a punto de morir, según todas las apariencias. Tenía pocos dolores, gracias a Dios, pero una extrema dificultad de vivir. Con la poca lucidez que me quedaba, no siendo capaz de aplicarme a otro género de observación, me observaba a mí mismo en el acto de morir: seguía con cierto interés la lenta demolición de mi propia armadura". En presencia de esta página de observación y de esta serenidad ante la muerte próxima, no debe maravillarnos el ánimo tranquilo y piadoso con que Fabre asiste a las carnicerías de los insectos, o con que suele someter a sus huéspedes al hambre y a otras privaciones para arrancarles secretos de la especie o para explorar los íntimos recodos de la corriente vital.

En efecto, ha llegado al fondo de las costumbres desconcertantes y nos ha entregado la clave de fenómenos inconcebibles. Ha destruido leyendas, ha invertido fábulas tan viejas como la civilización. En su lugar, sin embargo, quedan hechos de experiencia tan hermosos como la misma leyenda. No es cierto que la hormiga diligente le dé lecciones de economía doméstica a la cigarra imprevisora y le niegue el auxilio de sus graneros en el rigor del invierno. Es la hormiga, por el contrario, la que suele acercarse a desposeer a la cigarra de su trabajo o a comerse las migajas que ella abandona. Desaparece la religiosidad universalmente aceptada de la *Mantis religiosa* que en España corre con el nombre de la popular *Santa Teresa*, y Fabre nos enseña que es ésta una criatura de instintos feroces, el terror del mundo de los artrópodos, sádica y refinada, cuya voracidad y lujuria no se sacian ni devorando al macho en el acto de la fecundación.

Qué prodigalidad de enseñanzas en estos libros que parecen escritos sin ánimo docente, tan sólo para obedecer a una necesidad de conversar con los lectores. Para descubrir la sutileza del olfato de los insectos y su alcance casi ilimitado, Fabre ha instituido una serie de experimentos tan sabios como divertidos. Una mariposa hembra, en los tiempos de la fecundación, atrae de comarcas remotas ejércitos de galanes afanosos. El olfato del hombre es un sentido romo y rudimentario comparado con la capacidad de los carnívoros en esta provincia del conocimiento. El olfato del perro es una facultad naciente en presencia de la sensibilidad exquisita de la mariposa. Fabre ha colocado un individuo hembra del orden de los lepidópteros, dentro de una jaula de mimbres en una región donde la variedad era casi desconocida, y al llegar el periodo de la fecundación, acudieron de varios puntos del horizonte sus congéneres livianos a solicitar los últimos favores.

Un escarabajo anónimo, para quienes ignoramos la pedantería de las clasificaciones científicas, sabe designar en el suelo la situación de las trufas con más habilidad que el cerdo y que los perros educados para esta industria.

Cuidado, sin embargo, con imaginarnos que en estas indagaciones va Fabre dirigido por preocupaciones científicas solamente.

Su primordial empeño es perseguir las apariencias vitales en el mundo de los insectos, no con el fin de procurarse nociones prácticas ni de ofrecerle al comercio secretos utilizables, sino únicamente por el placer de investigar. Otras personas pueden aprovecharse de sus observaciones. Es posible que el escarabajo cazador de trufas venga a convertirse en objeto de explotación cuando las nociones de Fabre se hayan esparcido a los cuatro vientos por medio de la imprenta barata. Los que vayan a derivar provecho de esa explotación en detrimento de los perros y cerdos que están hoy dedicados a la industria, pueden gloriarse de que el secreto fue obtenido gratuitamente, y de que su descubridor no andaba en busca de lucro mientras observaba pacientemente las costumbres del pequeño escarabajo cuya trompa en forma de bulbo le ha valido la ingrata denominación científica de *bolboceras*.

La naturaleza ha querido, para deleite del género humano, que a las cualidades sorprendentes del observador se unieran en Fabre dotes de generoso artista del estilo. A lo cual debe añadirse que este maravilloso escultor de la frase parece que ignorara los procedimientos del oficio. Tras de la frase de casi todos los escritores modernos, descubre uno a menudo la horrible, la fastidiosa preocupación del artista literario en busca del contorno más apropiado del discurso o del adjetivo más apto para verter una emoción determinada. La frase de Fabre, como sus experimentos, están regidos por las necesidades del momento y por el curso de la investigación. Los periodos son límpidos, sonoros, de una penetrante lucidez, de una eficacia irresistible: ni un giro rebuscado, ni un epíteto de efecto, ni una locución voluntariamente estudiada. Es el arroyo cristalino, parlero, que besa con liviandad las tierras de la orilla y acomoda su curso a las variaciones del terreno.

La candorosa ausencia de la preocupación del oficio es en Fabre el resultado de su amor a las cosas con santidad franciscana. Les tiene a las palabras el mismo amor que a las bestias. De súbito abandona la exposición de sus experiencias para darle al lector sus impresiones sobre materias ajenas a su estudio. Y en esas digresiones de una sencillez adorable, se deja ver claramente el placer que el autor experimenta en comunicarse con sus lectores, no por el gusto de transmitir conocimientos, sino por mero instinto de sociabilidad. Por eso las personas que a un interés vivo por las cosas de la naturaleza unen cierto conocimiento de las especies en cuyas costumbres se difunde la curiosidad de Fabre, sienten, al leerlo, como sean capaces de aquilatar las prendas del estilo, un género de voluptuosidad que linda en ocasiones con las esferas de la tentación.

Desconfió siempre de sí mismo. Para llegar a una conclusión veía pasar los años, asistía a la desaparición de generaciones enteras de insectos, rectificaba y repetía sus experimentos con paciencia de benedictino. Desconfió más de la ciencia. Cuando acaso daba en un libro con un hecho de los que había sospechado, sometía sus propias hipótesis y los experimentos ajenos a pruebas minuciosas antes de ofrecerle al mundo una verdadera conclusión.

La Academia Francesa vino a enterarse de la existencia laboriosa de Fabre y a dar testimonio de su aprobación el año de 1919, cuando el anciano frisaba en los noventa. Estas aclamaciones tardías y pomposas han debido hacer sonreír dulcemente al funcionario de una burocracia sórdida e ininteligible que le había condenado en largos años de su vida a vivir de setecientos francos anuales, y que le había negado en cierta época las temporalidades por haberse atrevido a dar lecciones gratis sobre historia natural, sin el consentimiento de los profesores universitarios.

EL PRIMER LIBRO DE ARAQUISTÁIN
POLÉMICA DE LA GUERRA

Revista *Hispania*, n.ᵒˢ 47 y 48, Londres, 1 de diciembre de 1915, pp. 1480-1481.

LA GUERRA HA DADO lugar a un número enorme de publicaciones. Las hay de carácter jurídico, de carácter económico, de tendencias filosóficas, y aun se pueden encontrar algunas que pretenden los honores de historia definitiva. A este respecto dice D. Luis Araquistáin con muy buen acuerdo:

> Este libro (el que viene citado arriba) pretende ser un reflejo de esta polémica. Tiene la nerviosidad de la guerra misma. No es, ni podría serlo aún, una historia serena, acabada de la polémica, como no puede ser tampoco acabada y serena ninguna de las historias de la guerra escritas durante su desenvolvimiento.

Palabras muy justas y atinadas, a pesar las cuales andan por ahí en diversas lenguas, en ediciones baratas o suntuosas, una multitud de obras encaminadas a dar la crónica de los sucesos, a explicar sus orígenes, a detallar los movimientos de los ejércitos, con el ánimo de iluminar en toda su extensión y hasta en sus últimos recodos el panorama de Europa en estas horas de trepidación imponente. Escribir la historia de la guerra en estos momentos es una labor tan fácil como la de levantarse uno del suelo tirando de su propio cabello fuertemente hacia arriba con la mano derecha o con la izquierda, si acaso está más expedita. Es, además, por lo que hace a los historiadores, una precipitación inexplicable. Si tienen la comezón de escribir necesariamente sobre el choque de naciones y ejércitos, ahí están la guerra del Peloponeso, las guerras púnicas, sobre las cuales hay una copiosa documentación y numerosas autoridades. Tratados baratos con o sin ilustraciones sobre la historia de la guerra actual pueden obtener grandes ventas, sin duda alguna, pero no servirían de seguro para ilustrar la posteridad. Pero escribir sobre temas especiales relacionados con la guerra, escudriñar el sentido y alcance de las publicaciones diplomáticas, no es labor prematura. Al contrario, es de la mayor importancia que se desmenucen las responsabilidades en este momento, porque a pesar de toda la grita que alzaron y están alzando los propugnadores de la política realista, está probado que los principios morales tienen sobre la suerte de las naciones una influencia semejante tan solo al poder de las fuerzas cósmicas. Es tan imponente el valor de los principios que aun el General Bernhardi, cuando pasaron las cortas semanas que su providencia cínica y risueña había señalado para que los teutones llevasen a cabo la conquista de Europa, volvió sobre sus pasos diciendo que no le habíamos entendido: en efecto, la cosa era tan grave que el lector se resistía a creer en la sanidad de una mente capaz de ensartar tamaños despropósitos. Si el General Bernhardi se hubiera tomado el trabajo de explicar su pensamiento, en la forma en que ahora lo hace, unos meses antes de la guerra, sus explicaciones habrían sido muy bienvenidas. En el momento presente, ante un fracaso de proporciones telúricas, debe dejarle al lector la oportunidad de juzgar por sí mismo. Cuando el General Bernhardi logró hacerse leer por unos miles de personas antes de la guerra, su actitud cínica, temeraria y amenazante tenía, por lo menos, la magnificencia de los grandes escenarios. Pasado el primer acto, las explicaciones del tramoyista convierten el proscenio en decoración de titiritero.

El libro de Araquistáin no se ocupa en historiar los sucesos de la guerra. Es la del autor una mente que no se halla a sus anchas sino en el recinto donde se agitan y se cambian las ideas generales. La labor destructora, ingrata y sospechosa de pensar, le atrae como la más noble de las preocupaciones. En la correspondencia diplomática solemos los lectores ordinarios percibir nombres y fechas, y a lo sumo posturas ceremoniosas que por lo general nos parecen ridículas o inexplicables. Araquistáin, trasegando por una serie inacabable de volúmenes encaminados a señalar la actitud de las naciones antes del mes tremendo en que Austria le declaró la guerra a Serbia, tiene ocasión de decir cosas hondas y muy plausibles sobre el fondo de la civilización contemporánea. En Araquistáin han confluido por ministerio de la providencia tres circunstancias que pueden hacer de él un pensador, cosa rara y urgentemente necesitada en España. Es un hombre desinteresado. Se acerca a las ideas, las revuelve, las analiza y diseca principalmente con el objeto de hacer encariñar de ese ejercicio a aquellos de sus compatriotas que lo tienen por labor nefanda. "No se pretende, dice, convencer a nadie de nada, antes bien de acrecentar el número de polemistas españoles que quieran descender a la raíz y elevarse a la cima de este inmenso acaecimiento". Es un excelente escritor cuya frase adquiere cada día nuevo y exquisito realce. Ama las ideas apasionadamente, pero esto no le impide poner un cuidado diligente y tenaz en vigilarse a sí mismo cuando escoge las palabras o los giros en que ha de verter su pensamiento. Su manera de decir tiene sorpresas agradables aun para los que están fastidiados del frasear y para los que reposan en la frase de Salomón sobre que tienen que escribirse todavía muchos libros, y que todo es vanidad y aflicción de espíritu. Por último, Araquistáin no ha venido a las luchas de la prensa con el pan cotidiano de las letras elementales, como suelen por necesidad o por premura gran número de los periodistas contemporáneos. Su primer libro muestra en acervo copioso de conocimientos, de lecturas extensísimas pasadas por el tamiz de un criterio sereno y exigente. Y para colmo de buenas cualidades, este vasco que se acerca a todas las cuestiones con una serenidad inflexible, tiene para deleite de los antojadizos una vena humorística de la mejor calidad, que no prodiga desde luego, que se reserva para las ocasiones más altas y trascendentales, y que llena en su labor de periodista misión substancial y muy recomendable.

Temo que los lectores de HISPANIA vayan a tacharme de demasiado complaciente para con las gentes de casa. Es verdad que Araquistáin escribe en esta Revista. Los redactores de ella se ufanan de haberlo descubierto por su propio esfuerzo, cuando ya Araquistáin era probablemente famoso en algunos cenáculos. Pero el hecho de que haya escrito y continúe escribiendo para HISPANIA, no es precisamente una razón para que en este periódico dijéramos mal de él, a pesar de su bella frase, de su sagacidad psicológica y de sus cualidades innegables de buen europeo.

El libro de Araquistáin remueve, por su actualidad palpitante, el tema escabroso de la neutralidad en escritores de nacionalidad extraña a los países beligerantes. El autor es hombre sereno, pero tiene sus ideas definidas sobre el pavoroso cataclismo. ¿Está permitido a los españoles, a los hispanoamericanos, tener sobre el origen de la guerra, sobre la actitud de los beligerantes una opinión precisa? ¿Pueden los escritores de esos países no beligerantes expresar el concepto que les merece cada grupo de combatientes por su actitud antes de la guerra y después de rotas las hostilidades? "En estas horas trágicas, ningún espíritu tiene derecho a la paz", dice Araquistáin. Y agrega: "Ningún espíritu tiene derecho a la paz, y menos a la deserción". En efecto, la guerra se está peleando bravamente para decidir sobre cuestiones morales de la mayor trascendencia. El resultado de esta feroz contienda se hará sentir en los siglos por venir con una intensidad semejante a las guerras de la Revolución francesa. En rigor y con mucha franqueza, los estadistas alemanes han dicho que ellos están peleando contra las ideas encarnadas en la Revolución francesa. Poco quedaba, en verdad, de esas ideas en la Europa culta de 1914, pero eso poco era la sal de las relaciones internacionales y lo único que hacía tolerable la vida en este mísero planeta. Si el triunfo de Alemania significa el despertar de aquel sueño acariciado por las gentes desde 1789, no hay nación, no hay individuo que pueda mirar con frialdad o con desdén el resultado de la actual degollina. Un estadista acaba de decir en el Oriente de Europa: "Ningún huésped debe afectar indiferencia en una casa que está en llamas". Y ha debido añadir: "sobre todo cuando del incendio puede resultar que los incendiarios adquieran la propiedad del inmueble". La solemnidad de la hora les impone deberes a cuantos tienen una pluma en sus manos. Evadir la expresión de la verdad por temor a las consecuencias, es, como dice Araquistáin, una deserción. Escribir contra sus sentimientos por móviles interesados, es en la hora que pasa un delito de alta traición, así esté uno en tierras de beligerantes o allá donde se goza en apariencia, y solo en apariencia, de los beneficios de la paz.

LA LITERATURA DE LA GUERRA

ÁLVARO ALCALÁ GALIANO, *La verité sur la guerre* (traduit de l'espagnol par ALFRED DE BENGOECHEA. DIONISIO PÉREZ, *España ante la guerra*. A. VAN GENNEP, *Le Génie de l'organisation*. WILHELM WUNDT, *Über den wahrhaften Krieg*

Revista *Hispania*, n.ᵒˢ 47 y 48, Londres, 1 de diciembre de 1915, pp. 1481-1483.

ENTRE LAS INNUMERABLES y roñosas consejas que ha distribuido por el mundo la *Cultura* alemana, está la especie fraudulenta de que al Imperio tudesco le corresponde de derecho el dominio del orbe, por ser el gran maestro de la organización. Un químico extraviado en las soledades etnográficas de la psicología comparada, se ha atrevido a formular su pensamiento en estos términos, cuyo defecto predominante no es la falta de precisión:

> La Alemania quiere organizar a Europa, que hasta ahora no ha sido organizada (Muchísimas gracias; es, en efecto, grande amabilidad de su parte)... Voy a explicar ahora el gran secreto de Alemania (Es el lenguaje, precisamente, que usan los juglares en la plaza pública después de haber ejecutado una brava suerte). Nosotros, o tal vez la raza germánica, para hablar con más precisión, hemos descubierto el factor organización. Los demás pueblos viven todavía bajo el régimen del individualismo, en tanto que nosotros los alemanes vivimos sometidos al de la organización.

Si esto no procediera de un químico se frotaría uno los ojos antes de volver a leerlo. Sin embargo, no es necesario. En los bancos de la escuela hace medio siglo le oíamos decir al maestro: el método, la organización, son virtudes debidas a Francia. El orden, agregaba, nació de padres franceses. Los chicos de la escuela detestaban el orden porque era cosa importada, y ellos les tenían un amor entrañable a los productos del terruño. En medio siglo de evolución el profesor Ostwald ha descubierto que la organización es un elemento social descubierto por Alemania.

Esta guerra ha sido hecha para probar primeramente que tan solo los alemanes habían llegado a aquel punto de adelanto en que es posible vivir bajo el régimen de la organización, y para ensayar, en seguida, sobre un continente estupefacto el poderío de aquel factor maravilloso, de indiscutible propiedad alemana. La organización había labrado su programa durante veinte años; estaba previsto todo: la posible resistencia de Bélgica, la traidora obstinación de Gran Bretaña en favor de Francia y Rusia, la tímida aquiescencia de Italia ante el furor teutónico de los imperios centrales, la ocupación de París a más tardar en la segunda semana de octubre, y la conquista de Rusia con la velocidad del relámpago. Tan bien previsto estaba todo esto, que el General Bernhardi, como para burlarse de sus enemigos, había pronosticado: "Si la guerra no termina pronto, las desventajas empezarán a ponerse de nuestra parte". Todo estaba previsto en aquel pasmo de organización: todo, hasta la conducta de la guerra por parte de los ejércitos franceses, y dio la casualidad de que, precisamente por falta de organización, los franceses no quisieron ceñirse al programa redactado en Berlín y sobrevino en la primera semana de septiembre la retirada de Marne.

Si aceptamos que los alemanes han descubierto el factor insuperable de la organización, cosa más que dudosa, y admitimos, como suelen algunos de sus enemigos, entre ellos, con gran sorpresa del mundo, los ingleses, que los alemanes han llevado el genio de la organización a su más alto grado de desarrollo, debemos convenir en que la organización desempeña un papel insignificante en la dirección de las campañas. Esta guerra no ha terminado aún: es posible que no acabe nunca, y es posible también que acabe por el triunfo de los alemanes; pero no acabará nunca con el triunfo de la organización alemana, a menos que nos demuestren que la retirada del Marne, las carnicerías inútiles de Ypres y las dos tentativas frustradas contra Varsovia estaban en el programa. Se debe demostrar también que era necesario que estuviesen en el programa, porque después de pájaro ido es muy fácil hacer brillantísimas composiciones de lugar. Yo no comprendo muy bien lo que el alquimista Herr Ostwald da a entender cuando habla del factor organización. Pero un elemento humano de tan segura eficacia que pone en manos de quien lo posee el dominio del mundo, debe contar entre sus elementos de aplicación la facultad de prever el porvenir. De otra manera, el genio de la organización se diferencia poco del aturdimiento.

La organización de hombres libres en sociedades encaminadas al desenvolvimiento de un plan legítimo, en el cual todos los intereses de genuina importancia armonizan generosamente, no es ni una creación alemana ni siquiera una creación europea. El imperio de los incas estaba basado en un principio semejante de organización y estaba extendiéndose, merced a esa forma política, por todo el continente americano a la manera de una mancha de aceite, en el siglo XVI, cuando arribó Pizarro con las armas españolas del tiempo. El imperio de los incas, que tuvo apariencias de organización socialista, se asemeja en esto al imperio germánico, donde las nuevas teorías económicas se aplican conscientemente a la explotación del país en beneficio de una casta, procurando que los pecheros vivan una pobreza metódica y gozosa en que puedan olvidarse de su mezquina condición. La organización del pueblo alemán en tiempos de paz se refería especialmente a dorar las cadenas con que la casta militar y los privilegiados capitalistas la tenían sometida a su arbitrio. En muchas ocasiones el capitalista y el jefe de la casta eran una sola persona.

La mejora imponderable que desde el punto de vista de la explotación capitalista introdujo la casta militar prusiana a la organización social de los incas, fue el sistema educativo. En dos generaciones de cultivo intenso el pueblo alemán, eminentemente receptivo y plasmable, llegó a asumir las formas mentales que desde los laboratorios de psicología experimental diseñaban profesores machuchos. En dos generaciones aprendió el pueblo alemán a considerarse a sí mismo como el pueblo elegido de Dios. En dos generaciones los profesores universitarios y los maestros de escuela lograron, por medio del procedimiento de la sugestión aplicado diariamente, infundirle la creencia de que estaba rodeado de enemigos. Lord Haldane ha dicho que para llegar al sistema de organización y eficacia alemanas, le hacen falta *ideas* al pueblo británico. La denominación me resulta inadecuada. Las ideas son estériles para mover a los pueblos. Una nación no se lanza a perecer o a triunfar porque sus enemigos del otro lado de la frontera piensen que el mundo real existe, cuando ella está segura de que la sensación es la sola cosa real en este mundo. Por otra parte, las ideas son pocas, no es posible crearlas a voluntad y, por lo general, no llegan al grueso de las masas. Los sentimientos, a los cuales suele tener el pueblo más fácil acceso, mueven las multitudes a todo género de contorsiones espirituales. Los sentimientos es más fácil crearlos. Es un axioma de psicología experimental que la emoción puede crearse fingiendo la mueca de que ordinariamente suele venir acompañada. Una emoción repetida con frecuencia ayuda a crear un sentimiento. Además, por medio el procedimiento de sugestión en la escuela, en el cuartel, en la universidad, en la prensa, en el libro, en el teatro, los directores de la sociedad alemana han logrado crear en el pueblo el sentimiento de su superioridad irrecusable y el sentimiento del peligro que los amenazaba por todas partes. Es preciso aceptar que en este envenenamiento procaz de dos generaciones, los profesores universitarios han obrado con magistral diligencia y eficacia. Esto no quiere decir, sin embargo, que el genio de organización sea dádiva exclusiva de la naturaleza en favor de los tudescos. Cualquiera nación medianamente administrada que emprendiera esta obra, acabaría por amargar en un sentido determinado el corazón de sus habitantes. Pero queda en pie siempre la cuestión del éxito. La organización es virtud exclusivamente alemana, según Ostwald; la organización es el elemento primordial de la eficacia en pos de la cual se llega al éxito. La sola manera que tiene el tudesco hoy de probarnos su derecho a ser el poseedor exclusivo de la organización es vencer a Europa y dominar al mundo. Entre tanto, las conclusiones a que llega van Gennep en su opúsculo, lujosamente documentado y escrito con agilidad y perspicacia, muestran primero que el genio de la organización, no es propiedad exclusiva de raza alguna; y que lejos de representar un adelanto con respecto al individualismo es más bien una regresión. Seguramente la organización, en la forma en que Alemania hace uso de ella, no es la aspiración de los pueblos verdaderamente cultos.

De otro punto de vista mira las cosas el Señor Alcalá Galiano, cuya debilidad por la ciencia y la cultura alemanas no esconde ni mucho menos se reprocha. Ese mérito tiene este opúsculo que ha vertido al francés con cariño intelectual nuestro colaborador D. Alfredo de Bengoechea, y que ha salido a la luz en Francia con prólogo de Paul Hervieu. El Señor Alcalá Galiano quiere hacer patentes en España las causas de esta guerra y señalar, en vista de los documentos que se han publicado, en qué corte residen los principales responsables; sus conclusiones no difieren de las que ha deducido en diferentes latitudes la mente desprevenida de los observadores imparciales.

El discurso del Profesor Wundt sobre la guerra verdadera (*Über den wahrhaften Krieg*), de que habíamos hablado ya en HISPANIA, tiene un mérito sobresaliente: es una pieza humorística a pesar de las decoraciones y prerrogativas que agobian a su autor. Por eso volvemos a desmenuzar sus excelencias. El título indica, desde luego, que tan solo la guerra hecha por Alemania tiene carácter de guerra verdadera. El incendio de Lovaina, el hundimiento del *Lusitania*, los ataques aéreos a poblaciones indefensas, son guerra verdadera. Resistir los franceses, casi desprevenidos, un ejército casi doble del suyo y hacerlo retroceder hasta las vecindades de la frontera, es, en concepto del Profesor Wundt, la añagaza, el disfraz de la guerra. Por otra parte, el decano de la ciencia alemana, a pesar de la organización que esa ciencia preconiza y de la división del trabajo que ella hace necesaria, sale de su natural habitáculo para invadir el campo de la táctica naval. Le reprocha a Inglaterra no haber adivinado a su tiempo el mérito de los Zeppelines como elemento de guerra naval, y añade:

> Todavía tiene Inglaterra supremacía de los mares... Sin embargo, confiamos en que la próxima batalla naval, y para predecir esto no es necesario ser profeta, será combatida simultáneamente en

el agua y en el aire. Pero ¿dónde está ahora la flota aérea inglesa? Tal vez cuando en el curso de días o semanas las bombas de nuestros Zeppelines empiecen a caer sobre los Dreadnoughts ingleses, echarán los estadistas de la Gran Bretaña una mirada retrospectiva hacia las sesiones de la Conferencia de La Haya, en que Inglaterra se reservó el uso de buques aéreos, y recordarán el proverbio sobre el que cava fosas en su propio detrimento.

Esta elocuencia profesoril data, precisamente, de la primera semana del mes de septiembre en el año de gracia de 1914, y verdaderamente no era preciso ser profeta para estamparla; no era preciso siquiera ser profesor de Leipzig.

La siguiente acusación contra los japoneses señala la envergadura mental del Profesor y su acto incomparable:

> Conocemos muy bien a estos pequeños habitantes del lejano archipiélago, que nunca marraban cuando, al final del semestre, era la hora de manifestarnos su agradecimiento. Esta vez pasaron las cosas de otra manera. Se despidieron a la francesa, como suele decirse. Desaparecieron uno en pos de otro, sin dejar huella, al finalizar el semestre, muchos días antes de que Inglaterra le hubiese declarado la guerra a Alemania. Obedecían probablemente a alguna secreta insinuación de su Gobierno, sin acordarse, algunos de ellos, de pagar ciertas deudas. Pensaron bien: ¿qué significan ante la enorme deuda de nuestra patria para con los alemanes, las pequeñas deudas que dejamos pendientes en la casa de huéspedes?

Es de perdonarle a Ostwald que, contra las reglas del profesorado y la exigente división del trabajo en la disciplina científica, se haya salido de la química para invadir el campo de la etnografía: toleremos a Wundt fuera de sus laboratorios y bibliotecas empeñado en la tarea de escudriñar el resultado próximo de las luchas navales. Cuesta más trabajo dejar pasar inadvertida esta pequeña falta de urbanidad en el Nestor de la ciencia alemana.

DE COLOR DE ROSA

Revista *Hispania*, n.º 49, Londres, 1 de enero de 1916, pp. 1498-1501.

PRECISAMENTE DE ESTE COLOR aparecen las finanzas de Alemania en el discurso pronunciado el día 14 de diciembre por el Dr. Helfferich, Secretario Imperial del Tesoro, ante los miembros atónitos y obedientes del Reichstag. Antes de la guerra, todos sabíamos que Alemania era el país de Jauja. Los obreros recibían salarios mezquinos, pero estaban contentos. Las industrias se dolían un poco del exceso de producción; pero los industriales que no podían vender todos sus artefactos estaban satisfechos con acumularlos, para el día en que Alemania se hubiese apoderado de todos los mercados que le faltaba conquistar. El socialismo aumentaba el número de representantes suyos en el Reichstag, pero los secretarios del Emperador podían hacer las cuentas sin apoyarse en el voto de los socialistas. La marina mercante se ufanaba de poseer los mayores barcos del mundo, y aumentaba cada día el número y la ruta de sus piróscafos. Es verdad que para ayudar a la flota, el Estado alemán necesitaba gravar a los ciudadanos con impuestos enormes, a fin de pagar subsidios que pusieran a las compañías de navegación en capacidad de competir victoriosamente con sus rivales de otra nacionalidad. Nadie se quejaba de esto ni de la organización un poco artificiosa de los bancos: todo estaba en el programa; y sobre la urdimbre especiosa de la vasta armadura económica se cernía la sapiencia universitaria, como es fama que era llevado sobre las aguas el espíritu de Dios, antes de la creación del mundo.

Vino la guerra, y todos esperábamos que crujiese de súbito la armadura. Estábamos en la más indiscutible de las ignorancias. Oigan ustedes. A los 17 meses de guerra, el Dr. Helfferich, que tiene por qué saberlo, pues ha sido director de bancos antes de llegar a la Tesorería del Imperio, resume en estos términos la situación financiera de Alemania:

La aprobación que le darán ustedes a este crédito (le pedía al Reichstag la friolera de diez mil millones de marcos), probará que todos los cálculos sobre la debilidad de Alemania, sobre su desunión, fatiga y escaseces, son y seguirán siendo falsos. Tuvimos que convencer al enemigo de nuestra fuerza en el campo de las finanzas militares: ustedes deben convenir conmigo en que país alguno ha sido capaz de objetivar este prodigio en la forma que Alemania. El día en que debía pagarse el primer plazo, fue suscrito el 70 por ciento del empréstito, en vez del 30 por ciento que se había pedido. Hoy el público ha pagado 4.500 millones más de los 10.600 millones de marcos solicitados. *Esto prueba de qué manera la economía política alemana se las aviene para levantar tamaño capital.*

En verdad eso no prueba nada. La manera como la economía política se las ha avenido hasta ahora, no es un secreto para nadie, como no sea para los miembros del Reichstag. Cuando se emitió el primer empréstito de 4.000 millones de marcos, a fines de 1914, fue necesario echar mano de un recurso especioso. Pedirle al público alemán en esa época un empréstito de 4.000 millones de marcos, era lo regular, porque las cajas del Banco de Francia no habían resultado tan asequibles como se pensó en un principio. Los sabios economistas alemanes, que no estaban preparados para esta dura alternativa, ya que la guerra iba a durar tres meses y París iba a ser saqueado antes del fin de septiembre, tuvieron que aguzar su ingenio para ponerse en fondos. Existía desde luego la sabiduría financiera de algunos estados sudamericanos. Allá se imprime papel en casos de urgencia, y se anda con poco cuidado en lo de mantener el precio del cambio. Alemania no podía imitar a esos países. Antes de emitir billetes inconvertibles, ella sangraría el bolsillo de los administrados, apelando a su patriotismo con el señuelo del interés sobre los empréstitos voluntarios. Sin embargo, los profesores de economía política fueron sorprendidos por el hecho brutal de que Alemania, con todo y su creciente prosperidad, nunca había tenido en numerario la suma enorme de 4.000 millones de marcos. Aunque los alemanes hubieran querido suscribir esa cantidad, no habrían podido hacerlo en noviembre de 1914, por la sencilla razón de que no había moneda corriente con que llegar a ese número. Al estallar la guerra, la cantidad de billetes en circulación (respaldados por una tercera parte de oro) apenas pasaba de los 2.000 millones de marcos. Es de creer que al cabo de tres meses se hubiera inflado considerablemente. Sin embargo, no podía pensarse que hubiera entonces 4.000 millones en circulación. El Gobierno, por lo tanto, tenía que hacer uso de la sapiencia universitaria para no imitar a ciertas naciones sudamericanas.

Por fortuna, la psicología del pueblo alemán es menos complicada que la de algunas otras especies zoológicas. Los financistas de Berlín resolvieron el problema de los primeros cuatro mil millones de marcos, con una elegancia superior a la habilidad de manos con que suelen regocijarnos los prestidigitadores. No había en circulación cuatro mil millones de marcos; no era posible crearlos repentinamente, como se hace en el trópico, sin provocar una depreciación también subitánea. El procedimiento empleado no es ingenioso ni sutil, pero satisfizo a la inteligencia promedial de esos niños. El Estado emitió esos cuatro mil millones, pero en vez de echarlos a la calle los depositó en el Banco Imperial, a quien le dio autorizaciones para que les diera en préstamo a los otros bancos, dentro de las capacidades de cada uno, sumas en billetes de la nueva emisión. A estos bancos debía acudir el público a solicitar dinero prestado, y ellos lo suministraban en condiciones muy favorables, con buena hipoteca, siempre que el solicitante consintiera en invertir todo el monto del préstamo, o una cantidad muy considerable, en el empréstito de guerra.

De esta manera, el mercado alemán, sin emitir los billetes, tenía en los bancos una cantidad de cuatro mil millones a su disposición, de que iba haciendo uso paulatinamente para no perturbar el valor de la moneda de un modo repentino. El objeto se logró evidentemente por lo que hace al empréstito de los primeros 4.000.000.000 de marcos. Sin emitir en billetes inconvertibles la suma total del empréstito, el Estado alemán se puso en capacidad de disponer de esa suma a medida que la fuese necesitando, y el súbdito alemán había hipotecado su tierra, su casa, sus joyas y sus muebles para obtener un papel del Estado que ganaba algo más del 5 por ciento. El procedimiento, como digo, no es ingenioso. La habilidad de los financistas está en el nombre con que bautizaron la operación. El apelativo de empréstito con que vistieron la combinación, ha servido para fascinar a economistas tan aguerridos como Luigi Einaudi. Mirada en su absoluta desnudez, esta brava suerte de un jugador de manos equivale a emitir cuatro mil millones de marcos en billetes inconvertibles y garantizados con la riqueza territorial alemana, que puede ser majestuosa, pero no produce seguramente el 5 por ciento anual. Es como si una república sudamericana emitiera ochocientos millones de pesos de papel inconvertible, y los garantizara con la propiedad territorial de los asociados. El día que una república sudamericana llevase a la práctica tan temerario expediente, se llenarían los diarios financieros de Europa y de los Estados Unidos de los más siniestros pronósticos. Esos diarios han alabado la sabiduría recóndita de los financistas alemanes.

No paró en esto, sin embargo, la habilidad del Imperio y la credulidad de los administradores, si esto puede llamarse administración. Andando la guerra, hubieron de resultar insuficientes los cuatro mil millones, y fue necesario volver a sondear la bolsa del súbdito alemán. El segundo empréstito fue lanzado con el fin de conseguir seis mil millones, y en este caso, agotada ya la vagarosa imaginación de los economistas alemanes, el Imperio se valió del mismo procedimiento. Otra emisión de billetes inconvertibles; otro depósito en los bancos, y otra oferta de préstamos a los particulares que tuvieran algo que hipotecar, si deseaban suscribir el nuevo empréstito. Sucedió que lo no hipotecado antes de la guerra (y ello no era mucho) había caído en la red de los bancos cuando el primer empréstito. Para suscribir el empréstito de los seis mil millones ya no tenía el pueblo alemán nada que pignorar. La omnisapiencia de los financistas dio entonces con un nuevo expediente tan rico en desarrollos como el primero. La tierra estaba hipotecada, las joyas y los muebles estaban empeñados; pero no lo estaban los primeros bonos del empréstito de cuatro mil millones. Los bancos entonces resolvieron admitir estos bonos en prenda. Los felices tenedores de estas cédulas las dieron en garantía de nuevos préstamos, y los billetes que debían recibir los usaban para comprar bonos del segundo empréstito. El Estado adquiría de esta manera el derecho de poner en el mercado otros seis mil millones de marcos de papel inconvertible a medida que los fuera necesitando.

La inventiva agilísima de Pío Cid no imaginó nada comparable a esto, cuando enfrascado en la conquista del Reino de Maya le enseñaba al jefe de la tribu las excelencias del papel moneda. Pío Cid se tenía que ir con mucha cautela, porque el soberano de ese pueblo primitivo se dejaba fácilmente deslumbrar con la idea de que haciendo rodajas de cuero, y poniéndoles su propio sello podía crear la riqueza personal y la riqueza colectiva. Los consejeros de Guillermo II son menos cautos que Pío Cid.

En pos del empréstito de los seis mil millones, suscrito con el empeño de cédulas del primero, sobrevino otro por cantidad indefinida, y ahora pide el Secretario del Tesoro otros diez mil millones de marcos suplementarios, para "continuar la guerra a todo costo y desafiando todos los peligros". Ha debido añadir el Señor Secretario, menos el de la bancarrota. Ese peligro ya pasó: un deudor cuyos pagarés están hipotecados cuatro veces al mismo acreedor está fuera de peligro. Si acaso estarán un poco nerviosos los acreedores; pero por ahora no se trata de ellos. Y dice el Secretario del Tesoro, alabando la generosa alacritud con que el pueblo alemán acude a cambiar unas cédulas por otras, a fin de que con esa protesforma se llene de billetes el Tesoro Imperial: "A despecho de eso, la prensa del adversario nos condena a la bancarrota". No puede, en verdad, negarse que la prensa adversaria es muy exigente.

Hay un detalle inoportuno de que no se trata en el discurso del Dr. Helfferich. Es el precio de cambio en Alemania, o sea el valor del marco con relación a la moneda de otros países. A medida que el Gobierno Imperial va colocando en el mercado los nuevos billetes emitidos, para facilitar la suscripción de los varios impuestos, el marco va valiendo menos. A cualquiera le habría ocurrido esto; a los profesores alemanes les pareció que un país incapaz de invertir las leyes económicas en su provecho, no merecía haber creado tantas y tan ilustres universidades. A pesar de los unos y de las otras, el marco bajó a su tiempo y continúa bajando; tenía una rebaja del 14 por ciento a principios de 1915, la cual creció, no obstante los esfuerzos y las arrogantes aseveraciones de la burocracia tudesca, al 17 por ciento en junio del presente año. Ahora los diarios suizos señalaban cotizaciones en donde el marco pierde de su valor 25 por ciento. El Señor Helfferich habla con desprecio de las finanzas británicas, y afirma que han tenido los gobernantes del Reino Unido que ir a Norteamérica para procurarse fondos con qué seguir la guerra. En verdad, el empréstito anglo-francés lanzado en América tenía por objeto, abiertamente, normalizar los cambios entre Londres y New York. No se ha pensado nunca en dedicar esa cantidad a pagar elementos de guerra. Lo cual resulta menos vitando de lo que parece, aun en concepto de la economía política alemana, porque ya se trata de lanzar en Suiza un empréstito alemán con el objeto de impedir la baja ominosa del marco.

Y no se crea que el marco baja solamente en los mercados internacionales. En Alemania hay escasez de provisiones, según se dice. La burocracia tudesca lo niega: creámoslo. ¿Entonces, por qué sube constantemente el precio de los artículos de primera necesidad, tales como la patata, que se producen absolutamente en Alemania? Porque el marco se deprecia. Lo peor de todo es que en este fenómeno la causa es doble. Hay escasez de artículos por una parte, y el volumen de la circulación fiduciaria se infla a ojos vistas: no es raro que el marco haya perdido una cuarta parte de su valor. La libra esterlina ha perdido tres por ciento de su valor con respecto al dólar americano.

Esta disminución es reconocida francamente por los financistas británicos, y se explica con la enorme cantidad de importaciones que Inglaterra ha tenido que hacer para sostener la guerra.

¿A dónde habría ido el marco alemán si el Imperio hubiera tenido que pagar fuera sus provisiones y pertrechos?

Viene ahora el factor psicológico. Inglaterra sostiene el precio de su moneda, atiende a sus gastos con nuevos gravámenes y flotando nuevos empréstitos, y reconoce palmariamente que las finanzas están delicadas y que es preciso espiarse a sí mismo el uso del dinero, con el fin de disminuir las importaciones, cuyo enorme volumen es la causa de muchos trastornos económicos. La prensa británica está diciendo, hace tiempo, a quienes desean leerla, que las finanzas del Reino Unido no están bien. El Gobierno y la prensa alemanes no se fastidian de decir que las finanzas del Imperio gozan de absoluta solidez. El pueblo británico soporta la verdad con cierto estoicismo; al pueblo alemán no lo consideran sus directores suficientemente sano de nervios para ponerlo al corriente de la situación. Es fácil hacer la comparación y sacar la inferencia.

El Canciller del Imperio alemán asegura en su discurso del Reichstag que Alemania, aunque desea la paz, no anda solicitándola. Se incomoda Herr Bethmann-Hollweg porque los aliados no han empezado a pedir la paz y a tratar de acomodarse a lo desesperado de su situación. Los aliados, en concepto del pueblo alemán y de sus directores, están vencidos en la tierra, el agua y en el aire. Están vencidos en el Oriente y en el Occidente; lo mismo en el Viejo que en el Nuevo Mundo; en las finanzas de un modo tan completo como en los manejos diplomáticos. Están vencidos, irrevocablemente, definitivamente vencidos; pero una obcecación más poderosa del raciocinio les impide comprender lo desesperado de su situación. Alemania no pedirá la paz; es a los vencidos a quienes les toca solicitarla. Como dure esta serena y satisfecha situación de Alemania, la guerra se prolongará indefinidamente. Los aliados no se dan por vencidos, y mientras Alemania no los someta real y verdaderamente, la guerra seguirá su curso normal. Los aliados, por su parte, son más modestos: ellos no afirman que hayan vencido a Alemania; pero están seguros de que van a vencerla. Habrá, pues, dos contendientes más o menos inactivos, uno frente del otro, convencidos los unos de que han vencido y seguros los otros de que van a vencer.

Si la guerra tomara este aspecto, Alemania llevaría seguramente la peor parte. Su comercio exterior valía, en 1913, 1.200.000.000 de libras esterlinas al año. Ella no reconoce haber perdido el uso del mar para sus naves, pero en efecto lo ha perdido, y su comercio exterior está limitado a unos pocos países europeos de poca población o de escasos recursos. En año y medio de guerra, ha perdido ya la mayor parte de sus exportaciones, que pueden estimarse sin exageración en £800.000.000. Durante este tiempo, los aliados, dueños del mar, y los neutrales han estado surtiendo a los países que Alemania solía proveer copiosamente en una victoriosa competencia. Sus grandes mercados han desaparecido y, dolorosamente, tendrán que desaparecer también sus industrias. Los grandes establecimientos industriales se crean siempre con la mira puesta en un gran consumo que no puede bajar de ciertas cifras. Una fábrica de clavos que se refiere a un consumo de un millón por día, sería una empresa próspera en cuanto pueda vender esa cantidad o una mayor diariamente: el día en que las ventas se reduzcan a la décima parte, el grande establecimiento, incapaz de hacer pagar el interés sobre las cantidades empleadas para fundarlo y ponerlo en actividad, queda condenado a la bancarrota.

Esto quiere decir que las grandes industrias alemanas no podrán vivir con el consumo interior y con las exportaciones a Suecia, a los Balcanes, a Suiza. A esta hora, las grandes fábricas y manufactureras de la próspera y horrorosa Westfalia estarán buscando la manera menos bochornosa de claudicar. Estas industrias pudieron hacer el sacrificio de esperar seis meses; el sentido común enseña que no pueden aguardar más allá de dos años sin perecer en el conflicto. En tanto los países neutrales como Suecia y Dinamarca empiezan a imaginar que sería posible establecer fábricas y manufacturas en pequeño, para su comercio interior y para explotar las circunstancias favorables que en el exterior ha causado la paralización del comercio alemán. Los Estados Unidos se aprovechan de estas circunstancias en la escala grandiosa a que están acostumbrados en todas sus empresas. Si se prolonga la guerra por tres o cuatro años (y no se necesitará menos para reducir militarmente a la impotencia a los imperios centrales), el reinado de la paz se iniciará en el mundo con la preponderancia industrial de los Estados Unidos, y con la conquista indisputada de los mercados universales por Inglaterra, Francia e Italia. A su lado, por haber sido neutrales, explotarán los mendrugos Suecia y España. ¿Está Alemania conforme con la oscuridad de estas perspectivas? La industria, la banca, las compañías de navegación alemanas ¿han descontado esta posibilidad? Seguramente la han descontado; de otra manera no podrían hablar en términos tan arrogantes y risueños el Canciller del Imperio y el Secretario del Tesoro. Alemania está resuelta a caer desfallecida si los aliados, con las armas al brazo, con un ejército en aumento, y en medio de toda clase de recursos, no reconocen que están vencidos.

UN LÁPIZ INEXORABLE

Revista *Hispania*, n.º 49, Londres, 1 de enero de 1916, pp. 1507-1508.

EL DIBUJANTE HOLANDÉS Louis Raemaekers ha desgarrado en partes muy visibles el símbolo de la cultura contemporánea. Era muy conocido antes de la guerra. En este momento su obra tiene reputación mundial. Parte de ella muy considerable y muy sugestiva se exhibe actualmente en Londres, y atrae un ávido concurso de curiosos, de indiferentes, de críticos fatigados, de peritos en cosas de arte y de observadores apasionados. El interés que el público muestra está justificado. La obra de Raemaekers es más actual que la guerra: simboliza los sollozos de las madres, el valor indómito de los soldados, la crueldad, la torpeza fundamental de los jefes alemanes, la avaricia de los neutrales que sacan piltrafas de los cadáveres insepultos, el aspecto ridículo de los que quieren fundar la paz sobre los escombros de la civilización cristiana, invocando a gritos esta civilización. Simboliza los errores y miserias de la economía política ante el caos creado por la guerra, y la inmarcesible incapacidad de algunos cerebros colocados por el destino ciego al frente de los acontecimientos.

La mayor parte de estos dibujos no cabe dentro de la ordinaria definición de la caricatura, si bien hay algunas caricaturas soberbias, como la que muestra a Fernando de Bulgaria adiposo, harto, con gesto de traficante satisfecho, la mano derecha tendida a recibir los treinta dineros. La caricatura lleva por título *Fernando el Camaleón*, y es, en verdad muy injusta. Fernando ha cambiado de colores religiosos con el solo objeto de hacerse pagar cada nueva apariencia: el camaleón, al decir de los naturalistas, cambia de colores, para ponerse de acuerdo con el medio: es persona modesta, no quiere que su figura resalte entre lo verde de los matorrales y se hace verde como ellos: no quiere hacerse conspicuo entre las hojas secas, y afecta el gris de los vegetales muertos. ¿Por qué compararlo con Fernando de Bulgaria?

El rasgo predominante de Raemaekers es la amargura de su obra. El lápiz, de una firmeza acerada, hiende las carnes de sus víctimas y muestra sin atenuaciones el progreso de la gangrena. Hay un dibujo en que se comparan por su tamaño las barbaridades de los austrotudescos y las de los aliados. Las primeras asumen la forma de un rinoceronte con ademanes de cerdo, cuya figura grasienta ocupa la mayor parte del cuadro. Debajo en una tarjeta aparece un mosquito. La fortaleza y vigor de su lápiz no se ejercitan solamente en los asuntos macabros, de los cuales hay grande abundancia, y en azotar a los poderosos con el látigo de su sarcasmo: también aparecen en los dibujos en donde su generosa simpatía se difunde sobre las penalidades del inocente. *Los prisioneros* es un cuadro en que aparecen los soldados franceses desarmados, detrás de cercas de alambre, bajo la mirada del centinela alemán: hay en el dibujo una intensidad de expresión, un vigor de contornos, una evidencia tal de sufrimiento y de anhelos cohibidos, que no es posible pasar adelante sin lanzar una palabra de simpatía.

La muerte se cierne sobre un gran número de paisajes, y aparece de cuando en cuando en los más extraños atavíos: larga, descarnada, impúdica, baila un tango vertiginoso con uno de los autores de la guerra. En otra parte la calavera tan solo es visible: el cuerpo, cubierto por una capa militar estilo tudesco, revela una obesidad desconcertante. ¿La muerte obesa? Exactamente: ya está llena, ya está hastiada, siente ya las fatigas del oficio, en tanto que los emperadores de Alemania, Turquía y Austria hacen con espacio la cuenta de las víctimas que aún les quedan por sacrificar. En otra parte hay un paisaje lacustre: de trecho en trecho salen a flor de agua pequeños islotes que interrumpen la monotonía del paisaje, los islotes están formados por aglomeraciones de cadáveres en las tierras bajas de Flandes.

No hay miseria de las creadas por la guerra que no aparezca aquí sublimada por los rasgos atrevidos en que se complace el lápiz de Raemaekers. Dos veces aparece la locura: en una de ellas con la tristeza y profundidad de expresión que hubiera podido darle el buril de Durero. Hay en el dibujante contemporáneo más fuerza, más arrojo, más vigor comunicativo que en los maestros antiguos. Cuentan que, al evacuar Amberes, las autoridades belgas decidieron llevarse a los habitantes de un manicomio. Raemaekers se ha apoderado de este suceso trágico y siniestro para encarecer los horrores de la guerra. Su cuadro representa una mujer del pueblo movida por la piedad a conducir fuera de Bélgica los escombros mentales de un sujeto que había en el manicomio. El loco muestra no sólo en sus ojos, donde el pincel bisoño suele trazar los signos de la demencia, sino también en el gesto de las manos, en la manera de sentarse, en la curvatura de la espina dorsal, la poca luz interior que le queda. Ella basta, sin embargo, para iluminar el horror del paisaje circundante. Conduciendo a este desgraciado, la mujer ha sentido sobre su espíritu el influjo ominoso de lo que está pasando a su rededor, y en un momento dado suelta el carretón, se yergue ante la miseria que la hostiga por todas partes, y prorrumpe en una carcajada que hace crujir los cimientos de la civilización: ha perdido también el juicio.

Hay un dibujo donde la locura se diseña pasajeramente, como a pesar del dibujante. Un lacayo penetra en las primeras horas de la mañana a las habitaciones del Kaiser. Le lleva el desayuno. Entre la vigilia y el sueño, el César se incorpora a medias, y con una mirada en que la demencia, la desesperación y el remordimiento están cruelmente expresadas, dice antes de adquirir plena conciencia de sí mismo: "Pasé una noche deliciosa: soñé que nada de esto era verdadero".

El Kaiser y su heredero pasan por estos cuadros frecuentemente; los muestra Raemaekers, en uno de ellos, combinando sutilísimamente el advenimiento de la paz. El Kaiser gesticula con actitudes de vendedor ambulante ante su hijo, maravillado por la excelencia del pensamiento ancestral. Todo en la figura del príncipe heredero señala las devastaciones que han ejercido sobre su personalidad la vida de las cortes primero y los fracasos de la campaña en seguida: lleva las manos en el bolsillo; mira con la intensidad que ponen las mentes débiles en la contemplación de lo accesorio, y la columna vertebral se doblega en el ángulo preciso que forman las líneas de la imbecilidad y la posesión de sí mismo. Las almas cristianas se sienten movidas a piedad leyendo la inscripción del dibujo: "Nosotros haremos proposiciones de paz antes que los enemigos: si aceptan, habremos ganado nosotros; si las rechazan, la responsabilidad de la guerra caerá sobre ellos".

Raemaekers, como buen holandés, sabe contar los granos que se necesitan para hacer cinco: las cuestiones económicas le han movido el lápiz, y es en estos dibujos principalmente donde la gracia, ausente de otros cuadros vengadores, suaviza los contornos de un realismo inmisericorde. Hay una caricatura que lleva por título: *El empréstito alemán*. Es un castillo de naipes: sobre dos cartas ruinosas y encorvadas se sostiene como por milagro otra tercera; un segundo grupo de tres cartas está montado mañosamente sobre las primeras; encima de la segunda estructura está una tercera, y sobre ésta una pompa de jabón. En las primeras cartas dice "Primera emisión"; en las últimas, antes de la burbuja, está el sello de la tercera emisión. Al pie del cuadro se lee: "Cuidado con resollar cerca de la burbuja, porque se va al suelo toda la estructura".

La escena más odiosa tiene por título *Miss Cavell*. Tras una cortina esperan el Kaiser y uno de sus esbirros. César, sentado, corre un poco la cortina: en el fondo se distinguen brumosamente el cuerpo de Miss Cavell tendido en el suelo, y la figura del oficial que ha dado el golpe de gracia. La cara de Guillermo tiene, sin que se note la intención del artista, ferocidad de bestia carnicera y complacencia de niño perverso. El sota que saluda militarmente muestra los dientes felinos, y deja salir por entre la manga una mano de solo cuatro dedos, que parece una garra. El letrero dice: "Ya puede usted decir que traigan la protesta americana".

El General Bernhardi aparece también en estos dibujos. Vestido de carnicero, con el hacha quebrantahuesos descansada en el suelo como si fuera un rifle, se lleva la mano grasienta y regordeta sobre un seno abundante de músculos y grasa. La cara tiene la suavidad melosa del andrógino. Habla con el Tío Sam, y se disculpa de los cargos que le han echado encima por razón de su famoso y cínico libro, diciendo: "En verdad, yo soy el más humano de los hombres". Estos dibujos tienen, a más de su valor histórico, un valor militar. Suenan en veces como metralla. Rasgan el aire como proyectiles enderezados a un blanco manifiesto, y dejan al estallar muertos y heridos por el suelo. No es extraña la especie de que en Alemania odian a Raemaekers con igualdad y plenitud, y de que está vendido a los aliados. La obra de Raemaekers ha hecho más daño que muchos cañones, y cuando la historia esté fatigada de hablar de la eficacia a que ha llegado en esta guerra el arma de artillería, habrá cuadros de este autor sobre los cuales pasará la vista el historiador futuro, para fijar los extravíos de la mente humana y documentar el eclipse de la civilización que provocaron dos emperadores del centro de Europa, a principios del siglo veinte. Raemaekers se ha hecho objeto de sus propios diseños. Hay uno titulado *El espía*. A la línea fronteriza de Holanda llega un espía tudesco en hábito dudoso de turista británico, y pregunta al guarda de la frontera: "Hay secretos militares más allá de esa cerca?". A lo cual le contesta el guardia: "Secretos no: algo, sin embargo, más peligroso para Alemania: los dibujos de Raemaekers". En efecto, los alemanes no quisieran ser objeto de estas azotainas proféticas.

LO QUE ALEMANIA VA PERDIENDO

Revista *Hispania*, n.º 50, Londres, 1 de febrero de 1916, pp. 1530-1531.

ESTA GUERRA es para los observadores cínicos y para los alemanes que la prepararon una guerra de meros intereses. Buscan los que en ella andan comprometidos, según este concepto, un ensanche de sus mercados y una mayor extensión de sus esferas de influencia. Los que se defienden, protegen, con peligro de su existencia, intereses semejantes. No hay duda sobre quiénes han sido los agresores, pero de eso no vamos a tratar en las presentes líneas. El punto, que es de mera comparación de fechas y documentos, está ya decidido. Parece que la historia, como no resulte algún día un desprevenido Canciller con la revelación inaudita de que falsificó un telegrama, como el de Ems, ratificará la opinión de los contemporáneos.

En sentir de otras autoridades, Europa se debate en defensa de principios c ideales. En Alemania hay expositores de principios en cuyo sentir los Imperios Centrales luchan por la extirpación definitiva de las ideas encarnadas en la Revolución francesa. En verdad esto no sería un cambio de actitud en la mente prusiana. Sin afirmar que defiendan precisamente estos principios, las naciones aliadas contra los Imperios Centrales invocan el principio de las nacionalidades, los derechos del individuo ante la absorción posible con que los amenaza el Estado, "el más frío de los monstruos fríos", y los restos de libertad que la organización capitalista del mundo no ha logrado desarraigar en algunas comunidades.

En la lucha de principios, ya los países neutrales han manifestado de un modo más o menos palmario de qué lado se inclina la voluntad popular. La reacción, el principio irrefrenable y ciego de autoridad, las tendencias al despotismo con diversas y capciosas divisas, han simpatizado con Alemania en los países neutrales, lo mismo en el Norte helado que en el Trópico rumoroso y en la Pampa plácida y solemne. Los anhelos de mayor libertad, el impulso en beneficio de las prerrogativas individuales, los principios según los cuales debe de haber igualdad entre los hombres, han hecho acogerse bajo la bandera de los Aliados a todos los hombres de buena voluntad en los países que aguardan sin combatir el término de esta horrible carnicería.

Si desde el punto de vista de los principios Alemania ya está juzgada y tiene pocos adherentes entre los neutrales, desde el punto de vista de los intereses materiales su situación es todavía más embarazosa; está amenazada con el aislamiento y la indiferencia allí donde los neutrales no la miran con sospecha.

En este momento piensan los Aliados quitarle hasta donde sea posible los medios de proveerse para subvenir a las necesidades cuotidianas de sus habitantes. Se va a cerrar el cerco. Los neutrales que acaso traten de protestar, lo harán, seguramente, no por simpatías a Alemania, sino en defensa de sus propios intereses.

Persona que se dice bien informada ha puesto en la mente del Presidente Wilson las siguientes consideraciones:

> Con la Gran Bretaña arreglaremos cuentas al acabarse la guerra. Continuará el intercambio de notas, y la discusión sobre puntos técnicos de derecho se hará más compleja... Pero en el fondo de todo esto germinará la esperanza de que en Londres habrá alguna persona de suficiente perspicacia para entender que todo ello no es sino música celestial destinada a satisfacer el gusto en Berlín... El Presidente ha llamado la atención al hecho de que los tratados de arbitramento obligan a su gobierno, en las disputas con Inglaterra, a someter el asunto a una decisión judicial. Ha llegado hasta a admitir que algunos de los argumentos usados en sus notas contra el bloqueo británico son especiosos. Y lo que

es más aún, ha llamado la atención al hecho de que el comercio americano con los países neutrales de Europa se ha multiplicado considerablemente, y que el comercio exterior, tomado en globo, está enriqueciendo al país en proporciones fabulosas. (*The Times*, Enero 24, 1916.)

La nota trágica para Alemania en estos momentos de angustia es que aún desde el punto de vista de los intereses materiales, casi todos los Estados que no son beligerantes, desean manifiestamente su derrota, y, lo que es todavía más doloroso, desean su derrota en pos de una serie de campañas tan largas y tan desastrosas como sea posible. En el interés de los neutrales, que ven las cosas con la cínica frialdad con que quiso plantearlas el materialismo tudesco, está la prolongación de la guerra y la pérdida de Alemania. Era este país la amenaza más seria al comercio y a la industria de las otras naciones. Por medio de un sistema curioso, en que se daban las manos un despotismo incuestionable y un género de socialismo de Estado impasible y voraz, le haría ruda competencia a las naciones que sincera o hipócritamente invocan la libertad de comercio. En Alemania, las industrias, los bancos, los transportes, tenían una vida artificial sostenida por el Estado en detrimento de las naciones que se negaban a valerse de esos medios para resistir la competencia.

Tal modo de comerciar y de explorar los recursos del territorio trajo en Alemania una aparente prosperidad, cegados por la cual, su gobierno y sus habitantes se dejaron invadir por el ensueño de predominio mundial. Al empezar la guerra, vencida Alemania en el mar, los neutrales empezaron a repartirse entre sí aquellos mercados alemanes que los Aliados no pudieron explotar inmediatamente. Cuanto más dure la guerra será más sólida la conquista de esos mercados. Los Estados Unidos se abren cada día en Sudamérica y en el lejano Oriente nuevos campos de explotación, que o estaban ya dominados por Alemania antes de la guerra, o que gravitaban hacia la red de combinaciones artificiales urdida en Berlín. Los Estados Unidos tienen interés manifiesto, desde el punto de vista estrechamente comercial y financiero, en que la guerra se prolongue y en que Alemania sea vencida definitivamente. En dos o tres años más habrán ocupado en Sudamérica y en China los mercados que un tiempo explotaba Alemania. Terminada la guerra, los vencidos tendrán suficiente en casa por muchos años para trabajar en su propia reconstrucción, y para eso habrá menester, sin duda, el concurso interesado de los neutrales y de los enemigos de la víspera. Los grandes capitales que Alemania tiene invertidos en sus industrias protegidas por el Estado están llamados a desaparecer. Empresas de aquella magnitud no pueden vivir muchos años sin el riesgo vivificante del interés para sus capitales. Mientras dure la guerra, ese capital enorme carecerá de réditos, y si la lucha se prolonga por muchos años, el fracaso será absoluto y en sus consecuencias casi irreparable. Baste un solo ejemplo. Alemania se había apoderado casi exclusivamente de la fabricación de clavos. El mundo estaba ya acostumbrado a recibirlos de ella en tamaños y formas que satisfacían todas las necesidades del mercado y de las industrias. Hace ya dieciocho meces que ese producto de la industria alemana no fluye hacia los mercados ordinarios. El comerciante en ese género de mercancías, esperó sin duda unos meses antes de buscar nuevos productores, convencido como Bernhardi que la guerra duraría a lo sumo tres lunaciones. Pasado el primer engaño acudió a nuevas fuentes de producción, para convencerse de que eran pocas y en reducida escala. Sin duda, para satisfacer las necesidades urgentes en este ramo de la industria ya los países neutrales han pensado en establecer fábricas capaces de abastecer el gran consumo y, como dure la guerra, esas fábricas crecerán en magnitud, crecerán en eficacia de producción y seguramente pondrán en práctica medios abreviados de que en Alemania no se tenía conocimiento. El manto de la Alemania industrial va a ser dividido no solo entre sus enemigos, sino también entre los indiferentes. Acaso sus fingidos amigos del momento tomarán a su tiempo un girón de la orla.

La fabricación de tintes para la producción de telas de algodón y de lana era otra industria en que Alemania dominaba el mundo. Ha sido necesario, por consecuencia de la imposibilidad en que se halla Alemania de exportar este producto de su industria, que las gentes se conformen en todo el haz de la tierra con una menor variedad de colores en las telas de uso. Y en Inglaterra, para que la industria de tejidos no sucumbiera, fue preciso que el Gobierno interviniese, con inversión de capital del Estado en las empresas de preparar materias colorantes: recurso que este país se hubiera negado a aceptar en cualesquiera otras circunstancias, como contrario a las tradiciones de libertad industrial que han sostenido con igual empeño los dos partidos que se alternan en el poder.

En los primeros meses de la guerra estuvo de moda escarnecer a Norman Angell porque en sus obras sostiene que la política de agresión era una falacia desde el punto de vista económico. Bernhardi sostenía, en contra de esa tesis, la conveniencia de saquear al vencido. Los sentimentales, en otros países, repudiaban la tesis de la *Grande Ilusión*, diciendo que el hecho de no ser la guerra un negocio era la única circunstancia que disculpaba su existencia. En la hora presente Alemania empieza a sentir de un modo inclemente la verdad que se encierra en la *Grande Ilusión*; los neutrales explotan a su amaño las teorías de Norman Angell, y los que no tienen el remordimiento de haber provocado la guerra la sostienen con empeño para llevarla a término, convencidos de que no habrá nada comparable a la ruina en que se verán envueltos vencedores y vencidos si ella ha de durar todavía mucho.

EL CONGRESO CIENTÍFICO PAN-AMERICANO

Revista *Hispania*, n.º 52, Londres, 1 de abril de 1916, pp. 1568-1570.

EL SEGUNDO Congreso Científico Pan-Americano estuvo reunido en Washington, capital de los Estados Unidos, desde el 27 de diciembre de 1915 hasta el 8 de enero de 1916. Parece un poco tarde para hablar de este acontecimiento histórico, pero no está fuera de lugar hacer memoria de algunas de sus decisiones y del estado de espíritu por él representado.

La designación de científico con que se ha querido caracterizarlo es demasiado lata o demasiado estrecha. Ella cubre una multitud de pormenores necesariamente extraños a un cuerpo de esta clase, y al mismo tiempo reducía en forma considerable la extensión del personal en que cada nación podía escoger sus delegados. Así lo ha entendido el relator oficial de las labores ejecutadas por el Congreso. Son del relator las siguientes palabras:

> Unidos por un espíritu de cooperación internacional, inspirados por el común ideal de la confraternidad y de la solidaridad panamericana, y movidos por el propósito de impulsar el progreso de la civilización, los sabios miembros del congreso, propulsores del conocimiento en sus respectivos países, se comunicaron recíprocamente sus ideas, esperanzas y planes para la dirección de los asuntos humanos, y presentaron al congreso y a todos los que en él se interesaron nuevos datos y elementos por ellos descubiertos en el curso de las investigaciones que han practicado en los dominios de las ciencias y de las artes, debiendo en esta ocasión tomarse

el vocablo "ciencias" en su acepción más lata, ya que en él va comprendida la consideración de todos los problemas urgentes de la hora actual. (*Boletín de la Unión Pan-americana*, enero, 1916).

Si la importancia del Congreso desde el punto de vista científico inspira dudas tenaces a los indiferentes, por el corto espacio de tiempo que duraron sus sesiones, y acaso por lo abigarrado y numeroso del personal comprometido en la pura labor de investigación exacta, sería obcecación no reconocer el alcance de las palabras vertidas en esta corporación por los representantes de algunas naciones y el influjo benéfico que sobre la política internacional del Continente ejerce el contacto de los hombres más o menos representativos de las diferentes nacionalidades allí congregadas.

Las ideas de pan-americanismo y de hispano-americanismo, o mejor dicho, las formas en que se ha solido hacer propaganda a estas ideas, empiezan a desteñirse un poco. Es preciso reconocer con dolor (y nosotros no mencionaríamos la circunstancia si no estuviéramos obligados a mirar estos problemas de frente) que, por lo que hace al hispano-americano sobre todo, el público español y el público americano del Sur, hacen una mueca de indiferencia o de hastío ante las frecuentes muestras de vitalidad superficial que suele dar este sentimiento en España o en la América hispana. Los observadores superficiales de ambos mundos han acabado por convencerse de que el principal objeto de estas propagandas es organizar banquetes, eliminar discursos improvisados con años de anticipación y traer de nuevo y con insistencia a las miradas de la multitud ciertos personajes de quienes ella, injustamente sin duda, quiere desentenderse con perversa tenacidad. Esto no dice nada contra las personas de quienes el público ha dado en olvidarse. Ello indica más bien la incompetencia de las multitudes para aquilatar los méritos verdaderos del grande hombre, y para detenerse en la consideración de problemas tan graves como aquellos en cuya solución o estudio deben ocuparse los directores del movimiento hispano-americano.

El hispano-americanismo ha encallado, además, por la indiferencia o la reserva que en el particular han guardado los

Gobiernos interesados a ambos lados del Atlántico. Tratándose de estrechar los vínculos entre los pueblos, la labor no adelanta en cuanto los Gobiernos manifiestan recelo o den señales de indiferencia. Los vínculos entre las naciones no se alimentan con el aparato de las reuniones periódicas, de los banquetes y de las oraciones caudalosas. Los Gobiernos deben atender a su cultivo y sostenimiento, y, cuando los Gobiernos de países democráticos no le dan importancia al desarrollo de un sentimiento como éste, puede afirmarse que las mayorías no están animadas por él o que las mayorías están supeditadas por quienes miran con desdén estas aspiraciones del pueblo.

Los Estados Unidos han comprendido, como Gobierno, mejor que España, las aspiraciones de los pueblos hispano-americanos, y se han dado a cultivar los sentimientos de solidaridad continental con mejor acuerdo y, a pesar de memorias ingratas, con resultados más substanciales. Los Estados Unidos saben que hay desde México hasta la Argentina un sentimiento de solidaridad en las naciones del Continente. Esa solidaridad nace de comunes tradiciones, de origen idéntico, de vínculos estrechos fundados en el uso de un mismo idioma, en el reconocimiento de los mismos dioses tutelares, en la vigencia de leyes fundamentales análogas, y, en un gran número de casos, de identidad de propósitos en presencia del porvenir. Los Estados Unidos no son partícipes de las tradiciones hispano-americanas, ni hablan el mismo idioma que los pueblos del Sur, ni sacrifican en sus altares siguiendo los ritos que los pueblos de origen ibérico. Tienen, sin embargo, comunidad de intereses con los otros pueblos del Continente, y comparten con ellos algunas de sus más nobles y generosas aspiraciones.

Le ha correspondido al Sr. Woodrow Wilson, como Presidente de los Estados Unidos, provocar un entendimiento entre todas las naciones independientes de América y sacar la propaganda pan-americana del estado infantil y transitorio en que languidecía desde hace largo tiempo.

La Conferencia financiera de 1915 ya empieza a dar sus frutos. Los vínculos económicos de las naciones hispanoamericanas entre sí y con los Estados Unidos son objeto de profundas investigaciones, así en Washington como en las capitales del Sur. Favorecidos por la guerra europea, los Estados Unidos tratan de ofrecer su ayuda financiera a aquellos Estados americanos cuyas finanzas recibían sabia vivificante antes de ahora de los países europeos exclusivamente.

El Presidente Wilson ha comprendido el alcance y el valor de estas reuniones no sólo desde el punto de vista práctico, sino también, desde el sentimental. A la Conferencia financiera sigue el Congreso científico, al Congreso científico le sucede una nueva Conferencia de financistas en la ciudad de Buenos Aires.

Aun suponiendo que los resultados prácticos fueran, por el momento, inferiores al esfuerzo realizado por las naciones que toman parte en estas conferencias y congresos, las adquisiciones en el campo sentimental son definitivas y sientan la base de nuevos y trascendentales esfuerzos. En esto consiste, muy especialmente, la habilidad de los estadistas en cuyas manos ha puesto el pueblo de los Estados Unidos la administración de los intereses nacionales. El Sr. Wilson ha comprendido que la falta de comunicaciones y de contacto espiritual entre unos pueblos y otros es, tal vez, el más grave de los males que afligen al Continente. Esos pueblos tienen a su disposición los mejores instrumentos morales e intelectuales para llegar a una saludable apreciación de sus mutuos intereses. En el siglo de vida independiente que llevan han estado buscando la misma meta, si bien en cada nación se han seguido rumbos distintos y procedimientos peculiares para llegar a ella. Sin la comunidad de origen, de tradiciones y de lengua, las naciones ibéricas del continente americano estarían al cabo de un siglo separadas por vallas de sentimiento insuperables; tal ha sido el aislamiento en que han vivido durante su adolescencia y juventud. La necesidad de mirar hacia Europa para proveerse de cuanto no podían producir, y para fomentar en su propio seno las industrias que, según la naturaleza del suelo, podían nacer y prosperar sin obstáculo, les quitaron parte del tiempo que hubieran podido dedicar al empeño de estudiarse mutuamente. La creencia de que solo en Europa era posible hallar satisfacción para los anhelos de la inteligencia, ha sido causa del aislamiento afectivo o de la indiferencia con que unas naciones americanas vieron hasta hace poco la propia producción intelectual y las obras procedentes de las otras regiones del continente.

Ha entendido la administración Wilson que la nación a quien le tocare servir de vehículo en la tarea de estrechar los vínculos latino-americanos, le tocará también el puesto en la confraternidad y un derecho innegable a la gratitud de todos los pueblos hermanos.

Haciendo a un lado, por ahora, el alcance práctico del Congreso, detengámonos someramente en algunos de los pensamientos que señalan el rumbo de la política internacional americana.

El Secretario Lansing tuvo cuidado de fijar en términos precisos la significación de la palabra americanismo:

> Cuando tratamos de analizar el pan-americanismo, descubrimos que sus caracteres esenciales son los de la familia, esto es, la simpatía, el apoyo mutuo, el deseo sincero de la felicidad de los demás, la falta de apetito por la riqueza que no es nuestra, la ausencia de envidia por el ajeno bienestar y, sobre todo, la ausencia de ese espíritu de intriga que amenaza la paz doméstica del vecino. Tales son los caracteres del vínculo familiar existente entre los individuos, y, en mi concepto, esos mismos debieran ser los caracteres que forman el vínculo que une la familia de las naciones americanas.
>
> Hablo únicamente en nombre del Gobierno de los Estados Unidos: *mas al decir que el poderío de esta nación no se ejercerá nunca con espíritu de conquista para arrebatarle a un Estado vecino su territorio o sus posesiones, estoy seguro de que expreso sentimientos que despertarán ecos simpáticos en todas las Repúblicas aquí representadas.* Las ambiciones de esta República no siguen el camino de la conquista, sino el de la paz y el de la justicia. Siempre y cada vez que podamos tenderemos nuestra mano a los que hayan menester de nuestra ayuda. Si la soberanía de una República hermana se viere amenazada de ultramar, el poder de los Estados Unidos, según confío y creo, la fuerza unida de las Repúblicas americanas, constituirá un baluarte que habrá de proteger la independencia e integridad de su vecino contra toda invasión o agresión injusta. La familia de las naciones americanas podría adoptar como divisa de su escudo

el de los famosos mosqueteros de Dumas: "Uno para todos; todos para uno". En el caso de que la interpretación que le he dado al pan-americanismo desde el punto de vista de las relaciones de mi Gobierno con los de ultramar sea correcta, ello significará que dicha interpretación se halla en entera armonía con la Doctrina Monroe. La Doctrina Monroe es una regla de política nacional de los Estados Unidos; el pan-americanismo una regla de política internacional de las tres Américas. Hasta cierto punto, los motivos de una y otro son diferentes; pero los fines que persiguen son los mismos. La una y el otro pueden existir sin menoscabo de sus respectivas fuerzas. Y tanto la una como el otro existen y, según confío, existirán siempre en todo su vigor.

El Secretario Lansing reconoce que las tinieblas y perplejidades de la hora presente han contribuido de manera eficaz a realzar los contornos de la idea panamericana. Hace ver, al mismo tiempo, que en su evolución orgánica este sentimiento ha sido favorecido por un concepto más amplio y comprensivo de lo que hasta ahora se ha llamado internacionalismo:

> El pan-americanismo es una de las expresiones de la idea del internacionalismo. La América se ha convertido en guardián de esa idea, la cual acabará por gobernar mundo. El pan-americanismo es la forma más avanzada y práctica de esa idea. Ello ha sido posible a causa de nuestro aislamiento geográfico, de la semejanza de nuestros sistemas políticos y de nuestro común concepto de los derechos humanos. *Desde que comenzó la guerra europea han fortalecido el vínculo natural y dádole impulso al movimiento diversos factores.* Nuestro pueblo jamás se había dado cuenta exacta del significado de las palabras "Paz y Fraternidad". Jamás habían resaltado como ahora la necesidad y los beneficios de la cooperación internacional en todas las formas de la actividad humana.

En el discurso de clausura, el Presidente Wilson trazó las líneas generales de la doctrina con que, en su sentir, debe complementarse la que hasta hoy ha llevado el nombre de Monroe. Las palabras del

Presidente indican un nuevo rumbo en la política del Continente, y no pueden dejar de ser acogidas por las naciones representadas en el Congreso. Observamos, no sin marcada complacencia, que ellas coinciden en lo fundamental de su tendencia, con las ideas que hace tres años sostiene sin descanso el Director de HISPANIA. Estas son las palabras del Presidente Wilson a que nos hemos referido:

> Los Estados de América no se han sentido seguros del uso que los Estados Unidos iban a hacer de su poder. Esa incertidumbre tiene que desaparecer. Recientemente ha habido un intercambio de ideas muy franco entre las autoridades de Washington y las que representan a los demás Estados de este hemisferio; intercambio de ideas halagüeño y rebosante de esperanzas, por cuanto se funda en la apreciación cada vez más segura del espíritu con que aquél fue emprendido. Los hombres que en semejante intercambio tomaron parte han podido ver que si la América ha de ser dueña de sus destinos en un mundo de paz y de orden, debe echar antes las bases de la amistad de modo tal que nadie pueda en lo adelante dudar de su existencia. Abrigo la esperanza y la creencia de que esto puede realizarse. Estos congresos me han permitido conjeturar la manera de realizar esta obra. Ella se realizará, en primer término, mediante la unión de los Estados de América para garantizarse mutuamente su absoluta independencia política y su absoluta integridad territorial. En segundo lugar, y como corolario indispensable de esta garantía, mediante la celebración de convenios para el arreglo inmediato de las cuestiones fronterizas pendientes por procedimientos amistosos; con el compromiso de que las diferencias que, por desgracia, se susciten entre ellos, sean objeto de investigación detenida e imparcial y sean decididas por el arbitraje; así como por el pacto, tan necesario para la paz de las tres Américas, de que ningún Estado de uno u otro continente permitirá que en su territorio se equipen expediciones revolucionarias contra otro Estado, y prohibirán la exportación de elementos de guerra destinados a los revolucionarios que estén en armas contra los Gobiernos vecinos.

No tenemos espacio para referirnos pormenorizadamente a las recomendaciones del Congreso científico. Ellas abarcan un vasto campo de ensayos, de estudios por hacer y de reformas por implantar. Los congresistas, en el corto tiempo de sus sesiones, recorrieron la jurisdicción de las ciencias exactas, de las ciencias naturales, de la ingeniería, del derecho, de las ciencias políticas, de la pedagogía y de la ciencia del lenguaje.

Asombra de veras que en tan corto espacio de tiempo el Congreso haya podido remover tan graves y complicados problemas, y las tres Américas deben lamentar que no hubiera sido posible concederles más tiempo a sus hombres representativos para adelantar trabajos en los ramos del saber humano que tuvieron a su cargo.

No sería justo terminar esta breve noticia sobre el Congreso Científico Pan-americano sin hacer mérito de lo que el buen entendimiento de los pueblos americanos le debe a la labor tenaz e inteligente del Sr. John Barrett, Director General de la Unión Panamericana, que ha actuado esta vez como Secretario general del Congreso.

El Sr. Barrett parece haber nacido con el encargo de procurar el acercamiento de las diversas naciones que forman el Continente y las que se han constituido en las islas adyacentes. Le ha dedicado a ese empeño toda la actividad de su existencia y todo el fervor de un apóstol. La naturaleza le ha dotado de dones especiales para esta labor de cíclope, y no es el menor de ellos el conocer a fondo la psicología de su pueblo y haber penetrado hondamente en las peculiaridades del carácter sudamericano. La naturaleza, el destino y las necesidades de América han colocado al Sr. Barrett entre las dos grandes razas que se dividen el Continente, como para ir de intérprete de sus destinos y para conciliar, donde es necesario, sus encontradas aspiraciones.

INFUNDIBULIFORMES

Revista *Hispania*, n.º 52, Londres, 1 de abril de 1916, pp. 1576-1578.

EN ESPAÑA se han alimentado la prensa y la opinión pública durante las últimas semanas con el pan suculento de la lucha personal entre dos periodistas. A pesar del puesto que en la prensa y en las letras españolas se ha conquistado uno de los dos interesados en esta lucha, es probable que el mero pugilato no hubiera suscitado tamaño interés. Pero sucede, primero, que de una parte la polémica está animada por un elegante decir, por un acopio de información cosmopolita de que se hace mérito con muy tinosa maestría, y por un aire de indiferencia que en verdad le sienta muy bien al individuo que se defiende de cargos infundados. Ocurre, en segundo lugar, que se trata de un principio, en cuya validez y sostenimiento deben estar interesados todos aquellos que, voluntariamente, o por caprichos del equívoco destino, han tomado por profesión la de las letras y esperan en ella para atender a sus inmediatas necesidades.

El principio es de vasta trascendencia: resulta de aplicación a todas las profesiones, así sean liberales o mecánicas. Un corresponsal de periódicos germanófilos redactados en España propugna la más curiosa de las teorías. Un periodista puede, desde luego, opinar en favor de los aliados o de los germanos, eso nadie se lo quita. Aún puede escribir también en favor o en contra de Alemania, si le viene a cuento; con eso no compromete su independencia. Se le pide que escriba libros para defender la política francesa o la actitud de Inglaterra y de Bélgica en estos momentos, y, según el principio invocado, no falta tampoco, si tal hace, a las reglas de honestidad que rigen entre los escritores. Hasta aquí la teoría parece estar de acuerdo con el sentimiento universal. Pero llega un momento en que se bifurca, y en una de esas derivaciones empieza a separarse un poco de lo que ha solido llamarse sentido común. Un escritor puede estar convencido de que en esta guerra la razón y la justicia son los más fuertes puntales de la causa británica. Se le permite manifestar en público y en privado su cariño a las Islas Británicas, si en realidad lo siente; hemos visto que aún puede mandar artículos a los periódicos o manuscritos de graves tratados sobre la materia a los editores: ha de excusar, sin embargo, con el mayor esmero, el recibir del dueño del periódico o del editor del libro sus derechos de autor. Desde el momento en que se recibe dinero de un propietario de periódicos o de un editor, ya no hay independencia de espíritu ni libertad de conciencia, ni derecho a expresar el pensamiento.

Tal es la tesis que sostiene en España un diario ilustrado, cuya circulación es tan extensa que ha comprometido el fondo de lo que contienen sus columnas. Está, pues, convenido. Si el Señor X cree que la causa de los Aliados es justa y que el proceder de estos países con las naciones débiles es digno de alabanza, puede escribir eso en libros y en periódicos, obedeciendo a una condición. El libro lo ha de pagar de su bolsillo y lo ha de distribuir gratis. Por el artículo no ha de cobrarle un centavo al editor del diario y, más aún, ha de oponerse con la mayor entereza a que el periódico se venda, pues, en todas las formas en que puede ser adquirido, el dinero deslustra la pureza de las opiniones emitidas por el escritor.

De acuerdo con esta moral austera y edificante, el periodismo vendría a ser una especie de sacerdocio; algo más, una orden monástica en que el voto de pobreza y la muerte por inanición serían los mandamientos principales de la regla. O podría suceder que la información diaria y la discusión de los problemas políticos de trascendencia quedaran en manos de aquella caterva numerosa de aspirantes a poetas o prosistas que fatigan con su peso diaria y nocturnamente los resortes que puedan haberles quedado por equivocación a las sillas de uso en las redacciones de periódicos: poetas y prosistas que demandan primero con voz suplicante, y a la postre con amenazas, un puesto para su canción o su artículo editorial, por lo cual no cobran nada, porque su ánimo es, poner sencillamente su nombre delante de un público afanado que no ha tenido ocasión de reconocer sus talentos.

Riñe el principio con las costumbres periodísticas y riñe con aquella ley fisiológica, según la cual es de toda criatura organizada reparar las pérdidas causadas por la aplicación de las energías vitales a un objeto cualquiera. Pero en cuanto lo aplicásemos así al periodismo como a las otras maneras de ganar el sustento, nadie podría decir que el curioso principio envuelva una grave injusticia. Aplicándolo en toda la magnitud de su alcance, resultaría que el proveedor de comestibles para el ejército de los Aliados no sería persona independiente y honrada sino en cuanto apareciera que los suministros se hacían gratuitamente y por amor a la causa. Un millón de botas suplidas por una casa americana al ejército italiano, haría de ella una entidad digna y respetable, si acompañaba el suministro con la buena intención de que vencieran los aliados; si se atrevía a pedir dinero por ese artefacto, perdía desde luego el derecho a la consideración del género humano. No hay razón para que trabaje gratuitamente el periodista a tiempo que el zapatero es suntuosamente remunerado. Si se aplica, pues, el principio recientemente invocado por los propietarios de algunas hojas españolas a los obreros del periodismo, debe aplicarse igualmente a las demás industrias y profesiones. Creo que, por lo que hace a la diversidad de profesiones, el principio, según aquellos propietarios, es inalterable. Si tú escribes un libro en favor de los Aliados, no debes venderlo, has de distribuirlo gratis para atender a la integridad y excelencia de tu carácter. Si produces pertrechos para los Aliados, es necesario que rehúses en todo caso recibir dinero en cambio de la especie suministrada; de otro modo aparecerías como hombre de conciencia maleable y espíritu acomodaticio. Por este lado el principio no queda malsano a la luz de la lógica ni desde el punto de vista de la estricta justicia, si, como hemos dicho, lo aplicamos a todo género de servicios.

Pero aún por el lado de la lógica y la justicia flaquea de un modo vicioso el principio en que se apoyan los editores y los periodistas madrileños empeñados en prosperar la causa de Alemania. Es una labor vitanda, deshonorable y ocasionada a lastimar de por vida el carácter de quien la emprende, el escribir, en favor de los Aliados y recibir el valor de la producción literaria. No vale, en este caso, que el escritor sea verdaderamente, y de un modo sincero, partidario de la causa en cuyo favor combate la pluma. Desde que interviene la retribución pecuniaria el hecho asume caracteres dignos de absoluta reprobación. El principio, sin embargo, cambia de aspecto, cuando se trata de aplicarlo también a los periodistas españoles que escriben en favor de Alemania o de sus nobles y generosos aliados los jóvenes turcos, que, dicho sea con la debida tolerancia, no escaparán del rayo de los dioses, ni aún por haber recibido ya en el rostro la saliva del sayón alemán. Siempre que el periodista escriba en defensa de la causa teutónica, puede recibir el valor de sus interesantes, aunque no verídicas lucubraciones: en este caso no hay prevaricación, indignidad, conciencia liviana ni falta de sentido moral. Esto parecerá contradictorio a los que no han sentado, con Bernhardi y Maximiliano Harden, sus reales más allá del bien y del mal. Tamaña excepción a las perentorias aplicaciones del principio lastima, no hay para qué negarlo, sus apariencias de inconmovible austeridad. Las personas a quienes la naturaleza no ha favorecido con anteojeras o con el criterio rectilíneo de los periodistas pro-germánicos de España, dirán que, en efecto, es difícil conciliar nuestras viejas nociones de igualdad, de justicia, de consecuencia, con esa peregrina excepción. Pero es menester en estas cosas ponerse en el caso del adversario. La mayor parte de las disputas proceden de falta de imaginación en uno de los disputantes o en ambos. Tratemos de ser imparciales. La causa de Bélgica, pongamos por caso, no es, desde el punto de vista de la justicia, una causa desesperada. El mismo Canciller alemán confesó desembarazadamente que Alemania había obrado sin razón contra Bélgica y estaba dispuesta a desagraviarla moral y prácticamente terminada la guerra. La causa de Francia, que soportó provocaciones seguidas y después del *ultimátum* a Rusia, enviado por Alemania, se aguardó, sin declarar la guerra, a que a ella le enviasen su respectiva comunicación, la causa de Francia, decimos, no es una causa perdida ante el tribunal de la historia. Inglaterra, que salió a hacer valedera su firma en tratado firmado también por Alemania, puede litigar briosamente ante los árbitros más severos. Ni Bélgica, ni Francia, ni la Gran Bretaña necesitan en sus abogados condiciones excepcionales de penetración o de astucia para defender su casusa. Prusia, juzgada inopinadamente por sus mismos representantes y sentenciada por ellos mismos con zurdera inaudita en las horas solemnes que llevaban el porvenir en sus entrañas, necesita que sus abogados lo sepan todo, estén dispuestos a olvidar mucho y a oscurecer los hechos debajo de la densa trama de argumentaciones especiosas. A medio día y en buena ley, están perdidos. Desde este punto de vista, sin duda, teniendo en cuenta la diversidad de los dos empeños, hay quien cree en España que escribir en favor de los Aliados es labor sencilla, desempeñada a medias por los mismos acontecimientos y al alcance de todo el mundo. Defender a Alemania ha venido a ser labor más ardua: sentenciada por sus mismos gobernantes, expuesta a la reprobación universal por hechos de notoria teutonicidad, como los ataques aéreos a ciudades indefensas y el hundimiento de buques mercantes, esta nación tiene un caso grave ante cualesquiera jueces imparciales. La defensa de los Aliados es la mera exposición de los hechos: debe de hacerse gratuitamente. La defensa de Alemania supone nada menos que tergiversar la historia, volver del revés los principios internacionales, descuartizar la idea cristiana y hacerle un palmo de narices a la decencia pública: las personas que tomen a su cargo esta empresa jurídica deben ser recompensadas con mano larga y poco escrupulosa. Puestas las cosas en este plano, hay que aceptar, al menos transitoriamente, la diversidad de tratamiento que un escritor español establece entre la tarea del periodista que habla por los Aliados y la del que sirve la causa progermana. Y no sólo en España corre válido el criterio anterior. En naciones vecinas al polo hay teutonizantes dispuestos a ponerlo en práctica. Hace algunos meses leímos en *Politiken*, de Copenhague, con la firma de Jorge Brandes, que a Sven Hedin le pagaron los editores de su libro *Fran Fronten* medio millón de marcos, de los cuales 300.000 habían sido suministrados por el tesoro imperial de Alemania. Este libro, que circula por toda Europa, vertido a diferentes lenguas, incluso la inglesa, es la relación, obstinadamente progermánica, de las operaciones militares así en el Este como en el Occidente de Alemania. Los editores se hacen pagar del público la suma de diez chelines por cada ejemplar, y no creen faltar con esto a las exigencias de la honradez editorial, porque esta obra está escrita para favorecer la causa de Alemania en detrimento de Francia y de sus Aliados.

Hubiérale ocurrido a Sven Hedin escribir su libro en favor de la idea francesa o del pensamiento británico, y entonces, por desgracia para él, no habría habido tan copiosos derechos de autor, y, por fortuna para los admiradores de su frase transparente dúctil y jugosa, el libro se habría distribuido gratis a los cuatro vientos del espíritu.

Y a propósito de Sven Hedin, el autor de esas líneas debe hacer un acto de contrición. Con la misma firma del presente artículo apareció una nota en el número de HISPANIA correspondiente a agosto de 1912 en que se hacía un resumen de las voces de alarma lanzadas a Suecia por el explorador asiático al regresar de un viaje al Imperio de los Zares. Sven Hedin trajo de allá el pensamiento, en 1912, de que Rusia estaba lista para arrojarse sobre Suecia, presa fácil, y se preparaba para engullirse en dos o tres bocados el resto de Europa. El folleto de Sven Hedin cumplió su destino. Hubo personas que por él se dejaron alarmar como si fueran verdaderas y estuvieran a punto de realizarse las supuestas ambiciones de Rusia. Sven Hedin olvidó, y nos quiso hacer olvidar a algunos, que Rusia fue la primera nación de Europa en formular la imperiosa necesidad del desarme. Le dimos crédito. Hubiera venido a hablarnos en ese tono y en esa forma no ya un simple explorador de tierras exploradas, un literato, dotado generosamente del don de la persuasión, sino un Bernhardi o un von Bülow, y es muy probable que sus palabras hubieran pasado inadvertidas. El mundo parece desconfiar tenazmente de los especialistas. En materias de política y de historia contemporánea, a Sven Hedin le creímos sobre su palabra, porque no eran esas sus reconocidas especialidades.

La persona que buscó a este sueco desde 1912 para alarmar a los países escandinavos y a Europa entera con las pretensiones de Rusia, fue acaso la misma que le invitó a sus tiendas de campaña para que escribiera ese libro tan generosamente recompensado por los editores de Estocolmo. Celebramos que el público a quien se dirige Sven Hedin sea tan ávido de sus obras y las pague en forma tan suntuosa. Nos maravilla que las prendas de su estilo, propias tan solo, según parece, para hacer el encanto de uno pocos mandarines, estén al alcance de las grandes turbas de lectores fagedénicos; y lamentamos, sin poder remediarlo leer entre renglones en 1912 el pensamiento kultural, pangermánico, y tenazmente prusiano a que le rinde pleito homenaje el huésped de Guillermo II en 1914 y 1915. Les pedimos mil perdones a los lectores de HISPANIA por esta falta de previsión.

SIGNOS ESTELARES

Revista *Hispania*, n.º 53, Londres, 1 de mayo de 1916, pp. 1596-1597.

LOS NO INICIADOS, los que sabemos de la guerra cuanto enseñan los comunicados oficiales y solamente eso, estamos condenados a vernos de repente sorprendidos, una hermosa mañana, con la noticia estrepitosa de que ha llegado la paz y se están ya discutiendo las condiciones del advenimiento universal; será una cosa extraordinaria, pero la historia de la diplomacia en los últimos tiempos nos ha proporcionado emociones no menos violentas.

Los signos que describe el astrólogo en el cielo misterioso de las noticias privadas y de la actitud solemne de algunos neutrales, son para hacernos prever cosas extraordinarias. A lo cual se agrega que el sumo sacerdote de los periodistas alemanes, Max Harden por mal nombre, acaba de intimarles al Emperador y a su patria (a la del Emperador, porque Harden, según parece, no tiene ninguna, ni le hace falta), que es ya tiempo de empezar a decir cuál es el objeto de la guerra y, por lo tanto, de comenzar a fijar las bases de la paz perpetua que va a gozar el mundo del *Zukunft*, o, dicho en castellano, del futuro inminente.

En el semanario que lleva este nombre ha dicho recientemente el Sr. Harden:

> Tienen miedo nuestros enemigos de que, después de la guerra, Alemania continúe armándose para otras empresas bélicas, lo cual significaría una tentativa en busca del dominio del mundo y pondría a cuantos firmaran la paz con nosotros en peligro de

muerte. Eso no puede ser así. Nadie recordará esta guerra con placer. Acabémosla y organicemos la paz.

El Sr. Harden tiene como periodista dos grandes méritos. Escribe con mano leve, lo cual entre alemanes es una virtud literaria sobresaliente; y no carece de valor en situaciones extremas. Apoyado por Bismarck, fue capaz de enfrentarse a Guillermo II. Dueño de ciertas declaraciones y documentos, y apoyado, no teniendo ya a Bismarck, en un artículo obsceno del Código Penal tudesco, llevó a Krupp al suicidio e hizo, más tarde, saltar en pedazos la barrera que había puesto alrededor del Emperador una camarilla siniestra. Pero el Señor Harden sufre a menudo eclipses totales del sentido común, y más frecuentemente aún da señales de no tener ni el más mínimo espíritu de consecuencia. Su memoria, aunque muy complaciente, le juega, a veces, malas partidas. Pero estas gentes que hablan a la topa tolondra no ilustran el ajeno entendimiento por la manera como razonan, sino por los hechos o aspiraciones que descubren.

En la época de la costosa y superflua degollina titulada en la historia la batalla de Ypres, Max Harden tomó la pluma serenamente para decirle al mundo que Alemania tenía pensado en ese momento llegar a Calais, ocupar y fortificar la costa francesa, para, enseguida, proclamar ella sola y por su cuenta el reinado de la paz. No importa, añadía desvariando este buen señor, que las otras naciones con quienes Alemania está en guerra continúen guerreando. Nosotros, habiendo cumplido nuestro destino, que era llegar a La Mancha, declararemos la paz y seguiremos viviendo pacíficamente. Así razonaba en enero de 1915 el cómico tronado que hoy redacta en Alemania uno de los semanarios más atrevidos que conoce el planeta. Decir que razonaba es acaso una falta contra la propiedad de las voces: así embestía contra el sentido común el Sr. Harden. Sin embargo, los eclipses totales del sentido común suelen preparar en las grandes inteligencias horas de placentera y benéfica lucidez. En los momentos actuales, perdida la esperanza de llegar siquiera a Calais y de proferir en tono prusiano los términos de la paz octaviana con que Alemania iba a obsequiar al mundo, el periódico de Harden habla de terminar la guerra. Parece que ya no acepta la idea de que Alemania viva en paz, aunque Inglaterra, Francia, Italia, Rusia, el Japón, Bélgica, Serbia y Portugal continúen haciéndole la guerra. El Sr. Harden va más lejos. No solamente no quiere que sigan sus enemigos haciéndole la guerra a Alemania: acaricia el pensamiento de que en todo el haz de la tierra las gentes se convenzan de que Alemania, después de esta ominosa pesadilla, no piensa volver a armarse contra un planeta tembloroso y palideciente. "Eso no puede ser así".

A tiempo que el redactor de *Zukunft* se expresa en forma humanitaria y cristiana, poco conforme con sus antecedentes, y, sobre todo, poco conforme con la falta de escrúpulos de que hizo ostentación cuando les reprochó su hipocresía a los gobernantes alemanes que no se atrevían a decir cómo fueron ellos quienes provocaron la guerra; a tiempo que Harden, decíamos, vira de bordo en esta manera poco elegante, las cartas privadas y las noticias verbales que llegan de Alemania y Austria indican una situación próxima a la catástrofe. Hindenburg les hace saber a sus soldados que en adelante no vendrán a visitarlos cartas de sus parientes. En Basilea quedan detenidas durante semanas enteras toneladas de correspondencia destinadas a las tropas alemanas que se baten o no se baten en Francia y Flandes, y las gentes que en Inglaterra tienen comunicación con residentes en Alemania reciben noticia de que "el hambre se aproxima a pasos agigantados", que "cada día los alimentos se hacen más costosos y más escasos", que "si la guerra dura un poco más las gentes perecerán seguramente de inanición".

Se comprende que en esta situación las valijas del correo yazgan meses enteros en las estaciones para aminorar el deterioro del material fijo y rodante, y, supernumerariamente, para que las cartas no digan su historia de desolación. Sin embargo, las cartas pasan. Hay una proveniente de Berlín que dice:

> Pronto estaremos aquí sin qué comer. Con el dinero que tengo no sé cómo despacharme. Continúan las largas esperas para lograr que vendan manteca. La cosa empeora, muchas mujeres

han enfermado y muchas han muerto de frío y a causa de insuficiente alimentación. A menudo en el colmo de la desesperación, algunas se suicidan.

No es de extrañar que en estas circunstancias Alemania estrelle inútilmente sus legiones contra Verdum en una carnicería que dura ya dos meses, con el objeto, caritativo indudablemente, de hacer más llevadera la privación a los no combatientes.

Todavía nos ofrece el mundo más augurios de paz semejantes a los que en forma cabalística dispone sobre las cuartillas de papel el genio judiciario de Max Harden. En Estocolmo, según relata la prensa escandinava, se ha reunido un congreso de la paz, y, si hemos de atenernos a las insinuaciones de otra prensa menos discreta, hay constancia de que Guillermo II ha deseado que se reúna ese congreso, y se ha dignado extender hacia él la clámide de su influencia. Con solemnidad hiperbórea el Congreso de Estocolmo ha emprendido serias deliberaciones sobre la forma en que será celebrada la paz del futuro, y ha señalado algunas de las condiciones que figurarán en el tratado. Entre esas figura esta bella cláusula: "Se tomará en cuenta el examen de la cuestión Alsacia-Lorena". El Congreso de Estocolmo no carece de solemnidad; le falta, acaso, el sentido de la ironía, pero no es en esta clase de corporaciones, donde Renan, por ejemplo, o Enrique Heine, suelen lucir sus habilidades. Al terminar la guerra, vencida Alemania, desconcertada Austria, cuando ya Turquía y Bulgaria hayan firmado, por su parte, las condiciones de paz con sus enemigos, al Congreso de la Paz se le permitirá que tome en cuenta el problema de Alsacia-Lorena. Los congresistas de Estocolmo, además de solemnes, son magnánimos y condescendientes. El problema de la Alsacia-Lorena, planteado en 1871 y, según nosotros creíamos, tomado en cuenta por algunas personas, antes y después de Zabern, será uno de los puntos sobre los cuales tendrán permiso para deliberar los agentes diplomáticos con cuyas galanas personas se adornará el Congreso de la Paz; aquel congreso en que, según dice Harden, Alemania les declarará a sus enemigos, con la mayor buena voluntad que va a desarmarse y que ha pasado la hora de los terrores y del temblar profundo.

Con estos augurios empieza la primavera. Florece la retórica de Max Harden en magnánimas ofertas de desarme a un mundo consternado por las campañas de terror llevadas a cabo por Alemania. Cerca del círculo polar un congreso designa las cuestiones, sobre las cuales será permitido deliberar a los reorganizadores de la vida normal en Europa. En Alemania y Austria las gentes pobres han llegado, según parece, al extremo del sufrimiento, y se preparan a evitar por los medios posibles que el Estado Mayor derrumbe las últimas esperanzas del pueblo con una nueva campaña de invierno.

NOTAS EDITORIALES

Revista *Hispania*, n.º 54, Londres, 27 de junio de 1916, pp. 1624-1626.

No HAY DUDA que la actitud del Presidente Wilson ha tenido grande influencia en cuanto a hacer disminuir las crueldades innecesarias de la guerra y morigerar la crudeza con que el Gobierno alemán se empeñaba en procurar la destrucción de sus enemigos. A las razones sostenidas, a la actitud inconmovible, aunque un poco lenta del Gobierno de Washington, se debe la seguridad de las personas y propiedades de los americanos en el mar. Resulta consolador poder afirmar que cuando la fuerza en sus más brutales manifestaciones es el factor más eficaz en las relaciones de unos pueblos con otros en la antigua Europa, una nación del nuevo Continente, casi inerme, y sorprendida por la guerra en labores de otro orden, haya podido hacer entrar en razón al más obcecado de los beligerantes.

* * *

Después de todo, el eclipse de la razón no ha sido completo. El triunfo de la política civilizadora del Presidente Wilson es inequívoco. Pero, ocurre preguntar, ¿por qué razón los demás países neutrales dejaron solos a los Estados Unidos en esta obra de mitigación? El Gobierno americano habría carecido de los medios necesarios para imponer su voluntad a la fuerza. Con su marina no podía obrar contra Alemania; su ejército de tierra apenas existe, y estaba empeñado por el momento en una labor que, en el sentir de algunos, es superior a su número y a su equipo. Hizo predominar su doctrina porque tenía razón y porque mostró su decisión de perseverar en la demanda. Las naciones neutrales, especialmente las americanas, que han mirado con indiferencia esta actitud de los Estados Unidos, o aceptan la fuerza como juez supremo de las decisiones internacionales, o reconocen, sin fundamento, lo subalterno de su posición en el concierto de los pueblos cultos. La protesta de las naciones débiles contra Alemania habría tenido, o ha debido tener, la misma fuerza que la actitud asumida por los Estados Unidos. Haberse negado a reclamar el respeto a sus derechos es una muestra de debilidad. Con todo, en la última declaración sobre asuntos de política internacional americana, el Presidente Wilson demanda el reconocimiento de "la igualdad moral entre los pequeños y los grandes Estados".

* * *

Las convenciones diplomáticas han sido durante siglos objeto de amargas o graciosas críticas. Novelistas, políticos, historiadores, dramaturgos y gacetilleros del género humorístico han empapado las cuartillas para señalar la inocencia o la vaciedad de las comunicaciones diplomáticas. Las cancillerías, según estos críticos, cultivaban con el mayor esmero el arte de escribir mucho para decir poco o no decir nada. Simulación y diplomacia eran palabras que llevaban la vía de juntarse en un mismo artículo, dentro de las páginas fatigadas de un diccionario de sinónimos. Las lenguas de que la diplomacia solía valerse se desprendían de todos sus términos precisos y de todos sus giros enérgicos para cederle el paso al concepto general y a la palabra incolora. No era permitido decir, por ejemplo, "me causa extrañeza", sino cuando las cosas habían tomado un cariz hosco y alarmante. Para contradecir a un diplomático era necesario acumular fórmulas de cortesía y frases de excusa largas y fastidiosas. Las cancillerías empiezan a recibir en sus bufetes el aire oxigenado de la calle. En estos días, con gran deleite de quienes gustaban de llamar las cosas por sus nombres, hemos oído calificar, en una agitada sesión parlamentaria, de "mentira de primer orden" las aseveraciones del Canciller alemán sobre la conducta de Sir Edward Grey, cuando Austria hizo su primer ensayo con *los pedazos de papel* para incautarse los territorios de Bosnia y Herzegovina.

* * *

Los decires de la prensa alemana sobre provisiones y riesgo de hambre en la población civil no son contradictorios. Hay poco, es verdad, dicen unos, pero es suficiente. Con lo que hay, dicen otros, sería bastante para ir tirando, si las porciones se distribuyeran por igual; pero a tiempo que los pobres, en especial los de las ciudades pequeñas y de los campos, apenas logran mantener juntos el alma y el cuerpo, los capitalistas no se privan todavía de sus habituales gollerías. "Se nos quiere someter", dicen a este respecto las *Leipziger Neueste Nachrichten*, "a las torturas del hambre. ¡Vana esperanza! Sabemos que nuestra voluntad de resistir a toda costa *no ha sido fácil* y que exigirá todavía muchos sacrificios en el porvenir, pero...". No importan los peros. Hoy viven dos personas con una libra de carne a la semana, con algunas legumbres, pan malo, escaso y artificiosamente preparado, sin manteca, sin leche, con poco azúcar y muchas esperanzas. No es verdaderamente lisonjero para la gente pobre el anuncio de que en lo futuro será necesario hacer más sacrificios. Quienes deben hacerlos son los capitalistas, que continúan embaulando grandes provechos a la sombra de la guerra que ellos provocaron para su solaz y esparcimiento.

* * *

Un día de mayo, el Sol, persona de hábitos muy regulares en el trópico, y de costumbres muy cuidadosamente reglamentadas en Europa, tuvo la más desagradable de las sorpresas al levantarse por la mañana y descubrir que, para la estación, había dormido una hora más de lo usual y corriente. Le habría molestado menos el atraso, si no supiera que sobre lo metódico de sus hábitos estaba arreglada cierta parte del orden social. Acabó, tal vez, por enterarse de que le habían jugado una mala partida, adelantando el reloj por la noche. Parece que, no por ser persona muy ordenada, carezca el Sol de un fino sentido del humor. Sabe apreciar una burla aunque sea pesada, porque desde ese día ha hecho florecer con su risa la alegría en los campos, ha llevado el contento a las ciudades brumosas, y muestra su cara rubicunda durante 14 horas seguidas, como para hacer ver que no será fácil engañarle una segunda vez. No sabe que, para septiembre le tienen preparada una burla peor.

* * *

La batalla de Verdún, no cesa y la inventiva del tudesco no se cansa de forjar explicaciones sobre la ya insoportable duración de esta degollina. En los primeros días la prensa alemana, inspirada en sus naturales y fecundos oráculos, anunció a los cuatro vientos que Verdún había sido ya ocupada por el ejército del Príncipe Heredero. Cuando esa prensa, que cuenta, según parece, con la inagotable credulidad del pueblo a quien se dirige, se vio forzada a reconocer que, en efecto, Verdún quedaba todavía al oeste y al sur de la línea francesa de batalla, no vaciló en afirmar, sin el alivio siquiera de una sonrisa humorística, que la ofensiva de ese lado había sido cosa de los franceses. Eran, según este comento, los franceses los que habían tenido la osadía de atacar en el valle del Mosa a los alemanes, en cuya mente jamás había hecho demora el pensamiento de tomar a Verdún; pero con todo eso, es cierto que el Emperador había venido en persona al campamento del Príncipe Heredero para entrar triunfalmente a la que llamó Carducci "ciudad de confiteros". El combate se prolonga, sin embargo, y es menester ahora explicar las causas de su costosa duración. Los críticos militares prusianos, cuya sagacidad ha sido objeto de alabanza aún de parte de sus encarnizados enemigos, le han estado ofreciendo las más curiosas especulaciones a la mente de los lectores que en ellos se apacienta. Olvidando que les habían hecho a los franceses el cargo de haber sido ellos quienes interrumpieron la apacible calma en esa parte del frente, volvieron a decir que el objetivo de la lucha era Verdún, si bien la batalla tomaría ahora caracteres de sitio. Lo cual, por excepción, resultó cierto, pero no satisfizo la conciencia alemana, porque la batalla se prolongaba indebidamente. Para satisfacer los dictados de tan sencillas inteligencias el Estado Mayor alemán se tomó la pena de hacer conocer sus miras públicamente. Dijo otra vez que no había estado nunca en el ánimo de Prusia y de sus reinos y repúblicas subalternas tomarse a Verdún; el objetivo había sido paralizar la ofensiva general que, en sentir del Estado Mayor, estaban provocando los Aliados: el verano avanza, los sacrificios sobre Verdún son cada día más costosos y la ofensiva de los Aliados es tan posible hoy como hace cien días, cuando empezó la batalla. A pesar de su crédulo natural, el tudesco empieza a encontrar un poco burda la trama de estas redes en que se sacrifican como cebo 350.000 hombres para evitar una ofensiva que podría costar en el peor de los casos unos 400.000, con la perspectiva de hacer mayores destrozos en los agresores. Es de advertir que para prevenir la supuesta ofensiva general, el Estado Mayor ha traído sobre el reducido frente del Mosa casi los dos quintos de sus efectivos occidentales. Para tranquilizar la opinión tenemos, por último, la explicación que empiezan a dar los técnicos de restaurante en Berlín, y que, según el Coronel Feyler, pasará pronto a la prensa, sin que aparezca, al principio, autorizada por el Estado Mayor. El objeto verdadero de la empresa sobre Verdún sería, según estos críticos de restaurante, fastidiar al pueblo francés, haciéndole soportar lo más recio de la faena militar durante unos seis meses, para convencerlo de que haga la paz en el otoño en condiciones menos rudas de las que ya está empezando a temer Alemania que le será forzoso aceptar de los Aliados. Tanto vale la una como la otra de todas estas explicaciones.

* * *

Ha surgido de repente una ola de indignación contra el cinematógrafo. No contra el invento en sí, que parece innocuo, sino contra las películas que le sirven al público empresarios más o menos faltos de escrúpulos y de buen gusto. Si se tratara únicamente de una cuestión de buen gusto, nadie estaría mejor dispuesto que el autor de estas líneas a pedir la crucifixión o el exilio de los empresarios. El cine, como empieza a decir el pueblo, con un mohín de cariño, se ha convertido en una industria misionera de depravación. No creo que deprave las costumbres de un modo inmediato. Estoy convencido de que, a lo menos en la forma en que va siendo explotada, la película cinematográfica deprava el gusto del público. La exhibición constante de la fealdad, la repetición de la escena grotesca, el chiste brutal, las contorsiones de Quasimodo, y las cachetadas convertidas en tratamiento ordinario de sanos y enfermos, va rebajando diariamente el nivel estético de las multitudes, que dicho sea de paso, no era muy alto antes de aparecer el cine. Los que han salido a atacar esta diversión popular y los que la vencerán seguramente en Inglaterra, no tienen cargos que hacerle por el lado de la estética: la vestimenta grosera, los gestos pueriles y grotescos, la cachetina constante, las necias caídas estrepitosas de Charlie Chaplin y su andar monótono de foca fatigada, bien merecían una severa pesquisa de las autoridades municipales. El automóvil despedido que penetra en las tiendas rompiendo escaparates, desfonda los cielos rasos y va a precipitarse con su humano contenido en las ondas del Hudson o del Sena, no es en verdad un modelo de belleza ni de buen gusto. La inopia mental de los que combinan la mayor parte de los incidentes con que nos regala el cine, tiende sin desvíos a depravar la inteligencia disminuyéndola.

Sin embargo, la cruzada emprendida contra el cine lleva otra dirección y procede de otras fuentes. Se trata de impedir que los chicos hagan novillos y se vayan al cine a refinar sus capacidades para el merodeo. La estadística, una ciencia complaciente y elástica como los gases, ha salido a apuntalar a los reformistas. La criminalidad infantil, según las cifras con que acuden estos señores al debate, ha aumentado considerablemente desde que hay cine; y los chicos mismos dicen que es allí donde han aprendido sus nuevas mañas. Como disculpa, no es mala: los niños tienen acaso una imaginación más experta y un sentido del humor más discreto que los estadistas y los jueces municipales. ¿Es, por otra parte, el cine el único elemento de depravación con que han venido a enturbiarse recientemente las ondas del progreso? ¿Han olvidado ya los estadistas y los personeros de la moralidad infantil que una nación declaró por boca de su representante estar dispuesta a ocupar un territorio porque lo necesitaba, aunque estaba obligada por tratados a garantizar la inmunidad de ese territorio? No partamos del principio de que el chico de diez o quince años no sabe lo que está pasando en Europa. No demos por sentado que las historias de lo que está ocurriendo en Bélgica pasan inadvertidas para la gente menuda. Los niños escuchan, leen periódicos, los comentan a su modo y hacen comparaciones. La imaginación es más viva en la niñez que en la edad madura. Es imposible que el Canciller del Imperio alemán, si tuviera solamente doce o quince años, no hubiera sorprendido al mundo con sus famosas declaraciones sobre el mal que le iban a hacer a Bélgica los alemanes. Si Von Papen hubiera llevado altos los pantalones y gorrita de escolar, no habría dejado distribuidos, en su criminal y ridícula peregrinación, los papiros de su deshonra.

Dejen quieto el cine. Mejor dicho, refórmenlo en el sentido de embellecerlo. Que sea una escuela de buen gusto, y no una feria de lo vulgar y lo grotesco... Desde cierto punto de vista tienen la razón los moralizantes. Cuando el gusto se deprava, el alma toda sufre irremediablemente disminución. Un hombre condenado a la contemplación de la fealdad está preparándose para entrar en la senda del crimen.

UNA ESPECIE EN VÍA DE EXTINCIÓN

Revista *Hispania*, n.º 54, Londres, 1 de junio de 1916, pp. 1626-1627.

LAS CLASES MEDIAS en Europa han desempeñado gran papel en las renovaciones de principios favorables a la libertad. La revolución de Inglaterra en el siglo XVII fue una violenta reacción contra la pedantería legalista de las clases privilegiadas, contra el formalismo estéril de un parlamento encariñado del poder y deseoso de perpetuar su dominio con la creación de nuevas prerrogativas. Aunque Cromwell, por el lado de su padre, estuviera relacionado con las familias de la nobleza y aun, según parece, emparentadas con la casa real, sus inclinaciones le llevaban directamente a simpatizar con las clases medias. Su obra política degeneró en una suerte de persecución religiosa contra las sectas anglicana y católica, a pesar de que en un principio invocó en palabras altisonantes la libertad y la tolerancia. Su poder inmediato se apoyó, desde luego, en el ejército contra el Parlamento; pero era visible que a espaldas del ejército estaban los representantes de las clases medias. Fue una desventura que el puritanismo se hubiera mezclado a la empresa de emancipación llevada a cabo por Cromwell; pero, así y todo, los resultados que en favor de las libertades del individuo se obtuvieron con esa revolución se deben al influjo de la clase media en toda la duración del movimiento.

No es preciso extendernos demasiado para mostrar que fue la clase media la autora principal de la renovación política y social causada por la Revolución francesa. Todavía dura el predominio de esa clase social, que abolió los privilegios de la aristocracia para crearlos en otra forma y explotarlos con tenacidad y destreza durante un largo siglo. En Francia desaparecieron los privilegios en tiempo de la revolución; pero la clase media los revivió más tarde para usufructuarlos mañosamente. La monarquía y el imperio, para sostenerse en su intermitente reinado, tenían que apoyarse transitoriamente y mal de su grado en la mesocracia que, con el andar del tiempo, destruyó de nuevo el antiguo régimen para sentar sus reales como dueña y señora. Para deshacer el dominio de las clases medias en Francia se necesita hoy una revolución como la de 1789, o una renovación pacífica en que los privilegios vayan a caer en manos de otra capa social; renovación que aparece cada día más difícil, porque las clases medias han hallado la manera de atraer a su seno todos los elementos preponderantes del socialismo a medida que van haciéndose presentes. En los últimos años hemos estado viendo la facilidad con que los jefes del partido obrero pasan, sin inmutarse, de las filas de su partido a los ministerios, a cooperar diestramente con la clase media, enriquecida y poco escrupulosa, en la explotación de los antiguos privilegios, vestidos ahora con los atavíos de las combinaciones capitalistas. Esta explotación de los recursos nacionales es llevada a cabo en Francia con absoluta tranquilidad. La idea monárquica o imperialista se ha refugiado en las familias antiguas que han perdido su contacto con el pueblo francés, y en unos pocos hombres de letras, cuya inteligencia ha logrado crear ambiente literario para sus ideas, pero no muchos prosélitos.

De otra parte, la clase obrera no inspira serios temores. Sus jefes parecen impulsados por una fuerza centrífuga. En cuanto sobresalen, su primer empeño es tender un puente hacia el país de Jauja, donde reside y manda la clase media: no es raro que el puente sea edificado sobre discretos estribos de oro.

En Italia, a pesar de la monarquía, a pesar del prestigio que le da la creencia, ya considerada como un hecho histórico, de que la casa de Saboya ha sido el más eficaz instrumento en la creación de la unidad nacional, es la clase media, harta pero no satisfecha, la que dirige los destinos del país, con la misma falta de escrúpulos que en la república francesa.

En presencia de esta actitud universal de las clases medias en el momento actual de la vida europea, tiene importancia la condición precaria a que ha llegado en Inglaterra una sección de la clase media, la más numerosa sin duda y la más abandonada por la providencia de los políticos. El Gobierno de Inglaterra, cualquiera que sea la formación de los gabinetes, está siempre en manos de las clases privilegiadas. No importa que al Gabinete lleguen especieros, procuradores, usureros, o criadores de ganado: el elemento predominante lo forman las clases privilegiadas, es decir, la nobleza, los grandes propietarios de tierras, los dueños de los grandes diarios, los nobles que ejercen la industria de producción cervecera y los que se ocupan en dirigir los deportes británicos. El Gobierno es democrático, parlamentario, casi popular. Sin embargo, al través de todas las vicisitudes políticas, es siempre una misma la clase que gobierna. El partido que usufructuaba el poder antes del Gobierno de Coalición, creado por la necesidad de buscar el concurso interesado de todos los grupos en la tarea de defender al país, se ufanaba de haber quebrantado el poder de la Cámara de los Lores. Acaso es verdad que políticamente esa institución ha perdido parte de su influencia; pero en cuanto los lores posean la tierra, las grandes fortunas y la prensa, pueden consolarse de la influencia que aparentemente les hayan quitado las leyes de reforma constitucional.

La clase media rica, la que cuenta con el sufragio para mantenerse en el poder, ha dejado de ser clase media. Sus intereses la hacen aliada de las clases nobiliarias y de los intereses creados. Pero a medida que la industria y el comercio se han ido desarrollando a la sombra de una larga era de prosperidad, un nuevo ambiente ha creado una nueva especie. El pequeño comerciante, el hombre que vive, sin trabajar, de una escasa renta acumulada en largos años de ahorro, el funcionario público, el agricultor en pequeña escala que vive en el campo con su familia, el agente de anuncios, el profesor de escuelas privadas, el artesano independiente que no ha caído todavía dentro de la maraña de las Sociedades Cooperativas, el colono enriquecido que viene a gozar en Inglaterra de los resultados de su trabajo, forman una clase social cuyo distintivo predominante es la indiferencia política. La mayor parte de estas gentes creyeron hace quince o veinte años haber resuelto el problema de la existencia. Tenían, algunas de ellas, una profesión bien aparroquiada o un negocio decente para lucrar honestamente el pan cotidiano; hacían sus ahorros, que colocaban en fondos del Estado o en bonos de ferrocarriles, o en acciones de compañías industriales de reputación establecida. Otros, sin profesión alguna, tenían su pequeño capital invertido en esta clase de papeles y miraban hacia el porvenir, confiados los unos, sonrientes los demás. El inglés es un optimista impermeable.

Este beatífico estado de cosas ha venido a ser perturbado hondamente por la legislación de los últimos años. Debajo de esta clase social que acabo de describir quedaban los obreros, organizados o no, cuyo modo de vivir era el trabajo manual. Ellos reconocían la inferioridad de su posición y estaban, en apariencia, satisfechos con que les dejaran ocupar un puesto reducido en cierto plano social. La lucha política de los últimos quince años ha venido a sacar a esta clase de su marasmo. La necesidad de obtener votos en el Parlamento movió a las clases privilegiadas de matiz liberal a remover el alma de las clases obreras y a hacerles comprender el valor del arma que ponía en sus manos el sistema electoral. Las clases privilegiadas de matiz liberal hicieron extender a las clases obreras el privilegio del voto, y, mejor inspiradas todavía, aumentaron considerablemente los impuestos de las clases altas para mejorar la condición de los obreros y procurarles educación competente. El esfuerzo en favor de la educación ha sido formidable, y al cabo de diez años sus resultados se han hecho ver en forma inequívoca. La clase obrera recibe hoy una educación más extensa, de más valor práctico que la clase media cuyos caracteres he estado tratando de fijar. Y se presenta diariamente el caso de que la criada, procedente de las escuelas del Municipio, hace ostentación de su superioridad, en materia de conocimientos universales, en presencia del ama, señorita de la clase media, que apenas ha podido ir a los colegios privados, donde el precio de la educación representa un impuesto duro aún para las clases ricas. La señorita de la clase media no va a las escuelas del distrito, aunque allí se imparta una educación adecuada, porque no quiere ponerse en contacto con las clases inferiores. El desnivel ha producido en toda la masa social una sensación de inquietud. Las mujeres de las clases medias, colocadas en un ambiente social de puro artificio, dicen que la situación se hace insoportable porque los obreros y las sirvientas saben más que los amos; lo cual no es una exageración ni envuelve tampoco un cumplimiento para los obreros.

Al mismo tiempo que la diferencia de educación tiende a invertir la posición de dos planos sociales, la condición económica de los obreros y la de la clase media va siendo barajada en el mismo sentido. Las clases medias de fortuna escasa solían vivir, como he dicho, de algún pequeño negocio o de una renta procedente de papeles del Estado. La tendencia de los grandes capitales a apoderarse de los pequeños negocios y el trastorno causado por las sacudidas de los mercados, en el valor de algunos documentos de crédito, ha reducido considerablemente las rentas de la clase media. Al mismo tiempo, la clase obrera ve mejorar continuamente sus destinos: el capital de los millonarios cede de sus productos en beneficio de la comodidad y la educación del obrero, en tanto que los trabajadores, conscientes de su poder y ansiosos de conquistar el porvenir, se han organizado en sociedades que pueden imponerles su voluntad a los capitalistas. Se han acordado, aunque tarde, de que poseen el voto y de que pueden usarlo para los mismos fines y con los mismos métodos, poco o nada escrupulosos, que las otras clases en su propio beneficio. Han venido a ser un quinto poder. Por el número, por la organización, por la avidez con que se han lanzado a recibir los conocimientos que les ofrecen las escuelas municipales, los representantes de este quinto poder tienen en sus manos una gran parte del porvenir de la Gran Bretaña. El solo peligro que los circunda es que sus directores, aquí como en Francia, están animados de una fuerza centrífuga que los impele hacia la línea de tangencia y los saca, muy a menudo, siguiendo esa línea, hasta ponerlos a la disposición de las clases privilegiadas por el nacimiento o la riqueza. Pero a pesar de este peligro que está en ellas mismas y que ellas pueden corregir, las clases obreras son hoy un gran poder, y parece que la brújula de la historia señala el advenimiento de su absoluto predominio. Las clases medias, en tanto, se han olvidado de la política. Su actividad material o sus recursos mentales han sido dedicados a los negocios en pequeño, a la compra de documentos de crédito público para asegurarse una renta firme, al deporte, a escribir o a leer novelas, a explorar los rincones inhabitados o desconocidos del planeta o del sistema planetario, a catequizar tribus salvajes o civilizadas, con o sin el objeto de aumentar la riqueza de los catequistas.

La guerra ha venido a sacudir dolorosamente el edificio mental de estas personas: algunas tienen por inevitable el derrumbamiento de sus posiciones, y empiezan a considerar necesaria una transformación fundamental. "Cualquiera que sea el resultado de la guerra", dicen ellas, "la clase a que nosotros pertenecemos va a quedar sin cimientos en el orden social. La tranquila indiferencia con que veíamos llegar y pasar los sucesos políticos, tiene que ser reemplazada por una fecunda actividad o pasaremos a ser siervos del capital, de la prensa y de los obreros". "No es posible que persistamos", agregan, "en apartar a nuestros hijos de las escuelas del Municipio, porque a pesar de la pequeña renta con que podemos ayudarles en sus primeros pasos, en la senda de los negocios, estarán siempre en posición de inferioridad ante los niños de la clase obrera, más adecuadamente equipados por medio de la educación que reciben, para invadir esferas de actividad a las cuales no pueden penetrar los de la clase media, mal preparados en la escuela para afrontar la ruda competencia".

No solamente será necesario que la clase media siga otros métodos de vida material; es necesario, además, que en lo mental se desembarace de ciertas preocupaciones. La guerra empieza a abrirles los ojos. La fe inquebrantable en la iniciativa del individuo para resolver todas las cuestiones sociales y políticas empieza a flaquear en presencia de las transformaciones que a este respecto han causado la guerra y las organizaciones gremiales.

La guerra contra Alemania es, en parte, según lo han declarado todos los órganos de la opinión en Inglaterra, lo mismo los diarios conservadores que los voceros del liberalismo en la prensa y en el Parlamento, una guerra contra la omnipotencia del Estado, "el más frío de los monstruos fríos", según la expresión de Nietzsche. A la omnipotencia del Estado le oponen los pensadores ingleses las prerrogativas inalienables del individuo, con el argumento de que el Estado no es otra cosa que las voluntades individuales sumadas y puestas en concierto. La guerra, sin embargo, ha exaltado los derechos y prerrogativas del Estado en contra de los derechos individuales. Alemania les ha declarado la guerra a los principios de 1789, al romanticismo político de 1848, destruido por ella principalmente en esos días de agitación; y parece que, vencida como habrá de serlo, según todas las apariencias, el principio de la omnipotencia del Estado que defiende contra Francia, Inglaterra, Italia y Serbia será el vencedor definitivo en esta orgía de las viejas iniquidades.

La clase media británica, al finalizar este conflicto, habrá perdido una de sus bellas ilusiones. La autonomía del individuo, la absoluta independencia, la libertad de obrar sin dañar los derechos de tercero, van a desaparecer en gran parte. Sea que el Estado continúe en la obra de empobrecerse bajo el sistema de la paz armada, sea que Europa, con mejor acuerdo, halle la forma de desembarazarse de este pulpo que la explota bajo las apariencias de compañías productoras de armamentos, los pueblos no consentirán fácilmente en que vuelvan a ser privilegio de la explotación capitalista aquellos servicios públicos que el Estado ha tomado sobre sí en momentos de peligro nacional. Las clases obreras no pueden olvidar que en horas de ansiedad, para adquirir mayor fuerza y poder velar con más eficacia por el bien común, los Gobiernos de Europa han acudido, durante la guerra, con excelente resultado, a poner en práctica las medidas que durante medio siglo han estado preconizando los predicadores laicos del socialismo.

III. Reseñas en la revista *Hispania*

CRÍTICA
LIBROS CASTELLANOS [UNAMUNO, ROBERTO SALDARRIAGA, JACINTO BENAVENTE]

Revista *Hispania*, n.º 2, Londres, 1 de febrero de 1912, pp. 38-39.

CON ESTE TÍTULO señalará HISPANIA a la atención de sus lectores los libros de lengua española que llegaren a su redacción. No hace diferencia entre libros españoles y libros hispanoamericanos, porque esta diferencia no sería esencial. Si la lengua hablada tiene ligeras divergencias vernaculares de un paralelo a otro, la lengua escrita lleva una tendencia marcada a uniformarse. Un libro publicado en Madrid o en Buenos Aires entrega todo su contenido a cuantos hablan español, desde la Patagonia hasta Colorado, y desde Luzón hasta Tenerife. Las diferencias de libro a libro no son esenciales sino de grado, y tienen más que ver con la mentalidad del autor que con los oteros en que acaba una denominación geográfica y empieza otra. No entendamos que cada uno de estos países no tenga sus caracteres propios, visibles desde luego en la producción literaria de sus hijos, para quien sepa descifrar los rasgos mentales de un escritor entre las líneas con que expresa su pensamiento. Lo que importa tener presente es que la lengua castellana es dueña y señora de esas comarcas, así de las que han cedido generosamente la riqueza de su suelo al emigrante, como de las que han retenido con avaro espíritu de raza las tradiciones del antepasado español.

* * *

Es buena fortuna que para escribir la primera crónica tenga uno que hablar del último libro de Miguel de Unamuno. Tamaño temperamento se ha ganado el derecho envidiable de que le traten con franqueza. Hablando de Unamuno puede el crítico señalar defectos y hacer reparos minuciosos sin temor de lastimar una reputación de bronce. Puede alabar con estrépito sin miedo de ablandar la invulnerable materia de que está formado este raro ejemplar de los gremios literarios. Como no pertenece a cenáculo alguno y como, según parece, no tiene lazos con escuela de arte determinado, está libre de las deformaciones que obra sobre la personalidad este género de ambientes estrechos y tiránicos. Ni aún siquiera las taras del profesorado puede uno advertir en la obra sinuosa de este vasco rebelde a quien pusieron las circunstancias en el rectorado de Salamanca.

El libro de Unamuno que acaba de llegar a la redacción de HISPANIA es una colección de Sonetos.[6] La ha denominado *Rosario* y la ha puesto bajo la protección de Carducci y de Hazlitt, del rudo cantor de la Italia resucitada y del gran maestro del humor y del estilo en las letras británicas del siglo XIX. Ha escogido muy bien sus abogados. Con el primero tiene grandes afinidades mentales; el segundo es natural que lo tiente, porque poseía en alto grado aquella música del estilo y aquella sutil delicadeza indispensable para no exceder las proporciones, cuando es preciso decir cosas grotescas en un tono serio o poner graves ideas en una forma burlona. Trae de Carducci en la página liminar del *Rosario* dos líneas en que Enotrio Romano quiso definir el Soneto. Para designar sus gustos primordiales, hubiera podido, el Señor de Unamuno, tomar de otro libro de Carducci una estrofa bárbara que dice:

> Odio l'usata poesía: concede
> Comoda al vulgo i fiosci fianchi e senza
> Palpiti sotto i consueti amplessi
> Stendesi e dorme.

Odia Unamuno, así en prosa como en verso, las formas usuales. Evita la sonoridad de la frase con un cuidado prolijo, con el mismo empeño con que otros escritores y poetas españoles se han esme-

---

[6] Miguel de Unamuno, *Rosario de sonetos líricos*, Madrid, Fernando Fé, 1911.

rado en hacer períodos nobles y rotundos aun comprometiendo la fuerza de la expresión. Huye de las actitudes oratorias con un saludable temor de nuestro señor el pensamiento. Y es un esfuerzo que debemos agradecerle, porque la lengua española necesitaba, sin duda, a fines del siglo XIX, un impulso reaccionario contra la abundancia del vocablo. Acaso vaya un poco lejos el autor del *Rosario* y de la *Vida de Don Quijote y Sancho*. Es preciso, tal vez, reconocer que la dureza de los periodos no es siempre el resultado del temperamento, sino más bien del estudio, de una convicción del filósofo ya casi convertida en preocupación del artista. Entre dos palabras del mismo valor semántico su pluma escoge la de más ruda articulación. No dirá *gregario*, sino *rebañego*; no dirá *subterráneo*, sino *soterraño*. Ya sé que él se complace en justificar estas preferencias diciendo que busca lo más español. Su teoría, muy parecida a la de Gourmont en la *Estética de la lengua francesa*, es que las palabras latinas tienen varios modos de deformarse para constituir el caudal de las lenguas modernas y que es preciso escoger, entre las dos maneras, la que concuerde mejor con el genio de cada idioma.

¡El genio del idioma! Después de haber destruido los duendes, las reglas de la retórica, las definiciones de la gramática, los gnomos, el genio del bien y del mal y otras substancias metafísicas, espíritus tan libres como Remy de Gourmont y Miguel de Unamuno gastan las mejores consideraciones con el genio del idioma, que es otra substancia metafísica igualmente escurridiza e incoercible. Invocando esta vieja entidad podemos defender todas las formas. Mientras ella exista, está el poeta expuesto a las más viles asechanzas. Porque en suma, el genio del idioma viene siendo el temperamento de un escritor genial. El genio del idioma tiene en Macaulay manifestaciones absolutamente opuestas a las que nos impone el decir enjuto y sustancioso de Carlyle. Es, según parece, canon riguroso del genio reconocido de la lengua inglesa no poner sufijos latinos en raíces sajonas. Pero desde el día en que un escritor de fuerza y de gracia dijo *laughable*, esta palabra y *readable* han tomado carta de naturaleza, como algún otro día la tomarán otras tales como *thunderation* que apenas en burla se atreven a usar hoy los doctos.

Veamos ahora al contenido de los sonetos. Es un placer alabarlo sin reticencias. Por donde quiera que se abra el libro estos renglones cortos señalan el trabajo de una mente vigorosa, de un escritor que ha fatigado los textos y dado la vuelta por todas las ideas con que se ha engalanado el pensamiento humano. Desde Hesíodo hasta Kierkegaard y Nietzsche todos los sistemas le son familiares al señor de Unamuno, y de todos habla con un aire de superioridad que le sienta a maravilla. Solamente un filósofo le inspira respeto. Solamente en la doctrina de Jesús no halla reparos, y sus estallidos de severidad van siempre contra los que ponen en duda la eficacia de las enseñanzas puras que constan en el Padre Nuestro y en el Sermón del Monte. De aquí depende que un libro en apariencia triste como el *Rosario*, deja en definitiva una impresión aliviadora y sedante.

Unamuno es uno de los pocos representantes de la cultura en quienes parece que no se hubiera llevado a efecto la inversión romántica. Es triste, pero su tristeza no proviene de ver la vida distinta de como ella se muestra. Su anhelo se cifra en mirar de frente los hechos y en dominarlos, en tanto que la preocupación de los románticos y sus innumerables herederos, fue desfigurar los hechos, imaginándose lastimosamente que de ese modo era más fácil sobreponerse a ellos. Hay que agradecerles a las circunstancias la combinación preciosa, mediante la cual, en el país romántico por excelencia, vinieron a nacer limpios de este pecado original Don Miguel de Unamuno, que ha llegado a ser Rector de Salamanca, y Ángel Ganivet, que sucumbió bajo la pesadumbre de su inmediata y precisa visión de las cosas.

* * *

De Colombia nos llega una novela corta.[7] Su autor, Don Roberto Botero Saldarriaga, le había dado hasta ahora toda su voluntad literaria a las luchas políticas. En La *Organización* de Medellín, había puesto la tribuna de sus ideas de reforma. Ha estado en el Congreso de Colombia para llenar su deber de mandatario. Es demasiado listo

---

[7] Roberto Botero Saldarriaga, *Sangre conquistadora*, Medellín, Imprenta de La Organización, 1911.

para imaginarse que con los elementos a su lado iba a modelar en formas nuevas una raza. Desengañado le vi deshaciendo el camino que había recorrido para ir al Congreso. Allí supe de este libro y aprendí a conocer a su autor. No lo hubiera conocido, y el libro me lo hubiera mostrado en toda su evidencia. Se trata de una obra llena del vigoroso temperamento del autor y de la raza. La novela es fragmentaria, la narración entrecortada, la ilación incierta... Y sin embargo ha tiempo que no leo una producción con el sano deleite que de estas páginas he derivado. Ellas me reconcilian con el pensamiento que he tenido en otras épocas, que he abandonado en seguida, y que me visita ahora periódicamente, de que no es menester seguir regla alguna para hacer hermosas novelas. Con todos los reparos que le he puesto al libro de Botero Saldarriaga, tengo que decir en justicia que me parece digno de encomio. Y esto depende de que su autor tiene temperamento. Las flaquezas de la narración desaparecen ante la eficacia con que afirma el yo de cada personaje; los vacíos e incoherencias los llena y los subsana aquella viva nota ocasional que en un solo epíteto le da valor evocativo a las descripciones de un paisaje familiar. Hay además una concordancia armoniosa entre los caracteres preponderantes, indómitos, que viven una vida excesiva, brutal, violenta, y la selva intacta, besada por un sol de fuego, acariciada por los vientos cálidos del valle, y acompasada en su gemir con el río revuelto y traicionero. La historia parece insignificante como las exageraciones: sé que pueden argüirme con la antigua disculpa de que es un sucedido ya fijado por la tradición. Eso no importa. Hay una multitud de cosas ciertas que no son verdaderas. Hay hechos cumplidos que no tienen verdad artística. Ese odio brutal de los dos hermanos, esa maldad tenaz y sobreviviente, no resulta verdadera porque es excepcional. Admiremos, sin embargo, al artista que puede hacer sobresalir de entre las páginas de un cuento inverosímil, y por encima de los apetitos desbordados y demasiado humanos de Don Lorenzo, Don Félix y la Manuela, ese producto morigerado ya, y listo para desenvenenar los manantiales de la raza, ese carácter, sugerido más bien que descrito, cuya silueta se yergue en las últimas páginas en una penumbra deliciosa, entre las codicias carnales de Don Félix y el roncar desprevenido del reverendo Padre.

* * *

Jacinto Benavente ha emprendido, para nuestra educación y nuestro deleite, la traducción en lengua española de los dramas de Shakespeare. Entre los modernos autores dramáticos, ninguno está mejor designado que Benavente, por la naturaleza, la fortuna, y por sus aficiones mentales para trasladar a la lengua castellana la obra enorme y maravillosa del gran Guillermo. Hay partes primordiales en las comedias de Benavente que admiten la comparación con Shakespeare. El primer acto de *Más fuerte que el amor* tiene todas las grandes cualidades del autor de la *Tempestad*. Es preciso hacer el descuento que las nuevas apariencias vitales, que las complicaciones y refinamientos del gran conflicto entre las sociedades han producido en las formas dramáticas, pero, con todo esto, no hay profanación ni falta de mesura en comparar al dramaturgo del Avon con el agilísimo espíritu que ha emprendido la traducción de sus obras.

Los efectos sinfónicos, como de fuga, que obtiene Benavente en las frases desiertas con que los interlocutores comentan, al terminar una mascarada la muerte de un conocido, son de una eficacia y delicadeza extrañas a la sensibilidad de los ingleses en tiempo de la Reina Isabel.

Pero nervios más sensibles y vibrantes, un cerebro fortalecido por la gentil disciplina de las artes modernas son cualidades que equipan admirablemente al autor de *Rosas de otoño* para penetrar en la complicada contextura mental de aquel genio rudo, cuya obra, según el dicho de Petöfi es la más grande de las dos partes en que se divide el universo creado.

Benavente le ha ya dado principio a la noble empresa con la traducción del *Rey Lear*,[8] que tenemos delante. Es preciso alabar la tersura de la frase, la propiedad con que conserva la vehemencia delirante del lenguaje característico del personaje principal. Esperamos tener a la vista los volúmenes próximos a aparecer para extendernos más en la comparación etimológica del original y la traducción.

---

[8] *El rey Lear*, Madrid, Ediciones de La Lectura, 1911.

LIBROS
FUERA DEL DOMINIO DE LA LEYENDA
[JULES MANCINI]

Revista *Hispania*, n.º 8, Londres, 1 de agosto de 1912, pp. 251-252.

HAY PERSONAJES HISTÓRICOS, antiguos y modernos, cuya fama se ha conservado tan sólo entre los resplandores de la leyenda. Su figura reverberante necesita del limbo propicio de la tradición para destacarse en el cortejo de los héroes y de los mártires. Ha habido por esto un saludable terror, entre los psicólogos *de boudoir* y los críticos del periódico diario, a los investigadores que la emprenden con las leyendas universalmente aceptadas. Piden que la leyenda se conserve. Claman que es necesario guardarlas escrupulosamente, como testimonio de las aspiraciones de un pueblo o de una raza. Nada importa, añaden, que el héroe no haya existido; nada importa que los contornos reales del personaje estén limitados por una curva considerablemente más estrecha que aquella en que se circunscribe la imaginación popular. El hecho de que el pueblo conserve en la memoria personajes y gestos basta para darles existencia real. Si Alejandro no hubiera existido, si no fueran verdad sus campañas, allí está la tradición en que se conservan para darnos ideas del pueblo macedonio. Todo esto era verdad hace quince años, cuando las doctrinas de Renan iban siendo divulgadas entre los tules de la indiferencia por Julio Lamaître, o entre las emanaciones del agua bendita por Maurice Barrés. A una época de escepticismo natural o supuesto, han sucedido años de laboriosa investigación. Y la teoría de que destruir las leyendas es disminuir el alma de las razas ha venido a quedar malsana.

La historia de César y de los Césares menores que le siguieron, narrada por Ferrero, interpretada económicamente y circunscrita a los grandes movimientos de las razas, no es menos bella ni menos interesante y seguramente más real. Ya no queda pormenor en la vida de Bonaparte ni en la del Emperador Napoleón que no haya sido minuciosamente expuesto por la curiosidad de los aficionados o por la fría mano del investigador avezado a trasegar por ingentes y olvidados archivos. La figura del Corso no ha perdido, sin embargo, ni en interés ni en relieve. El fracaso portentoso de su vida y de sus aspiraciones ha venido a formar el propicio fondo de la tela de donde se desprende esa figura melancólica de soñador y de hombre de acción.

En un libro concienzudo, bellamente escrito y documentado sagazmente, M. Julio Mancini ha venido a reducir a contornos humanos la figura de Bolívar. No hay que inquietarse ante la labor de esta pluma sabia y discreta. Bolívar ha tenido la mala suerte de haber sido durante un siglo personaje puramente legendario. Lo cual no quiere decir que sobre su vida y obras no hayan manado ríos de tinta. Pero fue su actitud tan decidida en el momento histórico en que le tocó vivir, que en un siglo la posteridad no ha logrado desembarazarse del influjo personal de este magnífico ejemplar de la especie humana. Cuantos acudieron a la publicidad antes de ahora para explicar el "fenómeno histórico" de Bolívar, llevaron una idea preconcebida. Don José Manuel Restrepo parece escribir un alegato en defensa de una causa propia. Larrazábal tiene la entonación del apologista. Los capítulos de su libro son otros tantos ditirambos. Baralt y Díaz subordinaban la narración a las exigencias de la política. Mitre delante de Bolívar evoca forzosamente la figura austera de San Martín con el ánimo evidente de hacer sobresalir el carácter modesto y sufrido del héroe de Chacabuco.

El verdadero retrato de Bolívar estaba pues, por hacer. La historia ha dejado de ser apologética. La labor del historiador es hoy principalmente obra de expurgación y de despojo de documentos. Antes de ahora la elocuencia, la retórica, y un poco de audacia de novelista, como en Thiers o Macaulay, eran poderosos auxiliares para lanzar a la publicidad textos voluminosos de impresiones personales. Autores parecidos a estos ya han dado cuenta de sus opiniones sobre Bolívar: los aficionados a la novela histórica o a las discusiones políticas deben estar satisfechos. Pero la fisonomía espiritual de Bolívar estaba por diseñar. El señor Mancini ha acometido esta obra con una fastuosa preparación. Ha recorrido los lugares en que aquella existencia prodigiosa dejó las huellas de su paso. Conoce la psicología de los pueblos libertados; la lengua española, que es su lengua nativa no tiene para él secretos ningunos. Ha tenido a su disposición los archivos en Colombia, en Venezuela, en Cuba, en España, en París y en Londres. Tiene lazos de familia con amigos de Bolívar, y ha podido escuchar en el hogar los últimos ecos de una tradición encargada de conservar los hechos más estupendos de la historia militar del siglo pasado. A esta posesión del documento, añade una cultura universal vasta y generosa y dotes de escritor invaluables.

Su primer cuidado en este libro, que se extiende tan sólo hasta 1815, ha sido precisar el medio y la época. La vida colonial en Caracas, en Santa Fe, está reconstituida con verdadera intuición de historiador. Párrafos fugitivos sugieren las costumbres de Lima, de México, de Buenos Aires. La generosa abundancia de la naturaleza en las regiones tropicales del Continente le ha inspirado al Sr. Mancini una de las páginas más bellas de su libro. Citamos en francés para no desalojar el pensamiento de sus formas adecuadas:

> Des chiffres et des nomenclatures, de pittoresques descriptions, ne suffisaient pas à rendre la réalité. Il eût fallu multiplier dix fois les Alpes par les Pyrénées et les Apennins pour concevoir à peu près les Andes; supposer le Méditerranée solide, traversée par des cours d'eau larges comme le canal de Gibraltar, battue par d'inexprimables ouragans, couverte à l'infini de graminées, des forêts de bambous, de palmiers et de plantes géantes pour se représenter les *pampas* de la Plata ou les *llanos* de le l'Orénoque; imaginer le Vésuve et l'Etna décuplés, sur un piédestal de glaciers deux ou trois fois plus élevé que le mont Blanc pour évaluer le Chimborazo, le Cotopaxi, l'Antisana, les *Nevados* et les volcans d'Amérique. Les sierras de Guadarrama, la Nevada et la More-

> na d'Espagne sont de petits groupes de collines, comparées aux Cordillères. Et tout, dans ce monde bouillonnant de forces et de vie, atteint de pareilles proportions... La terre fermente nuit et jour avec une telle puissance créatrice qu'on semble percevoir les halètements de son souffle et les pulsations de sa fièvre. On n'y peut, pour ainsi dire, avancer, que la trace du dernier pas ne soit effacée déjà sous une végétation luxuriante, qui naît, grandit et meurt pour renaitre encore centuplée dans un perpétuel frémissement de véhémence et d'amour. Ouvrez un chemin, et demain, si vous tentez d'y repasser, vous ne trouverez a sa place que la forêt inextricable. Bâtissez une maison dans la plaine, et si vous ne luttez, heure par heure, contre les vitalités grouillantes du sol et de l'espace, vous serez chassé bientôt d'un asile que vous croyiez sûr. Construisez un port, une digue, un pont, confiant dans l'apparent placidité des eaux, et quelques jours plus tard, si vous n'avez formidablement défendu votre ouvrage, le torrent devenu rivière, la cascade changée en cataracte et le fleuve en une mer soudaine, le feront disparaitre en un instant.

Los documentos sobre la vida colonial son escasos, pero él ha dado con algunos substanciales y preciosos. La formación del alma de su personaje constituye sin duda la parte esencial y la mejor documentada, la más original seguramente, de este primer tomo. *El contrato social*, el *Emilio*, las *Cartas del pastor saboyano*, el eco de la guerra de Independencia Americana, las faenas retóricas de los revolucionarios franceses, la obra plasmante de Don Simón Rodríguez sobre la arcilla dócil de su pupilo... ¡qué notación más clara de las influencias con que entraba a las lides humanas el espíritu de un libertador!

De esta rica documentación aparece que Bolívar era ante todo y principalmente el genio romántico. Mancini consigna la protesta del Libertador sobre que el estilo de Rousseau sería tal vez admirable, sin que por eso dejaran sus libros de importunarle. Es de usanza en los hombres de acción negar el influjo que sobre ellos ejercen las obras literarias. Bolívar no fue seguramente un lector impertérrito. Sería, sin embargo, un caso excepcional el suyo, si fuere cierto que le importunaban los libros de Rousseau. No es posible tener el gusto que se requiere para apreciar en esas obras el mérito del estilo sin dejarse arrebatar por las virtudes del pensamiento que encierran. Pero aun aceptando que a Bolívar le parecieran importunos los libros de Rousseau, no puede negarse que, por otros conductos, la época, el institutor, los sucesos, habían predispuesto su espíritu a padecer la inversión romántica. Fue un soñador como Napoleón. Fue un soñador en cuyas manos quiso poner la naturaleza todos los medios para invertir la realidad. Fue un soñador en quien las energías excesivas y en uso constante no se deterioraban con la tensión del ensueño. Fue un soñador más venturoso que el Corso. Realizó el ensueño de su vida y se despidió de ella proclamando la inanidad del esfuerzo, la mezquindad del resultado.

No hay figura histórica mejor marcada por los estigmas del romanticismo. No vivió para acomodarse a la realidad de las cosas, sino para forzarlas a tomar la apariencia deformada y hermosa que su espíritu había querido imprimirles anticipadamente. Desdeñaba las apariencias sensibles, porque le dio la naturaleza el poder de transformarlas. Adoleció siempre de Bovarismo. Se creyó un gran capitán. No fue más que un conductor de multitudes. Era el demagogo en su expresión más alta y más pura. Electrizaba las turbas. Modificaba el sentimiento público en poblaciones realistas, fanatizadas y amodorradas por siglos de opresión. Pero cuando había puesto los cerebros al rojo blanco, tenía que dejarle a Miranda unas veces, otras a Santander, otras a Sucre la formación de los ejércitos y la dirección de las campañas. Sin él la obra de la emancipación habría abortado en 1814. Si se hubiera seguido su dictamen en 1819, la campaña de Boyacá no habría podido desarrollarse. ¡Quién sabe lo que hubiera sido la empresa del Perú sin los segundos que la dirigieron!

La posteridad ha sido injusta con él porque nada es tan odioso para la humanidad como el éxito. Bolívar murió después de haber satisfecho todos sus ideales. Napoleón, un soñador de mayores vuelos, ligó su nombre al más bullicioso de los fracasos. Forzó a la realidad durante unos años, a que se acomodase servilmente dentro de las mallas de una bella ilusión. El desastre de su carrera romántica le ha conquistado los sufragios de este público póstumo denominado la posteridad.

No se puede hablar todavía con competencia de la obra del Sr. Mancini. De 1815 a 1824 se desenvuelve la personalidad de Bolívar en aspectos enteramente nuevos. De 1825 a 1831, desempeñando el papel de gobernante suramericano en lucha con realidades irreductibles, se empequeñece y decae sin dejar de ser supremamente interesante para un historiador desprevenido, dueño de su personaje y adecuadamente provisto de documentos como el Sr. Mancini.

LIBROS
HISTORIA DE COLOMBIA[9]
[CLEMENTS MARKHAM]

Revista *Hispania*, n.º 13, Londres, 1 de enero de 1913, pp. 435-436.

EN EL PRÓLOGO de su última obra sobre la civilización de los Incas, Sir Clements Markham hizo vibrar una nota melancólica. Dice allí Sir Clements que haciendo las cuentas vino a descubrir que le faltaban años para llevar a cabo la empresa comenzada. Desesperaba de ponerle término y, como para dejar constancia de la extensión y seriedad del trabajo emprendido, publicó capítulos fragmentarios de lo que hubiera podido ser una obra monumental. Sin embargo, razones distintas de la edad ha debido tener el autor para dejar empezada obra de tantos alcances. Ni su actividad, ni su memoria, ni el tesoro inexhausto de su perspicacia de historiador, han disminuido un ápice. Hoy nos da un trabajo concienzudo y metódico sobre la conquista de Nueva Granada, y en él muestra haber difundido su curiosidad de investigador por todas partes en busca del dato preciso y de la nota significativa.

Desde los manuscritos, crónicas e historias del siglo XVI, hasta las monografías publicadas en Colombia en este año del Señor de 1912; desde las relaciones de los Conquistadores, pasando por los ensayos gramaticales de lengua chibcha debidos a curiosos ecle-

---

[9] Sir Clements Markham, *The Conquest of New Granada*, London, Smith, Elder & Co., 1912.
Jesús María Henao y Gerardo Arrubla, *Historia de Colombia*, Tomo I. Bogotá, Escuela Tipográfica Salesiana,1911.

siásticos, hasta las últimas publicaciones de este siglo veinte, avaro de noticias sobre la cultura que destruyeron inconscientemente la ignorancia y la codicia de los conquistadores, por donde quiera ha trasegado Sir Clements Markham para darnos una historia completa de las tribus que demoraban en la Sabana de Bogotá y en sus inmediaciones antes del arribo milagroso de Quesada, y para poner en cuerpo y en orden la historia de la famosa conquista.

Es la vez primera que una mente de verdadero historiador se propone y logra compilar sistemáticamente las versiones adquiridas y los hechos evidenciados sobre puntos de tan alto interés. Las obras que hasta ahora corren impresas sobre el asunto, o tenían mucho de haber sido escritas, o comprendían un paisaje histórico de desordenada extensión. Aquí está resumido lo que hasta la fecha se sabe de cierto, y están analizadas con verdadero criterio de historiador las teorías más o menos extrañas que corren sobre la cultura chibcha y sobre la obra de exterminio y de creación ejecutada por los españoles.

Es posible colocarse en puntos de vista distintos de los del autor, pero es fuerza reconocer a cada paso el mérito de su paciente compilación. La psicología de la raza chibcha, el análisis de los escasos monumentos y signos de cultura salvados de la tormenta conquistadora, están iluminadas por un talento simpático y por una memoria escrupulosamente metódica. Cabe disentir del autor en algunas materias, pero no puede entrar uno a ofrecer argumentos en contra de sus teorías sin que le asalte un vago temor de llegar a ser impertinente. Dice, por ejemplo, Sir Clements Markham que la cultura chibcha iba en carrera de progreso, y, siguiendo la opinión de gran parte de los expositores, describe una raza fuerte, atrevida y valerosa. "Su porte, afirma, era el de un pueblo valiente, recio para el trabajo y no falto de imaginación". La imagen que uno se forma al estudiar de cerca a sus descendientes más libres del contagio moderno y conservados aparte del contacto sexual con otras razas, es bien diferente. Los indios de la Sabana eran de un temperamento benigno. En los días de la conquista no parece que hubieran sido extremadamente combativos. Su actitud, en presencia de la enorme calamidad representada por la aparición de los españoles, fue la de un pueblo de escépticos. Algunos historiadores explican esta modalidad de su espíritu diciendo que estaban quejosos de sus gobernantes. Les increpaban que disponían a su talante de las mujeres del pobre, que eran ávidos, crueles y licenciosos. Acaso no era ésta la sola causa. El chibcha era escéptico y un poco brahmánico. Había llegado a un alto grado de cultura indudablemente, y por eso miraba al mundo con cierta indiferencia. Estaban cansados de vivir. Ejercitaban el suicidio por hambre, que, como se sabe, es un distintivo de altas condiciones de cultura. No había llegado entre ellos la ciencia filosófica a probar la inmoralidad del suicidio, ni los adelantos de la administración pública a descubrir el modo de alimentarlos por la fuerza. Tenían, en efecto, grandes dotes imaginativas; pero es constante que no son ellas las características de las razas fuertes. Eran sobrios, taciturnos y fatalistas. Hacían la guerra por necesidad, no por entusiasmo. El clima benigno, la vegetación, el paisaje realzaban, si acaso no producían, aquellas cualidades de su espíritu. Los españoles encontraron allí una fácil conquista. La raza aceptó resignadamente esa imposición del destino. La fe católica, impuesta por el conquistador, las formas nuevas de cultura que observan de lejos y con desconfianza sus descendientes puros, no han logrado variar substancialmente el carácter reconcentrado y escéptico de la raza. Todavía concentra sus esfuerzos en no ser *dupe* de nada ni de nadie. La impresión que le produjeron los caballos es semejante a la que les ha causado el ferrocarril, a la que les está causando el automóvil. Sobre el Dios de los cristianos tienen la misma idea que sobre Bochica. Sir Clements Markham tendrá interés en recoger la siguiente anécdota, que puede no ser cierta pero es de una luminosa verdad psicológica: A un chibcha moribundo le preguntaba el confesor: "¿Crees que en el día del juicio ha de venir el Señor a juzgar a los vivos y a los muertos?". "Sí creo, padre", confesaba el agonizante, "pero allá verá su merced, cómo no viene".

Respecto a la escritura jeroglífica de los chibchas, las opiniones son variadas y contradictorias. Sir Clements Markham, con la cautela que le es propia, no pasa de señalar los signos del calendario. Más, si fuese correcta la explicación del Padre Duquesne, sobre la manera como los indios señalaban la división del tiempo, no sería difícil llegar a la conclusión de que poseían un cierto género de escritura jeroglífica. Es necesario, sin embargo, cuidarnos un poco de la teoría del Padre Duquesne. Muchas piedras de indios con figuras grabadas en bajo relieve han resultado ser meros moldes de que se valían para vaciar sus figurillas de oro.

Como la piedra era escasa, acumulaban en un solo bloque cuantos moldes podían. La agrupación simétrica de las figuras bien puede ser una necesidad elemental del espíritu humano. Ya se sabe que los pintores expresionistas profieren, por eso, contra la simetría, palabras injuriosas, al par que la declaran patrón inferior de la belleza aparente. Los Sres. Arrubla y Henao, que traen en su obra de texto reproducciones de figuras geométricas y de formas orgánicas grabadas en piedra por los indios en las vecindades de la Sabana, no tienen opinión determinada sobre la escritura chibcha. La regularidad de las volutas inspira dudas tremendas sobre la antigüedad de estas figuraciones.

La *Historia de Colombia* tiene un plan más vasto que el trabajo de Sir Clements Markham. Los Sres. Henao y Arrubla han concentrado en dos volúmenes, premiados por la Academia de la Historia en Colombia, todos los sucesos dignos de memoria desde la calígine precolombina hasta los días turbulentos y no menos difíciles de reducir a cifras precisas y símbolos claros de la república contemporánea.

LIBROS [LUIS BONAFOUX, RAMÓN PÉREZ DE AYALA]

Revista *Hispania*, n.º 14, Londres, 1 de febrero de 1913, pp. 471-472.

LUIS BONAFOUX[10] acaba de dar a la estampa una colección de artículos muy interesantes, con el título de *Los españoles en París*, y la estampa acaba de dárselos al público en forma de libro. En rigor no es un libro. El libro va desapareciendo entre las cosas bellas y sólidas con que se encariñó nuestra desprevenida adolescencia. Lo que le dan los libreros al público en forma de volumen reciente es, por lo general, una serie de artículos que han visto la luz pública en dos o tres revistas, que han sido traducidos a varias lenguas y reproducidos en diarios de tres continentes, cuando acaso no han aparecido en alguna edición de piratas, fraguada en un reino desconocido, para no pagar los derechos de autor. Libros sabios, como los de Renan, aparecían primero fragmentaria o totalmente en la inevitable *Revue des Deux Mondes* o el *Journal des Savants*, como las novelas de Bourget en la *Nouvelle Revue* antes de acudir en volumen a llenar el puesto de ordenanza en el dormitorio de la Señora Moranes o de Colette Rigand.

Ahora aparecen estos artículos de Bonafoux en forma de libro, cuando el público español e hispanoamericano se ha deleitado con ellos a todo su sabor. Los artículos de Bonafoux vuelan por todo el mundo. Los que tenemos de oficio que trasegar por la prensa

---

[10] Luis Bonafoux, *Los españoles en París*, París, Sociedad de Ediciones Luis Michaud, 1912.

americana del Norte y del Sur, tropezamos con este nombre lo mismo en los periódicos de Madrid que en el de la última aldea de provincia suramericana donde los vecinos pueden darse el lujo de tener diario local. Este escritor que no se anuncia, que ostenta y acaso tiene, en efecto, un gran desprecio por el montón anónimo, es de los más socorridos por el sufragio universal de los lectores insaciables. Lo cual no es difícil de explicar. En primer término su desdén parece sincero. A las mujeres y al público, muy semejante a ellas, con perdón sea dicho, no hay cebo que las atraiga como el desdén, cuando, se entiende, hay otras prendas tras de la supuesta o natural indiferencia. En segundo lugar, Luis Bonafoux no es un grafómano. Tiene muchas cosas que decir. Es un hombre apasionado que cultiva las pasiones con el cuidado prolijo, si bien no con las mismas disciplinas que aconsejaba el Padre Senault en su bello libro sobre el uso de las pasiones. A más de apasionado, es sincero, lo cual no es frecuente, y sobre sincero suele llegar en ocasiones a los extremos de la franqueza. Parece libre de todo vínculo, extraño a los compromisos, superior a las convenciones que se endilgan por todas partes y van a aposentarse en las redacciones de los periódicos. En tercer lugar, Bonafoux tiene a su disposición los más bellos recursos de la lengua española y algunos otros que no son precisamente los más bellos, pero que en sentir de muchos resultan eficaces empleados con propiedad.

A Bonafoux se le conoce en Suramérica especialmente por sus acometidas contra soberanos y granujas; por sus duelos a pluma contra medianías o contra lo que él juzga mediano; contra la afectación y la vanidad predominantes, sin atenuaciones ni reservas de ningún género. En estos excesos, para encontrarle a Bonafoux rivales competentes hay que ir a la Biblia y descender por San Jerónimo hasta Juan Montalvo.

Pero este libro de que vengo hablando, es de un género diverso. La mayor parte de sus páginas delatan un estado de ánimo sereno y bondadoso. Hay un sentimiento de piedad comunicativo, digámoslo en palabras cristianas, de amor para el que sufre o ha sufrido. Dos páginas hay sobre la Durcal, conmovedoras y sencillamente hermosas. Su artículo sobre Canalejas, antes de la muerte, es de un cariño desenfadado, acaso un poco incómodo para el favorecido, si lo leía estando de Ministro. Hasta en la descripción de las cosas usa aquí Bonafoux su bondad comunicativa: el automóvil de Botela es un personaje de tan abundante vitalidad que solicita el odio de los circunstantes, levanta el crédito de las personas apuradas, y determina con su aparición un ambiente histórico. En presencia de este vehículo, la figura de su dueño se pierde, brumosa e indecisa, entre las nieblas de la incompetencia.

* * *

No sería posible sorprender a los lectores de HISPANIA con el nombre de Ramón Pérez de Ayala, como no fuera diciendo contra él cosas desapacibles. Más de una vez se ha presentado en estas columnas con un mensaje digno de atención. Un capítulo del libro *Troteras y danzaderas*[11] apareció en HISPANIA antes de que el volumen saliera a la luz.

Siento no conocer otras novelas de Pérez de Ayala. Por notas ilustradas de la presente, veo que Rosina y Díaz de Guzmán han dispersado en varios volúmenes los incidentes de su vida atormentada y sinuosa. Por lo tanto, el juicio que sigue ha de ser somero y forzosamente incompleto.

Troteras y danzaderas retrata la vida literaria de Madrid. No hay duda de que el autor mira esta forma de la existencia con una falta absoluta de misericordia. Estos libros en que está pintada la vida literaria de los centros populosos tienen siempre una sombra tenue de artificialidad. El literato es un ser de artificio, y no hay pluma tan viva y sagaz que logre desembarazarlo de ese barniz del oficio. Una novela de costumbres literarias es algo como un *Drama Nuevo*, una pieza dramática metida en otra de mayor amplitud. En casos como éste, las memorias personales se adaptan mejor a las exigencias del asunto. Ellas le dejan, por otra parte, mayor libertad al cronista. No tiene la *Termite*, por ejemplo, de los Rosny,

---

[11] Madrid, *Renacimiento*, 1913.

el encanto particular ni las ráfagas vitales de las memorias de los *Treinta años en París*, que escribió Daudet.

Troteras y danzaderas, a más de crónica actual de costumbres literarias, es una novela de clave. Los que conocen el fondo oscuro de la vida intelectual madrileña, son capaces de señalar el nombre con que figuran en este libro los poetas y novelistas españoles de la hora presente. Si el autor los hubiera caracterizado con el título de sus obras, la novela habría resultado simplemente histórica. Escogió, para delimitar el espíritu de sus personajes, aquellos vicios que deforman la vida. El uno es borracho. El otro es un glotón. Hay un dramaturgo que ejerce sistemáticamente un género de tortura espiritual sobre la propia madre. Otro ha resuelto el problema cediéndole a la dueña de una casa de trato todo el caudal de sus amorosos sentimientos. Ella le sugiere chistes para sus comedias. Los vicios secretos, la envidia sorda, la pereza heroica, el hambre ilimitada e imponente, las entretenidas, las alcahuetas y los golfos se llevan la atención de los lectores desde la primera hasta la última página. Lo peor de todo no es la exhibición del vicio. El vicio, después de todo, es una cosa anormal, pero no inmunda necesariamente. La lectura puede afectar en ciertos personajes caracteres de vicio tiránico. Sin embargo, leer no es un vicio ni mucho menos un vicio nefando, aunque ha causado, que yo sepa, la depravación de muchos instintos y la ruina de algunas familias. Lo peor de todo es que, según la novela de Pérez de Ayala, el vicio afecta por todas partes en Madrid caracteres fangosos. Al menos esta impresión desoladora y malsana se desprende irremediablemente de los últimos capítulos de su novela.

Don Sabas Sicilia, el Ministro cuyos hijos escandalizan en los barrios bajos a las hembras del partido, resulta ser, a pesar de su cinismo, una de las pocas personas tolerables en esta feria de las vanidades. Tiene su parentesco espiritual con el odioso y pueril barón Desforges; pero tiene más vitalidad y relieve que los títeres de Monsieur Paul Bourget. Una soberbia página de la novela es aquella en que el autor nos da en proyecciones psicológicas el punto de vista de Don Sabas, el Ministro cínico; de la cocota empedernida, del dramaturgo en ciernes, y de la hija desventurada de unos amores ilícitos. Parece que el procedimiento se lo hubiera sugerido aquella extraña novela de Peter Altenberg que el Sr. Pérez de Ayala indudablemente no ha leído.

La forma de este libro es atractiva y sólida. El autor tiene un léxico abundante, sabroso, lleno de propiedad y elegancia. Acaso las consideraciones morales, las teorías estéticas que ocurre a menudo y no siempre forman parte del cuadro, hacen en veces la acción lánguida y extreman los caracteres de artificialidad de que necesariamente viene cargado el género. Los personajes no están creados, según parece, sino vistos. El autor los observa vivos y de una pieza desde el plano superior en que se ha colocado para... escarnecerlos.

LIBROS CASTELLANOS
EMILIO BOBADILLA (FRAY CANDIL).
BULEVAR ARRIBA, BULEVAR ABAJO.
LIBRERÍA PAUL OLLENDORFF, PARÍS

Revista Hispania, n.º 17, Londres, 1 de mayo de 1913, pp. 582-583.

BOBADILLA HA DEBIDO comenzar a escribir para los periódicos cuando estaba en la escuela. Somos ya viejos los que nos deleitábamos con sus páginas de combate en Suramérica hace treinta años, y él ostenta aún en su figura y en sus maneras de escritor toda la juventud que a sus aparentes contemporáneos les falta. Cuando recuerda uno que Bobadilla fue amigo de Clarín, su rival en seguida, su enemigo mortal a la postre; que se codeó con Martí, que era de los asiduos corresponsales de Merchán, acude al pensamiento la idea de que los años no pasan para algunas personas.

En el tiempo que ha pasado desde que Bobadilla empezó a escribir, han desaparecido enemigos suyos, surgido nuevas figuras a su rededor, se han aletargado grandes esperanzas; se han aceptado y desechado nuevas teorías del arte; se han arrinconado sistemas filosóficos y autoridades científicas. De todo esto ha tomado nota Bobadilla en sus crónicas vivaces para la instrucción y deleite de lectores premurosos. Y en presencia de tantos cambios él sigue siendo el mismo Bobadilla de *Capirotazos y solfeo.*

Aquellos libros de una ferocidad espantable le infundían al lector tropical de hace veinte años el pensamiento de que Bobadilla era un ogro capaz de comerse vivos a los niños de teta y a los poetas hueros. Cuando se supo que estaba para llegar a Bogotá, en 1896 o 97, la capital sufrió dos semanas de ruda expectativa. ¡Íbamos a ver al monstruo!

Los poetas se confesaron con la luna y probablemente comulgaron... Los escritores de prosa estaban resueltos a no decir sus nombres. Llegó Fray Candil a Bogotá, y en las primeras horas de su llegada supo todo el mundo que era un hombre afable, de una suavidad infrangible, atento a las opiniones ajenas, muy sociable, muy ameno y hasta de buena presencia. Le habrían perdido el respeto los poetas si no fuera porque al despedirse de Bobadilla daban en los escaparates de las librerías con los títulos agresivos de *Capirotazos, Triquitraques, Solfeo*, cuyas sílabas hendían los oídos a la manera que las frases de que se compone la letanía de la buena muerte.

En una cosa se ha modificado Bobadilla. Se ha hecho más benévolo con los necios. O, al menos, si sus sentimientos para con ellos no han experimentado modificación, ha llegado a convencerse de que molerles los omoplatos es tarea sin resultado. Todavía dice "imbéciles", "grafómanos", "espíritus falsos", "verbosos", "sofísticos"; pero estos epítetos ya no caen sobre las del genio desconocido en la soledad de la manigua, sino sobre Ballanche, sobre Barbey d'Aurerilly, sobre Mauricio Barrés y en esta ocasión tienen valor sedativo. Los que recibieron el rigor de las primeras disciplinas, ponen el oído atento y, en vez de santiguarse, hacen una pirueta. "El tirano se ha humanizado y escoge otras víctimas", dicen para sus adentros. Sin embargo, no deben darse por salvos. El día menos pensado vuelve este hombre a la carga. El arsenal permanece intacto.

Psicológicamente, Bobadilla sigue siendo el mismo de antes. Persiste en su amor a las formas transparentes y en su intolerancia para los escritores que no lo dicen todo y con absoluta claridad. El orden, la medida, el sentido de las proporciones son para él las cualidades primordiales de un escritor. Fuera de esta receta no hay salvación. Tiene fe en la ciencia y en algunos hombres de ciencia. Es muy cauto con los aspectos nuevos de las teorías científicas. El que haya un hombre de ciencia o dos o una media docena que se equivoquen no quiere decir, para él, que el método científico quede malsano. Otro de sus distintivos, y para mí una de sus mejores recomendaciones, es su capacidad de apreciar las ideas generales y de jugar con ellas a la pelota. El hecho aislado no le interesa. La vida de un hombre no tiene mérito sino por su significado moral o su valor simbólico. Al hablar de Gebhart nos hace un resumen de su concepto general sobre ciertas formas de cultura; de Sardou se vale para establecer, entre otras cosas, la diferencia que media entre los "visuales" y los "auditivos", según la clasificación de Binet. Los criminales del día le llevan a disertar sobre dactiloscopia. El método de Darwin, la pasión ideológica de Taine, salen a la superficie con el menor pretexto.

LIBROS CASTELLANOS [G. ZÉNDEGUI, CLÍMACO SOTO BORDA, E. PÉREZ, *RENACIMIENTO*]

G. ZÉNDEGUI, *Versos*, Londres, Wertheimer, Lea y Cía., Impresores, 1913.

Revista *Hispania*, n.º 19, Londres, 1 de julio de 1913, pp. 668 y 670.

LA MAYOR PARTE de estos poemas fue escrita en los años de 1883 a 1887. Un examen atento de la vida del escritor enseñaría, sin duda, que en aquella época su alma fue combatida por contrarios y poderosos afectos. Este libro delata ese espíritu. Cursa por sus páginas una sana tristeza reconfortante. Ante las miserias cuotidianas de una lucha sórdida y en apariencia estéril, el poeta guarda la actitud de un vigoroso gladiador que no olvida en los momentos álgidos de la refriega las exigencias de la elegancia. Su verso, si es amoroso, cautiva por la sinceridad del concepto, la propiedad del decir, el vigor de la imagen y del período. Rehúye la molicie de que adolecieron en aquellos días los poetas americanos.

> Algún tiempo después sobre mi pecho
> con rubor esa frente reclinaba...
> y buscando yo en ella señales
> de ajenos labios, no llegué a besarla.

Si el verso es simplemente lírico, vierte, huyendo los escollos de lo conceptuoso, el pensamiento del autor con sobriedad y eficacia. Hay nobles arranques, vigor y una actitud valiente, sin arrogancia, en el *treno* con que le increpa a la muerte el haber hecho su víctima en un amigo y un poeta:

> Y qué día escogiste!... cuando el pino
> de azteca orilla sobre mar traidora
> seguro le aportaba a la que dora
> con fuego aún más divino
> el sol!... El suelo de la patria santo
> dichoso al fin pisaba
> y el armonioso plectro preparaba
> para honrarlo de nuevo con su canto.

En *El capitán corsario*, al amparo de Byron, se desliza sobre la mar serena, o rasga la bruma por entre las ráfagas del huracán, desecho una figura heroica, noble, real y sublime, un héroe, uno de aquellos que había menester Childe Harold.

Una vez sola en todo el volumen aborda el autor los escollos del verso blanco, para cantar los ardores del Solsticio. Juega el ritmo vibrante y recio de los versos sin rima con esas lenguas de fuego, bajo las cuales se agita y se embellece una raza en lucha abierta con otra raza y con la naturaleza indiferente y bella.

Le ponen fin al libro hermosas traducciones, algunas de las cuales ha visto ya el lector en estas columnas.

El libro no es para el público. Su autor evita, por temperamento, el rumor de la notoriedad. Ha disipado en revistas y diarios hispanoamericanos, sin su firma o con ella, tesoros de inspiración y un caudal de buena enseñanza. No desprecia al público, mas no solicita su aplauso: no ha necesitado su concurso en la formación del carácter y del gusto.

* * *

CLÍMACO SOTO BORDA. *Salpique de versos*. Bogotá, Águila Editorial, 1912.

El título no expresa lo que contiene el volumen, donde hay epigramas finísimos, dolorosas campoamorinas; sátiras que podrían parecerse a las de Bartrina si Soto Borda no tuviera un sentido del ritmo y de la rima muy superior a la nativa dureza del bardo catalán; versos desengañados y burlones donde dijera uno que había pasado Silva espolvoreando la inimitable amargura de su sal bogotana; sin que por eso deje Soto Borda de ser él mismo, parecido a veces a la estatua del desengaño, otra otra a los mascarones de la risa y en ocasiones muy frecuentes al poeta verdadero en cuyo rostro ha dejado la vida todos los estigmas del dolor y del conocimiento. Mejor que comentarios críticos, da idea de este volumen, en líneas sabiamente rimadas, un colombiano, cultor discreto de las musas, y admirador tan sincero de Soto Borda como el desprevenido firmante de estas crónicas.

> En el ameno soto
> Que enamora con sus galas borda
> Perenne primavera,
> A mis solas y en hoto
> Un baño me di ayer de regadera.

> Al sentir en las sienes palpitantes
> El deleitoso riego
> Que de los cielos raudo descendía,
> Exclamé: *Sursum corda*,
> Alcé la frente cuanto más podía,
> En el alma escuché gayo repique:
> El eco de las gotas resonantes,
> Y me dejé anegar en el "Salpique".

> En versos soy un lego,
> Más te diré que para tales aguas,
> Llovizna de diamantes,
> Caro lector, no se inventó el paraguas.
> UN AMIGO.

* * *

E. PÉREZ. *Cirugía política*, París, Garnier, 1913.

Las primicias de este libro aparecieron en HISPANIA. No hay, pues, necesidad de recomendar a los lectores de esta Revista las buenas cualidades de un libro inspirado por el más noble de los anhelos. La salud de la raza iberoamericana, la de las diferentes patrias que ella ha creado, y en especial la de la patria colombiana, con cuyas vicisitudes ha estado en íntimo contacto nuestro compañero de bufete, es el objeto de este libro. El entusiasmo que embellece algunas páginas, las tristes conclusiones a que llega en otras, corresponden a un vivo y recomendable deseo de ver mejor trazado el rumbo de esas nacionalidades. Trae el volumen un prólogo sagaz de Don Miguel de Unamuno. La edición es manual e invita a ser leída. Felicitamos al buen camarada.

* * *

RENACIMIENTO, publicación mensual de Buenos Aires, ha reproducido con glosas en su entrega de abril el artículo del Sr. Blanco Fombona, publicado en nuestro número de marzo, sobre Bolívar y San Martín, sin decir de dónde lo toma.

Creemos haber hecho mención antes de ahora en nuestras columnas del simpático colega bonaerense. Pensábamos que no había en las riberas del Plata, entre periodistas, quien ignorase ciertas formas elementales de cortesía aceptadas universalmente por el gremio. La práctica de decir "publicado en una revista europea", y añadir más adelante "la revista donde se consigna el trabajo", es de un provincialismo arrogante y estrepitoso poco de acuerdo con las miras de *Renacimiento* y con su vasta circulación.

LIBROS
UN LIBRO SOBRE COLOMBIA
(COLOMBIA, BY PHANOR JAMES EDER, LONDON, 1913)

Revista *Hispania*, n.º 22, Londres, 1 de octubre de 1913, pp. 786-790.

COMO NÚMEROS de *The South American Series* ha venido publicando la Casa londinense de T. Fischer Unwin una sucesión de volúmenes, sustanciosos y bien informados, sobre los países latinoamericanos. *Chile* por Scott-Elliot, *Perú* por Enock, *Mexico* por el mismo autor, *Argentina* por Hirst, *Brazil* por Denis, *Uruguay* por Koebel, *Guiana (British, French and Dutch)* por Rodway, *Venezuela* por Dalton y *Latin-América* por García Calderón, han ingresado sucesivamente en la Serie, para formar un repertorio informativo sobre América Latina; tal vez el único repertorio que necesite y quiera consultar el gran público de Europa y los Estados Unidos. Hablamos del gran público, porque para él, y no para los especialistas, están escritos estos volúmenes.

Hoy le toca el turno a Colombia con el libro del Sr. Eder. A grandes rasgos, de manera clara y con dominio completo de la materia, da en el primer capítulo la geografía general del país. Al lector le queda un cuadro nítido en la memoria. Cerrando el libro, vuelve uno a ver los océanos tropicales que al Norte y Occidente bañan dos costas extensísimas, de lineamiento sinuoso, donde abundan los golfos y las bahías; las tres Cordilleras, que arrancan de un solo nudo, y como los dedos de un palmípedo, recorren el país de Sur a Norte, casi paralelas; al pie de ellas, los valles dilatados y ubérrimos, en cuyo fondo ruedan hacia el Atlántico ríos de poderoso caudal; y al Oriente, la pampa infinita, surcada por masas de agua, que se mueven lentamente. En las tierras bajas domina el verdinegro de la selva; a lo largo de las cordilleras y sobre la costa del Norte, el verde claro de los plantíos, con los toques blancos de las ciudades y las aldeas. En otros dos capítulos resume el autor la historia del país, desde la fecha de su descubrimiento hasta la época presente. Hay allí una serie de cuadros netos, bien delimitados, que se graban en la memoria, porque los detalles se agrupan con naturalidad alrededor de los hechos culminantes. El Señor Eder sabe para qué sirven los *points de repère*, y no deja desorientar al lector. Si hubiera dado más detalles, se le aburrirían los lectores extranjeros a quienes se dirige; si hubiera dado menos, no habría podido caracterizar las distintas épocas de su narración. El resumen tiene, por supuesto, toda la brevedad que le imponía el estrechísimo espacio de dos capítulos. A pesar de eso, el extranjero ve cómo llegan a las fronteras, por el Norte, por el Sur, por el Oriente, y casi a un mismo tiempo, varias partidas pequeñas de conquistadores; cómo avanzan luego, semejantes a las hormigas en un trigal, hasta encontrarse todas en el centro; y cómo se quedan inmovilizadas por la estupefacción las numerosas pero inconexas tribus de indígenas que poblaban el territorio. Vienen después dos siglos y medio de inmovilidad aparente, pero de transformación real, pues en ellos se organizaron las tribus primitivas en una nacionalidad de lengua, religión, costumbres y leyes uniformes y calcadas sobre la civilización española de entonces. Comparece luego el movimiento de emancipación. Vencidas las armas españolas, empieza la organización y marcha de la República, que el autor señala con los hechos más salientes, puestos a manera de jalones, hasta llegar a nuestros días.

    En ese relato echarán de menos algunos las queridas epopeyas; pero es el caso que las epopeyas no tienen cabida en libros de este género, que son y tienen que ser cruelmente *inépicos*. Más aún, el "gran público" tal vez no leería nuestras Ilíadas, ni aun cuando se las diesen en buenos versos y en edición barata.

El capítulo cuarto resume, con imparcialidad digna de todo elogio, las cuestiones internacionales que hoy tiene pendientes Colombia. Más adelante diremos una palabra sobre el "peligro americano", pues nos parece que en esta materia el Sr. Eder expone lo que él, guiado por un noble espíritu de justicia, querría que sucediese, no lo que en realidad ha de suceder, según todas las probabilidades.

Claro, exacto y útil para los lectores es lo que dice el Sr. Eder en el capítulo quinto sobre la organización política del país. En el capítulo sexto se ve que el autor aprecia correctamente la verdadera situación de las finanzas públicas; tenemos, sin embargo, que por no haber insistido un poco más sobre ciertos puntos, el libro no deje en el ánimo de sus lectores el concepto que el Sr. Eder hubiera querido transmitirles. Por las noticias que ellos han recogido en los periódicos y en las conversaciones, los lectores tienen la honda preocupación de que "esos países" están irremediablemente quebrados; es tal vez lo único que los lectores creen saber con certidumbre respecto de Colombia. No es fácil, por tanto, que en tal estado de ánimo, logre la exposición del Sr. Eder, exacta pero tímida, mostrarles vívidamente que la deuda de Colombia es insignificante, que sus rentas alcanzan holgadamente para los gastos ordinarios y sobra un buen margen para obras de progreso; que los dineros públicos se manejan con severidad; que el papel moneda no es hoy sino el mal recuerdo de una pesadilla, pues no alcanza a diez millones de pesos y hay con qué pagarlo íntegramente; que las transacciones se realizan hoy con buenas libras esterlinas inglesas, y que el poco papel que circula tiene premio sobre las monedas de oro. En suma, que pocos países tienen hoy finanzas públicas más sólidas y menos averiadas.

Tan fundado es nuestro temor, que aquí mismo en Londres, al revistar el libro del Sr. Eder, un periódico de gran circulación fulminó rayos y centellas contra Colombia por lo del papel moneda; y lo cierto es que si el crítico fuera al país, no lograría que le dieran papel moneda a la par por las libras esterlinas que él llevara en el bolsillo.

Con gran copia de datos, con criterio amplio y con buen golpe de vista, examina en otros capítulos el autor cuanto puede interesarle al gran público en un país nuevo que desea conocer: medios de transporte, empresas ferroviarias, comercio, agricultura, minas y bosques, porvenir de las diversas regiones y cultura intelectual, que el Sr. Eder estudia con la complacencia de un hombre de letras. Alargaríamos demasiado esta revista, si fuéramos a detenernos en cada uno de esos capítulos, muy interesantes por cierto; nuestro objeto no es otro que dar una idea general del libro y llamar la atención del público hacia él.

Lo primero que debe notarse es que el autor se preparó de veras antes de ponerse a escribir. Su bibliografía es de las más completas que pudieran formarse, para el objeto que él tenía en mira. Y ha leído y ha confrontado los libros que cita, y a eso agrega una observación directa y personal muy prolongada y gran copia de noticias recogidas entre numerosos corresponsales. En punto de exactitud, el libro del Sr. Eder supera sin la menor duda a cuantos se han escrito en el extranjero respecto de Colombia. Tanto, que se ve como un lunar chocante cualquier error de detalle, por insignificante que sea éste; pronto se acostumbra uno a la puntualidad del autor, y no puede menos de sobresaltarse cuando halla, por ejemplo (pág. 119), que el cable de Mariquita ha de pasar por "*the rich Zancudo silver mines at Titiribí*", donde el Sr. Eder se deja extraviar por una identidad de nombres.

Se engañaría quien pensara que, arrastrado por sus reales simpatías hacia Colombia, el Sr. Eder es un juez demasiado benévolo. No hay tal. Él entiende sus deberes hacia los lectores a quienes va a informar, y les dice la verdad. Más aún: si de informes favorables se trata, prefiere quedarse corto, antes que parecer optimista, según hicimos notar al hablar de las finanzas; y si trata de cosas censurables, carga la mano sin preocuparse de circunstancias atenuantes, por más que algunas de ellas salten a la vista. No se propone hacer defensa del país: exhibe las ventajas y las desventajas que puede encontrar el extranjero que lo visite, y deja para otros la tarea de explicar o justificar las unas o las otras. Quien se guíe por el libro del Sr. Eder, no corre peligro de sufrir desengaños.

Este no es un libro de sociología, sino de información, dirigido "al hombre de negocios inglés y norteamericano, que esté o pueda llegar a estar interesado" en negocios de Colombia; y trata de darle "una pintura fiel de lo que él necesita saber", que es "la situación industrial, mercantil y financiera del país hoy en día". Por eso, y tal vez porque el autor, que es sagaz, comprende las dificultades que hallaría si otra cosa intentara, el libro deja a un lado, como asunto extraño a su objeto, el estudio de los problemas políticos y sociales que está confrontando la República. Aun en asuntos económicos, el autor reserva "hasta donde es posible sus opiniones personales".

No puede ser más prudente esa actitud, y nosotros se la aplaudimos cordialísimamente. Callando su opinión sobre esas cuestiones, el Sr. Eder, que es de mentalidad europea, ha dejado de incurrir en los numerosos errores a que se deslizan casi todos los europeos que estudian agrupaciones sociológicas de tipos que no son el suyo propio. Por ser este uno de los mayores méritos del libro, y por tratarse de una cuestión importante, se excusará que insistamos algo más sobre ella.

El trabajo mental de muchos siglos acumulado, el contacto íntimo y permanente con los fenómenos que estudian, la reflexión sostenida y el método severo, han puesto a los sociólogos europeos en capacidad de penetrar hondamente en las reconditeces de su propia civilización y de analizarla con sagacidad que asombra. Por desgracia, en la misma medida se van incapacitando ellos para comprender la índole de civilizaciones distintas a la suya. Y lo cierto es que su incompetencia para una cosa es por lo menos tan grande como su competencia para la otra. Cuando estudian otras civilizaciones, es su espíritu de observación tan deficiente, omiten tantos factores esenciales, se forman ideas tan raras, proponen explicaciones y remedios tan extraños, ven las cosas con tal ángulo de refringencia, que a veces no sabe uno si hablan de burlas o de veras.

La evolución sociológica de Europa ha sido relativamente sencilla, ya porque ha sido autóctona, es decir, no perturbada por influencias exteriores, ya porque son homogéneas la raza, las condiciones geográficas, la fauna, la flora, ya porque aquí son regulares las estaciones. En cambio, ¡qué complejidad la de los países tropicales! Si se traza una línea de pocas leguas en Colombia, v. gr., entre Medellín y Quibdó, o entre Bogotá e Ibagué, en esa corta extensión se hallarán más diferencias de raza, de flora y de fauna que en todo el continente Europeo. Y luego, nuestra evolución no ha sido autóctona ni un instante, pues Europa ha influido siempre en ella, y la ha perturbado. No hay para qué recordar que la conquista española cambió de un golpe cuanto existía. Pasados tres siglos de transformación, en los cuales surgió una nueva entidad étnica, de índole esencialmente pacífica, según ha notado el Sr. Eder (pág. 31), empezaron a influir las ideas francesas, que traían nuevas aspiraciones y nuevos métodos de gobierno, a todas luces incongruentes con las tradiciones del país. Merced a esa influencia, que ha ido aumentando día por día, se inició la era de las convulsiones interiores; así es que nuestras guerras civiles se deben exclusivamente a la influencia inoportuna de ideales extranjeros. Esto solo (y no es lo único que pudiéramos alegar) demuestra cuánto se complica la evolución de un pueblo si sobre él actúan extrañas influencias.

No es raro, por tanto, que los sociólogos europeos, tan hábiles en sus problemas propios, pierdan la orientación cuando tratan los problemas nuestros. Y esto, volvemos a decirlo, abona nuestro aplauso a la actitud del Sr. Eder. Tal vez sin darse cuenta de ello, los europeos (*mentalmente* europeos queremos decir, aunque hayan nacido lejos de Europa) razonan siempre sobre estas cuatro premisas: 1.ª Nuestra civilización es excelente y deseable *per se*; 2.ª Esa civilización se puede implantar en todas partes; 3.ª Se puede implantar por los métodos y trámites usados en Europa, que se saben de memoria y recetan de corrida aun los turistas y los agentes viajeros; y 4.ª Las leyes naturales, que presiden a la evolución social en todas partes, han sido muy sabias en Europa, pero no en otras latitudes. Por desgracia, estos cánones pueden no ser un modelo de exactitud.

Sería bueno averiguar si los pueblos que resuelven *europeizarse*, lo hacen atraídos por las excelencias de la civilización, o solo por el deseo de adquirir fuerza militar, para defenderse de los mismos europeos; y si aceptan el inevitable acompañamiento de *civilización* que para ser fuertes necesitan, del mismo modo que aceptan el tifo, la disentería y el escorbuto que andan siempre con los grandes ejércitos en campaña.

La chistera, el ajenjo, el corsé y el bulevar tienen grandes e indiscutibles méritos; pero no siempre hacen olvidar los horrores de la plutocracia, la monstruosa desigualdad económica, la miseria y la prostitución de las masas, los *trusts*, el militarismo industrial y otras cuantas cosas que vienen con la chistera.

¿Cuál es la síntesis de la civilización europea? Si les creemos a los economistas, ella aumenta la riqueza de unos pocos y aumenta desmesuradamente la miseria del mayor número; o en otros términos, mediante ella, en cada milla cuadrada puede subsistir un número mayor de habitantes... con muchísima más hambre. Convengamos en que la esquivez de los *bárbaros* es muy explicable cuando menos.

Pero volvamos al Sr. Eder, que no tiene vela en este entierro. Él le hace absoluta y perfecta justicia a Colombia en el asunto de Panamá; reconoce sus derechos, censura la conducta de los Estados Unidos, de manera precisa y fundamentada; y aunque juzga que no se ha probado de manera positiva la connivencia de los Estados Unidos en el origen de la revolución panameña, tal vez haya cambiado de opinión al leer el libro del Sr. Brunan-Varilla (*Panamá, la creación, la destrucción, la resurrección*, París, 1913).

De todos modos, como el autor no alega esa duda, de carácter legal, para disminuir en lo más mínimo la responsabilidad de los Estados Unidos en la "toma" de Panamá, en los atropellos posteriores a Colombia y en la persistente denegación de sus derechos, reconozcamos el espíritu justiciero del Sr. Eder, que es de nacionalidad norteamericana, y pasemos a otro punto, insinuado antes: "el peligro americano", es decir, el peligro que corren los países latinoamericanos de ser atropellados en el futuro por los Estados Unidos de Norte América. A la página 49, dice el libro que "los colombianos temen un atentado yankee tarde o temprano, y juzgan que ellos, como puesto avanzado, han de recibir el primer choque. Ya han sentido la garra del águila, y tienen un terror histórico de que ella en su voracidad vuelva a darle otro zarpazo al país. Histérico es la palabra. Llevan a límites absurdos la desconfianza hacia los designios del Gobierno americano", etc.

Dichas así las cosas, parece que el peligro americano no existe para el futuro, y, en todo caso, que los colombianos lo exageran. Si no fuere ese el pensamiento del Sr. Eder, no van con él las siguientes consideraciones.

En los Estados Unidos abundan los hombres de alma levantada, sentenciadores de la justicia, respetuosos del derecho ajeno y enemigos de la tropelía y de toda aventura imperialista. Más aún, creemos que la gran mayoría ve allá con malos ojos que el poderío de su país sirva para atropellar a los débiles. Por desgracia, los espíritus levantados y la gran mayoría son perfectamente impotentes para contener ni aun en su propia tierra los desmanes del bandolerismo capitalista. Las inconsideradas extensiones del sufragio y la prostitución de la prensa, han puesto a la venta los elementos que necesitaban los aventureros de las finanzas para dominar políticamente. ¿Se venden? Pues los compran. Hoy son ellos quienes gobiernan y disponen de la suerte de las naciones, porque siendo dueños del sufragio, son ellos quienes quitan y ponen a los gobernantes, y porque siendo dueños de la prensa, son ellos quienes hablan en nombre de la "opinión pública".

Nada tendríamos nosotros que temer de la gran mayoría del pueblo norteamericano, si fuera ella quien gobernara; tal vez mucho tendríamos que esperar de las clases cultas, si fueran ellas quienes rigieran los destinos de su país. De los capitalistas judíos o judaizantes que imperan hoy en los Estados Unidos, sí debemos temerlo todo, absolutamente todo. En sus garras están hoy la América sajona y la América latina juntamente.

Los buenos ciudadanos yankees se equivocan si están creyendo que en este duelo se va a jugar únicamente la suerte *nuestra*; se están jugando también la seguridad y las libertades *de ellos*. Ellos serán lanzados como una avalancha contra nosotros; pero, créanlo, envueltos en la catástrofe rodaremos juntos, ellos y nosotros.

El peligro existe; el peligro es inminente; y el peligro nos amenaza a todos —a los americanos latinos y a los americanos sajones.

LIBROS
MIGUEL DE CERVANTES SAAVEDRA.
A MEMOIR. BY JAMES FITZ-MAURICE-KELLY, F. B. A. OXFORD: AT THE CLARENDON PRESS

Revista *Hispania*, n.º 23, Londres, 1 de noviembre de 1913, pp. 830 y 832.

LA GENEROSA Y TENAZ actividad literaria del Sr. Fitzmaurice-Kelly nos regala a los aficionados con un denso resumen de lo que la crítica ha logrado descubrir en los últimos veinte años sobre la vida y hechos de Cervantes. En busca de documentación relativa al autor de *Don Quijote*, los investigadores han sacado a la luz casi toda la familia del famoso ingenio, y, en muchos casos, no para exaltar su figura. En el prólogo de la obra, el Sr. Fitzmaurice-Kelly justifica el subtítulo de *Memoir* que le ha dado, y señala su objeto discretamente.

> Por el momento —dice— me parece más importante continuar la obra de Navarrete, dejar constancia de cuanto se sabe a ciencia cierta de la vida de Cervantes, separar las conjeturas de los hechos, trayendo en favor de éstos todas las pruebas necesarias para contentar a un tribunal de justicia. En la obra de examinar las pruebas hay que descartar algunas leyendas pintorescas. Alguien ha puesto en boca de Carlyle sentencias como las siguientes: "Un hombre fuerte, de los tiempos pasados, peleó bravamente en Lepanto; trabajó rudamente como esclavo en Argel; se liberó a sí mismo con igual bravura; soportó con ruda jovialidad el hambre, la desnudez y la ingratitud de los hombres, y en una prisión,

con el brazo que le había quedado, escribió el más alegre y acaso el más profundo de los libros modernos, al cual puso por título *Don Quijote*". Los detalles, observa el Sr. Fitzmaurice-Kelly, no son de una estricta precisión: Cervantes no llevó a cabo su propia liberación; no fue tratado por el mundo con especial ingratitud; no perdió uno de sus brazos, y no escribió en la prisión (según lo que ha podido saberse) su *Don Quijote*.

Como para poner en su punto todas las inexactitudes de Carlyle, que, sin exagerar, pueden considerarse como la expresión del sentir popular, ha sido escrita esta obra, que parece una *vista fiscal* a trechos y un *auto de Juez* en sus partes más intencionadas. No se trata de hacer crítica literaria de la obra cervantina. Ni de añadir una hipótesis a las muchas que sobre puntos dudosos se han sometido ya a la consideración de doctos e indoctos.

En este volumen —dice el autor— he excusado los planes decorativos, lo mismo que la crítica literaria. De las obras de Cervantes he tratado en otras coyunturas, y es posible que vuelva en lo porvenir a tratar de ellas. Críticas de la obra literaria de Cervantes no parece que estén escasas.

Mi objeto —dice el autor al terminar su prólogo— ha sido el ofrecerle al lector todos los hechos conocidos respecto a Cervantes, sin suprimir nada, sin atenuar cosa alguna, libre, hasta donde me sea posible, de la parcialidad de que adolecemos todos en favor de un gran genio creador cuyo sutil encanto ha fascinado durante tres siglos las generaciones sucesivas.

De este libro definitivo resulta que sabemos bien poco a ciencia cierta de la vida de Cervantes. Son doscientas diez y seis páginas en que las notas llenan la mayor parte, y en las notas ha acumulado el autor los documentos y las conjeturas plausibles de algunos cervantistas, para llenar vacíos o desvanecer dudas en aquella triste vida. Triste en efecto, porque, fuera de la acción de Lepanto y del cautiverio en Argel, si no hubiera sido por las relaciones que Cervantes y su familia tuvieron con la justicia; si no hubiera sido por el apego a los negocios y la característica sordidez de su hija natural; si no fuera porque el tiempo ha ido descubriendo testamentos, juicios de cuentas, pleitos, solicitudes de empleo, investigaciones policiacas sobre la vida de Cervantes y su familia, documentos de préstamo, escrituras de hipoteca, peticiones de sus hermanas para obtener el pago de haberes militares debidos al difunto Don Rodrigo, y otras varias prosas en que aparecen o el autor del *Quijote* o sus hermanas, o su hija, o su mujer, o su yerno, a veces con una luz equívoca, serían mezquinos los datos que tuviéramos sobre la vida de Cervantes. La correspondencia epistolar de aquellos días, gloriosos para nuestra lengua, apenas hace mención de Cervantes. Lope de Vega, en una carta de 14 de agosto del año de 1604, habla de Cervantes para decir que no hay poeta que alabe al *Quijote*, ni tan malo como el que lo escribió, y en otra carta del mismo ingenio, fechada en 2 de marzo de 1612, se lee que Cervantes, en la *Academia Selvaje*, le dio sus anteojos a Lope para que leyera unos versos. Lope comparó las antiparras a huevos estrellados mal hechos. O los literatos de aquella época eran poco adictos al trato epistolar, o a Cervantes le tuvieron los contemporáneos por cosa de poco momento. Es cierto que el español, por lo general, le da a la correspondencia con sus amigos poca importancia y muy pequeña parte de su valioso tiempo. Si en el curso de tres siglos se perdieran las obras de Flaubert, verbi gratia, y cuanto sobre él y sobre ellas atinada o desatinadamente se ha escrito, sería posible reconstruir su vida por medio de la correspondencia que tuvo con sus amigos, y por supuesto, sin duda importante, que llena en las epístolas de sus contemporáneos.

El libro del Sr. Fitzmaurice-Kelly está escrito con aquella posesión de los hechos que le acompaña en sus fecundas excursiones por la literatura española. Usa de una franqueza irreprochable, y el sentimiento de su responsabilidad ante el público que le escucha no le abandona un instante. Se siente que para escribir una línea sola de este volumen ha trasegado por las páginas frías y secas de diez o doce palimpsestos. Trasegar es una exageración. Fitzmaurice-Kelly cuando anda en busca de un dato, se lee de cabo a rabo las obras en que tiene presunción de encontrarlo. Su imparcialidad sería desesperante para los que tienen la necesidad de formar opiniones sobre los hombres con la prisa del periodista, si de cuando en cuando el *humour* de su tierra y de su lengua no delatase un rincón de sus sentimientos. Esta faz de su desprevenida y lúcida inteligencia se hace especialmente visible cuando refiere las hazañas de Isabel de Saavedra en sus negocios y artes abogadiles. El autor no siente por ella simpatía distinta de la que suele profesarle un cirujano al monstruoso tumor hallado en las entrañas de un moribundo. Hablando del testamento hecho por el esposo de Isabel, observa Fitzmaurice-kelly: "Embustero y pícaro hasta el fin, lanzó el 23 de enero de 1632 el último aliento, asegurando insistentemente que la casa de la Red de San Luis pertenecía a su mujer. El no haber manifestado mala voluntad para con su esposa, dice bien en favor de su tolerancia". Y agrega en una nota: "A más de dejarle a su mujer cuanto tenía, Molina la designó por albacea y alabó su carácter llamándola *gran cristiana*. La frase, concluye Fitzmaurice-Kelly, no parece haber sido usada irónicamente". Y el lector no sabe si la observación del cultísimo cronista tiene también un leve sabor de ironía. La destrucción de la leyenda relativa al retrato de Cervantes, atribuido a Jáuregui, con que se adorna la edición, es señaladamente jugosa y no carece de crueldad.

LIBROS
JAMES FITZMAURICE-KELLY. *LITTÉRATURE ESPAGNOLE*. 2.ª EDITION, REFONDUE ET AUGMENTÉE. LIBRAIRE COLIN, 103 BOULEVARD SAINT-MICHEL, PARÍS, 1913. CON UN COPIOSO APÉNDICE BIBLIOGRÁFICO EN VOLUMEN SEPARADO

Revista *Hispania*, n.º 24, Londres, 1 de diciembre 1 de 1913, pp. 864 y 866.

LA HISTORIA de la literatura española, en la serie a que pertenece este libro, le ha sido asignada a una de las más atendibles autoridades en la materia. La obra del Señor Fitzmaurice-Kelly apareció en inglés en 1898. Tres años más tarde la ponía en lengua española el Sr. Bonilla y San Martín, y en 1904 tuvo la merecida suerte de aparecer en francés bajo el auspicio de M. Davray, culto y apasionado propagador de las literaturas extranjeras en Francia. La edición francesa parece haber tenido mejor acogida que las otras, porque esta es la hora en que parece haberse agotado. Su autor, para quien la lengua francesa no tiene secretos ni rebeldías, ha resuelto darle al público de ambos mundos una nueva edición francesa escrita directamente por él, remozada, para traerla hasta los días que corren, y para dejar en ella constancia de las nuevas adquisiciones que los españoles y los hispanófilos han hecho en la historia literaria de España. Las investigaciones en este género de estudios andan despacio. Por fortuna, los interesados en saber la verdad sobre los viejos autores españoles aumentan en número cada día, y tienen por delante el ejemplo de nombres que por sí solos aseguran un brillante porvenir: Fitzmaurice-Kelly, Foulché-Delbosc, Merimée, Wentworth Webster, Huntington, Rodríguez Marín, Cejador y Frauca, Azorín, ya forman legión. Comparando la edición presente de este libro con la anterior, podrá el lector enterarse de las conquistas hechas. El autor ha puesto un cuidado prolijo en señalar con toda firmeza lo que verdaderamente ha llegado a saberse sobre los puntos dudosos; lo que la buena suerte de algunos investigadores ha logrado poner en claro y lo que todavía es materia de perplejidades para investigadores y eruditos.

El tono de las anteriores líneas puede hacer presumir que este libro es un mero trabajo de erudición. Sería una injusticia suponerlo así. Reboza de vida, de doctrina excelente y en algunos momentos descorre, con frases intencionadas y vivísimas, el velo de una época. Sus opiniones sobre los autores antiguos y modernos, documentadas con una minuciosidad escrupulosa y penetrante, vienen expresadas en una lengua vivaz, precisa, iluminada de cuando en cuando por ráfagas de saludable *humour*.

Reducir a 500 páginas la historia de la literatura española y evitar el peligro de ir a dar en los escollos de la información bibliográfica es tarea más complicada de lo que parece. El peligro mayor es seguramente el de fallar a la ley de las proporciones, sobre todo cuando el autor recoge en un solo volumen los orígenes, la edad de oro, el siglo XIX y la edad presente. ¿Qué cálculo puede darnos el número de páginas asignables a Ricardo Gil o a Leopoldo Alas allí donde Cervantes mereció veinticuatro páginas y Lope de Vega no pasa de la veintena? Parece que el cerebro tuviera por delante la tortura de aplicar el telescopio a la mensura de tierras llanas. Sin embargo, con todos estos escollos, la imparcialidad perfecta de Fitzmaurice-Kelly, su saber hondo y proporcionado, su conocimiento de los hombres, han logrado poner en cada plano los distintos sujetos, atendiendo a las leyes de la perspectiva.

En un instante de mal humor se dejó decir Julio Lemaître que no podía haber críticos europeos. Le impacientaba la fama adquirida por Jorge Brandes y la desenvoltura con que se movía su espíritu escudriñando el fondo de varias literaturas. Lemaître llevó su intolerancia hasta afirmar que el crítico no podía o no debía atreverse a dar opiniones sobre libros que no estuviesen escritos en su propia lengua. Añadía que el fondo y el alma de cada literatura es una cosa tan íntima, tan especial y delicada, que solo el que conoce desde niño el instrumento especial con que esa literatura se difunde naturalmente, puede dar opiniones sobre ella y revelarles a los demás hombres las intimidades y los matices de cada obra maestra. El Sr. Lemaître olvidaba en ese momento que él se había divertido en sus mocedades explicándoles a las gentes las bellezas de la poesía griega sobre los textos de Aristóteles. Olvidaba que las literaturas griega y latina son objeto de vivos y variados comentarios procedentes de críticos que no nacieron ni en aquella época ni siquiera en aquella comarca. El enteco razonamiento del Sr. Lemaître, llevado a sus necesarias conclusiones, habría de significar que el crítico sólo puede estudiar y conocer las obras de sus contemporáneos, nacidos en una estrecha comarca. No había entonces críticos europeos, pero abundarían los Zoilos de campanario.

El razonamiento contrario al de Lemaître está más cerca de la verdad. El conocimiento y estudio de las literaturas es como viajar por países extraños. En los libros sobre el Japón escritos por los japoneses correría el occidental la contingencia de aprender poco sobre los nipones y su interesante patria. El extranjero que visita un país sorprende ante todo los rasgos que le diferencian de su patria. Las peculiaridades que al natural le son familiares y le pasan inadvertidas, el extranjero las percibe magnificadas acaso. Está, por eso, en mejor predicamento para declararlas a los gentiles.

Tal pasa con las literaturas. Los caracteres esenciales, permanentes, clásicos como dijéramos, son ya patrimonio de todo el mundo. Las singularidades, los caracteres íntimos, los matices sutiles, los rasgos evanescentes, aquellas nimiedades que fijan inalterablemente el perfil de un autor, es posible que al extranjero le ocurran con más evidencia que al natural. No creo que haya español ni hispanoamericano a quien le duela el tiempo empleado en aquilatar las opiniones del Sr. Fitzmaurice-Kelly sobre las épocas literarias de España, sobre las obras que los caracterizan, y sobre el ambiente creado por los variados ingenios cuya silueta fija con verdad armoniosa el autor de Littérature espagnole.

A más de esto, es preciso tener en cuenta la labor que una obra como ésta representa. No hay nada que satisfaga los anhelos de exactitud y precisión en el autor de este libro. Sus opiniones sobre Gómez Carrillo están consignadas en nueve líneas. Para escribirlas, ha trasegado por la obra literaria del cronista guatemalteco, ha fatigado las estafetas en solicitud de datos, se ha leído probablemente todas las críticas ocasionales o desprevenidas de que sus libros han sido objeto, y se ha dirigido, acaso, al cura párroco del lugar de su nacimiento para darles a los lectores un dato preciso sobre el particular.

Cuando piensa uno que para escribir Littérature espagnole fue necesario leerse a Don Antonio de Trueba desde el principio hasta el fin; vivir en compañía de Martínez Villegas por unos días; escuchar el batir de alas que supone la prosa literaria de Castelar; seguir las peripecias de ciertas vidas en sus detalles más mezquinos y comparar lo que un crítico dijo sobre las obras de otro crítico que a su turno gastó la vida examinando las obra de sus rivales, hay que admirar la paciencia, la ecuanimidad y la firmeza invulnerable de la inteligencia a quien debemos este precioso compendio.

Hay escritores que dejan en sus obras pedazos vivos de su personalidad, miembros convulsos, sangre, nervios disecados. En algunas obras de crítica, más sabe uno, por lo general, del crítico que de los autores criticados. Las mejores obras de Lemaître son aquellas en que su espíritu busca el pretexto de un estudio crítico, para mostrar, con deleite no disimulado, determinadas facetas de su inteligencia a un público indiferente. Jorge Brandes afirma que, a pesar de la incertidumbre de datos en que estamos respecto a Shakespeare, es culpa nuestra si en las cuarenta o más obras que nos dejó su genio no podemos enterarnos de lo que fue su vida. El escritor, según esta teoría, se pone todo en sus obras. Sin embargo hay excepciones. Merimée puso su cuidado minucioso en no cederle al público ni un ápice de sus sentimientos. Fitzmaurice-Kelly nos deja ver su amor celoso de la precisión, el vivo sentimiento de la responsabilidad ante el público, pero en lo demás no se entrega nunca. Es el erudito cuya tarea es fijar ciertos hechos, documentarlos adecuadamente, trazar una línea precisa entre la verdad y la conjetura, sonreír a veces, hablar con propiedad y elegancia; pero entregarse, ¡nunca! En sus libros no podemos conocerlo en toda la plenitud de sus facultades y sentimientos. Le conocen aquellos que reciben sus cartas. En ellas suele rendir el tesoro de sus sentimientos. En ellas palpita un corazón, chisporrotea el ingenio de un humorista lleno de respeto para con todas la convenciones, siempre que se le conceda el derecho de ponerlas, con las sonrisa en los labios, sobre la mesa de disección. Le conocen aquellos que le han escuchado en una escasa reunión de amigos, discutiendo temas de sobremesa. De sus copiosas e inverosímiles lecturas ha sacado un caudal de anécdotas finísimas. Rehúye el cuento gracioso, simplemente gracioso. Su ingenio ha coleccionado los chistes que, en una forma eminentemente concisa y en una imperceptible asociación de ideas, hacen ver la miseria de las convenciones o delatan el contraste sobre que reposa la vida. Pero aun en reuniones de este género, su espíritu no cede siempre todo lo que él contiene. Si llega a descubrir que una de las inteligencias presentes no percibe el detalle característico, sus sentencias se recogen en sí mismas suave y lentamente, como se recoge la anémona de mar al sentir, por la conmoción de las aguas, la vecindad del cangrejo. Todo esto me dicen quienes le han tratado de cerca.

LIBROS [JAMES FITZMAURICE-KELLY, JOSÉ ENRIQUE RODÓ]

Revista *Hispania*, n.º 26, Londres, 1 de febrero de 1914, pp. 940 y 942.

UNA NUEVA ANTOLOGÍA ESPAÑOLA

Compilada por el Sr. Fitzmaurice-Kelly acaba de salir de las prensas de la Universidad de Oxford una antología española que forma parte de la serie de libros de este género publicados en francés, en alemán y en italiano por los mismos editores

La antología del Sr. Fitzmaurice-Kelly abraza todos los periodos de la poesía española. Empieza en el siglo XIII y llega hasta los poetas modernistas y simbolistas de la última hora. Ha sido compilada escrupulosamente; la edición es cuidadosa, el formato insinuante y gracioso. No es posible dar opinión sobre una colección de este género sin averiguar primero el criterio por el que ha sido guiado el compilador. De ordinario, las colecciones de florilegios buscan tan solo la ocasión de reunir en forma de libro aquellas composiciones poéticas que, en su sentir, son las más hermosas de determinados autores. En tal caso el florilegio viene siendo un diploma del gusto con que ha escogido el compilador. En otras ocasiones, y sin referirse el compilador a época determinada, procura salvar del olvido composiciones que en su sentir corren ese peligro. A menudo se trata solamente de un esfuerzo del profesor de retórica para poner al alcance de sus alumnos aquellos modelos del bien decir en verso que están diseminados en costosas ediciones y que no es fácil consultar a diario. El Sr. Fitzmaurice-Kelly, que, según entendemos, opina que "cada autor debe ser su propio antologista", no se ha propuesto ninguno de aquellos fines. Nos parece advertir que él ha querido poner en un solo libro al alcance de los ingleses que saben español los poetas más característicos de la literatura española, representados por sus composiciones más características. Este plan, que parece muy sencillo, tiene sus limitaciones. Dirigiéndose a un público inglés, había que descartar desde luego cierto género de composiciones. Aunque la sátira al matrimonio, de Quevedo, le hubiera parecido característica de aquel ingenio, habría tenido que omitirla el antologista porque sus lectores no la habrían tolerado. Era menester concederle espacio a la poesía sentimental e idílica para lisonjear en cierto modo las aspiraciones o verdaderas o supuestas de un público de convención. Atendiendo a estas limitaciones del ambiente donde ha de difundirse el libro, y a la muy frondosa cosecha de poesía verdaderamente lírica que ofrece la literatura española en algunos periodos de su historia creemos que el Sr. Fitzmaurice-Kelly ha logrado hacer una bella compilación que, a un mismo tiempo, da una idea característica de la poesía castellana.

Algunos lectores, extrañarán, por ejemplo, que entre la Avellaneda y García Tassara figure Enrique Gil con una larga poesía titulada *La violeta*, en la cual, verdaderamente, no se hallan llevadas a lo sublime las cualidades del género. La respuesta es muy sencilla. Aquel momento no fue precisamente uno de lozanía y abundancia para la poesía española. Los versos de Gil caracterizan muy adecuadamente la poesía española de la época en que falleció este ingenio. O dicho con palabras menos suaves esa composición tiene repercusión en las oquedades de su siglo.

La poesía americana está apenas representada. Parece que el autor de la antología ha tenido en mira que su colección era ante todo española. Ha preferido por eso entre los americanos a aquellos que han residido largo tiempo en España, o que, por causas políticas, pueden considerarse españoles. Además, tratándose de dar piezas características de la poesía castellana, no tenía objeto recargar el libro con producciones americanas que, aparte de su mérito, no eran otra cosa más que reminiscencias más o menos felices de los vates de la península. Con citar a Quintana, a Espronceda o Bécquer, quedaban vivamente señaladas tres maneras abundantemente seguidas en la América Española sin sobrepasar a los modelos. Cuando la nota que se produce del otro lado del Atlántico es verdaderamente personal y nueva, el compilador ha querido recogerla. Por eso aparecen aquí Juana Inés de la Cruz, Heredia, la Avellaneda, Silva, Darío, Valencia.

La introducción, para el uso de los ingleses, contiene precisa y saludable información para toda clase de lectores, y las notas finales ofrecen, en resumen, cuanto se sabe de fijo, hasta el presente, sobre los autores citados en la obra.

* * *

JOSÉ ENRIQUE RODÓ compila sus estudios recientes y algunos de antigua data, en un volumen que lleva el donoso título de *El mirador de Próspero*. Todos estos artículos inspiran al lector americano el más vivo interés. El autor de ellos es ante todo y conscientemente un espíritu americano. Su amor por los ideales comunes de los pueblos que habitan las comarcas comprendidas entre el Río del Norte y la Patagonia, es vivísimo, sin dejar de ser razonado. Aquí diserta Rodó, con la competencia que le dan sus vastas lecturas, su saber metódico, el dominio del instrumento literario y una fe inquebrantable, sobre los temas más variados: Garibaldi, el *Rat-pick*, los versos de Frugoni, Bolívar, Anatole France. Y en cada uno de ellos da el autor con el lugar oportuno para afirmar los derechos, las necesidades, las obligaciones perentorias que trae consigo la denominación de americano. Es de advertir que Rodó usa la designación sin calificativo alguno. Al paso que otros escritores disputan sobre si ha de decirse hispanoamericano o iberoamericano, para evitar la propagación del calificativo de latinas con que otros se refieren a las nacionalidades americanas, Rodó insiste en usar la palabra en toda su plenitud de su significado. Si los Estados Unidos no aceptan los ideales de la libertad, de tolerancia de fraternidad continental que representa el epíteto *americano*; si las tradiciones de la guerra de independencia se oscurecen o se desvían en el Norte merced a las exigencias de una plutocracia codiciosa o inepta, ello implicaría que los Estados Unidos se separan del ideal americano, no que el ideal hubiese perdido nada de su alcance ni de su vasta potencia comunicativa.

Si aceptamos que existe un estado de espíritu americano, José Enrique Rodó es, sin duda, su más claro y autorizado exponente: si dicho estado de espíritu no existiese, acaso no habría personalidad mejor indicada para trabajar en la obra de crearlo, que el autor de *Ariel*, de *Motivos de Proteo* y de *El mirador de Próspero*.

Las cualidades literarias de la obra de Rodó, los elementos que forman su carácter y acaso la propicia circunstancia de haber ejercido su actividad literaria en una especie de ciudad neutral a donde convergen las influencias de cuatro distintas nacionalidades, han hecho de este ingenio valiente y refinado una especie de poder espiritual. Cuéntase de Federico Amiel que en la soledad de sus trabajos profesoriles, cuando acaso preparaba algunas páginas para el público, antes que todo le asaltaba el pensamiento de cuál sería la opinión de Edmond Schérer sobre este producto de su inteligencia. En este momento de la vida intelectual americana puede decirse que hay muchos escritores del Continente ante los cuales pasa de seguro la imagen de Rodó en los momentos de excitación creadora. El continente debe enorgullecerse de haber creado una autoridad de tanto alcance.

El mundo europeo, fatigado, revuelto, enfermo, de codicias inmediatas y mezquinas, ha perdido la capacidad de crear poderes espirituales. El último de ellos que alojó en su seno fue León Tolstoi. Europa le reconoció todo su valor apostólico, mas no pudo dejar de sonreír ante la obstinada predicación cristiana del patriarca. Europa se deshace lentamente de la vestidura cristiana. El comercialismo, la paz armada, el ansia de goces, la revaluación premurosa de los valores morales que están haciendo a una los grandes espíritus y las almas mezquinas, tienden a poner la idea cristiana en el segundo plano. La idea cristiana con los otros elementos de cultura que debemos a los griegos y romanos, es la única forma de ideal que hace apreciable la civilización contemporánea. Comprometidos esos ideales, el mundo europeo se encamina a una transformación en que predominan esencialmente las fealdades morales y los apetitos de seres inferiores. Por eso estuvo a punto de perderse, entre la sonrisa de los magnates entregados al placer del momento, la doctrina cristiana incontaminada que predicaba León Tolstoi.

Nuestra América está mejor dispuesta. Este libro de Rodó lo muestra con placentera evidencia. La forma noble, pura, cuidadosa, marcha paralelamente, con el pensamiento en cuyo desarrollo están presentes las mejores cualidades del espíritu latino. Por toda la obra corre una onda de calor comunicativo. No es necesario leer entre líneas para comprender que esas páginas están dictadas por convicciones que el autor desea transmitir a un número no reducido de personas que han creído en él y que de él esperan un esfuerzo plausible en la transformación venidera.

LIBROS
RAFAEL URIBE URIBE. *FUNDAMENTOS DE LA POLÍTICA LIBERAL.* BOGOTÁ, 1914
RAFAEL URIBE URIBE. *CADUCIDAD DE LA DOCTRINA MONROE.* BOGOTÁ, 1914

Revista *Hispania*, n.º 29, Londres, 1 de mayo de 1914, pp. 1060, 1062 y 1064.

EL AUTOR DE ESTOS folletos es un colombiano de un vigor extraordinario. Ha creído, casi desde niño, que tiene para con su pueblo una misión que llenar, y se ha puesto a desempeñarla con una voluntad superior a todos los enemigos del hombre. Tiene la fe del niño, el entusiasmo de la juventud, la seriedad y la decisión de los años maduros. La causa que defiende es la del partido liberal. Parece imposible que una doctrina, cambiante por su naturaleza, incoercible, sujeta por definición a modificaciones sustanciales, según el temperamento de quien la profesa, pudiera inspirar grandes entusiasmos e impulsar a los hombres en direcciones rectilíneas. Para eso es necesario en ocasiones deformar la doctrina, reducirla, señalarle contornos en atención a las épocas, y al observador superficial o al razonador meramente lógico se le antoja que estas amputaciones excluyen el entusiasmo en el apóstol y en sus discípulos. Es porque no se cuenta con los temperamentos. Un hombre fogoso puede entusiasmarse con el aspecto de un crepúsculo sombrío, cuando la luz cinérea de un sol velado por las nubes se derrama tristemente sobre la soledad de un campo sin árboles. Las multitudes necesitan del entusiasmo, como las plantas de la luz solar. Esta necesidad es de naturaleza vital, y tan urgente que basta poner juntos a muchos hombres en un solo propósito para que ellos mismos se entusiasmen. Toca a los directores de multitudes provocar la reunión y orientar el entusiasmo.

El primero de estos folletos es el prólogo de un triunfo innegable del General Uribe. Ante la división incurable de sus copartidarios, en momentos en que era preciso conformarse con prestarle apoyo a un candidato no liberal, él asió por el mango la oportunidad y terció en favor de un hombre cuyos precedentes le ponen cerca del liberalismo en su sentido más generoso. El General Uribe ha confundido a los copartidarios suyos que le negaron su apoyo y ha puesto, acaso, en una ruda alternativa a los elementos extremos del partido conservador. Fuera de la significación que ello tenga para su política, el resultado de las votaciones más puras que ha habido en Colombia debe haberle producido la satisfacción que deja la venganza ejecutada dentro de los límites que señalan la caballerosidad y el decoro. No podemos extendernos en analizar menudamente la conferencia porque el asunto es demasiado local y el espacio de estas columnas muy limitado. Bástenos decir que la claridad y sencillez de la exposición, el método, siguen siendo las cualidades salientes de Uribe Uribe como escritor político.

El segundo folleto toca un tema continental. El General Uribe cree con Mr. Bingham, con el Dr. Marcial Martínez, con el Profesor Gil, de la Universidad de la Plata, que la Doctrina Monroe ha caducado. La caducidad habría de demostrarse prácticamente citando hechos, y los que en esta ocasión debían aducirse tenían que ser de una notoriedad irrevocable. La caducidad podía probarse con señalar el territorio ocupado después del año 23 por las naciones europeas en América, haciendo uso de la violencia, de la astucia, o con el consentimiento de otras naciones americanas. O podía demostrarse teóricamente por el razonamiento, si una serie bien ordenada de inducciones nos llevara a la conclusión de que si, en este momento, o sea un futuro cercano, una potencia europea pusiera sus conatos en adquirir territorios en América, los Estados Unidos no tendrían la voluntad ni la capacidad, sobre todo la capacidad, de resistir esos conatos.

Dos ejemplos trae el General Uribe que son sacados seguramente de la obra de Bingham. Estos dos hechos están consignados en el siguiente párrafo:

> Por circunstancias que no es el caso recordar, de poco o de nada sirvió la Doctrina Monroe para detener la acción europea en México, cuando se quiso fundar allí el Imperio de Maximiliano de Austria; de poco o nada para impedirle a España, en 1866, el bombardeo de los puertos del Pacífico.

Y a este respecto debemos hacer una corta digresión. Para escribir sobre asuntos de política interior de un país, cuando está uno interesado vivamente en los cambios de esa política, no es posible ni está indicado el ser frío. Por el contrario, el escritor político ha de tener pasión para desfigurar los hechos y hasta para suprimirlos si así lo requieren las circunstancias. El Profesor Bingham hace política americana y está en su cuerda suprimiendo hechos notorios, si es él quien los ha suprimido, para llegar a una conclusión. Sin embargo, como historiador de sucesos verificados hace cosa de cien años, el General Uribe no debe hacer caso omiso de uno de los hechos sustanciales en la materia de que trata. Suprimir un suceso vital en una consideración histórica es, ante todo, inútil, porque el hojear la historia es hoy entretenimiento colocado al alcance de todo el mundo; resulta, además, perjudicial, porque los lectores enterados de la supresión empiezan a negarle autoridad al historiador. El hecho que se ha omitido en el párrafo citado es la guerra civil de los Estados Unidos. No era posible esperar de ninguna administración americana que, mientras se ventilaba a fuego y sangre una diferencia en que estaba comprometida la existencia misma de la Unión, fuera a dirimir conflictos ajenos. Pero la intervención en México y la agresión a las Repúblicas del Pacífico mientras los Estados Unidos estaban en guerra civil, son la prueba más evidente de la eficacia de la Doctrina Monroe. Cuando la guerra terminó, ya la armada española había salido del juego en las aguas del sur; pero aún duraba la ocupación francesa en México. Esta ocupación cesó a exigencias del Gobierno de los Estados Unidos. Las tropas francesas evacuaron el territorio mexicano a instancias de Mr. Seward en febrero de 1867, dejando irremediablemente perdido el Gobierno de Maximiliano.

No se pierda de vista que nosotros no defendemos la Doctrina Monroe ni los abusos que en su nombre se hayan cometido. No negamos tampoco la posibilidad de que en lo futuro pueda ser usada en forma inconveniente para los países iberoamericanos. Se puede abusar de todo. Los más bellos principios pueden ser, en las democracias sobre todo, origen de desastrosos atentados, porque la voluntad de los pueblos suele cometer graves errores en la elección de sus mandatarios. Un titiritero sin probidad, un cínico violador consciente de tratados públicos puede en los Estados Unidos, si vuelve a ocupar la Presidencia, ejercer actos deplorables en nombre de la Doctrina Monroe. No es suspicacia atribuirle a Roosevelt y a algunos de sus secuaces en el mando miras proditorias. Pero el Sr. Roosevelt, diputado por la Providencia para representar los más bajos instintos políticos del pueblo a que pertenece, no es ese pueblo mismo. Las inteligencias directoras de esa poderosa comunidad han mostrado ahora y siempre que hay ideales dignos de respeto lo mismo en la política interna que en las relaciones internacionales. El caso de Roosevelt es una derogación de casi todos los precedentes americanos.

La razón, en mi sentir, por la cual los Estados hispanoamericanos no quieren o no pueden comprender las virtualidades de la Doctrina Monroe, es el no haber logrado disociar su contenido de ciertas consideraciones sentimentales. Los Estados Unidos, al hacer aquella declaración por boca del Presidente Monroe no estaban movidos por razones de simpatía hacia los pueblos latinos de América. Se trataba tan solo de expresar en una forma concisa las conveniencias directas de los Estados Unidos. Que esas conveniencias pudieran ser o no ser las mismas que las de los países situados al sur, no formaba, en ese momento, y acaso no ha formado nunca, parte de las consideraciones políticas a que le daba expresión el Gobierno de los Estados Unidos. Esta declaración no se hizo en favor de América Latina, sino en contra de Europa y en provecho de la política americana. Repetimos que no estamos defendiendo la Doctrina Monroe. Lo que deseamos comprobar es que no ha caducado. Quisiéramos también abrigar la convicción de que debido a ella los pueblos que se extienden al sur del Río Grande han conservado su independencia; pero sobre este punto es difícil adquirir la certidumbre absoluta. Unas naciones suponen que han estado siempre en capacidad de defenderse a sí mismas; otras imaginan que sin la actitud de los Estados Unidos, bastaban las codicias numerosas y los celos inmortales de las naciones europeas para garantizar la integridad de las repúblicas iberoamericanas. El caso de Turquía sirve de apoyo a este sentimiento; pero la historia de Egipto, la suerte del resto de África, los estertores de Persia y de China podrían justificar los temores de quienes no tengan en América Latina ejércitos y armadas para resistir a Italia o a Alemania. Por último, y a manera de prevención, quiero citar el hecho de que el Sr. Felice Ferrero, hermano, según entiendo, del grande historiador y corresponsal en New York del *Corriere della Sera*, se quejaba en días pasados de que el Parlamento italiano vacilara en sancionar la ley que autorizaba a los italianos para nacionalizarse en Suramérica sin perder su italianidad, con tal de que consintieran en hacer en Italia el servicio militar. No es muy recóndita en verdad la intención de los diputados italianos a quienes se debe el flamante proyecto de ley.

Por último, el folleto del General Uribe afirma que las simpatías de Iberoamérica miran antes a España o a Francia que a los Estados Unidos. Solamente que hoy por hoy ni España ni Francia podrían librar a esos países de codicias más poderosas. Para echarse encima tamaña responsabilidad solicitarían necesariamente una compensación. ¿En qué forma podría ofrecerla América Latina? Los Estados Unidos no han menester compensación, porque la doctrina está inspirada en su propia conveniencia.

Inglaterra podría sin duda garantizar la integridad de esos territorios: es una nación amiga y misionera de la civilización. No trabaja, sin embargo, de balde. Pacifica el Egipto, pero se queda con él. Los Estados Unidos libertaron a Cuba y la dejaron libre contra las opiniones muy bien fundamentadas de los profetas europeos y americanos, que habían condenado la Isla a un cautiverio definitivo.

LIBROS CASTELLANOS
AZORÍN. CLÁSICOS Y MODERNOS. RENACIMIENTO, 1913.
AZORÍN. LOS VALORES LITERARIOS. RENACIMIENTO, 1913.

Revista *Hispania*, n.º 32, Londres, 1 de agosto de 1914, pp. 1184 y 1186.

CON EL TIEMPO los méritos literarios de Azorín se aquilatan. Es siempre igual a sí mismo. Las normas a que se ajusta su criterio no se desvirtúan ni se modifican, de modo que vuelve uno con placer a determinar en sus escritos la figura amiga del que nos dio en *El alma castellana* y en *Los pueblos* páginas de un inestimable valor documental y evocativo. Posteriormente Azorín ha vuelto a registrar en artículos cortos tales como los que forman el sustancioso volumen intitulado *Lecturas españolas*, el profundo conocimiento que tiene de la vida peninsular y de sus hombres más visibles, contemporáneos y fenecidos.

Los dos volúmenes de que aquí damos noticia están en su mayor parte dedicados a la crítica literaria, y el título del segundo de ellos les cuadraría admirablemente a los dos. Azorín tiene la preocupación de rectificar en su tierra los valores literarios. Está admirablemente equipado para llevar a cabo tarea tan ingrata. Tiene el valor de sus opiniones, y una manera muy circunspecta de dar la vuelta alrededor de la manera ajena de ver las cosas. Tiene además el valor de rectificar sus propios juicios cuando piensa que han menester rectificación, y el de afirmarse en ellos mientras no encuentra justificadas las razones que el propio intelecto o las apreciaciones ajenas les mueven en contra.

En estos últimos libros se ocupa Azorín especialmente en rectificar las ideas universalmente aceptadas sobre los autores españoles de nombradía. Para sustentar sus modos de ver cuando acaso cree necesario el concurso de opiniones ajenas, nunca se vale de las autoridades a quienes recurre de ordinario la crítica más ilustrada. Entre Hermosilla y Luzán, ambos muy conocidos, Azorín se vuelve a Luzán, que tiene menos prosélitos. El Marqués de Rafal, Don Ramón de la Sagra, Marqués y Espejo, Masden, Pablo Piferrer, Francisco Gregorio Salas, unos más conocidos o desconocidos que los otros, pero todos raros, poco asequibles al montón literario, aparecen aquí en defensa de juicios muy atendibles. Lo que hay curioso en esta predilección de Azorín por los autores empolvados, es que en ellos descubre palabras dignas, pensamientos duraderos y opiniones de las que importa conservar y esparcir a los cuatro vientos. Es indudable que Pablo Piferrer había de ser más consultado por los que preparan nuevas ediciones de poetas antiguos o colecciones de versos para solaz de los aficionados. Menos mal sería que Luzán fuese tan llevado y traído como Hermosilla, y es seguro que poder leer cada día páginas del *Conde Lucanor* debidamente comentadas por una pluma tan despierta como la de Azorín, resultaría en beneficio de la buena literatura. Muchas obras tiene aún por escribir el amable ingenio de Azorín, y todavía se dilatará por muchos campos de la investigación literaria su insaciable curiosidad.

Esperemos que un ánimo desprevenido como el suyo quiera darnos un día en forma nueva, libre de prejuicios, un libro tal como la *Historia de los heterodoxos españoles* en que el criterio literario sea únicamente literario.

No solamente se agita la pica de Azorín contra las rocas de lo universalmente aceptado en literatura, su valor les mueve guerra aun a entidades tan quisquillosas como el patriotismo. Es doloroso y acaso resulte irremediable que la verdad dicha en Madrid con elegancia y ligereza de toque para deleite de los espíritus libres, resulte inconveniente y acaso explosiva para los españoles de La Habana. Es sin duda muy doloroso, mas no para la fama de Azorín.

LIBROS CASTELLANOS [CORNELIO HISPANO; *ANUARIO DE LA ACADEMIA COLOMBIANA;* R. URIBE ESCOBAR]

Revista *Hispania*, n.º 38, Londres, 1 de febrero de 1915, pp. 1307, 1308 y 1310.

LA GUERRA NOS HABÍA privado durante seis meses del placer que nos proporciona la inocente labor de dar cuenta a nuestros lectores de las obras recientemente recibidas. En Europa, de agosto de 1914 en adelante, los placeres del espíritu se han reducido considerablemente, en tanto que los sufrimientos del cuerpo revelan en la materia capacidades asombrosas. A los críticos literarios no les queda un ápice de atención para consagrarlo al libro reciente. Pero al soldado, a quien la muerte atisba tenazmente en las trincheras, debe quedarle tiempo para meditar de cuando en cuando, con los pies entre el lodo helado, sobre los deberes que impone el sentimiento patrio a las generaciones presentes. Entre un estallido del cañón y una explosión de bomba en la línea de batalla, el pobre soldado está acaso repasando en la mente párrafos precisos de la cartilla militar, redactada por un caballero que tal vez no tiene ahora tiempo para hojear sus libros, porque los negocios le han tomado todas las horas útiles del día.

El público lector, en los primeros meses de la guerra, no toleraba las artes ni la literatura. Era preciso darle noticias, crónicas de la campaña, lucubraciones sobre estrategia o pronósticos sobre la posible duración de la guerra. Su paladar se ha embotado un poco. Aunque sea en dosis homeopáticas, ya empieza a recibir noticias literarias. La guerra comienza a aburrirle. Las sensaciones causadas por el sitio de Lieja y la rendición de Namur y de Ambéres, por la sorpresa de los grandes cañones y de las batallas aéreas, no se renuevan aumentando en magnitud e intensidad. Los partes militares resultan monótonos. Dos mil muertos diarios en una de las líneas de batalla, cuando estaba el público acostumbrado a leer de ochenta mil bajas en un combate parcial, es verdaderamente una bagatela. Además de eso, los partes son iguales todos los días, terriblemente monótonos e insignificantes; muertos, heridos, prisioneros, gentes muertas de frío o de hambre; verdaderamente es el caso de amenizar el programa con otros detalles. A la sombra de la guerra los hombres de negocios han encontrado nuevas ocupaciones o han ensanchado las que ya tenían organizadas; la vida se regulariza, el hombre se acostumbra a vivir en guerra y para amenizarle la existencia es preciso aumentar las carnicerías o disponerlas en otra forma. Después de todo, ¿qué vale la vida de... los otros hombres?

Vamos, pues, a hablar de literatura. Cornelio Hispano mantiene el fuego sagrado de los estudios literarios en Colombia. Es incansable. Les tiene amor a las letras, un amor tenaz, celoso y desinteresado. Su valor llega hasta publicar, uno en pos de otro, dos volúmenes en cuya compilación y arreglo ha gastado largas vigilias. Este de que hablamos ahora[12] no trae año de publicación, pero seguramente ha aparecido en 1914. Contiene crónicas de bulevar, recuerdos de París, sensaciones de arte, descripciones de viajes en ambos mundos, cuadros verdaderamente hermosos de la vida y de la naturaleza amazónicas; estudios históricos de una variedad palpitante, de una paciencia tenacísima; cuestiones de límites, tratadas con la conciencia que pone en todas sus cosas este poeta encariñado de la historia, de la leyenda, y de los héroes nacionales; palabras, en fin, de anatema, vibrantes y aceradas, contra las alimañas financistas que han despoblado el Putumayo y se ríen a carcajadas, en Lima y en Londres, haciendo resonar en sus arcas el oro deslumbrante, de los sentimientos románticos, del humanitarismo anticuado y de ilusos empeñados en dañarles una honesta especulación. Mientras Hispano distribuye a los cuatro vientos esta letanía miseranda de los crímenes amazónicos, el financista de campo de acción sura-

---

[12] *De París al Amazonas. Las fieras del Putumayo*, París, P. Ollendorff, 1914.

mericano se ha hecho más cauto. El dolor del indio huitoto resultó muy estrepitoso. Resonó en los valles amazónicos y prolongó sus ecos lastimeros a las costas del Pacífico, a las altiplanicies andinas y al corazón de los colombianos. No pudo el yankee desentenderse de ello en la febril actividad de su vida comercial, y aconteció, para colmo, que la prensa de dos continentes puso en esta miserias sus ojos de Argos. San Tomé, el Putumayo, son casos que no volverán a repetirse. Hay ahora más fáciles y menos peligrosas especulaciones. Las víctimas serán quienes posean papeles sudamericanos más o menos putumayescos, con los cuales se preparan ahora refusiones, aplazamientos, amalgamaciones y otras bellezas de la laya. Y va a resultar, por un género de compensación no rara en la historia, que el pavimento de Londres habrá de ser por unos días más incierto bajo los pies del viandante que los tembladales de Amazonia. Tal es el poder de los financistas, tal es la imbecilidad de los que andan buscando manera de imponer sus ahorros al diez, al doce, al veinte por ciento para no trabajar. La silueta de Arana cuadra a maravilla en el ambiente amazónico, según le ha fijado Cornelio Hispano en las finales de su libro. Sin embargo, la especie es numerosa. El cajón del mercader ambulante se torna en oficina vistosa de barrio comercial. El pañuelo enorme de colores chillones, anudado al cuello, toma las apariencias de una condecoración gubernativa o de una insignia carbonaria; así como se encuentra el helecho, enemigo del hombre, lo mismo en los valles hondos de Suramérica que en las mesetas elevadas de los Andes y en las plácidas y humildes colinas del Hampshire, bordeando las soledades de la Floresta Nueva.

Sobre todos estos aspectos de la vida se cierne la mentalidad poética de Hispano. Su libro tiene páginas idílicas, cuadros de la naturaleza virgen vivamente empapados en el sentimiento moderno del paisaje y acentos de execración de tono evangélico. Usa una frase imaginosa llena de vigor y firmeza que se adapta a todos los temas sin perder sus cualidades esenciales de fuerza y donosura. Tiene el sentimiento de la armonía y está exento, más que la mayor parte de los escritores americanos contemporáneos, del tormento de la simetría y las concupiscencias fáciles de la antítesis. Ama la sencillez, la claridad. Sus maestros, los santos de su devoción, son Anatole France, Renán, en cuya alabanza dice cosas sustanciales y acaso duraderas. Señala con piedra blanca el día venturoso en que los hados le pusieron entre la multitud de curiosos reunida alrededor del féretro de Eduardo Pelletan, a cuatro pasos de Anatole France. Su piedad le lleva en peregrinación a la tumba de Ernesto Renan. Las palabras con que describe el desengaño de no haberla visto a sus anchas contienen melancólicos acentos de soledad y desamparo.

Debemos agradecerle al destino que la estada de Cornelio Hispano en París y en el Amazonas haya sido de corta duración. Si hubiera hecho larga demora en estas dos maravillas del planeta, es muy fácil que no gozáramos hoy del deleite que nos proporcionan algunas de las páginas de este libro, por su ligereza y frescura, por el candor con que está transmitida la impresión literaria o la emoción artística; por el nimbo de poesía con que suele adornar sus eficaces evocaciones de la naturaleza o del paisaje urbano. Oigámosle una vez:

> El mar cantábrico en esta tarde de invierno pesada y yerta, bajo un cielo de estaño, parece envuelto en un manto turquí franjeado de radiantes encajes de plata. Atrás quedan las islas afortunadas y el jardín de las manzanas de oro, y más atrás aún, allá sobre el Trópico espléndido, el patrio suelo coronado de palmeras, donde reina eternamente la franca, la pura luz natural; país de sol y caminos amarillentos por donde pasan a esta hora las carretas de los labriegos bajo doradas nubes de polvo; ¡tierra de cigarras y de ríos trovadores y de cielo siempre azul!

Tiene ciencia esta viñeta matinal:

> Cortando la *rue Royale*, vuelvo a descubrir la fachada de La Magdalena, y hacia allá dirijo mis pasos. *El Maxim's Restaurant* está cerrado y yerto; bajo las mesas de mármol se ven flores destrozadas o marchitas, y yo percibo un aroma que hubiera amado Baudelaire. La noche debió ser larga y laboriosa, y así, desenvuelto, indolente, irónico parece (el restaurante) dormir como una cortesana a quien sorprendió la aurora en medio de los deleites.

Esta viveza y fugacidad de las impresiones que forma el acento principal del libro, no existiría seguramente si Cornelio Hispano hubiera vivido en París muchos años. Al cabo de cierto tiempo los muros que limitan las calles son simples paredes para el residente empedernido. El cielo toma en las pupilas del observador un aspecto promedial que no le diferencia mucho de sus antiguas impresiones atmosféricas experimentadas en otro hemisferio. Si Humboldt hubiera residido largos años en una localidad sola, no habría logrado darles a sus descripciones tropicales la belleza que encierran. Así dice Bellessort, en su libro sobre el Japón, que en un paseo rápido por ese país, sacó material más rico para hacer un bello libro, que otros europeos a quienes la larga residencia entre los nipones había privado de la capacidad de comparar una con otra dos civilizaciones.

Además, el amor que se siente en el primer contacto con una creatura como el Amazonas se va diluyendo en el tiempo y en el espacio para convertirse en un suceso diario. La sensación opresiva de un paisaje tan bello y grandioso se reduce en proporciones ante la prueba irresistible de la observación diaria. Es preciso, para renovar esas impresiones, cuando llegan a embotarse por la costumbre, abandonar los lugares por completo, no volver a pensar en ellos por mucho tiempo, y traerlos al recuerdo, al cabo de los años, embellecidos por la ausencia y sublimados por el anhelo de volver a verlos. En este caso la imaginación prevalece necesariamente sobre la realidad, y el paisaje, reproducido entonces, aparece iluminado por una bella claridad de luna, y modificado seguramente por una inspiración romántica. En este libro la sensación no tiene todavía valores de recuerdo. Es viva, inmediata, clara, sin carecer por eso ni de trascendencia ni de hermosura. Esta es su primera visión del Amazonas:

> Desde el puente, ahora solitario, del barco que rompe, formando espumas, las ondas calladas de este inmenso río entrevisto en sueños por los antiguos; en la tarde maravillosa que enciende de púrpura y de oro las florestas y las aguas, yo, solo con mi corazón y mi pensamiento, saboreo la divina melancolía que exhalan las cosas de este vasto paisaje pujante de virginidad y armonioso de

ensueño. Las *canaranas* y los *muris* acuáticos flotan, muy cerca, como islas paradisiacas, extendiendo sobre las ondas sus mantos de verdura. A lo lejos fabulosos baobabs se yerguen en las orillas serenas recortando, sobre el fondo bermejo del poniente, sus troncos milenarios y sus copas dominadoras, donde anidan los virachúes quejumbrosos. Una cálida brisa, a veces, hace estremecer los follajes, y entonces las cigarras dan gritos estridentes en las profundidades de las selvas donde viven los indios.

Tiene no solamente la visión artística del paisaje, sino también el vivo sentimiento de armonía del vocablo.

La leyenda ejerce sobre Cornelio Hispano fascinaciones irresistibles. El Dorado, la Atlántida, las indias que le dieron su nombre al Amazonas, adquieren formas precisas debajo de su pluma, rivalizan con la historia, se confunden con ella, y dejan en el alma del lector un pozo nostálgico de inefables rezumaderos. La sabiduría del erudito se endilga por las páginas de los cronistas españoles, y a pesar del cuidado con que elimina los rasgos inverosímiles de cada narración, no logra, ni lo pretende acaso, destruir esa imagen de la mujer sin senos, armada de continuo para el combate, que se sirve del hombre en sus horas de flaqueza, y lo despide, llegado el momento, para que vaya a ocupar un puesto entre las filas siempre renovadas del eterno enemigo.

Entre estas páginas de encanto, están intercaladas, para deleite de otros lectores, los párrafos de castigo contra los hombres a quienes el autor hace responsables de males efectivos o imaginarios, de errores presentes y de miserias futuras. Habla de un hombre que, como Circe, convertía en bestias a los hombres, por medio de sus regalos. Pobres hombres que tuvieron siempre la buena educación de no atravesar palabra mientras llevaban el bocado en la boca. Gentes sanas de una irrevocable doctrina, según la cual no era delincuente quien recibía el regalo y callaba como el pez, sino quien lo daba, enteramente despreocupado acaso, de que las palabras subsecuentes fueran efímera alabanza, vituperio superfluo o solemnes banalidades.

Cornelio Hispano adora en secreto a los héroes y profiere en voz alta sus oraciones ante las obras de arte. Sus héroes no son los exterminadores de hombres. Les tiene más sana y amorosa predilección a los que ponen en fila las palabras hermosas, a los que desentrañan su valor primitivo, sus encantadoras y trascendentales armonías. Viniendo a París, los hados terribles le preparaban dos desengaños.

> Al divisar —dice el autor melancólicamente— las costas de la vieja Europa y distinguir la línea gris que allá en el horizonte marino, recorta los contornos del gran país de Francia, dos pesares íntimos invaden todos mis pensamientos. ¡No poder contemplar ya la divina sonrisa de Mona Lisa, la predilecta hija de Sir Piero da Vinci! ¡No poder ya estrechar entre las mías, la mano, tantas veces soñada, de Rufino Cuervo, la más pura gloria de mi patria!

Ya ha vuelto la Gioconda a demorar bajo los altos y austeros artesonados del Louvre, después de sus equívocas andanzas por el país de Leonardo. Cuervo, por desgracia, no volverá nunca.

* * *

Merece leerse el tomo tercero del *Anuario de la Academia Colombiana*, que recibimos del incansable y discreto cultivador de la buena literatura Antonio Gómez Restrepo. Esta Academia hace buena figura entre los innumerables cuerpos de su género que se ocupan fatalmente en renovar la Arcadia, sosteniendo el pasado con puntales de donde penden oropeles, cintajos y, de cuando en cuando, una obra de ingenio. Y en esta Academia Gómez Restrepo es el menos académico de los talentos. Trabaja incansablemente, con seriedad y con criterio desvelado, buscando las fuentes de la literatura española o siguiendo el rumbo de sus corrientes en los pasados y en el presente siglo. Encierran mucho saber los siguientes tratados suyos que corren publicados en el *Anuario*: Caro crítico; Discurso en elogio de Menéndez y Pelayo (de que habló HISPANIA en otra ocasión); Cuervo y el P. Mir (en que a más de saber, hay una laudable independencia de criterio y golpes disciplinarios contra la propensión tardígrada de las Academias); Discurso en honor de Pombo y Los autos sacramentales. Importa leer igualmente los trabajos firmados por el Doctor Rafael M. Carrasquilla, institutor de muchas letras, que suele aliñar sus oraciones poniendo un celoso cuidado en la estructura del periodo, en la propiedad de las voces, y en su legítima ascendencia. Leemos también con agrado las palabras fervorosas, de entonación oratoria, con que D. Carlos Calderón hizo mérito de la obra cultural de España el día en que se celebraba el centenario de la independencia colombiana. Merece alto encomio el cariñoso trabajo en que el Dr. Juan Manuel Dihigo, catedrático de filología en la Universidad de La Habana, estudia la obra de D. Rufino J. Cuervo.

* * *

Como envuelta en una ráfaga de infantil alegría, cargada de recuerdos obsesionantes me llega de Medellín (Colombia) una tesis que para recibir el grado de Doctor ha compuesto el Señor R. Uribe Escobar, sobre la condición de la mujer ante la ley y la sociedad. Esto no parece una tesis. Es, por el contrario, un verdadero tratado científico. Por el alcance es una materia explosiva como los folletos de Paul Louis, o como aquel tratado sobre la rebelión que desempeña, en cierto drama de Bernard Shaw, uno de los papeles más importantes. Leyendo esta tesis he vuelto con infinita complacencia mis ojos a la tierra donde corrieron mis primeros años, tierra de libertad, donde el hombre no reconoce más trabas que la ley, la palabra empeñada y el derecho ajeno. Los gobernantes, ligados mañosamente con los productores de alcohol, han estado enriqueciéndose durante generaciones a costa de la salud y del trabajo de mi pueblo, pero no han podido encadenarlo. Lo empobrecen, es cierto, pero no le quitan sus vuelos. La libertad de esas gentes resalta, se incorpora airosa por donde quiera. No hay nada tan opresivo y destructor de las libertades como el ambiente académico o universitario. Una junta de profesores se desenvuelve en su marcha como los eslabones de una cadena. Con las levitas largas parecen envueltos en la sugestión de una quietud desoladora y permanente. El gesto que más naturalmente procede de sus facciones y de sus manos es el que impone silencio. La moral del estudiante es obedecer, discutir hasta donde el catedrático lleve su tolerancia, difundir su conocimiento dentro de fronteras que señala una inteligencia atrofiada. En mi tierra hay profesores que se sientan a escuchar la apoteosis de la rebeldía, aplauden al examinado y recomiendan su diligencia y actitud libérrima a las generaciones de estudiantes que hayan de seguirle. ¡Bendita sea mi tierra!

El presidente de tesis, Doctor Fernando Vélez, dice en su informe: "Soy de concepto que debe aceptarse la tesis del Sr. Uribe Escobar y aun publicarse, pues es conveniente el estudio de todo lo que interesa a la mejora de la sociedad".

Y la tesis termina con estas palabras de redención:

> Deje (la mujer) de hacerse la mártir. La conformidad es pasividad, y a la pasividad solo tienen derecho los muertos. Hay que ser rebeldes. La rebeldía es un exponente vital. Dejen las mujeres ese amor al sufrimiento que el Cristianismo les ha puesto en el alma. Levanten sus cabezas y sus corazones rebeldes, contradictores, vivos, nunca satisfechos, florecientes de anhelos.

Dan ganas de gritar: ¡viva ese garbo! Le aprieto cordialmente la mano al autor del trabajo y saludo con respeto al Presidente de tesis. En comarcas donde la Universidad recomienda estos conceptos, la vida asume, o debe asumir, aspectos interesantes. No es raro que Uribe Escobar predique la rebeldía: es la actitud que la juventud toma natural y gustosamente. Con todo, los jóvenes dejan de serlo, y el hombre maduro, cuando llega a ocupar su puesto en la sociedad y se considera ya clasificado y ceñido, en su provecho, por los lazos de la convención, predica el orden, a la manera en que las gárgolas dejan escurrir el agua de la lluvia. Es por esto muy singular y muy digno de aplauso que los profesores universitarios recomienden la difusión de estos viriles conceptos sobre la rebeldía. Es un síntoma, para mí de renovación, para los espíritus tardígrados de disolución probablemente o de catástrofe inevitable.

LIBROS CASTELLANOS [LEOPOLDO LUGONES]

Revista *Hispania*, n.º 43, Londres, 1 de julio de 1915, pp. 1412 y 1414.

ELOGIO, LLAMA LUGONES la obra dedicada a celebrar la memoria del sabio platense Florentino Ameghino.[13] Los lectores acostumbrados a difundir su curiosidad en obras de este género buscarán en las páginas del *Elogio* disertaciones académicas escasas de fondo y llenas de gravosas ornamentaciones, en el gusto de una Arcadia nostálgica. Buscarán en vano. Este libro es un elogio en cuanto no hay cumplimiento más digno de un sabio que reconoce su sabiduría poniéndose a analizarla con cariño, pero sin entusiasmo; con muchísima seriedad, pero sin retóricos arrobamientos.

Lugones, que es un artista de la palabra así en prosa como en verso, sabe deshacerse de la preocupación de escribir cuando se empeña en obras de carácter meramente investigador o analítico. Su pluma tiene dos formas de espaciarse. En los *Crepúsculos del jardín*, en algunos de sus cuentos, en sus trabajos periodísticos, despliega generosamente un léxico numeroso, una frase vibrante de color y de vida, que se apoderan del lector, llenándole de cuadros preciosos y de gentiles sugestiones la imaginación maravillada. Este es el Lugones más conocido y mejor apreciado de sus lectores sudamericanos. Sin embargo, queda el investigador paciente, el Lugones de los estudios perennes, que difunde sus seis o siete sentidos por todos los ámbitos del pensamiento humano; queda

---

[13] Leopoldo Lugones, *Elogio de Ameghino*, Buenos Aires, Otero & Co., 1915.

el estudioso que lo mismo se llega a una planta desconocida para determinar sus rasgos característicos y fijarla en términos científicos, que peregrina por los museos de paleontología para señalar los errores en que han incurrido los preparadores de esqueletos fósiles. No conozco disciplina que le sea extraña: su curiosidad insaciable lo devora y lo asimila todo: la rigidez de las aparentes verdades matemáticas; los tímidos escarceos del filólogo al través de esta materia plasmable y escurridiza de las lenguas vivas, la historia de su pueblo, los antecedentes de la vida en todo un continente; los fundamentos de la creencia, las aspiraciones y los límites del poder investigador del hombre. Pero lo que resulta más raro en esta curiosidad inapaciguable, es que ella no tiene por objeto, como en la mayor parte de los espíritus modernos, el conocimiento por el mero placer de adquirirlo. La infatigable preocupación de Lugones se complica con el deseo vehemente de hallar la manera más lógica y sencilla de transmitir esos conocimientos al hombre en general y a las mentes impreparadas de los niños en particular.

Cuando hace versos de una factura admirable, ricos de comparaciones inesperadas y de sentimientos originales vivamente modernos, o cuando desmenuza en pocas sentencias una costumbre ridícula o una preocupación malsana, su estilo asume todos los primores del oficio. Cuando hace la *Historia de los jesuitas en el Paraguay*, o la *Biografía de Mitre*, o el *Elogio de Ameghino*, parece que renunciara a todo otro empeño, buscando tan solo la precisión y la claridad que demanda el trabajo científico. Tales son las prendas características del libro dedicado a la memoria de Ameghino, donde la obra del grande observador argentino va siendo expuesta minuciosamente, con la mira de acomodar su vastísimo contenido a la mentalidad no siempre muy extensa del lector ordinario.

Ameghino fue un maestro de escuela a quien la naturaleza había dotado con la facultad de leer corrientemente en el libro de la vida. Sus aficiones le llevaron desde niño al estudio de la paleontología y de las ciencias afines. Dice Lugones que un género de providencia científica le hizo nacer en cierta región de la Pampa argentina, donde los seres prehistóricos se habían dado cita para revelar sus restos inmortales en un número suficiente para revelar verdades peligrosas y para surtir todos los museos del mundo culto. Ameghino, sin embargo, no era un mero colector de restos fósiles. No se contentó con fijar la edad de ciertas especies y hacer la historia geológica de la comarca donde corrieron sus primeros años. No le bastaba, como le basta al sabio tudesco de la época presente, acumular datos, reunir documentos, clasificar y definir. Su mentalidad constructiva le impulsaba a sacar consecuencias de aplicación inmediata a la solución de grandes problemas que suscita la vida en sus más extrañas y más ordinarias apariencias.

Lugones sigue con amor y sin prevenciones esta carrera de sabio, atento tan solo a su ciencia, y nos ofrece a los americanos un bello objeto de estudio. Ameghino es poco conocido en Europa, fuera del círculo de los especialistas; en América, saliendo de las comarcas platenses, es casi absolutamente desconocido. Sin embargo, sus libros desquician teorías que la ciencia paleontológica declaraba hace treinta años como verdades definitivamente adquiridas, y su vida es un bello espectáculo digno de consideración, de alabanza, sin duda; pero no de imitación, porque están condenados al ridículo quienes pretendan seguir la estela de esa mente sin haber sido equipados con el aparato luminosos que la guió siempre.

www.ingramcontent.com/pod-product-compliance
Lightning Source LLC
Chambersburg PA
CBHW071733150426
43191CB00010B/1557